JN312500

は　じ　め　に

　食料自給率39.8％（2007年度）。この数字が物語るように、日本に住む私たちは、食べものの多くを海外からの輸入に依存している。食べものだけではない。私たちのまわりは、電化製品、家具、衣類、文具、生活雑貨など、数え切れないほどの輸入品で埋めつくされている。それほどまでに私たちの生活は、海外、特に安い製品を作ってくれる途上国と密接に結びついているのだ。
　1990年代初めのバブル経済崩壊以降、日本社会は大きな変貌を遂げた。折からの経済のグローバル化によって世界規模の「食うか食われるか」の競争が激化し、「勝ち残る」ために企業は合併・買収やコスト削減に走った。リストラの嵐が吹き荒れ、非自発的なフリーターやニートが急増し、「勝ち組、負け組」という言葉が流行り、「格差社会」へと突入していった。
　マイナス成長を経験し、賃金が切り下げられながらも、私たちはつい最近まで生活の質をさほど落とさずに暮らすことができた。なぜだろうか。バブルがはじけたちょうど1991年、香川県高松市に現代を象徴する店がオープンした。「100円ショップ」の第1号店である。それ以来、様々な形態のディスカウントストアや量販店が出現し、他の小売業やメーカーを巻き込んだ「価格破壊」がすさまじい勢いで進行していった。グローバリゼーションの波に乗って、企業は世界各地から製品・半製品を安く調達するようになった。こうして途上国から安く「買い叩いて」きた製品のおかげで、私たちは何とか生活の質を保ってきたのである。
　それだけ途上国製品の「お世話」になっておきながら、なぜそんなに安く買えるのか、作り手の人たちはどのような生活をしているのかに私たちが思いをはせることはほとんどない。たいていは「安く買えてラッキー！」とか、「安いけど大丈夫？」とか思うのが関の山である。生き残りを目指し、消費者を引きとめようとする「企業努力」の裏で、途上国の生産者が「泣かされて」いることを、私たちは全くと言ってよいほど知らない。価格破壊と利益追求の陰で、世界の貿易と商取引がすっかり「歪で（いびつ）」、「歪んで（ゆがんで）」、「歪んだ（ひずんだ）」ものになって

しまったことも、全くと言ってよいほど知らない。

「つい最近まで」と先ほど書いたのは、2007年以降、アメリカの住宅バブル崩壊を震源としたサブプライム・ショックが世界各国を襲い、人々の生活を根底から脅かしているからである。日本では「名ばかり管理職／正社員」や「派遣切り」に象徴される労働力の「買い叩き」と「使い捨て」や、それらが招く自殺・過労死・ホームレス化が大きな社会問題となっている。しわ寄せを受ける若者たちの間ではプロレタリア小説の『蟹工船』が共感を呼び、「31歳フリーター。希望は、戦争。」といった、彼らに不公正を押しつける社会を糾弾する悲痛なまでの叫び声があがっている。

途上国もまた、グローバリゼーションの荒波に洗われてきた。一次産品（農産物や鉱物）の輸出に頼ってきた途上国の多くは、輸出価格の長期的な下落に悩まされ続けてきた。作っても作っても価格は下がる一方で、先進国との格差も広がるばかりだった。拡大する南北格差と蔓延する貧困を解消するために途上国が求めたのは、「援助ではなく貿易」だった。それも、従来からの貿易ではなく、「公正な貿易」だった。

そうした途上国からの切なる要望に対して、先進国を含む国際社会が用意したのが「国際商品協定」だった。その目的は、途上国の外貨獲得源である一次産品の価格を安定させ、改善することによって、自国経済の発展と貧困の緩和を目指す途上国の努力を、国際社会として支援することにあった。こうして、戦後の国際社会は、文明社会として受け容れ難い格差や貧困をなくす枠組み作りに合意し、コミットしたのである。

しかし、1980年代から「ネオリベラリズム（新自由主義）」が、主要国をはじめ世界を席巻するようになると、市場介入的な国際商品協定への逆襲が始まり、「公正な貿易」を実現する試みは機能停止、解体へと追い込まれていった。防波堤を失った途上国および途上国内の零細な生産者は、グローバルな競争の嵐にさらされ、窮乏の度を増していった。

そうした中で、人間らしい生活を保障する試みとして出発したフェアトレードは、剥き出しの競争から零細な生産者を守るセーフティネットの役割を果たしてきた。しかし、NGO的なフェアトレードが差し出すセーフティネットは、窮乏化する生産者の絶対数に比べてあまりに小さく、一握りの生産者しか裨益（ひえき）

することができなかった。そこで、フェアな条件下で生産・取引されたことを保証し、市場のメインストリームに参入することで、より多くの生産者・労働者を裨益するシステムが生み出された。フェアトレード・ラベルである。

それ以来、生産者に寄り添う連帯型のフェアトレードと、企業を巻き込んでメインストリームを目指すフェアトレード・ラベルが、車の両輪となって「公正な貿易」を牽引してきた。それは、見方を変えると、政府や国際機関が市場から手を引き、弱肉強食の嵐が吹き荒れる世界に、市民の立場から「公正という大原則に立った新たな貿易秩序」を創り出す営為と言うことができる。

先進国であると途上国であるとを問わず、決して多くを望むわけでもなく、人間らしい暮らしをしたいという、あまりに当たり前でささやかな願いすら叶わない非情な社会にしてしまったもの。人々を絶望と貧困の淵へと追いやり、自死や自爆テロ、戦争願望にまで追い込む社会をもたらしたもの。本来は「世を経め民を済う」はずの経済を、万国の民を豊かにする力を備えた貿易を、ほんの一握りの者たちを富ませる道具へと堕落させてしまったもの。それは、言うまでもなく、人間を疎外して効率性と利潤のみを追求し、剥き出しの競争を肯定してきたネオリベラリズムだった。その黒魔術のもとで、すっかり「歪で」、「歪んで」、「歪んだ」ものになってしまった経済と貿易。その「歪＝不正」な経済と貿易を「正す」営み、新たな経済と貿易の秩序を築き上げる営みこそが「フェアトレード（公正貿易）」なのである。

サブプライム・ショックに端を発したグローバルな経済危機によってネオリベラリズムの闇と害が誰の目にも明らかになった今も、「市場の暴力」を掣肘する有効な仕組みを国際社会は用意できていない。利潤を最優先し、社会と環境を軽んじてきたビジネスを責任あるグローバルな企業市民へと変容させる理念と、その理念を体現した秩序とルールが今ほど求められている時はない。

本書では、フェアトレードが必要とされる背景や、その発展の軌跡を追うとともに、フェアトレードの理念や試みが私たちの経済・社会・政治の世界にどれほど広がり、浸透してきたのかを検証する。また、フェアトレードに対する「右から」、「左から」の批判にも耳を傾け、その課題を明らかにする。フェアトレードの軌跡、現状、課題・争点等を網羅的・体系的に把握し、巨視的な観点からフェアトレードの意味づけを試みるという意味で、タイトルを「学」とし

た次第である。

　本書ではまた、私たちが創り出すべき新経済秩序のあり方を展望する。ここで、なぜ新「貿易」秩序ではなく、新「経済」秩序としたかと言うと、①人間らしい生活という願いは万国共通で、先進国の日本や欧米ですら人間らしく生きられない人々が数多くおり、②フェアトレードの理念・原則には、南北間に限らず国内においても実現すべき普遍的な価値があり、③一部の国ではすでに国内フェアトレードの試みが始まっているからである。したがって本書では、南北間の貿易を超えた、経済システム全般の変革を促すものとしてフェアトレードにアプローチすることとしたい。

フェアトレード学★目次

はじめに　i

略語一覧　xii

第1章　なぜフェアトレードなのか……1

1　フェアトレードとは　1
三種三様の定義　1
フェアトレードの共通定義　3
フェアトレードの基本原則　5
フェアトレードの仕組み　6

2　なぜフェアトレードなのか　8
途上国内の要因　9
　❶仲買人による買い叩きと支配　9　　❷劣悪な労働環境　11
　❸政府の腐敗と後退　12
国際的な要因　15
　❶一次産品価格の長期下落と乱高下　15　　❷国際商品協定の崩壊　17
　❸ネオリベラリズム（新自由主義）　20　　❹北の不公正政策　22
　❺援助の限界・失敗　25

第2章　フェアトレードの軌跡……32

1　欧米のフェアトレードの軌跡　32
慈善活動としてのフェアトレード（Charity Trade）：1940年代～　32
連帯活動としてのフェアトレード（Solidarity Trade）：1960年代～　33
開発志向のフェアトレード（Development Trade）：1960年代～　35
市場・消費者志向のフェアトレード：1980年代後半～　37
　❶ビジネス志向のフェアトレード　39
　❷フェアトレード・ラベル　42

ビジネスの参入：1990年代後半〜　44
　　　アドボカシー活動：1990年代後半〜　46
　2　**日本におけるフェアトレードの軌跡**　48
　　　慈善・開発志向のフェアトレード　48
　　　連帯志向のフェアトレード　49
　　　フェアトレードの活発化・多様化　50
　　　ビジネス／市場志向のフェアトレード　51
　　　フェアトレード・ラベル　52
　　　企業のフェアトレード参入　53
　　　アドボカシー活動　54
　3　**フェアトレードに関わる団体**　55
　　　生産者団体　55
　　　輸入団体　55
　　　フェアトレード・ショップ　56
　　　生活協同組合（生協）　57
　　　ラベル団体　57
　　　ネットワーク団体　58
　　　フェアトレード支援団体　58
　　　企業　60
　　　政府・国際機関　60
　　　◎フェアトレードのステークホルダー・マップ　61

第**3**章　**フェアトレードのネットワーク化と基準化**　…………62
　1　**フェアトレードのネットワーク化**　62
　　　EFTA（欧州フェアトレード協会）　62
　　　WFTO（世界フェアトレード機構［旧IFAT］）　63
　　　NEWS!（欧州世界ショップネットワーク）　65
　　　FLO／FLO-I（国際フェアトレード・ラベル機構）　66
　　　FINE（ファイン）　70
　　　その他のネットワーク　71
　2　**フェアトレードの基準化**　72
　　　FLOの基準　72

　　　　❶生産者基準　74　　❷一般取引基準　79　　❸産品別基準　80
　　　　❹複合製品に関する基準　81
　　　　❺フェアトレード・ラベル基準の基本原則　82
　　　　❻認証とライセンス　84　　❼基準の定め方　88
　　　　❽ISO65に基づく認証　89
　　WFTOの基準　90
　　　　❶WFTOの10基準　91　　❷モニタリング・システム　94
　　　　❸フェアトレード団体マーク　95
　　　　❹持続的フェアトレード管理システム（SFTMS）　97
　　フェアトレード憲章　104

第4章　フェアトレードの現在：その認知度と市場 …………108

1　フェアトレードの認知度　108
　　日本での認知度　109

2　フェアトレードの市場規模　112
　　世界全体の市場規模　112
　　世界貿易・市場の中のフェアトレード　116
　　日本のフェアトレード市場　117

第5章　生産者へのインパクト …………………………………120

1　生産者への裨益　120

2　フェアトレードのインパクト　120
　　フェアトレード生産者への直接的なインパクト　121
　　　　❶収入の向上　121　　❷付加価値の向上と生産の多様化　123
　　　　❸能力の強化　123　　❹生活の質の向上　124
　　　　❺女性のエンパワメント　125　　❻固有の文化の維持　126
　　　　❼精神的なエンパワメント　127
　　フェアトレード生産者への間接的なインパクト　128
　　　　❶フェアトレード以外の取引への波及効果　128
　　　　❷組織としての能力強化　129
　　他の生産者・地域社会へのインパクト　129
　　　　❶不参加の生産者への波及効果　130　　❷地域社会への波及効果　130

第 6 章　企業セクターへの広がりと深まり　……………………133

1　フェアトレード産品の社内消費　133
2　既製フェアトレード産品の販売／提供　134
3　自社ブランドのフェアトレード産品の製造／販売　135
4　商品カテゴリー全体のフェアトレードへの切り替え　136
5　生産者への支援　138
6　フェアトレード原則の取り入れ　140
7　フェアトレード企業への移行／変容　141

第 7 章　政府セクターへの広がりと深まり　……………………146

1　フェアトレードの認知／支持　146
2　フェアトレードの普及促進　147
3　フェアトレード活動・団体の支援　148
4　フェアトレード産品の積極的な調達　149
5　フェアトレードを推進する政策／法の策定と実施　153
　　EU レベルの政策・決議　154
　　公的規制の動き　158
6　主要政策へのフェアトレード原則の反映　160

第 8 章　社会への広がりと深まり　……………………162

1　フェアトレードを認知する市民の増加　163
2　フェアトレード産品を購入する市民の増加　166
　　倫理的消費　167
　　日本社会での広がり　170
3　フェアトレードを支持する市民の広がり　174
4　フェアトレードを企業や政府に働きかける市民の増加　178
　　総選挙立候補者への調査　180
5　他の市民社会組織との協調・連携の強化　185
　　他の市民イニシアチブの触発　187
6　フェアトレードの社会への根づき　188
　　フェアトレード・タウンの誕生　188

フェアトレード・タウンの基準　190
　　　フェアトレード・タウンの課題　194
　　　その他の取り組み　196

第9章　フェアトレード的イニシアチブ全盛とその意味 ………201

1　ウツ・サーティファイド（UTZ CERTIFIED）　201
2　レインフォレスト・アライアンス（Rainforest Alliance）　205
3　フェア・フォー・ライフ（Fair for Life）　209
4　エコサート・フェアトレード（EFT：Ecocert Fair Trade）　212
5　倫理的貿易イニシアチブ（ETI：Ethical Trading Initiative）　215
6　まとめと比較検討　218
　　　◎公正貿易－自由貿易のスペクトラム　219
7　フェアトレード的イニシアチブ全盛の意味　222

第10章　フェアトレードへの批判❶：右からの批判 ……………226

1　アダム・スミス研究所：その1　227
　　　❶企業を批判するのはお門違い　227
　　　❷フェアトレードは「善意の袋小路」　227　　❸腐敗ほか　228
2　アダム・スミス研究所：その2　228
　　　❶フェアトレードよりも援助の方が有効である　229
　　　❷フェアトレードに参加できない生産者の生活を悪化させる　230
　　　❸品質の悪い産品に報いるアンフェアなモデルである　231
　　　❹生産者を農業や低付加価値活動に閉じ込めている　232
　　　❺最貧層／最貧国を排除している　233
　　　❻貧困削減に寄与しない　235
　　　❼時流に乗ったフェアトレードにはリスクが伴う　236
　　　❽フェアトレードには様々な不正が伴う　236
　　　❾フェアトレードは政治的意図を隠し持っている　239
3　コリーン・バーント論文　240
　　　❶フェアトレードにかかる費用は多く、便益は少ない　240
　　　❷プレミアムは人々の生活を良くするか？　241
　　　❸生産者協同組合は怪しい　243

        ❹フェアトレードは消費者の選択の幅を狭める　244
　4　新自由主義陣営の処方箋　245
        ❶転作／多様化の勧め　245　　❷品質の向上　245
        ❸付加価値づけ　246　　❹制度の整備　247　　❺自由貿易　247
　5　アダム・スミスとフェアトレード　248
        道徳感情論　248
        国富論　251
        スミスの思想　253

第11章　フェアトレードへの批判❷：左からの批判 …………255

　1　ボリスの批判　255
        ❶力のある生産者を潤し、最貧層を疎外している　256
        ❷フェアトレード団体は、参加していない生産者の利益を侵害している　258
        ❸ラベル認証機関は公平な判断を下せない　259
        ❹ラベル認証機関は中間搾取業者に取って代わっただけである　260
        ❺生産者と消費者の力のアンバランスを攻撃していない　260
        ❻フェアトレードは問題の本質を見えにくくする　261
        ❼フェアトレードはオルタナティブにならない　262
　2　ボリスの提案　263
　3　認証型フェアトレードへの批判　264
        ❶認証型は不公正貿易の担い手である大企業を利するだけだ　265
        ❷認証型は企業に魂を売り渡し、フェアトレードの原則を変質／弱体化させている　266
        ❸企業の参入によって連帯型フェアトレードは市場から駆逐されてしまう　267
        ❹認証型は閉鎖的・権威主義的である　268
        ❺認証型の基準は西洋価値観の押しつけで、地域社会に摩擦を生む　269
　4　他の市民運動からの批判・疑問　269
        ❶フードマイレージ　269　　❷食糧安全保障／地産地消　270
        ❸反消費主義　271

第 12 章　フェアトレードの拡大と深化 …………………………272

1　拡大志向と深化志向　272
　　◎拡大偏重路線と深化偏重路線；それぞれの好循環・悪循環シナリオ　276
2　拡大偏重路線のゆくえ　275
　　好循環シナリオ　275
　　悪循環シナリオ　275
3　深化偏重路線のゆくえ　281
　　好循環シナリオ　281
　　悪循環シナリオ　281
4　考察が示唆するもの　283

第 13 章　フェアトレードの課題とこれから …………………………285

1　認証型と連帯型の関係性　285
　　認証型と連帯型の違い　285
　　認証型と連帯型の課題　287
　　認証型と連帯型の融和　288
　　認証型と連帯型の協働　291
2　類似イニシアチブとの関わり　293
3　企業との関わり　296
4　政府との関わり　298
5　市民の関わり　305
6　国内フェアトレード　309
　　南の国内フェアトレード　309
　　北の国内フェアトレード　312
7　フェアトレードの4世代　315
　　◎D.コーテン"NGOの4世代論"　316
　　◎フェアトレードの4世代　318

おわりに　321

参考文献　329
あとがき　338

略語一覧

AFNOR：フランス規格協会（Association française de Normalisation）
ATJ：オルター・トレード・ジャパン（Alter Trade Japan）
ATO：オルタナティブ・トレード団体（Alternative Trade Organization）
CCC：クリーン・クローズ・キャンペーン（Clean Clothes Campaign）
CI：国際消費者機構（Consumers International）
CJM：コメルシオ・フスト・メヒコ（Comercio Justo Mexico：メキシコのフェアトレード・ラベル団体）
CNCE：（フランスの）フェアトレードに関する国家委員会（Commission nationale du commerce équitable）
CoC：行動基準（Code of Conduct）
CSR：企業の社会的責任（Corporate Social Responsibility）
DFID：（イギリス）国際開発省（Department for International Development）
EC：欧州委員会（European Commission）
EFT：エコサート・フェアトレード（Ecocert Fair Trade）
EFTA：欧州フェアトレード協会（European Fair Trade Association）
ETI：倫理的貿易イニシアチブ（Ethical Trading Initiative）
EU：欧州連合（European Union）
FAO：国連食糧農業機関（Food and Agriculture Organization of the United Nations）
FfL：フェア・フォー・ライフ（Fair for Life）
FINE：FLO, IFAT, NEWS!, EFTAの頭文字をとった緩やかなネットワークの名前
FLJ：フェアトレード・ラベル・ジャパン（Fairtrade Label Japan）
FLO：国際フェアトレード・ラベル機構（Fairtrade Labelling Organizations International）
FLO-CERT：フェアトレード・ラベル認証会社
FSC：森林管理協議会（Forest Stewardship Council）
FT：フェアトレード（Fair Trade）
FTF：フェアトレード連盟（Fair Trade Federation）
FTSN：フェアトレード学生ネットワーク（Fair Trade Student Network）
G8：主要国首脳会議
GATT：関税と貿易に関する一般協定（General Agreement on Tariffs and Trade）
GDP：国内総生産（Gross Domestic Product）
IFAT：国際フェアトレード連盟（International Federation for Alternative Trade / International Fair Trade Association）
IFOAM：国際有機農業運動連盟（International Federation of Organic Agriculture Movements）
ILO：国際労働機関（International Labour Organization）
IMF：国際通貨基金（International Monetary Fund）
IMO：マーケットエコロジー研究所（Institute for Marketecology）
ISEAL Alliance：国際社会環境認定表示連合（International Social and Environmental Accreditation and Labelling Alliance）
ISO：国際標準化機構（International Organization for Standardization）
ITO：国際貿易機関（International Trade Organization）
JANIC：国際協力NGOセンター（Japan NGO Center for International Cooperation）
JETRO：日本貿易振興機構（Japan External Trade Organization）
JICA：国際協力機構（Japan International Cooperation Agency）
M&S：マークス・アンド・スペンサー（Marks and Spencer）
MDGs：ミレニアム開発目標（Millennium Development Goals）
MNC：多国籍企業（Multinational Corporation）
MSC：海洋管理協議会（Marine Stewardship Council）
NEWS!：欧州世界ショップネットワーク（Network of European World Shops）
NGO：非政府組織（Non-Governmental Organization）
NPO：非営利組織（Non-Profit Organization）
ODA：政府開発援助（Official Development Assistance）
OECD：経済協力開発機構（Organisation for Economic Co-operation and Development）
RA：レインフォレスト・アライアンス（Rainforest Alliance）
SAP：構造調整政策（Structural Adjustment Policies）／構造調整計画（Structural Adjustment Programs）
SFTMS：持続的フェアトレード管理システム（Sustainable Fair Trade Management System）
TBT：貿易の技術的障害に関する協定（Technical Barriers to Trade）
TJM：正義の貿易運動（Trade Justice Movement）
TNC：超国籍企業（Transnational Corporation）
UC：ウツ・サーティファイド（UTZ CERTIFIED）
UCIRI：地峡地域先住民族共同体連合（Unión de Comunidades Indígenas de la Región del Istmo：メキシコ南東部のコーヒー生産者組合）
UNCTAD：国連貿易開発会議（United Nations Conference on Trade and Development）
WFTO：世界フェアトレード機構（World Fair Trade Organization）
WTO：世界貿易機関（World Trade Organization）

第1章
なぜフェアトレードなのか

メキシコの山中でコーヒーを運ぶ生産者

1 フェアトレードとは

　フェアトレードという言葉は日本でも最近頻繁に耳にするようになった。2007年以降フェアトレードに関する本が10冊以上出版され、新聞・テレビにも度々取り上げられるなど、一つの社会現象になった感すらある。2008年末に行われた調査によると、フェアトレードという言葉を聞いたことがある人は42％に上った（正確に知っている人の割合は18％）。2009年1月に実施された大学入試センター試験では、英語の問題にフェアトレードが登場した。筆者はその日試験監督にあたっていたのだが、余った問題用紙を興味本位にめくっていくうち「Fairtrade」という文字が目に飛び込んできた。「エッ！」という驚きとともに、ここまでメジャーになったという感慨と興奮で用紙を持つ手が震えたのを覚えている。

　また、卑近な例で恐縮だが、2008年度に筆者がフェアトレードをテーマに学内で「特別企画講義」を開講したところ、600人もの学生が押しかけて廊下まで埋め尽くし、学内最大の教室に変更せざるをえなかったほどだ。各地で開催されるフェアトレード関連のセミナー等はどれも満員御礼で、熱気にあふれている。ことほどさように、フェアトレードは今や人々の大きな関心を集め、特に若い世代から熱い視線が注がれる存在となっている。

三種三様の定義

　では、フェアトレードとは一体何なのか見ていくことにしよう。まず、立場

によってフェアトレードにどのような意味を込めようとするのか、違いがあることを指摘しておく必要がある。それには大きく三通りある。

一つは、日米をはじめとする先進国政府やネオリベラリズム経済学者たちの立場で、彼らは、関税や輸入割当などの「貿易障壁」によって国際的な取引が歪められることなく、自由に取引できることをフェアトレードと呼ぶ★。彼らが追求するのは「自由かつ公正（free and fair）」な貿易であり、「自由」であることが公正であるための最重要な要件だと見なす。日本政府は自由貿易に反する他国の行動を毎年報告書にまとめているが、その名は「不公正貿易報告書」である。また、国内で公正な取引が行われるよう監視するのが「公正取引委員会（英名は Fair Trade Commission）」で、その最大の役割は独占の排除にある。

> ★ 歴史的には、不公正な競争をする相手から自国市場を守るための保護主義貿易もフェアトレードと呼ばれてきた（先駆けは1880年代のイギリスの National Fair Trade League）。つまり、他国の市場をこじ開ける時は「自由」の意味でフェアを使い、自国の産業を守る時には「保護」の意味でフェアを使う、という使い分けがあるのだ。

それに対して、多くの途上国政府や市場万能主義に懐疑的な経済学者は、発展段階等が異なる国々に一律に自由な貿易を押しつけることに反対する。横綱と幕下ほど力の差がある先進国と途上国を同じ土俵で戦わせるのはアンフェアであり、途上国には「特別かつ差異のある待遇」を認めることこそがフェアで、正義に叶うという立場を取る。先進国に追いつくまで途上国には「ハンディ＝自国産業の保護」を認めるべきだ、と考える彼らが求めるのは、「公正かつ正義（fair and just）」の貿易である。

以上の二つは、世界貿易機関（WTO）等の場で常にぶつかりあう対照的な考え方であるが、それらとは違うもう一つのフェアトレードの類型がある。それは、途上国の零細な生産者や労働者が人間らしい生活を送れるよう、NGOなどが公正な対価を約束し、従来とは違う「公正かつオルタナティブ（fair and alternative）」な貿易を実現しようとするものである。それはまた、従来の貿易のあり方全般を問い直し、根本から変革しようとするものでもある。

本書で取り上げるのは、主として NGO などが主導してきた「公正かつオルタナティブ」な貿易という意味でのフェアトレードであり、加えて「公正かつ正義」の貿易という意味でのフェアトレードである。

なお、英語では通常「fair trade」と表記されるが、時々「fairtrade」という一語になった単語と出会うことがある。これは、フェアトレード・ラベルという認証制度に基づくフェアトレードを指す言葉で、意味が限定される。また他の言語で何と呼ばれているかというと、フランス語では"commerce équitable"、スペイン語では"comercio justo"、ドイツ語では"Fairen Handel"である。

　日本では、「フェアトレード」以外に、公平貿易、草の根貿易、民衆交易、コミュニティ・トレード、オルタートレードなど色々な呼び方があるが、「公正貿易」が最も一般的である。フェアトレードの形容の仕方も多様だ。①お買い物を通じた国際協力、②貿易を通した貧困の撲滅、③途上国の生産者と先進国の消費者を結ぶ国際産直、等々である。それは、フェアトレードが多面性を持つからで、どの面に焦点を当てるかによって形容の仕方が変わってくる。焦点を消費者に当てれば①、生産者に当てれば②、双方の関係性に当てれば③、といった具合である。このように、一口にフェアトレードと言っても呼び方や形容の仕方は様々で、人や団体によって重点の置き方に違いがあるのだ。

🖉 フェアトレードの共通定義

　「公正かつオルタナティブ」なフェアトレードに絞っても、その定義には様々ある。「多様性は力の源」とはいえ、人を混乱させてしまう。そこで、2001年に4つの国際的なフェアトレード連合体（4連合体の頭文字をとってFINEと呼ばれる）が協議の上、共通の定義を打ち出した。今日最もよく引用されるこの共通定義は、以下のようにフェアトレードを規定する。

> 　フェアトレードとは、より公正な国際貿易の実現を目指す、対話・透明性・敬意の精神に根ざした貿易パートナーシップのことを言う。フェアトレードは、とりわけ南の疎外された★生産者や労働者の人々の権利を保障し、彼らにより良い交易条件を提供することによって、持続的な発展に寄与するものである。
>
> 　フェアトレード団体は、消費者の支持のもとに、生産者への支援、人々の意識の向上、そして従来からの国際貿易のルールや慣行を変革するキャンペーンを積極的に推し進める団体である。
>
> 　フェアトレードの戦略的意図は次の3つである。
> ①疎外された生産者・労働者が、脆弱な状態から安全が保障され経済的に自立

した状態へと移行できるよう、意識的に彼らと協働すること。
② 生産者と労働者が自らの組織において有意なステークホルダー（利害関係者）となれるよう、エンパワーする（力をつける）こと。
③ より公正な国際貿易を実現するため、国際的な場でより広範な役割を積極的に果たすこと。

★ 「疎外された（marginalized）」というのは、「（社会・経済・政治的に）片隅に追いやられた」という意味の言葉である。「周縁化された」という訳語もあるが本書では「疎外された」を使う。そのほかフェアトレードを扱う文献では、「不利な立場に置かれた（disadvantaged）」、「脆弱な（＝リスクに弱い：vulnerable）」、「零細／小規模な（small-scale）」、「貧しい（poor）」などの言葉も文脈に応じて互換的に使われる。

以上の共通定義から、フェアトレードが最終的に目指しているのは「持続的な発展」であるものの、より具体的には、

1）疎外された生産者・労働者の権利保障・自立・エンパワメント、および
2）より公正な国際貿易の実現、ないし国際貿易のルール・慣行の変革

の二つを目指していることが分かる（フェアトレードの二大目的）。

つまり、ミクロないし草の根レベルでの「疎外された生産者・労働者の裨益」と、マクロないし国際レベルでの「貿易ルール・慣行の変革」の二つがフェアトレードの二大目的なのである。そのうち後者は、「公正かつ正義」の貿易の実現と言い換えることもできる。

したがってフェアトレードは、当初のように「オルタナティブ」な貿易を目指すだけでなく、従来からの貿易を公正かつ「正義」に基づいたものへと変革することも目指しているのである。とかくフェアトレードは、途上国の貧しい生産者の生活を良くするための活動とだけ見られがちだが、既存の貿易を公正なものに変革するという、より大きな目的を有していることを覚えておく必要がある。

さらに、「とりわけ南の疎外された生産者や労働者」とあることから分かるように、フェアトレードは、必ずしも南（＝途上国）の疎外された生産者・労働者だけを対象にしているわけではない。北（＝先進国）の疎外された生産者・労働者をも視野に入れているのである（ただし、より立場的に弱い途上国の生産者・労働者に当面の重点を置いている）。

🏐 フェアトレードの基本原則

以上の共通定義に加えて、FINE は以下のような基本原則でも合意した。

1. <u>フェアトレード団体について</u>：フェアトレード団体はフェアトレードに明確にコミットし、それを使命の中心に据える。具体的には、
   - 生産者に対して財政的・技術的・組織的支援を行う
   - 南北双方で啓発活動を行う
   - 従来からの国際貿易ルールおよび慣行を変革するためのキャンペーンを行う

2. <u>貿易パートナーシップについて</u>：貿易を対話・透明性・敬意に根ざした互恵的なパートナーシップと見なす。具体的には、
   - 互いに敬意をもって接し、異なる文化や役割に配慮する
   - 法やフェアトレード協約の求めに応じて、自らの組織・財政・機構を透明かつアカウンタブル（関係者の負託に応えられる存在）にする
   - 市場アクセスを容易にすべく情報を提供する
   - 開かれた建設的なコミュニケーションを維持する
   - 問題が起きた時は対話と調停によって解決する

3. <u>より良い交易条件について</u>：交易条件を改善する。具体的には、
   - その地域ないし地方における公正な価格を支払う（公正な価格とは、生産コストだけでなく、社会正義に叶い、環境的に健全な生産を可能にする価格をいう）
   - 生産者が債務に陥らないよう、（前払等によって）収穫前ないし生産前の資金獲得を手助けする
   - 交易条件は、ビジネスとしての継続性と長期的なコミットメントに資するものとする

4. <u>生産者／労働者の権利の保障について</u>：生産者／労働者の権利の保障と改善にコミットする。具体的には、
   - 公正な報酬を支払う（法的な最低賃金に限らず、生活できる賃金を支払う）
   - 社会的な責任を有した、安全かつ健康的な職場を提供する
   - 国内法を遵守するとともに、国連が規定する生産者／労働者の人権を守れるだけの条件を維持する
   - ILO が規定する基本的な労働基準を保障する（特に ILO29、87、98、100、105、111、138号条約）

5. <u>持続可能な発展のプロセスについて</u>：小規模生産者・労働者の経済的・社会的機会の長期的改善と環境改善を支援する。具体的には、
   - 小規模生産者の組織を強化する
   - 生産者・労働者の所有権と意思決定への参加を強化する
   - 研修・能力強化・人的資源開発を支援する（とりわけ女性に対して）
   - 環境に良い行動および責任ある生産手段の採用を積極的に奨励する

以上の原則から、フェアトレードが何を目指しているかが明確になってこよう。ただ、フェアトレード団体は非常に多様で、すべての団体が以上の全項目を自らの原則としているわけではなく、他の項目を掲げている場合もある。したがって、以上の基本原則がフェアトレード界全体を貫く「金科玉条」というわけでは決してない。

なお、2009年に二大フェアトレード連合体が「フェアトレードの原則に関する憲章」に合意した。フェアトレードの定義は FINE の定義のままだが、5原則は変わっているので、最新の原則は**第3章**を参照されたい。

フェアトレードの仕組み

ここまで定義や原則といった堅苦しい話が続いたので、実際にフェアトレードの仕組みが従来の貿易とどう違うのか、簡単に見ておこう。といっても、フェアトレード産品★は多種多様で、産品ごとに生産・加工製造や流通の仕組みは異なってくる。ここでは、代表的な自営の生産者のケースを取り上げる。また、フェアトレード・ラベルの仕組みは大きく異なるので、**第3章**で別途説明する）。

> ★　普通はフェアトレード「商品」と呼ばれるが、本書では「産品」と呼ぶ。なぜなら、「商品」という言葉には、私たちが手にする物がどのようにして作られたのか、作り手の人々がどのような状況に置かれているかといった重要な要素・情報を捨象し、すべての物を商業的な価値（貨幣価値）に還元してしまう響きがあるからだ。それに対して「産品」という言葉は、誰かが丹精込めて産み出した物という感覚を私たちに呼び起こし、産地や生産者に思いを馳せ、買った物や生産者を疎かにして（＝疎外して）はならないという気持ちにさせる言葉であると思う。

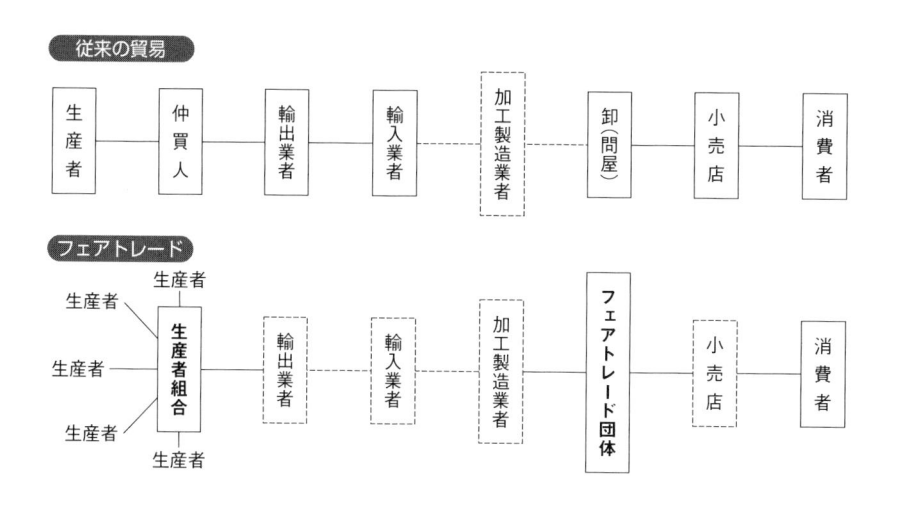

従来の貿易

生産者 — 仲買人 — 輸出業者 — 輸入業者 — 加工製造業者 — 卸(問屋) — 小売店 — 消費者

フェアトレード

生産者・生産者・生産者・生産者・生産者 → 生産者組合 — 輸出業者 — 輸入業者 — 加工製造業者 — フェアトレード団体 — 小売店 — 消費者

　二つを比較すると、まず従来の貿易では生産者が個々に取引（生産物の販売）することが多いのに対して、フェアトレードの場合は組合等を組織して集団で取引するのが一般的である。立場の弱い生産者が一人で買い手に向き合うのと、皆で結束して対峙するのとでは、価格交渉力に大きな差が出てくることは読者も容易に想像できるだろう。

　次に、従来は生産物を売る相手が仲買人であることが多かった。次節で詳しく説明するように、貧しい生産者は市場まで持ち込む力がないからである。買い手を選べない生産者にとって仲買人は絶対的な存在で、弱みにつけこんだ仲買人は「買い叩く」。生産物が輸出業者に渡るまで、仲買人が一回だけでなく、二回、三回と入ることもある（村レベル、地域／地方レベル、国レベル等）。それに対してフェアトレードの場合、生産者組合は仲買人を通さずに生産物を売ることができる。力をつけた組合の中には、自らが公正な仲買人の役割を果たしたり、輸出業務まで行ったりするものもある。

　従来の貿易では、仲買人に買い取られた生産物は輸出業者、輸入業者の手を経て先進国内に入ってくる。それに対してフェアトレードの場合、生産者組合が輸出業者を通さずに輸入業者へ売ったり、フェアトレード団体に直接売ったりすることが多い。生産者組合が自ら輸出業務を行ったり、フェアトレード団体が輸出入業務を行ったりするからである。

加工製造を必要とする産品の場合、フェアトレードであっても製造業者はたいてい関わってくる（製造業者が途上国の業者の場合もある）。が、例えばコーヒーの場合のように、フェアトレード団体や時には生産者組合自身が焙煎（＝加工製造）を行うケースもある。

　先進国内では、加工製造された産品が小売店に並ぶまで、通常は卸業者（問屋）が介在する。それも、二次問屋、三次問屋といったように、二度、三度と問屋の手を経ることもある。それに対してフェアトレードの場合、問屋が介在することはほとんどない。かつては小売業者も素通りして、フェアトレード団体が自らの店やカタログ、インターネットなどで直接消費者に販売するのが普通だった。最近はフェアトレード産品等に特化したフェアトレード・ショップや健康／エコ商品ショップに卸したり、スーパー等に卸したりするのも珍しくない。

　以上のように、フェアトレード団体は貿易（途上国からの輸入）を行うだけでなく、生産者の組織化（組合作り）や生産能力向上に携わったり、さらには製造、卸、小売等に関わったりと、幅広い活動をするようになっている（どこまで関わるかは団体によって異なる）。生産者側も作って売るだけでなく、仲買、輸出、製造等に関わるようになってきている。このように、かつては、生産者は産品を生産し、フェアトレード団体はそれを買って消費者に売るという簡単な図式だったが、今日は複雑化してきている。

　いずれにしても、フェアトレードが従来の貿易と大きく違うのは、産品が生産者から消費者に届く間の介在者を極力減らすことで中間マージン（悪く言えば中間搾取）を最小限にし、生産者の取り分を多くするとともに、生産者と消費者の間に密な関係、「顔の見える」関係を築くことにある。それは、両者を結びつけることによって、「商品」を「産品」に変えると言っても良いだろう。

２　なぜフェアトレードなのか

　では、フェアトレードがそもそもなぜ必要とされるのか、また近年フェアトレードへの関心がなぜ高まっているのか、その要因を見ていくことにしよう。それは、国内的な要因と国際的な要因に大別することができる。

🏉 途上国内の要因

❶仲買人による買い叩きと支配　フェアトレードがなぜ必要とされるかを理解するには、まず途上国の生産者の状況を知る必要がある。

彼らが貧しさから抜け出せない理由は多々あって、それを論じるだけで分厚い本が一冊書けてしまうが、大きな理由の一つに「仲買人による買い叩きと支配」がある。豊かな生産者であれば、生産物をトラックに乗せて町や都市の市場に運んでいける。市場には多数の買い手がいて、その中から一番高値をつけた買い手に売ることで利益を最大化できる。

ところが、貧しい生産者の場合、トラックはもとより馬やロバといった「原始的」な運搬手段さえ持っていないことも珍しくない。あるのは身一つ。自分で背負って市場まで運んで行かねばならない。町や都市の近くに住んでいればともかく、遠く離れた、ひと山もふた山も越えて行かねばならないような所に住む生産者は、それすら不可能である。筆者が以前訪れた南アフリカの村は丘の中腹にあって、すぐ眼下に町を見ることができるのだが、町へは細くうねった道を行かねばならず、たとえトラックがあっても町まで生産物を運び出すのは不可能に近かった。

遠隔地の貧しい生産者は、いきおい、村まで買い付けに来る「仲買人」に頼らざるをえない。しかも、仲買人間に縄張りや棲み分けがある場合は仲買人を選べない。バナナのような腐りやすい農産物は、早く売らなければ市場価値がゼロになってしまうため、別の仲買人を待っていられない。コーヒーのような貯蔵が利く農産物ならば、売り急がずに端境期を待って高く売れるが、貧しい生産者には貯蔵施設を作ったり、端境期まで待ったりする経済的余裕などない。彼らはまた社会的に孤立しているため、高圧的な仲買人に一人で立ち向かわねばならない。

そうした生産者の弱みにつけこんで、仲買人は徹底的に「買い叩く」。現金がノドから手が出るほど欲しい生産者は、たとえ生産コスト割れの価格でも泣く泣く言い値で売らざるをえない。そこに、詐欺的な手口が追い打ちをかける。貧しい生産者は教育らしい教育を受けておらず、読み書きや計算が苦手だ。それをいいことに、仲買人は生産者に不利な契約書にサインさせたり、計算や計量をごまかしたりして支払いを減らす。上質な生産物であっても難癖をつけて

買い叩く。情報格差も最大限利用する。国際市場で価格が上がっていてもそれを隠し、時には下がったなどとウソをついて、まさに「濡れ手に粟」のボロ儲けを企むのだ。

　生産者にとっての悲劇はそれで終わりではない。泣く泣く売って得たお金でしばらくの間は生活していけるが、次の収穫期まではとてももたない。出稼ぎに行くなどして何とか食いつなぐのだが、仕事があるとは限らず、あっても低賃金だ。身内に病人やケガ人が出たり、冠婚葬祭などがあったりしたらとても足りない。誰かから借金をしなくてはならないが、貧しい農民に貸してくれる者など周りにはいない。仲買人を除いては……。

　善意で金を貸す仲買人を探すのは不死の薬を求めるほどに難しい。相手の弱みをつくのに敏な仲買人は、年利100％、200％といった高利を平気でふっかけてくる。それでも、他に頼るあてのない貧農は、無理を承知で借りてしまう。

　だが、一度高利に手を出したら後は借金地獄へと急斜面を滑り落ちていくだけだ。そして、膨れ上がる借金のためにますます仲買人の言いなりにならざるをえない。仲買人は、借り手が窮した時に小金や物を与えて「救い神」を演じることもある。自らへの反感を和らげる意味もあるが、それよりも、借り手がつぶれて搾り取れなくなったら元も子もないからである。まさに、貧農を「生かさず殺さず」の状態に置き、ずっと搾取し続けるのが彼らの手口である。それにはまった貧農は、「生殺与奪」の権を握られた「債務奴隷」と呼んでも過言ではない。

　すべての仲買人があくどいわけではないが、多くの場合、詐欺師、高利貸しの一人三役を演じて立場の弱い生産者を二重三重に苦しめてきた。貧農を骨までしゃぶりつくす仲買人は、中米では「コヨーテ（オオカミに近いイヌ科の野生動物）」と呼ばれている。鋭い嗅覚と、狙った獲物を逃がさない執拗さを兼ね備えた狩の名人になぞらえたのは、言いえて妙である。メキシコの場合、コヨーテは主として大土地所有者や地方商人だという。彼らは買入れや高利貸しだけでなく、輸送システムを握り、村一番の商店を経営するなど、村の経済をほぼ完全にコントロールしている。したがって貧農は、資金、販売、輸送、購入など、ほぼ全面的にコヨーテに頼らざるをえない状況に置かれているのだ。

　以上見たように、零細な生産者は、運搬・貯蔵手段の欠如、買い手市場、売

り急ぎ、社会的孤立、読み書き計算といった基礎的能力の欠如、情報格差、借金苦、といった様々な困難にさいなまれ、仲買人につけこまれているのである。「貧困の罠」にはまり、搾取され続ける零細な生産者を解き放つべく、フェアトレードは始まった。公正な対価に加えて前払をするのは、売り急ぎや借金地獄に陥らないようにするためであり、能力強化・エンパワメントを支援するのは、情報格差や社会的孤立をなくし、マネジメント力・交渉力を強化するためであり、社会開発／地域開発を支援するのは基礎的能力の欠如や輸送・貯蔵手段の欠如に対処するためである。

❷**劣悪な労働環境**　労働者の場合はどうだろうか。フェアトレードが対象とするのは、主としてバナナや紅茶、綿花、花などを栽培する大農場（プランテーション）の労働者である。そこでは、労働者が劣悪な条件・環境で酷使されてきた。賃金は法定最低賃金を大きく下回り、労働基準に反する長時間労働や深夜・休日労働も日常茶飯事である。先進国では当たり前の労働基本権（団結権、交渉権、ストライキ権等）も有名無実で、制限されている場合もある。

　年端のいかない子どもたちを働かせる「児童労働」も珍しくない。子どもたちは、体力的には劣るものの、従順でまじめに働き、何といっても安く雇えるからだ。貧しい家庭としても、戦前の日本がそうだったように、子どもたちに家計を助けてもらう必要があり、期せずして需要と供給が一致する。教育を受けずに育った子どもたちは貧しい労働者として一生を送らざるをえず、そうして貧困が子々孫々へと「相続」されていく。

　児童労働以外に「債務労働」の問題もある。貧しさから、子どもに限らず大人（特に女性）までもが口減らしや家計のために売られていく。貧困家庭には、何年分かの賃金が前払されることでまとまったお金が手に入る。「借金のかた」に取られた子どもや女性は、借金分を返すまで農場や工場、鉱山で働かねばならない。本来なら、前払された期間勤めあげれば自由の身となれるはずなのだが、間に入るブローカー（人身売買の仲買人）や雇い主側は、法外な利子を課したり、旅費、居住費、食費、光熱費など様々な経費を過大に請求したりするため、債務のくびきから逃れることは絶望的だ。あるいは半永久的に働かされ、あるいは債務を「相続」した子どもが生まれながらにして児童労働を運

命じられることになる。

　別の問題もある。先進国ではとうの昔に使用禁止になった農薬が散布され（時には飛行機を使って作業中の労働者の頭上から農薬が降り注がれる）、労働者にはロクな防具も提供されない。健康を害したり、ガンなどを発病したり、異常出産に見舞われたりするのは労働者だけではない。危険な農薬や薬品が地下水や川に入り込んで、近隣や下流の人々や生態系にまで害を及ぼすこともある。また、十分な安全対策を取らずに機械操作や高所での作業をさせて産業事故を生じさせることもある。そうして病気やケガをしたり、命を落としたりしても、労働者や遺族にまともな補償が行われることは稀である。

　以上のような状況に対してフェアトレードは、労働者の権利や良好な労働環境を保障し、児童労働を制限し（一定年齢未満の労働は禁止し、それ以上の年長児童は労働時間等を制限する★）、債務労働を禁止し、農薬の使用や危険な労働を禁止／制限して、労働者の命と生活を守ろうとするのだ。

> ★　全面禁止としないのは、児童の手助けなしには家計が維持できないという現実があるからだ。全面禁止は逆効果でさえある。紅茶農場での児童労働が禁止されているスリランカでは、親元を離れて家事奉公人として働きに出された児童が一層ひどい搾取や危険な目にあっているという。

❸**政府の腐敗と後退**　　今日では、途上国でも労働関係の法律は一応整備されていて、最低賃金や労働基準の定めがない国などないに違いない。したがって、問題は法や基準が守られていないことにある。原因の一つは行政能力の弱さ——違反を見つけたり、なくしたりするのに必要な人員・態勢が不十分——にある（日本でさえ偽装請負や派遣切りへの対応能力は恥ずかしいほどに貧弱だ）。しかし、それ以上に大きな要因は、法や基準を遵守させる政治的意志が欠如していることにある。

　大農園主ないし大地主はその国の特権階級、いわゆるエリート層（実権・特権を握っている者という意味）に属しているのが常だ。地方の名士である彼らは、地方議会や国会の議員をはじめ、知事や大臣、時には首相や大統領にまでなって政治の実権を握っている。経済面でも、農業から製造業、銀行業に至るまで主な産業を支配下に置き、有力ファミリー同士、婚姻関係で密接に結びついている。そうした中で、大農園主が法や基準を犯したとしても、政府が「仲

間うち」の違反を追及する政治的意志を持つことなど「ありえない」話である。議会や政府が当てにならないならば裁判に訴えて、と思われるかもしれないが、裁判官も政治的な任命であったり、エリート層から買収されたりで、とても司法に正義を期待できないのが多くの途上国の現実である（正義を貫き通そうとする裁判官には身の危険が及ぶこともある）。

　零細な生産者の窮状に対しても途上国政府の多くは冷淡である。彼らを守ったところで特権階級が得るものはほとんどない。それどころか、自営農や小作農（大地主から土地を借りて耕作する農家）の境遇改善に手を貸して彼らが力をつけることにでもなれば、自らの地位が危うくなってくる。仲買人たちも心得たもので、詐欺的行為や法外な高利が摘発されないよう、地域の警察や政治ボスに「鼻薬」を嗅がせることを怠らない。

　そうした政治的意志の欠如や腐敗に加えて、1980年代以降は、後述するネオリベラリズム（新自由主義政策）のグローバルな広がりが途上国の零細な生産者／労働者を痛めつけることになった。多くの途上国は、政府の放漫経営や経済政策の失敗によって国家財政が「火の車」状態に陥った。それを是正するために国際通貨基金（IMF）と世界銀行（世銀）が処方したのが「構造調整政策（SAP）」である。その処方箋は、緊縮財政、市場原理の導入（諸規制の撤廃）、民営化、市場開放、輸出促進など多岐にわたっていて、それぞれが弱い立場にある人々の生活を脅かした。中でも零細な生産者に大きな影響を与えたのが「マーケティング機構（Marketing Board）」の解体・縮小である。

　マーケティング機構というのは、主として農産物の流通を管理する仕組みで、早くは植民地時代に導入され、独立後も途上国の公的機関（公社など）が引き継いで運営してきた。その目的は、主要生産物を公的機関が一定価格で買い上げ、国内流通と輸出を統制することによって、生産者の生活を安定・向上させるとともに、政府の収入源を確保することにあった。政府が買い入れ価格を定めて買い上げることで、国際価格の乱高下や豊作・不作といった激変が生産者に与える影響を緩和することができた。マーケティング機構はまた、生産者に肥料や農薬などを安く提供したり、資金を融資したり、生産技術や病害対策を伝授したりする役割も果たしていた。

　マーケティング機構が行ってきた買い上げと流通の独占は、国家による市場

への介入の最たるものであることから、市場原理主義を貫くネオリベラリズムの「目の敵(かたき)」にされ、IMF・世銀の圧力★の前に解体・縮小されていった。マーケティング機構にも問題がなかったわけではない。買い上げ価格を意図的に低く抑えたり、売上から徴税したりと、特権階級の支配下にあるマーケティング機構が生産者を公的に「搾取」する面も合わせ持っていた。それに加え、非効率性や腐敗の問題も抱えていた。マーケティング機構が解体・縮小（独占の廃止を含む）されたことで、生産者が自由市場で高く売れる機会が増えたケースもあった。

> ★ IMF・世銀が強い力を持つのは、通貨危機や経済危機に陥った途上国に対して先進国側が融資や援助を行う際の「仕切り役」を果たしているからである。両者の要求する「構造調整」が耐え難い苦痛をもたらす劇薬であっても、それを飲まないと先進国からの融資や援助が止まり、途上国はたちまち破綻の危機に瀕してしまうのだ。

マーケティング機構という「防波堤」を失った生産者は国際価格の乱高下や剥き出しの自由競争にじかにさらされることになった。肥料や農薬は市場価格で買わざるをえず、融資や技術的なサポートも得られなくなった。さらに深刻なのは、零細な生産者が公的な買い手を失って、あの仲買人に全面的に頼らざるをえなくなったことである。こうしてマーケティング機構の解体・縮小は、零細な生産者を一層窮乏化させることとなった。

ネオリベラルな政策のうち、労働者への影響が大きかったのが「柔軟な」労働政策である。途上国政府は外国企業の自由な活動と外貨を稼ぐための輸出振興をIMF・世銀から迫られた。現実問題としても、超国籍企業（TNC）が世界貿易への支配力を強める中で、TNCが張りめぐらす貿易ネットワークに乗り遅れることは、世界貿易から取り残されることを意味していた。そこで途上国政府は、外国企業、特にTNCの誘致を競うようになった。その際、政府が自国をより魅力的な投資先として売り込むために採ったのが「柔軟な」労働政策である★。

「柔軟な」というと聞こえは良いが、その中身は労働条件の切り下げ以外の何ものでもなかった。外国企業を受け入れる輸出加工区では、労働者の団結権や団体交渉権を制限したり、賃金や社会保障に関する法の適用を除外したり、違法労働行為を黙認したりと、事実上、途上国政府は自国の労働者を外国企業

に「安く売り渡した」のである。その背景には、拒絶しがたいIMF・世銀の処方箋に加えて、途上国エリート層と外国企業の癒着・結託もあった（外国企業に便宜を図る見返りに自らも甘い汁を吸う）。

> ★ 「柔軟な」労働政策は途上国の専売特許ではない。日本でも小泉政権のもと、派遣労働の全業種への解禁をはじめとする雇用の非正規化と労働条件の切り下げが急速に進んだ。そこでの殺し文句は「グローバルな競争に打ち勝つため」である。民主党政権になって派遣労働等を規制する方向に向かっているが、日本の産業界は「労働コストが上がると海外に生産拠点を移さざるをえなくなる」と反対している。それはまさに、外国企業が途上国政府に脅し半分で言った殺し文句と瓜二つである。「柔軟な労働政策を採らないなら他国に生産拠点を移しますよ」と。

フェアトレードは、自国の零細な生産者／労働者のことなどほとんど意に介さない腐敗した途上国政府に代わって、彼らの生活と権利を守るために活動する。生産者や労働者を組織化して交渉力を高める活動などは、特権階級の利益に反することから、妨害を受けることも多く、「命がけ」ですらある。メキシコのコーヒー生産者組合では何人ものスタッフが命を落としたという。

マーケティング機構という盾を失った零細な生産者は、グローバル経済の荒波をまともにかぶるようになった。価格は乱高下し、生活は不安定となり、先を見通すことができなくなった。安くても確実に買ってくれた公的機関の代わりに、コヨーテに我が身を委ねざるをえなくなった。生産者の人々が望んでいるのは一時的な大儲けやぜいたくな暮らしではない。人間らしく生きられ、先を見通した生活設計ができる確かな収入なのである。フェアトレードはそうした期待に応え、景気や為替の変動に関係なく、人間らしい生活ができる価格を常に保証する。

「柔軟な」労働政策によって、基本的な権利を棚上げされ、労働条件を切り下げられて、生活が極度に不安定化した途上国の労働者。それに対してフェアトレードは、労働が商品ではないことを主張し、最低賃金以上の賃金と良好な労働条件を約束し、人間としての尊厳を保障するのである。

🔖 国際的な要因

❶一次産品価格の長期下落と乱高下　　発展途上地域は、先進工業国が必要とする原材料や嗜好品（コーヒー等）を供給する基地として、また、先進国が作っ

た工業製品を消費する市場として、植民地時代から今日に至るまで国際社会に組み込まれてきた。そして多くの地域は、宗主国ないし先進国が必要とする限られた数の一次産品（農産物や鉱物）の生産に特化させられてきた。いわゆる「モノカルチャー」である。

　一例を挙げよう。チョコレートで有名なガーナは、独立前の1948年時点で輸出の76％をココアが占めていた。フランス領赤道アフリカ（現在のガボン、コンゴ共和国、中央アフリカ、チャド）は、同じく輸出の52％を綿花が占めていた。北ローデシア（現在のザンビア）は輸出の85％を銅に、ガンビアに至っては輸出の90％を落花生だけに頼っていた。

　独立後、生産の多様化や工業化によって主要一次産品への依存度は下がってきている。それでも、ガーナは今も輸出の24％をココアに、チャドは37％を綿花に、ガンビアは20％を落花生に依存している。中にはニアサランド（現在のマラウィ）のように、輸出に占めるタバコの割合が1948年に54％だったものが、今では59％へとかえって依存度を高めているケースさえある。エチオピアは今も輸出の62％をコーヒーに、カリブ海の島国セントルシアは54％をバナナに、南太平洋に浮かぶニウエは71％をココアに頼っている。輸出額の40％以上を一品目に頼る途上国は今でも42カ国に上る。

　一国の経済を一、二品目の産品に頼るのは危なっかしい限りだ。1990年代からは投機マネーが大量に流入し、一次産品をギャンブルの対象にしてしまった。投機は、ただでさえ不安定な一次産品価格を一層大きく変動させる。

　価格の乱高下と並んで問題なのは、一次産品の価格が長期にわたって下落し続けていることである。1970年代から2008年までの主な農産物価格の推移を示した表を見て頂こう（次頁）。

　これを見ると、すべての品目で価格が長期的に下落していることが分かる。国際価格は2001年前後に底を打った後少しずつ持ち直し、中国・インドなど新興工業国の旺盛な需要と投機マネーによって近年大幅な上昇を見せている（その後サブプライムローン問題に端を発した世界規模の金融・経済危機によって再び急落）。とはいえ、1970年代から2007年の間に、最も下落率の低いバナナでも25％下落し、多くの品目は70％以上も下落した。つまり、30年あまりの間に価格が4分の1ほどになってしまったのである★。

農産物価格の推移

	単位	1970年代	1980年代	1990年代	2000〜05平均	2003年	2005年	2007年	2008年8月	2007/70年代
コーヒー	¢/lb	322	215	109	56	49	79	89	131	0.27
紅茶	$/kg	—	3.14	1.96	1.52	1.41	1.44	—	—	0.46*
ココア	¢/lb	252	154	70	61	75	62	74	—	0.29
バナナ	$/ton	746	675	559	476	351	532	562	799	0.75
砂糖	¢/lb	37.27	18.91	12.13	7.51	6.63	8.72	8.36	8.5	0.22
綿花	¢/lb	201	121	82	52	64	50	61	69	0.30
ジュート	$/ton	1,087	599	380	269	226	256	277	510	0.25
サイザル麻	$/ton	1,578	997	802	693	654	780	813	—	0.52

出典：FAO（2009）
注：¢/lb は米セント／ポンド、$/kg は米ドル／キログラム、$/ton は米ドル／トン。価格はすべて実質価格で、2000年が基準年。
＊紅茶に関しては 2005／70年代。

★ 長期下落の要因は様々だ。①価格が下がったり所得が増えたりしても一次産品への需要は大きく増えないこと、②需要の増減に対応した機敏な生産調整が難しいこと、③他の産品への切り替えが難しいこと、④価格の下落分を増産によって補おうとして悪循環に陥ること、⑤技術革新の余地が少なく付加価値をつけにくいこと、⑥人工化合物で代替されやすいこと、⑦TNC による市場の寡占が進んでいること、などが挙げられる。

このように、生産者は国際市場の荒波に揺られ、少し浮かんでは大きく沈みを繰り返して、手取りを大きく減らしてきているのだ。自分の収入が、例えば5％アップと20％ダウンを繰り返して4分の1にまで減っていくとしたら、どれだけ生活が不安定で苦痛に満ちたものになるか、読者の皆さんも想像がつくだろう。木の葉のように揺られて深みに落ちていく零細な生産者に手を差し伸べ、公正な価格を長期間保証し、自らの力でより良い明日を築く手段を提供するのがフェアトレードなのである。

❷国際商品協定の崩壊　一次産品価格の乱高下と長期的な下落を防ぐ国際的な試みは、実は早くから存在していた。1920年代に世界を襲った農業恐慌と大恐慌によって、小麦・砂糖・コーヒー・紅茶・スズ・ゴム等の価格が暴落し、先進国内および植民地の生産者は大きな打撃を受けた。それに対してアメリカをはじめとする先進諸国は、それらの産品について「国際商品協定」を結び、価格と生産者の生活の安定を図ったのである★。

★　当時アメリカは、国内でも、農業生産の統制と過剰生産物の政府買い上げによる価格支持（農業調整法）や企業の適正な利潤と労働者の適正な賃金の確保（全国産業復興法）など、立場の弱い生産者や労働者を保護するニューディール政策を推進していた。

　第二次世界大戦による中断の後、国際商品協定は装いを新たに再出発した。IMF、世銀とともに戦後の国際経済システムを担うことが予定されていた「国際貿易機関（ITO）」設立のためのハバナ憲章は、経済格差の是正に向けて途上国が一定の保護主義政策を採るのを認めるとともに、一次産品の小規模生産者の保護と国際商品協定の実現をうたった。ケインズが提唱したITOは英米議会の反対で「死産」に終わったが、ハバナ憲章の精神に則って、小麦・砂糖・コーヒー・スズ・オリーブ油について、途上国も参加した国際商品協定が新たに結ばれた。

　国際商品協定には様々なタイプがあったが、一般的には、あらかじめ公正／適正と思われる価格帯を設定して、市場価格がその価格帯を上回って高騰したり、下回って暴落したりするのを防ぐことに大きな狙いがあった。高騰と暴落を防ぎ、価格を安定させることで、生産者／国と消費者／国の双方の利益を守ることを目的としていた。価格を安定させる方法としては、①一次産品の供給過剰ないし過少を調節するための「緩衝在庫」★、②供給過剰を防ぐための「輸出割当」、③協定非加盟国からの「輸入制限」、といったメカニズムが採られた（どれを採用するかは協定によって異なる）。

★　市場価格が価格帯を下回った時（＝供給過剰の時）は市場から産品を買入れてそれ以上の下落を抑え、逆に上回った時（＝供給過少の時）は市場に放出してそれ以上の上昇を抑えるクッション（緩衝）役の在庫のこと。

　1964年には、途上国側の要求で第1回の「国連貿易開発会議（UNCTAD）」が開催された。そこで途上国が求めたのは、「援助ではなく貿易（Trade, not Aid）」だった。つまり、お情けとしての援助ではなく、「公正な貿易」を通した自立的発展を希求したのである。そしてその実現のために、①国際商品協定の締結（一次産品の価格を公正な水準で安定させる）、②特恵関税（途上国の工業製品・半製品への関税を特別に低くし、先進国市場で売れるようにする）、③資金の供与（途上国の工業化に必要な資金を先進国が供与する）を要求した。

　オイルショックの余韻冷めやらぬ1974年に開催された「国連資源特別総

会」では、数と勢いに勝る途上国側が先進国を攻め立て、「新国際経済秩序樹立」宣言と行動計画を採択させた。それには、国際商品協定の早期実現、一次産品生産国カルテルの推進、天然資源恒久主権の確立、輸出品価格と輸入品価格の間の公正・平等な関係の確立（いわゆる価格リンク）、多国籍企業活動の規制・監視などが盛り込まれていた。

さらに1976年の第4回UNCTADでは、「一次産品総合プログラム」が採択された。これは、途上国の関心が高い18品目★について総合的に解決する道筋をつけようとするもので、緩衝在庫を設立・運用するための「共通基金」を創設することを主な柱としていた。

> ★ コーヒー、ココア、紅茶、砂糖、バナナ、植物油（オリーブ油等）・油糧種子（油をとるための種子）、綿花・綿糸、ジュート、硬質繊維、天然ゴム、熱帯木材、食肉、スズ、ボーキサイト、銅、鉄鉱石、マンガン鉱、燐鉱石の18品目。

そうした一連の動きを受けて、国際ココア協定（1973年）、国際天然ゴム協定（1980年）、国際ジュート協定、国際熱帯木材協定（ともに1984年）が締結された。しかし、途上国が一次産品問題を解消する足掛かりを得たのも束の間、オイルショックから立ち直った先進国側が巻き返しに出た。折しも先進国内では、市場原理を最優先するネオリベラリズムが力を持ち始め、それを基本政策とする政権がイギリス（サッチャー）、アメリカ（レーガン）、ドイツ（コール）、そして日本（中曽根）にも誕生した。

市場への政府の介入を忌み嫌うネオリベラルな政権にとって、市場価格を操作し、安定させようとする国際商品協定は受け容れ難いものだった。資金面で国際商品協定を支える先進諸国は、協定の骨抜きにかかった。1985年には国際砂糖協定から、89年には国際コーヒー協定と国際ココア協定から輸出割当を削除するのに成功した。国際スズ協定は、輸出割当に反対するアメリカが脱退したため1985年に財政が破綻し、89年に消滅した。国際天然ゴム協定は何とか緩衝在庫を維持し続けたが、99年に失効・消滅した。このように、1980年代の終わりまでに、ほとんどの国際商品協定は破綻・消滅の憂き目にあうか、すっかり「牙（価格を安定させる仕組み）」を抜かれ、去勢されてしまったのである（1984年の国際ジュート協定、国際熱帯木材協定からは、初めから価格安定メカニズムが排除されていた）。

ネオリベラルな先進国政府が一次産品市場の安定に背を向けたことで、価格は急降下した。コーヒーの価格は、89年に輸出割当が削除されたことで瞬く間に半分になり、さらに4分の1にまで落ち込んだ。先進国政府が市場原理主義を振り回して一次産品価格を下落するに任せ、零細な生産者を極度の飢えと貧困に追いやっていく中で、政府に代わって人々に人間らしい生活を保障する仕組みを創り出したのがフェアトレードである。

❸**ネオリベラリズム（新自由主義）**　1920年代まで主要各国は、アダム・スミス以来の「自由主義（古典派）」経済政策を採っていたが、世界恐慌の発生によって大きく方向転換した。それ以降は、不況・失業・貧困を克服すべく、積極的な財政金融政策や社会保障政策を打ち出し、経済活動に一定の規制を加え、労働者の権利を強めるといったケインズ流の経済政策へと舵を切った。そうした「修正資本主義」政策は1960年代まで世界の主流をなしていた。

しかし、積極的な経済政策が財政赤字や行政の肥大化を招き、さらに1970年代、オイルショックなどによってインフレと不況が同居するスタグフレーションが進行するに及んで、各国は新古典派経済学に基づく「ネオリベラリズム」経済政策を採用するようになった。かつての自由主義への回帰である。その典型がイギリスのサッチャリズムであり、アメリカのレーガノミックスだった。

ネオリベラリズムは、ひと言でいえば市場の働きを万能視し、市場での自由競争こそが経済の効率化、活性化、そして成長を実現すると唱え、市場への政府の介入を極力抑制する考え方である。その処方箋に従って、各国は公営企業の民営化や規制緩和、歳出削減、労働の柔軟化などの「構造改革」を推し進めた（日本でも中曽根政権下で国鉄民営化、小泉政権下で郵政民営化・派遣労働の解禁などが行われた）。

アメリカの首都ワシントンに本部を置くIMF、世銀、それにアメリカ財務省はネオリベラリズムで意気投合し、いわゆる「ワシントン・コンセンサス」を生み出した。それは、①財政規律（歳出削減）、②民営化、③規制緩和・撤廃、④貿易自由化、⑤輸出の振興、⑥海外直接投資の自由化などからなる。

それらが「構造調整」パッケージとして一律に途上国に処方されたのである。

その結果、マーケティング機構が解体・縮小され、生産者への補助やサービスが打ち切り／有料化され、国内に輸入品が流れ込み、外国企業が進出し、労働条件が切り下げられた。輸出の振興を迫られた途上国は、他に目ぼしい輸出品などあるわけもなく、得意の一次産品を増産して輸出するしかなかった。供給過剰が問題だったところに増産すればどうなるか、結果は明らかだ。一次産品価格は一層下落し、下落分を埋め合わせるには一層増産するという悪循環に陥るだけだった。一国だけならまだしも、同様に輸出振興を迫られた他の国が同じ産品の増産・輸出に励めば、結果は破滅的だった。

　ネオリベラリズムはまた、前述した通り、国際商品協定を崩壊させ、去勢してしまった。国際商品協定という国際的な盾と、マーケティング機構という国内的な盾の両方を失った生産者は、コヨーテが徘徊し、投機マネーという毒矢が飛び交う市場に身一つで放り出されたようなものだった。

　市場での自由競争を通じた効率化と利潤の最大化ばかりを追求するネオリベラリズムは、環境コストや社会コストなどにはほとんど目もくれない。分かりやすく言えば、コストを自分では（わずかしか）負担せず、ツケを環境や他者に回して、儲けるだけ儲けるような行動を奨励するのである。それに対してフェアトレードは、生産・流通コストの中に公正な社会コスト――生産者や労働者が人間らしい生活を送れるだけのコスト――および環境コストをきちんと反映させ、それを受益者（企業や消費者）も負担する仕組みを作り上げようとするのである。

　そもそも、なぜ社会コストを他者――特に零細な生産者や労働者――に押しつけて儲けていられるかというと、それは力関係が対等ではないからである。仲買人や雇い主に不条理な価格や賃金を押しつけられても受け容れざるをえないのは、ひとえに生産者や労働者の立場が弱いからである。ネオリベラリズムは政治的・社会的な力関係のことなど考慮しない（独占・寡占といった経済的な力関係の不平等は効率性の面から規制するが、それすらも弱くなっている）。それに対してフェアトレードは、零細な生産者や労働者の力と立場の強化（＝エンパワメント）に力を入れる。コスト負担の公正化にとどまらず、力関係を対等化し、社会正義の実現を図るのである。

❹北の不公正政策　ネオリベラリズムの信奉者も「公正」を口にする。彼らが彼らなりの「公正」さで一貫しているのであれば、まだ多少は救いがあるのだが、現実はそうではない。

　1995年に創立された世界貿易機関（WTO）では、貿易の自由化が先進国主導で推し進められてきた。先進諸国は途上国市場が閉鎖的であるとして、関税をはじめとする貿易障壁の削減・撤廃を強く要求してきた。先進国の製品が途上国市場に自由に入って競争が起きれば、途上国の経済は効率化し、国民の利益にもなるというわけである。それが正しいならば、その逆も正しい。つまり、途上国の製品が先進国市場に自由に入って競争が起きれば、先進国の経済は効率化し、先進国の消費者の利益にもなるはずだ。貿易自由化が双方向で行われれば、世界経済全体が効率化し、世界中の消費者の利益になるはずだ。

　しかしながら先進国は、途上国には市場開放を要求しておきながら、自らの市場は閉ざそうとする。特に途上国に競争力がある農産物や繊維などの軽工業製品に対して高い関税をかけ、自由に入ってこられないようにしている。先進国が工業製品全体にかける関税は平均3％だが、繊維・衣料品に対しては8％もかけている。日本は、コメに778％、えんどう豆には1083％、コンニャクイモには何と1708％もの関税をかけている。多国間繊維取極（MFA）は先進国に繊維製品の輸入制限を行うのを認めた国際協定で、途上国はその撤廃を強く求めてきた。途上国に対して急速な貿易自由化を要求してきたアメリカは、輸入制限撤廃に10年以上の猶予を要求し、まるで自国を「途上国」扱いするよう求める始末だった。

　それらはすべて、国際競争力を失った自国内の農業や軽工業を守るためである。それは「二重基準」と上品に呼ばれている。相手には厳しく、自分には甘くと、二つの基準を使い分けているからだが、庶民の言葉では「二枚舌」、「手前勝手」と呼んだ方がピッタリだ。二重基準によって途上国は、2000年時点で年に1000億ドル（10兆円弱）もの損失を被っていたという。その額は、当時先進国が途上国に供与していた援助額の2倍に相当する。世銀の調査では、農産物の完全市場開放が行われるなら、途上国は860億ドルの利益を得て、3000万人が極貧から救われるという。つまり、二重基準を取っ払えば、援助など必要ないのである。

先進国は国際競争力を失った農産物の輸入を阻んできただけではない。こともあろうに、途上国に高コストの農産物を輸出してきたのだ。川下から川上へと水を逆流させるような自然の摂理に反したことが、一体どうして可能になるのか。それは補助金の力である。先進各国は政治的な配慮から、農家を守るために多額の補助金を出してきた。農産物を一定価格以上で買い取る「価格支持」がその一つだ。価格が保証された農家は作れば作るほど収入が増えるため、供給過剰が生じる。そこで、国内で余った分は海外に売りさばこうと、今度は「輸出補助金」を出す。二つの補助金で収入を約束された農家は、農産物自体を安く輸出しても元が取れる。こうして先進国は、ネオリベラリズムが信奉する「比較優位」の大原則に逆らって、人為的に自国農産物の国際競争力を高め、途上国に売り込んできたのだ。

　アメリカの綿花生産農家は、生産コストを60～70％も下回る価格で国際市場に売り出し、EUの砂糖（テンサイ栽培）農家も生産コストのわずか4分の1の価格で輸出することができた。そうした「ダンピング輸出★」は当然国際市場価格を押し下げる。2002年の綿花価格は1970年代の6分の1にまで下落した。わずか2万5千のアメリカの綿花生産農家に1軒あたり年15万ドル（1500万円）前後の補助金を出すことによって、輸出の30％を綿花に頼るマリなど西・中央アフリカの最貧国（マリの一人あたりの国民総所得は240ドル）では1000万に上る小規模生産農家が大きな打撃を受けた。同様の目にあった綿花輸出国のブラジルは、不公正な貿易であるとしてアメリカを相手どってWTOに提訴した。WTOは2005年にブラジルの訴えを認め、アメリカに対して輸出補助金の廃止などを求める裁定を出した（それでもアメリカ政府は部分的にしか裁定に従っていない）。

> ★　アメリカは、他国がダンピング輸出をしたと判定すると、その国の製品に「反ダンピング関税」をかけて制裁する。ダンピング（輸出国内での価格以下ないし生産コスト割れの輸出）かどうかの判定の材料に使うのは、たいていの場合、訴え出たアメリカ企業が提供した情報だという。とても客観的とは呼べない情報をもとに「シロ（＝ダンピングでない）」と判定した割合は、1980年代にはわずか5％だったという。自国企業が国際競争力を弱めるにつれ、アメリカ政府は他国の「不公正」貿易を理由に反ダンピング関税を乱発していった。

　先進国による農業保護の全容を見てみよう。UNCTADによると、先進諸国の農業関連分野への支援額（農産物加工への支援を含む）は1996～98年に年

平均3500億ドルに上った。それは途上国の農産物輸出額（1700億ドル）の2倍に相当する。また、経済協力開発機構（OECD）が調べた先進諸国の生産者助成概算額（農産物加工への支援を含まない）は、1986〜88年に年平均2400億ドルだったものが2005〜07年は2600億ドルへと逆に増加している。

このように先進国は、関税、国内価格支持、輸出補助金などを駆使して自国の農業・農家を保護しているのだ（アメリカ農業省によると、農産物貿易を歪めている割合は関税が52％で最も高く、次いで国内価格支持31％、輸出補助金13％だという）。先進国が農業保護に使う公的資金の総額は、途上国に対する援助総額の3倍〜7倍に上る★。言ってみれば、先進国は左手（援助）で少しばかり途上国を喜ばせておきながら、右手（不公正貿易）でその何倍をも奪ってきたのである。

★ 2000年にEUがサハラ以南アフリカ地域に供与した援助は1人あたり8ドルだったのに対して、EU内の酪農家に出した補助金は乳牛1頭あたり913ドルだった。同じ年、日本の同地域への援助は1人あたり1.5ドルだったのに対して、国内への補助金は乳牛1頭あたり2700ドルに上った。

「傾斜関税」の問題もある。傾斜関税とは、原材料から完成品へと加工度が高まるにつれて関税を高くする仕組みのことを言う。例えばEUの場合、食用油の原料となる種子には全く関税をかけない（0％）が、半加工のオイルケーキには3％を課し、完成品の食用油には13％の関税をかけてきた。アメリカは、タバコの葉への関税は28％に抑えているのに対して、完成品のタバコには112％もの関税をかけてきた。日本は、チョコレートの原料になるココア豆には全く関税をかけない（0％）が、ココア・ペーストには10％、ココア・パウダーには19％、チョコレートには21％と、加工度が高まるにつれて高い関税を課してきた。

途上国は、価格が下落する一方の一次産品をそのまま（原材料の状態で）輸出するのではなく、加工してから輸出することでより多くの付加価値を得たいと考えている。そうした途上国の切なる願いと努力に、傾斜関税は冷や水を浴びせかける。加工度を上げて半製品や完成品を輸出しようとしても、先進国の高い関税の壁にはねかえされてしまうからだ。傾斜関税は、途上国に対して半製品や完成品にしようとしても無駄だ、原材料のまま輸出しろ、と言っている

のに等しい。その狙いはもちろん、途上国の工業化を阻み、自国の産業を保護することにある。

　二重基準の例は事欠かない。先に見たようにアメリカは国際商品協定を葬ってきた。協定は生産国と消費国の双方の利益をバランスさせる仕組みであるのに対して、生産国／者の利益だけを図る生産国／者カルテル（生産調整などによって価格を維持する）は、国際商品協定以上に「反市場」的な仕組みである。にも拘らず、アルミニウムの国際価格が下がった1995年にアメリカ政府は、アルミ地金生産で世界一、二を誇る自国企業「アルコア」の要請を受けて、こともあろうに国際カルテルの設立を強力に推し進めたのである（ちなみにアメリカ国内ではカルテル行為は禁止されている）。

　以上のように、先進国は途上国に自由貿易や補助金撤廃を強要しておきながら、自分はというとネオリベラリズムの教えなどどこ吹く風とばかりに、途上国の製品が自由に入らないよう関税障壁を設け、補助金を使って自国農産物を途上国にダンピング輸出し、国際カルテルまで設けてきたのである。

　ネオリベラリズムは自由な競争を何よりも尊ぶ。強者、弱者の分け隔てなく同じ条件で競わせることは、必然的に強い者（先進国）はより強く、弱い者（途上国）はより弱くという結果を招く。そうした「弱肉強食」を当然視する「強者の自由」の論理自体、批判を免れないが、先進国が行ってきたのは、武器を取り上げて丸腰にした弱者を相手に、武装した強者が戦いを挑むようなものである。それは不公正というレベルを超えた、正義にもとる卑劣な行為としか言いようがない。

　それに対してフェアトレードは、弱者には力をつけるまでの間「防具」をつける（関税など一定の保護貿易措置をとる）のを認めることこそ、真の公正かつ正義に叶う貿易であると主張し、貿易ルールの変革を求めるのである。

❺援助の限界・失敗　　もう一つ、フェアトレードの必要性を高めたものに援助の限界・失敗がある。先進国が行う政府開発援助（ODA）は、貧困をなくすことを表向きの理由としているが、実態としては政治的な目的（アメリカの共産主義封じ込め）や、経済的な目的（日本の輸出振興）、文化的な目的（フランスのフランス語／文化の普及）の追求、つまり「国益」のために行われる

ことが多い。

　自国の経済利益追求の道具と批判された日本のODAは、途上国の貧困問題や社会開発を重視したものへと改善されてきたが（その象徴が1999年のODA中期政策）、バブル経済の影響が深刻化するとともに後退し、2003年の新ODA大綱は「国際平和と発展への貢献」と並んで「日本の安全と繁栄の確保」を目的に掲げ、国益追求を前面に押し出して今日に至っている（「途上国の発展」は目的のどこにも見当たらない）。

　援助が自国都合になればなるほど、途上国の発展にプラスとなる可能性は低くなる。援助が途上国の発展を妨げ、零細な生産者を追い詰めることすらある。その典型が「食糧援助」である。大規模自然災害や戦争・内戦といった紛争が起きた時に行われる食糧援助は人々を救い、大きな助けとなる。問題は、食糧援助が「戦略的意図」をもって行われる場合である。

　アメリカの食糧援助は「農業貿易開発援助法（PL480）」に基づいて行われているが、それには4つの大きな目的がある。①余剰農産物の処理、②地政学的な利害の追求（共産主義の脅威への対応）、③人道・開発援助、④アメリカ産農産物の市場拡大の4つである。人道・開発援助以外の場合、援助された国はアメリカから提供された農産物を国内で売り、それで得た資金を積み立てることが義務づけられる。資金の使い方にもアメリカが条件をつける。民間セクターへの政府支援の増大、輸出型農業経済の促進、民営化、価格統制の撤廃など、ネオリベラルな改革を援助の条件とするのである。

　そうした戦略的な食糧援助の結果、途上国では、安く入ってきたアメリカ産農産物に太刀打ちできずに零細な生産者が農業を続けられなくなったり、輸出作物を奨励するために主食の作物の生産が減ってかえって食糧事情が悪化したり、食生活が変化してアメリカ産農産物への依存が深まったり★、といった悪影響が指摘されている。アメリカは「援助」という手段まで使って、自国の農業を保護し、途上国に市場開放を迫ってきたのである。

　　★　日本も戦後の食糧難の時代にアメリカから食糧援助を受け、それで学校給食も始まった。1964年にアメリカの有力上院議員が、「アメリカがスポンサーになった学校給食でアメリカのミルクやパンを好きになった子供たちが、その後、日本をアメリカ農産物の最大の買い手にした」と述べたのは有名な話である。

通常の開発援助の場合はどうだろう。開発援助にも様々なタイプがあるので一般化して言うのは難しいが、全体としてはいわゆる「近代化論」に立脚したODAが主流をなしてきた。それは、産業化、工業化、都市化などを通じて途上国を「近代化」しようとするもので、開発資源を都市部の産業開発に集中的に投下し、経済を成長させることを最優先する。それによって潤うのは都市部の資本家やエリート層（特権階級）だが、経済成長とともに産業の裾野が広がり、雇用や農産物への需要も増えて、零細な労働者や生産者もそのうち恩恵にありつくことができるとする。恩恵が底辺の方へポタポタと「滴り落ちていく（英語で trickle down）」という意味で、「トリクル・ダウン」効果と呼ばれる。

しかし、実際には東アジアを除くほとんどの途上国では、経済成長の甘い蜜は特権階級が吸いとってしまい、零細な労働者や生産者のところまで滴り落ちていくことは稀だった。ほとんどの国で、国内の所得分配状況を表すジニ係数が悪化したことが何よりの証拠である。そうした経験を踏まえ、先進各国は貧困層まで援助が行き届くよう努力を重ねてきたが、それでも「近代化論」的思考を根本から変えるには至っていない。今でも多くの零細な労働者や生産者が援助から「疎外」されているのが現状だ。また、トップダウンを特徴とするODAは、貧困層に届いたとしても受動的な受益者であることを助長し、彼らの自立やエンパワメントを促進することは非常に少ない。

それに対して、草の根で活動するNGO（非政府組織）は貧困層が直接裨益できるような支援を行ってきた。NGOの活動が活発化したのは1970年代からである。「トリクル・ダウン」の効果が思ったように現れず、疎外された人々の基本的ニーズ（BHN：衣食住、基礎教育・医療など）を満たす必要を認識したODA側が、草の根経験が豊富なNGOを使って基本的ニーズの充足に力を入れ始めたことや、ボトムアップの「参加型開発」の有効性・重要性が叫ばれ始めたことが背景にある（人々の参加を促す役割がNGOに期待された）。

NGOによる援助が人々の基本的ニーズを満たすだけでなく、彼らの主体性を強め、自立やエンパワメントを促進してきたことは事実である。しかし、そのNGOとて問題がないわけではなかった。デビッド・コーテンが指摘したように、NGOの活動が人々の間に依存心を生んでしまうことが少なくなかったからだ。

筆者はラオスで3年半、NGOスタッフとして森林保全と自然農業の普及活動に従事してきた。ラオスに赴く前の年にコーテンの著書を翻訳出版し、依存を招く援助の弊害を心に刻んでいた筆者は、依存を生まない（とりわけモノやカネを無償で提供しない）支援に心を砕いた。そのせいで、村人や、パートナーだった県当局者から「日本人のくせにケチだ」と何度言われたか分からない。大盤振る舞いすれば大喜びされ、それこそ鶏や豚をつぶして酒宴祝宴を挙げてくれるのだが、「心を鬼にして」自助自立を求めてきた。

　村人の心の中には、NGOとはいえ「金満国家日本」から来たのだから、何かタダでくれるだろう、何かしてくれるだろうという期待が否応なしに生まれる。そうした期待を払拭するのは至難の業である。ドナー（資金提供者／団体）に活動資金を出してもらった手前、一定期間内に成果を出さねばというプレッシャーもある。何かしてあげないと相手が動こうとしない状況の中で、次第に理想論ばかり言っていられないという心境になってくる。やる気を引き出すために「多少」の資金・物資を出すのも止むをえないか、という心境に追い込まれてくるのだ。自分としては3年半「ケチ」と言われ続け、「必要最小限」の資金・物資の提供にとどめたつもりだが、それでも堤防に開けた針の穴（小さな依存心）が次第に広がって堤防を決壊させないという保証はない。

　自分自身の経験だけではない。NGOの事業評価を何度か委託され、アジア、アフリカ、南米で数多くの現場を見てきた。その中で、人々に「依存症」を生みだしているのではと思わせる事業、NGO自身が支援相手の依存心に悩んでいる事業は、決して少なくなかった。また、「おんぶにだっこ」とまではいかないまでも、NGOが支援をやめたら事業が頓挫してしまう、つまり人々の主体性が弱く、持続性に欠けると思われる事例も少なくなかった。

　それらはある意味、援助というものが不可避的に内包してきた問題とも言える。そもそも援助は、先進国の政府やNGOといった「援助する側」が、途上国の「される側」に資金や物資、技術などのリソースを提供するという、「一方向のギブ（give）」の関係が強いからだ。それに加え、「援助する側」は解決すべき問題の所在も、解決の仕方も知っていて、それを「教えてあげる」という意識が潜在的にせよ強い★。

　★　援助のあり方としてよく引用される「魚を与えるのではなく、魚の取り方を教える」とい

うフレーズにも違和感を覚える。「依存ではなく自立につながる援助」の重要性を言っているのだが、その言い方には、魚の取り方、つまり、どうやって自立したらよいかを援助する側が知っていて、それを教えてあげるという「自らの知的優位」が含意されているからだ。

　「援助する側」、「される側」の「力」関係はというと、「する側」の方が強いに決まっている。立場の弱い「される側」は、リソース（＝力）を持った「する側」の顔色を窺い、内心では違うと思っても言われるままに従い（従わないとリソースがもらえない）、最後は「する側」にお任せ（＝依存）してしまう（その方が本人たちも楽である）。しかもやっかいなのが「善意」である。悪意を持った相手であれば異論を差しはさみやすいが、善意を押し立ててくる相手に異を唱えるのは難しい。善意ゆえに人々を依存させてしまうとも言える。

　もう一つ、「尊厳」の問題がある。援助、それも無償の援助を受ける人の心理は様々で、中には「タダでもらえてラッキー」と喜ぶ人や「豊かな者が援助するのは当たり前だ」と考える人もいるだろう。しかし、筆者が知る範囲では、「援助＝人の情け」に頼らざるをえない自分を情けなく思い、一種の屈辱感を抱く人の方がずっと多いように思う。エンパワメントの視点を持たない援助には、人の尊厳を傷つけるという、目に見えない大きな副作用が潜んでいるのである。

　経済的ニーズへの対応が弱いのも特徴だ。NGOの支援は、教育や保健医療、飲み水といったいわゆる「社会開発」や環境の分野が中心である。NGOに集う人たちは、もともと経済成長第一主義の負の側面に対する問題意識から出発した人たちが多い。経済的な発展ばかりを追い求めた結果、人の心や社会や自然が荒廃してしまったという問題意識はすこぶる健全なものである。そうした問題状況を反面教師として、NGOのほとんどは「物質的な豊かさ」よりも「精神的な豊かさ」に大きな価値を置く。しかし、途上国の貧しい人々は「物質的な豊かさ」への関心の方がずっと高い。好むと好まざるとに拘わらず、消費経済・現金経済が世界の隅々にまで浸透していく中で、貧しい人々は少しでも多く現金を稼ぎ、子どもに少しでもましなものを食べさせ、着させてあげたいと願っている。そうした人々に「精神的な豊かさ」ばかりを訓示しても、右の耳から左の耳へと抜けていくだけだ。

　少しでも多くの現金収入をという人々の願いに、残念ながらNGOは十分に

応えられずにきた。それに真正面から応えたのがバングラデシュの「グラミン銀行」である。貧しい人々の潜在力を信じて1万円前後の少額を融資し（援助ではない！）彼らの自助自立を手助けする手法＝マイクロクレジットは、途上国だけでなく先進国にまで広く普及した。2006年にはその功績が認められて、グラミン銀行にノーベル平和賞が贈られた。

　筆者は20年以上前から創始者のユヌス氏の知己を得て、幾度となく現地を訪れ、親しく話もさせてもらっている。氏の信念は、貧しい人を援助ないし施しの対象とするのではなく、一人の事業家として接し、市場の力を活かして自立していくのを手助けすることにある。グラミン銀行から融資を受けて事業を始め、自立した人たちは、自分の手で成し遂げたという自信と尊厳に満ちあふれている。そうした輝いた姿を、通常の「援助されている人たち」に見たことは残念ながら少ない。

　NGOも1980年代頃から経済的ニーズに応えるべく、「生計向上」の支援に力を入れるようになっている。ただ、必ずしもうまくいっているわけではない。よくあるのは、NGOが「魚の取り方」を教えようとして失敗するケースだ。ケニアでは、NGOが日干しレンガを作って売ることを「提案」し（立場の強いNGOの「提案」には拒否できない力がある）、村人はそれに従ったのだが思ったように売れず、中止に追い込まれたプロジェクトを目にした。市場調査や品質の確保に甘さがあったのだ。

　グラミン銀行の成功に触発されてマイクロクレジットの供与を始めたNGOも多い。だが、そこでもモニタリングや定期返済に甘さがあって行き詰まるケースが少なくない。グラミン銀行には、相手を事業家と見なし、言い訳・言い逃れを許さない厳しさ、プロフェッショナリズムがある（グラミン銀行はNGOではなく、営利銀行として設立・運営されている）。

　それに対してチャリティ感覚が抜けないNGOの場合、借りたお金をちゃんと投資し、きちんと返済するよう強く相手に求めない傾向が強い。相手は「かわいそうな」貧しい人たちだから、というのだが、それは甘やかしであり、アマチュアリズムである。それは相手に、借りたお金は返さなくてもよいといった「モラル・ハザード」をもたらす。ビジネス感覚の乏しいNGOが下手に市場を相手にした活動に乗り出すと、かえって相手に時間や労力をムダ使いさせ

たり(貧しい人々に時間・労力をムダにする余裕はない)、モラル・ハザードをもたらしたりと、負の影響を与えかねないのだ。

それらに対してフェアトレードは、途上国の零細な人々の経済的ニーズに正面から応える。そして、彼らが自らの手で生産し、市場に参加することを通じて自立するのを手助けする。また、途上国の生産者・労働者と先進国の消費者との間に対等な関係を築き、途上国の人々がビジネス的に成功することで、援助では得ることの難しい「尊厳」を自らの力で獲得するのを可能にするのである。

第2章
フェアトレードの軌跡

2003年アジア・フェアトレード・エキシビション
（写真提供：WFTO）

　フェアトレードは、日本では比較的新しい社会現象だが、産声をあげたのは第二次世界大戦直後のことで、以来60年余の歴史を刻んでいる。一口にフェアトレードと言っても、時や場所、目的を異にして自然発生的に生まれ、発展してきた、多様性に満ちた活動・運動であるため、その軌跡を系統だって説明することは容易でない。フェアトレードは直線的な発展を遂げてきたわけではないが、ここでは大きく5つの時期に分けてその軌跡を追ってみたい。

　なお、1980年代までは「オルタナティブ・トレード（Alternative Trade）」という呼び方が一般的だったが、ここでは便宜的にフェアトレードに呼称を統一する。

1 欧米のフェアトレードの軌跡

● 慈善活動としてのフェアトレード（Charity Trade）：1940年代～

　援助活動の多くがそうだったように、フェアトレードも慈善活動として始まった。フェアトレードの60年史をまとめたEFTAによると、第二次大戦直後の1946年、アメリカでフェアトレードは生を受けた。キリスト教メノナイト派の救援開発NGO「MCC」のボランティアをしていたエドナ・バイラーという女性が、プエルトリコの貧しい女性たちの生計を助けようと、彼女たちが織った刺繍製品を持ち帰り、車のトランクに積んで売って歩いたのがフェアトレードの始まりだという。

　1949年にはブレザレン教会が「SERRV」という団体（現存）を組織し、第二次大戦後に難民化したドイツ人（ブレザレン教会はドイツ系）が作った鳩時

計を輸入して売り始めた。1958年には初の「フェアトレード・ショップ」がオープンし、その後全米各地に広がっていった。

　一方欧州では、イギリスを代表する救援開発NGOの「オックスファム」がその草分けといえる。オックスファムは、寄付された古着などの不用品を売って途上国への援助資金を得るオックスファム・ショップを1948年から国内で展開していたが、1950年代後半から支援先の途上国産品をショップで売り始めたのだった。最初に扱ったのは香港の中国人難民が作った針刺しだったという。オランダでは、1959年に設立されたNGOの「SOS（発展途上地域支援財団）」が、1967年にハイチのスラム居住者から木彫品を買って売り始めた。

　以上のように、草創期のフェアトレードは、難民や貧しい人々を目の前の窮状から救おうという、主として人道的な動機に基づく慈善活動として行われたのが特徴である。また、信仰（キリスト教）をベースにしていることも多く（オックスファムもクエーカー派）、教会が活動の拠点となっていた。

　慈善活動としてのフェアトレードは、その多くが開発志向へと変容していくが、今日でも目にすることができる。途上国の窮状を見かねて素人的にフェアトレードを始める場合、チャリティ的であることが今でも少なくない。

連帯活動としてのフェアトレード（Solidarity Trade）：1960年代〜

　1960年代には、志向性を全く異にするフェアトレード活動が登場した。政治的志向性の強い「連帯活動としてのフェアトレード」である。その背景には、1950年代半ばから発展途上地域（いわゆる第三世界）で民族解放や独立を求める運動が活発化したことがある。

　中米ニカラグアでは、キューバの革命の影響を受けたサンディニスタ民族解放戦線が、1960年から親米政権の打倒を目指す抵抗活動を開始した。パレスチナでは、1964年にPLO（パレスチナ解放機構）が組織され、イスラエルの支配に抵抗する民族解放闘争が激化した。人種隔離政策が採られた南アフリカでは、差別・抑圧された黒人による反政府運動が1960年代に活発化した。タンザニアをはじめとするアフリカ南部の新興社会主義国は、1970年代に前線諸国（Frontline States）を形成し、南アフリカやローデシア（現ジンバブエ）の解放闘争を支援した。

1960年代は欧州を中心に学生運動が燃え上がった時期でもあり、権力や体制に反発する若者たちは、国益優先の政府開発援助や多国籍企業による経済支配にも批判の矛先を向けた。オランダでは若者が「第三世界グループ」を組織し、サトウキビ問題をテーマに、先進国による「新帝国主義」や「新植民地主義」への批判を展開した。彼らは「（サトウキビから作った）黒糖を買うことで、先進国政府に圧力をかけ、貧しい国々に豊かさをもたらそう」と訴え、途上国の生産者との連帯を市民に呼びかけた。そして、恒常的に連帯の呼びかけを行う場として、また黒糖や手工芸品などの途上国産品を売る場として「世界ショップ（今でいうフェアトレード・ショップ）」を立ち上げた。

初めてのショップがオープンしたのは1969年で、その後オランダ各地、さらには欧州各地へと世界ショップの輪は広がっていった。世界ショップは、国際的な不正義に反対し、支配・抑圧・差別された国や人々との連帯を推進する場として中心的な役割を果たしてきた。

連帯志向のフェアトレード団体は、1970年代初めには、ポルトガルの植民地だったアンゴラ産コーヒーのボイコット運動を繰り広げた。一方、CIA（アメリカ中央情報局）の支援で親米独裁政権が発足したグアテマラからは、抑圧されたインディオが生産するコーヒーを買い入れた。そのほか、タンザニアからはコーヒー、アルジェリアからはワインやジュース、キューバからはキャンディーなどを輸入してそれらの国の社会主義建設を支援したり、パレスチナからはオリーブ、南アフリカからはロウソクなどを輸入して抑圧された人々の解放を支援したりした。

ややおいて、アメリカでも連帯貿易の芽が吹いた。サンディニスタ民族解放戦線が1979年に政権を握り、社会主義路線を歩み始めたニカラグアに対して、アメリカ政府は右派の反政府勢力を支援し、1985年には経済制裁に踏み切った。あからさまな介入に異を唱えるニューイングランド地方の生協活動家たちは、86年にフェアトレード団体「イコール・イクスチェンジ」を立ち上げ、ニカラグアで進む農地改革や農協運動を後押しすべくコーヒーの輸入を始めた。それに怒ったアメリカ政府は、輸入コーヒーを水際で没収するなど連帯貿易の阻止を図ったが、イコール・イクスチェンジはオランダの団体の協力を得て、経済制裁の抜け道を突いて輸入を続けた（原産地がニカラグアでも、オランダ

で焙煎されたコーヒーはオランダ産として扱うという法の規定を巧みに利用した)。

　このように、他者からの支配に抗して国際社会(主として西側先進諸国)から疎外された国・地域や抑圧された人々と連帯し、政治的なキャンペーンによってそうした国・地域・人々の「解放」を支援するのと同時に、貿易によって経済的に支援しようというのが「連帯貿易」としてのフェアトレードである。

　連帯貿易が生まれ、盛んになった背景には、西側先進国内で沸き起こった1960年代以降の様々な反体制運動(学生運動、公民権運動、反戦運動、反核運動)に加え、ラルフ・ネーダー率いる消費者運動や、ヒッピーに代表される反体制文化ないしオルタナティブ・ライフスタイル運動の広がりと高まりがあった。その後、連帯貿易が下火になった時期もあるが、インドネシア支配下の東チモールやメキシコの先住民族(サパティスタ運動等)との連帯貿易など、その系譜が途切れることはなく、近年はグローバリゼーションが疎外を拡大再生産するに伴って、むしろ連帯志向は強まっているとも言える。

🔖 開発志向のフェアトレード(Development Trade):1960年代〜

　救援開発NGOが始めた慈善的なフェアトレードも、1960年代に転換期を迎えた。それまでのアドホックないし対症療法的なフェアトレードは、持続性に欠けたり、「施し」的な色彩が強いために依存を生み出したりしがちだった。そこでNGOは、人々を「救済」するだけでなく、人々が自らの手で「自立」するのを中長期的に支援する方向性へと舵を切っていった。「開発志向のフェアトレード」への脱皮である。

　生産者の自立と発展のために「開発志向のフェアトレード」が力を入れたのは、組織化と能力強化だった。一人ひとりでは立場が弱い生産者も、協同組合のような組織のもとに結集すれば、交渉力を強めて市場からより多くの果実を得たり、団結して不正義に立ち向かったりできる。共同で物資を購入したり、生産物を出荷したりすれば、生産・流通コストを下げられる。資金等のリソースを持ち寄れば、運搬手段や通信手段を共同で獲得したり、ケガ・病気・冠婚葬祭などでモノいりになった仲間を助けたり(高利貸しに手を出さずにすむ)もできる。組織化に加え、生産者の能力強化も大事である。生産に関わる技術

力だけでなく、組織・資産のマネージメント能力や会計・記録の能力を高めたり、リーダーの指導力を高めたりといった、広い意味での能力強化（キャパシティ・ビルディング）である。

　また、救援開発NGOにとってフェアトレードは、途上国に住む人々の暮らしぶりや置かれた状況を市民に知らせ、国際協力への関与を促す、いわゆる「開発教育」の格好のツールでもあり、NGOの資金源を多様化する手段でもあった。

　中長期的な開発志向のフェアトレードへと方向転換するにつれ、救援開発NGOは「貿易を通じた開発」の持続性・専門性を高めるべく、フェアトレードに特化した組織や事業を設けるようになった。イギリスのオックスファムは、1964年に世界で初めてフェアトレード専門の「オックスファム・トレーディング」を設立し、支援先の国々に専門スタッフを配置し始めた。アメリカのMCCは、バイラー女史が始めた活動を組織の正式事業として採用し、1967年に「セルフヘルプ・クラフト」という自助自立（セルフヘルプ）を支援するプログラムに衣替えした（後に「テン・サウザンド・ビレッジ」に名称変更。今もアメリカを代表するフェアトレード団体）。

　オランダのSOS財団は、1973年にグアテマラの小規模生産者組合からコーヒーを輸入し始めた。ドイツでは、「第三世界行動」という反ODA・連帯貿易グループとSOS財団が出会って、1975年に「ゲパ」という今日のドイツを代表するフェアトレード団体が生まれた。SOS財団はオーストリア、スイスにもフェアトレードの種を撒いていった。

　そのほか、イギリスの「トレードクラフト（設立1979年★）」、「ツイン（同85年）」、アメリカの「グローバル・イクスチェンジ（同88年）」など、初めから開発・自立支援の視点を取り入れた団体が生まれた。それら開発志向のフェアトレード団体は、人権運動、女性運動、労働運動、環境運動などとも連携しながら、今日までフェアトレード運動を牽引してきている。

> ★　トレードクラフトは、生産者の自立を支援するだけでなく、フェアトレードがビジネスとして成り立つことを示して一般企業にフェアトレードを取り入れさせること、つまり、一般企業をフェアトレード企業に転換することを設立当初から目標にしていた点は注目に値する。

　途上国側も受け身だったばかりではない。先進国からの働きかけで設立され

たフェアトレード団体もあったが、内発的に生産者の自立を支援し、フェアトレードを推し進める団体も 1960 年代から生まれていた。それは特にインドで顕著だった（代表的な団体に EMA、SASHA、SILENCE、SKVIS などがある）。インドネシアでも、伝統的な工芸品の生産・販売を通じて人々の生計向上を支援する Perketi という団体が 1975 年に生まれた。

　開発志向のフェアトレードへの移行に伴って、先進国のフェアトレード団体と途上国の生産者団体ないしフェアトレード団体との関係も変化していった。以前は、先進国側の団体が途上国側の団体を「支援してあげる」という色彩が強かったのに対して、互いに対等なパートナーとして尊重し合う関係へと変わっていったのである。南北が対等なパートナーとして取引するという意味で「提携（パートナーシップ）型フェアトレード」という言葉も使われるようになった。

　なお本書では、「提携型」ではなく「連帯型」フェアトレードという言葉を用いる。政治的志向性の強い「連帯貿易」とやや紛らわしいが、その方がフェアトレード団体／市民と生産者の間の関係性をより適切に表現していると考えるからである。

🏷 市場・消費者志向のフェアトレード：1980 年代後半〜

　1970〜80 年代には数多くのフェアトレード団体が生まれ、活況を見せた。80 年代は「売り上げが爆発的に伸び、どんな品質のどんな産品でも売れた」という。しかし、80 年代末になると売れ行きがぐっと鈍り、倒産するフェアトレード団体まで現れた。その原因としては、関税の引き下げ等によって途上国の手工芸品や衣料品が先進国市場に入りやすくなり、多くの小売業が参入して競争が激しくなったことや、製品の安全性や健康への影響に関する基準が厳しくなったこと、80 年代後半の長期不況で消費そのものが落ち込んだことなどが挙げられている。

　が、理由はそれだけではなかった。フェアトレード自体にも問題があったのだ。フェアトレード団体は生産者の利益を第一に考えてきたが、それは裏返すと、もう一方の当事者である消費者への配慮が足りなかったことを意味する。それまで消費者に対する姿勢は、生産者の窮状をつまびらかにし、彼らを取り

巻く不正義を説いて、彼らとの連帯を訴えかけるという「理念先行型」で、「品質」は二の次だった。当時のフェアトレード・コーヒーの味は「顔がひん曲がるほどだった」と言うように、フェアトレード産品は高くてまずい／品質が悪いというのが定評だった。

　それでもなおフェアトレードを支持する層は「経済的に豊かで、教育水準が高く、都会に住む、政治的にはどちらかというと左派の中年層」が中心で、そうした「倫理観の強い消費者」はイギリスでも全人口の5％に過ぎなかった。その層にフェアトレードが一通り浸透してしまえば、後は消費が伸び悩むのも無理ないことだった。倫理的な消費者ですら品質の低さに「一度買っておしまい」という人が少なくなかった。フェアトレードという「大義」の前に、消費者は無理な買い物をさせられていたわけである。

　消費の伸び悩みと落ち込みは、途上国の生産者にとって貧困から抜け出す機会が減少していくことを意味していた。さらに、オルタナティブ性や自己完結性を追求し、「Small is beautiful★」に終始すれば、フェアトレードの恩恵を受けられるのは、たまたまフェアトレード団体と出会えた「運のいい」一握りの人々に限られてしまうことを意味していた。

　　★　イギリスの経済学者シューマッハーが1973年の著作『スモール イズ ビューティフル 人間中心の経済学』（邦訳：講談社、1986年）で打ち出した、物質至上主義や大量生産・大量消費のライフスタイルを批判した概念。

　理念・大義が先行し、生産者やプロセス（搾取なしに産品が作られ流通する過程）を重視するアプローチが大きな壁にぶつかったことで、フェアトレード団体は方向転換を迫られた。より消費者と品質を重視したアプローチへの転換である。それには、品質の向上とともに、世界ショップやチャリティ・ショップ、教会、バザーなどに限られていた販路を拡大し、一般消費者が待つ市場に打って出る必要があった。さらに、一般市場を相手にフェアトレードが「ビジネス」として成り立つことを示すことで、一般企業をフェアトレードに踏み出させようという志向性も生まれてきた。

　1980年代後半といえば、国際協力NGOの間で「スケールアップ」が課題となり始めた時期と重なる。つまり、限られた地域や人々を対象にした小規模な事業に終始していたのでは、途上国の貧困問題を解決することはとてもできず、

「自己満足」的な活動に終わってしまうという認識が広まり、より多くの人々が裨益でき、かつ国際協力のあり方にもインパクトを与えられるよう、事業の規模やレベルを拡大（＝スケールアップ）することが課題となったのである★。

> ★ 国際協力NGOとフェアトレード団体のスケールアップには、受益者を増やすという共通性だけでなく、前者の場合はNGO的な協力形態を公的援助機関や途上国政府に採用させようとし、後者の場合はフェアトレードを一般企業に採用させようとしたという、もう一つの共通性を見ることができる。

市場・消費者志向の新たなアプローチには、大きく次の二通りがあった。一つは、一般市場に参入してビジネスとして成り立つことを示す「フェアトレード企業」の創業である。もう一つは、一般企業がフェアトレードに踏み出すのを促す仕組み「フェアトレード・ラベル」の創設である。

❶ビジネス志向のフェアトレード　フェアトレード企業の先駆的な例は、1991年創業の「カフェディレクト」に見ることができる。同社を創設したのはイギリスの4つのフェアトレード団体（ツイン、オックスファム、トレードクラフト、イコール・イクスチェンジ）だった。彼らがカフェディレクトの創設時から目指したのは、「古い連帯アプローチから意識的に決別して、生産者と消費者の双方とパートナーシップを築き」、「一般市場で、従来の企業に近い環境の中でフェアトレードの原則を実践すること」だった。「品質で納得させることができて初めて消費者の関心をフェアトレードに向けることができる。フェアトレードを前面に押し出したら消費者に関心を持ってもらう可能性は低くなる」というのが同社の広報担当者の言葉である。こうして消費者と品質を強く意識したカフェディレクトは、イギリスのコーヒー市場で第5位のシェアを得るまでに成長し、2007年に行われた市場調査では、並いる有名企業を差しおいて、消費者が推薦するナンバーワンのブランドに選ばれた。

同様の例として1997年創業の「デー・チョコレート・カンパニー（現在名はディヴァイン・チョコレート）」がある。同社はツインとガーナのカカオ生産者組合が共同出資するユニークなフェアトレード企業である。同社もカフェディレクトと同様、初めから一般市場で大手企業（ネスレやキャドバリー）と渡り合う覚悟でフェアトレード・チョコレートを売り出した。消費者や子ども

を引きつける商品作りが功を奏して2003年には黒字化し、07年にはアメリカへも進出するなど市場を拡大している。

1996年には、オランダで「アグロフェア」というフェアトレード企業が生まれた。設立者はオランダの開発NGO「ソリダリダード」と中南米の果物生産者組合で、そこに民間のバナナ熟成企業も出資した。チキータやドール、デルモンテといった超国籍企業がバナナ産業を「上から」統合しているのに対抗して、途上国の生産者の立場に立って「下から」統合しようというのが狙いだった。同社はバナナその他の熱帯性果物を生産者組合から直接買いつけ、「Oke」ブランドでスーパーを通じて積極的に売り出した（ほとんどが後述するラベル産品）。その戦略は当たり、イタリア、イギリス、アメリカにも姉妹会社を設立して世界的な流通網を築くまでになった。

フランスでは1999年に「アルテルエコ」というフェアトレード企業が誕生した。フェアトレードに関心を持つ個人投資家が共同出資して設立した会社で、最初はフェアトレード・ショップを開いたものの二度失敗したことから、大手のスーパー「モノプリ」と組んでビジネスライクにフェアトレード食品を売り込む戦略へと方針転換した。フランスで成功を収めたあとアメリカ、オーストラリアに進出し、現在ではブラジルにも進出して途上国でのフェアトレード市場開拓に力を入れ始めている。

2003年には同じくフランスで「エティカブル」という生産労働者協同組合が設立された。フランス最大のスーパー「E.ルクレール」やスイスのチョコレートメーカーと組むなどして、設立からわずか5年の2008年には、フランスで最大の売上を誇るフェアトレード企業へと成長した。

このように、従来の狭小な「倫理観の強い消費者」市場から踏み出して、より広い市場に打って出る流れがフェアトレード界に生まれ、広がっている。とりわけ1990年代後半以降は、アグロフェアのように、大手流通業と組んで積極果敢なマーケティングを繰り広げる、よりビジネス志向の強い「新世代」のフェアトレード企業（別の言い方をするとフェアトレードとビジネスのハイブリッド企業）が力を伸ばしている。以上のように、市場の主流に打って出る動きは「メインストリーム化（主流化）」と呼ばれる。

ビジネス志向のフェアトレード企業に限らず、従来からのフェアトレード団

体も品質や見栄えの向上に力を入れるようになった。消費者の嗜好に合わせた産品作りに始まって、見栄えのいいパッケージング、売り場の装飾やディスプレーの工夫、さらにはショップそのものの移動（裏通りから表通りへ）など、人目を引き、消費者に手に取ってもらい、リピーターになってもらうための工夫を凝らすようになったのである。消費者の「理性」だけでなく（あるいは「理性」よりも）「感性」に訴えるようになったとも言える。フェアトレードは消費者の支持があって初めて成り立つことからすれば、消費者のニーズやマーケティングに関心を払うのは一種必然だった。

　そうしたフェアトレード界の変化は呼称の変化にも如実に表れた。つまり、それまで「オルタナティブ・トレード」という呼び方が一般的だったのが、「フェアトレード」へと変わったのである。「フェアトレード」という言葉を最初に使ったのは、のちにツイン創始者となるマイケル・ブラウンで、1985年に大ロンドン市が開催した生協関係者の会議で使って以来急速に広まったという。呼び方の変化は、2003年に連帯型フェアトレード団体の連合体であるIFAT（国際フェアトレード連盟）が、International Federation for **Alternative** Trade から International **Fair** Trade Association へと名称変更したことで決定的となった（略語はIFATで変わらず。なお、2008年にWFTOに再度名称変更）。

　全英の生活協同組合と南の生産者協同組合が参加したこの1985年の会議は、その後のフェアトレードの展開に大きな影響を与えるものとなった。会議では、南北の協同組合がフェアな条件で直接取引する（いわば南北間の産直）というグランドデザインが描かれた。具体的には、南の生産者協同組合が必要とする市場と技術を北の生活協同組合が提供することが構想された。

　それを実現する母体としてツイン（TWIN：Third World Information Network）が創設され、活動を始めたのだが、南が必要とするだけの市場と技術を提供する力が生協にはないことが明らかになってきた。フェアトレードの市場を拡大にするには、一般市場に流通しうるブランドを立ち上げ、スーパー等の大規模小売業にアプローチする必要があることが明らかになったのである。そうして生まれたのが「カフェディレクト」であり、次節で紹介するフェアトレード・ラベルだった。

　では、「オルタナティブ」から「フェア」への変化はどういう意味を持つの

だろうか。「オルタナティブ」には、従来からの貿易とは違う「別の」仕組みを作るという意味が込められている。それが「フェア」に置き換えられたことは、別な仕組みを作るよりも、今ある貿易をフェアなものに変えることへと志向性が変化したことを含意している。

　そうした変化、特にビジネス志向の動きに批判的な団体も少なくない。例えば「マーケティング」という言葉は、利潤のために環境や社会を無視・軽視する企業のやり方や、彼らが否定してきた消費第一主義を連想させる。また、「フェア」という言葉では、貿易や経済のあり方を変えるという「変革」のメッセージ性に乏しい。そのため、今もなお「オルタナティブ」という言葉を使い続ける団体や人が少なからず存在する。

　「オルタナティブ」から「フェア」への重心移動は、生産者にとっても大きな意味を持っている。主な対象が、「オルタナティブ」では手工芸品や衣料品の作り手だったのが、「フェア」では飲食料品をはじめとする農産物の作り手へと変わったからだ。さらにそれは、主として女性が副業として生産していたものから、主として男性が本業として生産するものへと重点がシフトしたことを意味する。副収入を得る活動から主要な収入源としての活動に重心が移ったことで、フェアトレードは生産者にとって今まで以上に大きな意味を持つこととなった。

❷フェアトレード・ラベル　もう一つの市場・消費者志向の動きは、フェアトレード・ラベルである。そのきっかけとなったのは、1986年にオランダの開発NGOソリダリダードなどが展開したコーヒー・キャンペーンだった。それは、フェアトレードを狭い市民運動の枠内にとどめるのではなく、一般企業にも実践させようと、コーヒー焙煎企業に対してフェアトレードのコーヒーを扱うよう働きかけるものだった。つまり、「オルタナティブ」に終わらせるのではなく、従来からの貿易・商慣習をフェアなものにしようという運動である。

　それが実現できれば、フェアトレードの売上が飛躍的に増え、より多くの生産者がより多くの収入を得て貧困から脱却できるようになる。生産者と消費者をフェアトレード団体が直接結びつける「顔の見える関係」ないし「信頼関係」によって成り立っていた今までのビジネスモデルでは、売上と裨益の増大

(=スケールアップ) は望むべくもなかった。

　それは販路についても同様だった。フェアトレード・ショップやバザー等の限られた販路に頼ったままでは「オルタナティブ」の域を出ることはできない。そこから抜け出すには、スーパーやコンビニなど一般消費者が日常的に買物をするチェーン店に販路を拡大するのが一番である。問題は、相手が倫理的消費者であればフェアトレード団体による保証で足りるのに対して、一般消費者の場合は「フェア」であることのれっきとした証明がなければ、通常より割高のフェアトレード産品を進んで買うとは思えないことだった。

　「フェア」であることを客観的に証明する仕組み作り。それがカギを握っていた。その仕組み作りにチャレンジしたのがメキシコのコーヒー生産者組合UCIRIとソリダリダードだった。その経緯は『フェアトレードの冒険』(ローツェン、ヴァン・デル・ホフ (2007)) に詳しい。二人の著者はともにオランダ人で、「解放の神学」にも傾倒した神父のヴァン・デル・ホフは、1980年からメキシコ南部に住みついて先住民族の人々とともに暮らしていた。そして、ローツェンが所属するソリダリダードの支援を得て、UCIRIを83年に設立した。UCIRIはソリダリダードの支援には感謝しながらも、「コーヒーを適正な価格で買ってくれさえすれば、援助なんて必要ない」という思いから、誰でも手軽にフェアトレード・コーヒーを買えるシステムを希求し始めた。

　こうして両者の共同作業の末に生まれたのが「マックス・ハーヴェラー (Max Havelaar)★」という名のフェアトレード・ラベルである。1988年に誕生したその仕組みは、公正な価格・労働条件の遵守や環境への配慮など一定の基準を設け、基準を満たして生産・流通・加工されたコーヒーは「フェア」であると「マックス・ハーヴェラー財団」(=客観的な第三者) が認証し、ラベルを付与するというもので、認証ラベルを得たコーヒーはスーパーをはじめどこでも売ることが容易になった。

> ★　マックス・ハーヴェラーという名前は、オランダ領インドネシアで貧しいコーヒー生産者の側に立ってたたかった植民地政府官僚を主人公にした同名の小説から取られた (小説上の人物であって実在はしない)。

　認証コーヒーは従来品より40％近く高い値付けとなった。それでも、1973年にオランダで販売され始めてから15年間に0.2％の市場シェアしか得られな

かったフェアトレード・コーヒーが、ラベルの誕生によって1年足らずの間に3％のシェアを獲得できた。その斬新なアイデアと成功に刺激されて、他の先進国でも次々にフェアトレード・ラベル団体が設立された。各団体はしばらく独自に活動していたが、基準やラベルを統一する必要もあって97年に横断的な国際組織「国際フェアトレード・ラベル機構（Fairtrade Labelling Organizations International：略称 FLO ないし FLO-I）」が創設された。基準は当初コーヒーだけだったが、その他の食品や綿製品、サッカーボールにまで広がってきている（フェアトレード・ラベルの仕組みの詳細は次の**第3章**を参照）。

◉ ビジネスの参入：1990年代後半〜

　フェアトレード・ラベルの導入で消費者はフェアトレード産品を手軽に買うことができ、市場が一気に広がると期待された。しかし、同等品よりも値段が高く、一般消費者の認知度も低かったことから、大手の流通小売業者はなかなか手を出そうとしなかった（オランダでも3％のシェアを獲得したあと伸び悩んだ）。

　そうした中で、リスクを負って積極的にフェアトレード産品を買い入れ、売り出していったのが生活協同組合だった。オランダやイギリス、ドイツなどでは、1990年代初めから生協がフェアトレード・ラベル産品（以下、ラベル産品と略す）を取り扱い始めた。そもそも、生産者と顔の見える関係を築き、安全で安心できる食品を消費者に届けることを目的とし、自助・平等・公正・連帯・民主主義といった理念を掲げる生協は、フェアトレード運動と極めて親和的だった。

　高みの見物を決め込んでいた一般企業の姿勢が変わったのは1990年代半ばである。生協の先駆的な取り組みが消費者に支持され、ラベル産品は順調に売れ行きを伸ばした。その背景には消費者の変化があった。価格や見た目だけで選ぶ時代は終わりを告げ、本物志向や価値志向（自分の価値観にあったものを選ぶ）が強まっていた。また、狂牛病など食の安全を脅かす病気や途上国製品の安全性も消費者の大きな関心事となり始めていた。

　企業自身も変化を迫られていた。グローバリゼーションの進展で調達先が世界各地に広がり、企業のコスト切り下げ圧力が途上国に深刻な労働問題を引き

起こすようになった。その代表例がスポーツシューズで有名な「ナイキ」である。同社の韓国系下請け企業がベトナムやインドネシアで低賃金・長時間労働を強いた上に、児童労働、労働者の虐待、賃金未払い、不当解雇などを行ったことが「スウェット・ショップ（搾取工場）」問題として90年代後半に大々的に報じられ、ボイコット運動まで起きた。大きな富と力を手にした企業、特に超国籍企業（TNC）に対して社会的責任（CSR）を果たすよう、社会が強く求めるようになったのである。

　こうして、消費者の変化に応える必要、社会からの要請に応える必要に迫られたことが、企業のフェアトレード参入の大きな引き金になったと言えるが、他方で企業の自己利益がそれを後押ししたことも確かだろう。生協の成功が示すように、フェアトレードが成長市場であることが明らかになってきたのだから、機を見るに敏な企業が放っておくはずがなかった。また、「しぶしぶ」参入するのではなく能動的に参入することで、社会的責任を果たしていることを一つの「売り」にでき、他社との差別化を図れるメリットもあった。

　こうして大手の小売業者（イギリスではセインズベリーやセーフウェー）は、競うようにラベル産品を取り扱うようになった。コーヒー以外にも基準ができてラベル産品の種類も増えたことから、1996／97年に6500万ユーロ（当時はエキュ）ほどだったラベル産品の売り上げが、3年後には2億ユーロを突破するまでになった。

　ビジネスの参入は他の業態でも進んだ。イギリスのカフェチェーン「コスタ・コーヒー」は2000年からフェアトレード・コーヒーを提供し始めた。同じ年、世界にカフェチェーンを展開する「スターバックス」も参入したが、それは自発的なものではなかった。アメリカのフェアトレード団体が株主総会で提案したり、店の前でデモを繰り広げたりして圧力をかけ続けた結果、巨象を動かすことに成功したのである。

　そのほか、サンドイッチチェーンの「プレタマンジェ」は02年から、ドーナツチェーンの「ダンキン・ドーナツ」とハンバーガーチェーンの「マクドナルド」は03年からフェアトレード・コーヒーを店に置くようになった。世界4大焙煎業者のうち「プロクター・アンド・ギャンブル」と「サラ・リー」は03年からフェアトレード・コーヒーを扱うようになった。この時も、アメリカの

フェアトレード団体や生協の働きかけが背後にあった。

　2005年にはフェアトレード界に激震が走った。フェアトレードを批判してきた世界最大のコーヒー焙煎業者「ネスレ」が翻意をして参入したのである。これには大ブーイングが巻き起こった。というのも、同社には「暗い過去」があったからだ。ネスレは1970年代から途上国へ粉ミルクの売り込みを始めたのだが、きれいな水を手に入れるのが難しい途上国では、川や池から汲んだ不衛生な水で粉ミルクを溶かざるをえず、それを飲んだ赤ちゃんが死亡する例が相次いだ。市場と利潤の拡大を優先し、途上国の現実を無視して粉ミルクを売り込んだ結果、幾多の乳児を死に追いやった行為は世の批判を浴び、大規模な不買運動を起こされたのである。

　そうした過去を持つ「非倫理的」な企業に「免罪符」を与えることは、倫理性を尊ぶフェアトレード運動として自殺行為だと非難の嵐が巻き起こるのはある意味当然だった。その一方で、過去に拘泥するよりも、世界的企業がフェアトレードに踏み出したことを積極的に評価することでビジネス界を動かし、フェアトレード参入の動きを加速できると賛同する声もあり、両者の間で大論争★となった。以来、企業のフェアトレード参入の是非をめぐる論争は今日まで続いている。それについては後で詳しく論じたい。

> ★　ネスレを認証したのはイギリスのラベル団体だったが、事前に国際フェアトレード・ラベル機構や他国のラベル団体に相談しなかったことも騒ぎを大きくした。それは勇み足というよりも「確信犯」的行動だった。2007年2月に筆者がインタビューした際、同団体の責任者は「事前に相談したら潰されることが分かっていたので相談しなかった。ネスレをフェアトレードに引き入れるという戦略は間違っていない」と語った。

🔖 アドボカシー活動：1990年代後半～

　フェアトレードがビジネス志向を強める一方で、政治的インパクトを強化しようという動き、すなわち政策レベルのアドボカシー（提言）活動も1990年代後半から盛んになっている。その背景には、東西対立が終焉した90年代以降、ネオリベラリズムに立脚したグローバリゼーションが加速し、その負の影響が深刻さを増したことがある。グローバリゼーションの推進に中心的な役割を果たしたのが、1995年に発足したWTO（世界貿易機関）である。

　WTOのもとで、先進工業国は今まで以上に「自由貿易」を推し進めようと

し、その対象範囲を知的所有権やサービス、投資などに広げようとした。先進国が優位に立つ分野では自由貿易の旗を押し立てて途上国に市場の開放を迫っておきながら、途上国が優位に立つ農業や労働集約的な工業製品の分野では自由化を遅らせて国内産業を守ろうとする「不公正貿易」政策は、途上国だけでなく、先進国の市民セクターからも強く批判されるところとなった。

その象徴が、1999年にシアトルで開催された第3回WTO閣僚会議で起きた「事件」である。グローバリゼーションや環境破壊に反対するNGO、人権団体、労働組合などが数万～十万人規模の抗議活動を展開し、閣僚宣言を出せないまま会議を閉会に追いやったのである。これ以降、グローバリゼーションに異を唱える運動が世界的な盛り上がりを見せるようになった★。

> ★ 反グローバリゼーション運動も多様で、中には貿易やWTOの存在そのものを否定する過激なグループもあるが、それはごく一部にすぎない。貿易をどの程度「管理」するのか、「自由」にするのかをめぐっては様々な立場がある。

そうした中で、現場での実践を主としていたフェアトレード団体も、政策レベルのアドボカシー活動に力を入れ始めた。WTOの閣僚会議がある度に、貿易のルールや仕組みを途上国や貧困層に配慮した「公正」なものにするための働きかけを行うようになった。1998年には、フェアトレード界としての発言力を強めるべく、4つの国際的なフェアトレード連合体が「FINE」という非公式なネットワークを立ち上げた。2004年には共同アドボカシーのための事務所を開設し、05年のWTO香港閣僚会議で初めてフェアトレード界として合同の提言を行うなど、WTOやEU、欧州諸国政府等への働きかけを強めている。

2004年の第11回UNCTAD（国連貿易開発会議）では、会議の一環として開かれたフェアトレード・シンポジウムに参加した団体が「フェアトレード宣言」を採択した。宣言は、フェアトレードの実践と国際貿易における構造的な不公正の是正とを車の両輪として推進せねばならないとした上で、UNCTAD加盟国政府に対し、①一次産品市場を管理するメカニズムを創ること、②貧困国が食糧安全保障を実現する権利および弱い立場にある生産者を支援する権利を強化すること、③政府の政策決定プロセスに中小の企業体が参加できるようにすること、④UNCTADの事業にフェアトレードを組み込むこと、などを求

めた。

　国レベルでもアドボカシー活動は盛んになっている。イギリスでは2002年に、フェアトレード団体や開発協力NGO、環境団体、宗教団体などが集まって「正義の貿易運動（TJM）」というネットワーク団体を作り、イギリス政府に対して「公正な貿易」の実現を働きかけている。フェアトレードの「老舗」であるオックスファムは、01年以降フェアトレードの実践をやめてアドボカシー活動に専念するようになった。02年にはオックスファムの世界ネットワークを駆使して「貿易を公正にしよう（Make Trade Fair）」という名のキャンペーンを始めた。筆者が翻訳出版した『貧富・公正貿易・NGO』は、元はといえば、オックスファム・インターナショナルがキャンペーン推進のために出版した告発・提案レポートである。

2　日本におけるフェアトレードの軌跡

　以上、欧米諸国でのフェアトレードの軌跡を見てきたが、日本ではどのように発展してきたのかを次に見てみよう。

慈善・開発志向のフェアトレード

　日本で最初にフェアトレードを手がけたのは国際協力NGOの「シャプラニール」だった。バングラデシュが独立した直後の1972年に復興支援活動を始めたシャプラニールは、村人自身の教育・創造活動を支援すべく、女性の手工芸品作りとそのための生産協同組合作りに力を入れた。そうしてできたジュート製の手工芸品を持ち帰って国内の協力者に販売を依頼したのが74年だった。翌75年以降バングラデシュ手工芸品展示会を東京などで頻繁に開催するようになったが、当時はフェアトレードをしているという意識はなかったという。トレードそのものに重きを置くのではなく、開発協力の一環という位置づけだった。

　ともあれ、支援先の人々が作った産品を国内で販売することを通して彼らの福祉や自立を支援するという点では、日本のフェアトレードの出自は欧米と共通している。先ほどの分類で言えば、慈善型と開発型が混じり合った形で日本

のフェアトレードはスタートしたと言える。こうした形のフェアトレードは、その後、曹洞宗ボランティア会（現在はシャンティ国際ボランティア会）をはじめ、他の国際協力NGOの間へと広まっていった。

　国際協力に「付随」して始まった日本で、フェアトレードに特化した団体が現れたのは1986年だった。その年、欧州の市民団体を訪問する中でフェアトレードに出会った人たちが、日本でも「草の根を通して南北問題を解決しよう」と「第三世界ショップ」を設立したのだった。第三世界ショップは民芸品やコーヒーを輸入したり、生産団体を訪れるツアーを企画したり、『コーヒーから世界が見える』といった啓発書を出したりと、フェアトレード団体の基本的な活動の原型を80年代に作っていった。同じく86年には、フェアトレードに特化して途上国の人々の自立を支援する有限会社「インターナショナル・リビングクラフト・アソシエーション」が設立された。

連帯志向のフェアトレード

　日本で連帯志向のフェアトレードに先鞭をつけたのは、1987年発足の「草の根貿易の会」と89年設立の「オルター・トレード・ジャパン（ATJ）」だった。草の根貿易の会は、フィリピンの首都マニラの美観を保つという理由で山奥に強制移住させられた、元スラム居住者の人々の自立支援を目的に大阪で生まれたグループである。同会はフィリピンの人々への同情を誘うような形で手工芸品を売っていたことに気づき、「援助ではなく連帯を！」をスローガンに、対等な立場に立って共生を目指す連帯型フェアトレードを推進するようになった。

　一方のATJは、その母体となる「日本・ネグロスキャンペーン委員会」が、国際砂糖危機によって大変な飢餓状態に陥ったフィリピン・ネグロス島の人々に対する緊急救援を1986年に始めていた。それを一時しのぎの支援に終わらせずに人々の経済的な自立へとつなげていこうと、島民が作った砂糖を日本に輸入して販売する組織として株式会社ATJを設立したのである★。

　ATJで特徴的なのは、生活クラブ生協やグリーンコープといった、生協の中でも「意識の高い」生協が設立に関わり、現地の生産者協同組合と日本の生活協同組合が直接結びついた「国際産直運動／産消連携」を展開してきたことで

ある。自らの活動をフェアトレードではなく、「民衆交易」と呼んでいることにも、南北の民衆同士の連帯を重視する姿勢が窺われる。ATJ はまた、農場労働者や小作農の人々が自分の農地を手に入れられるよう農地改革を支援するなど、政治的志向を持った活動にも力を入れている。

> ★ フェアトレードを行う団体は NGO とは限らず、株式会社、有限会社、協同組合など多様である。それは欧米でも同じことで、大事なのは活動の目的と内容であり、組織形態ではない。

🏉 フェアトレードの活発化・多様化

1990 年代に入ると日本でもフェアトレード活動がいよいよ活発化かつ多様化していった。92 年にはネパールの山間地の人々の自立を支援する「ネパリ・バザーロ」が活動を始めた。契機となったのは、「恵んでくれなくていい、トレードしてほしい」（援助でなく貿易を！）という人々の言葉だったという。有限会社組織の同社は、女性が生産する手工芸品のほか、コーヒー、紅茶、スパイスなど様々な産品を地元の人々とともに開発してきた。その品目は今では 400 種に及び、ネパールから日本への輸出総額の 5％以上を同社が占めるまでになったという。同社はまた、子どもたちが学校に通えるよう奨学金を出したり、有事に備えての貯蓄制度を作ったりと、開発協力にも力を入れている。

1995 年には「フェアトレード・カンパニー」が設立された。その母体となった 91 年設立の環境・国際協力 NGO「グローバル・ヴィレッジ」が手がけていたフェアトレード部門を、専門の株式会社として独立させたのである。同社はファッション（衣服、小物、アクセサリー）の分野にフェアトレードを取り入れ、毎年ファッションショーを開くなど、ダサい（野暮ったい）イメージのあったフェアトレードにおしゃれな新風を吹き込んだ。同社の製品は「ピープルツリー」のブランド名で売られている。2001 年にはフェアトレードの本場イギリスに「People Tree」の名前で逆上陸した（同社の創立者は日本在住のイギリス人女性だった）。それまでファッションはフェアトレードにとって世界的にも未開拓の分野で、日本生まれの団体が新境地を切り拓いたと言える。

1995 年には「ぐらするーつ」も活動を開始した。その母体である「草の根貿易ネットワーク」の有志が、通産省の外郭団体から輸入品市場への出店を誘われたのをきっかけに、アンテナショップとして有限会社ぐらするーつを組織

したのである。同社は自前の店で手工芸品やコーヒーなどを売りつつ、日本各地に誕生したフェアトレード・ショップを支援することに力を入れてきた。というのも、個人経営的なショップにとって仕入れ作業は煩雑なばかりか、取扱量が少なくて注文を受け付けてもらえないことがあるからだ。そうした小さい店の注文を取りまとめてフェアトレード団体から仕入れ、それを小分けして各店に送る「取次業」ないし「卸業」として、今や全国のフェアトレード・ショップにとって欠かせない存在となっている。

　国際協力NGOでフェアトレードに関わる団体も1990年代に大幅に増えた。国際協力NGOセンター（JANIC）が2005年に調査した時点で、フェアトレードに携わるNGOは68団体あったが、そのうち1990年代前半に設立されたのが27団体と最多で、次いで90年代後半の13団体だった。ちなみに、フェアトレードに携わる団体数（68団体）は調査対象NGO全体の25％を占めていた。また、68団体のうち20団体がフェアトレードを主な事業として位置づけていた。

　1990年代半ば以降は、先ほど触れたように日本各地にフェアトレード産品を扱うショップが広がっていった。ただし、フェアトレードに特化した店は少なく、有機産品、健康食品、エコグッズ、地元産品などとともに売っている店が圧倒的に多い。それらを含め、フェアトレード産品を扱うショップの数は全国で約1000店に上る。その多くは東京、大阪、神戸、名古屋といった大都市圏に集まっているが、今では全都道府県にショップを見つけることができる。その意味で、以前に比べて地方に住む人々にとってもフェアトレードは身近な存在となっている。

ビジネス／市場志向のフェアトレード

　近年は日本でもビジネス／市場志向のフェアトレードが勢いを増している。その最先端を行くのはフェアトレード・カンパニーだろう。2005年に流行の最前線である東京渋谷の表参道に、09年には銀座に出店した。07年には新鋭のプロのデザイナーがデザインした同社の服がファッション誌を飾った。また、ドイツの有名ブランドとのファッション性豊かなサンダルの共同開発・販売、いわゆるコラボレーションにも乗り出している。10年には映画『ハリー・ポ

ッター』で一躍人気女優となったエマ・ワトソンとのコラボレーションも実現させた。このように、品質やデザイン、話題性で一般市民の関心を引きつけ、メインストリームの市場に打って出て、自らのブランドを確立する姿勢を明確にしている。

　他のフェアトレード団体も、品質やデザイン、ファッション性、話題性・市場性に無関心ではいられなくなっている。「老舗」のシャプラニール（現在はフェアトレード部門を「クラフトリンク」と名づけている）も2007年に、阪神タイガースの協力を得て、白と黒の縦じま模様にタイガースのロゴマークを入れたエコバッグ「トラカムバック」を製作・販売した（布にネパールの女性たちが織ったものを使用）。「トラカムバック（バッグではない）」と名づけたのには、売り上げの一部を寄付して野生の虎を呼び戻す活動を支援するという本来の意味に加え、阪神の再優勝を祈願する意味が込められている。

　2006年には「チョコレボ（チョコレート・レボルーションの略）」というユニークな活動が始まった。バレンタインデーにフェアトレード・チョコを贈ろうと呼びかけるこの活動は、難しい論理を振り回すよりも、「おしゃれでおいしい」チョコを身近に買えるようにすることで、フェアトレードの入り口と裾野を広げることを狙っている。まずは気軽にフェアトレードの世界に入ってもらい、次第に生産者の実態や南北問題への理解を深め、行動を起こしてもらうことで、世界を「革命」的に変えようというわけである。コンビニやデパートなどと積極的にコラボし、現在は独自ブランドのチョコを開発中である。

フェアトレード・ラベル

　日本のフェアトレード・ラベル団体は、1993年に設立された「トランスフェア・ジャパン（現在名はフェアトレード・ラベル・ジャパン：FLJ）」である。設立年は先進国の中でも早い方だったが、その「早すぎた設立」がかえってあだとなった感がある。というのも、他のフェアトレード団体等からの理解や支持を得られないまま、実質的に一団体（わかちあいプロジェクト）の単独事業として「早産」したことで、裾野を狭くしてしまったからである。一般に日本のフェアトレード団体は、途上国の生産者に寄り添い、彼らとの「顔の見える関係」を重視するだけに、市場志向の動きには懐疑的ないし否定的なのは確か

だ。それでも議論を尽くし機が熟すのを待って、欧州諸国のように他のフェアトレード団体やNGO、市民団体とともにラベル団体を発足させられなかったのかと、今さらながら思われる。

そうした経緯もあって、日本のフェアトレード・ラベルは10年近く鳴かず飛ばずの状態が続いた。第一コーヒーなどの小規模焙煎会社が細々と扱う程度だった。転機が訪れたのは、後述するように2002年にスターバックスが、翌03年にイオン・グループがFLJとライセンス契約を結んでフェアトレード・コーヒーを売り出してからだった。特に、ジャスコやミニストップなど全国に数千店舗を持つイオンが参入したことが弾みをつけた。

それ以来、ラベル産品を扱うコーヒーショップや小売業が次々と現れ、日本でもラベル産品を手軽に買える時代がやってきた。コーヒー以外では、紅茶、切り花などがスーパーやコンビニで買えるようになっている。そのほか、チョコレート、果物（バナナ、マンゴー、パイナップル等）、砂糖、蜂蜜、ジャム、香辛料、ナッツ、納豆、ワイン、ビール、サッカーボールなど、日本で手に入るラベル産品も幅が広がってきている。

企業のフェアトレード参入

前述した通り、スターバックス・コーヒー・ジャパンが2002年にラベル・コーヒーを扱い始めたのが日本での本格的な企業参入の始まりだった。ただし、アメリカ本社の方針に従っただけというのが真相のようで、純然たる日本企業が独自の判断でフェアトレードに踏み出したわけではなかった。

その意味で、日本最大の小売業イオン・グループの参入の方がビジネス界には大きなインパクトを与えたと思われる。同社は、参入した翌2004年からは自社ブランド（トップバリュー）のフェアトレード・コーヒーを売り出した。その後を追うように、05年には「ナチュラル・ローソン」と「タリーズ」が、06年には「無印良品」が、そして07年には「西友」がフェアトレード・コーヒーを扱うようになった（西友は09年からフェアトレード・ワインも発売）。また「エスビー食品」は、09年から57種類の有機スパイス・ハーブのうち20種類をフェアトレードに切り替えた。

このように、日本企業がフェアトレードに関心を持ち始めた背景には、国内

でも21世紀に入ってCSR（企業の社会的責任）が重視されるようになったことが挙げられよう（2003年が日本のCSR元年と呼ばれる）。

ラベル付きでない従来からのフェアトレード産品を扱う企業も増えている。その代表格は食品業界大手の「ゼンショー」だ。同社は、国際協力NGO「ピースウィンズ・ジャパン」が支援する東チモール産のフェアトレード・コーヒーを2007年から系列店で扱い始めた。牛丼店（すき家）に始まって、ファミリーレストラン（ココス、華屋与兵衛等）、ハンバーガーショップ（ウエンディーズ等）など合わせて系列の2300店舗で販売している。また、「ピープルツリー」ブランドのチョコレートやドライマンゴーも、コンビニ（ミニストップ）で08年から売られている。

以上を合わせると、日本でフェアトレード産品を扱う商業店は5000店前後はあると見られる。

アドボカシー活動

日本のフェアトレード団体もアドボカシー活動に力を入れつつある。この分野で積極的なのはフェアトレード・カンパニーの母体であるグローバル・ヴィレッジだ。1995年に大阪で開かれたAPEC（アジア太平洋経済協力会議）・NGO国際会議で、貿易の自由化が途上国の零細な生産者を苦境に追い込んでいることを訴えたのを皮切りに、2001年には搾取工場で作られた衣料品に反対する「フェアに着よう！」キャンペーンを繰り広げたり、WTOやG8サミットへの提言を行ったりしてきた。グローバル・ヴィレッジはまた、1999年に「世界フェアトレードデー」のキャンペーンを始め、2002年に同キャンペーンが世界に広がる下地を作った。

1980年代からODA批判を行ってきた「アジア太平洋資料センター（PARC）」も、90年代に入って自由貿易やWTOのあり方を追及し、公正な貿易の実現に向けた提言を活発に行ってきた。当初はアドボカシー活動に特化し、現場を持たなかった同センターは、2002年の独立直後の東チモールで開発協力事業に乗り出し、コーヒー生産者の支援を通してフェアトレードに関わるようになった。08年からはフェアトレード部門を独立させて設けた「パルシック」という団体で事業を継続している。現場型活動からアドボカシー活動へと

いう発展形態が一般的な中で、PARCはその逆の道を歩んだという点でユニークである。

3 フェアトレードに関わる団体

以上に見たように、60年余の歴史を歩むにつれてフェアトレードの輪は大きく広がり、それに関わる組織（ステークホルダー）も多様化してきた。そこで、フェアトレードにはどのようなステークホルダーが関わっているのかを確認しておこう。

🔵 生産者団体

まずは、フェアトレード産品の生産者団体である。言うまでもなく、生産者団体はフェアトレードの核心中の核心をなす。フェアトレード団体の中には生産者と個々に取引している例がないわけではないが、ほとんどの場合は生産者団体と取引している。その方が効率的なだけでなく、一人ひとりでは弱い立場にある生産者が団体を組織することで交渉力が増し、互いに助け合い、力を合わせてより大きな活動（例えば共同仕入・出荷・輸出や加工過程への事業の拡大、貯蔵施設・学校・診療所といったインフラ作り）を行うといったことが可能になるからである。

生産者団体としては協同組合が最も一般的だが、協会（協同組合よりも緩やかなつながり）形式の場合もある。また、いくつかの村の生産者団体が集まって地域レベルの連合体を作ったり、地域の連合体が集まって全国レベルの連合体を組織したりすることもある。

近年はフェアトレード・ラベルの仕組みができたことで、農園や工場の労働者も主要なステークホルダーの列に加わった。その場合も、労働組合などの組織を作って、労働者としての基本的な権利が守られるようにしたり、経営側との交渉力を強めたりしている。

🔵 輸入団体

生産者が作った産品を先進国に輸入する団体で、先進国で一般に「フェアト

レード団体」と呼ばれるものである。輸入が中心的な活動であったとしても、その役割は幅広い。まず重要なのは「生産者(団体)の支援」である。生産者を意識化・組織化するところから(=ゼロから)始める場合も多い。そうした場合、組織運営や会計など基本的な力をつけるための支援が欠かせない。生産物がそのまま先進国市場で通用することも少なく、品質を向上させたり、消費者のニーズや好みに合わせたり、新製品を開発したりと、時には「手とり足とり」の支援も必要になってくる。最近ではプロの技術者やデザイナー、専門家を派遣することも増えている。さらに、貯蔵・輸送・通信・加工能力などの強化や、教育や保健医療(いわゆる社会開発)面での協力、災害時の救援など、一口に生産者支援といっても非常に幅が広い。

　そうした現地での「血が滲むような」支援ないしエンパワメント活動に加えて、先進国内で果たす役割も大きい。まずは、輸入した産品を販売するルートを開拓し、広げていかねばならない。自身で店を開いたり、バザーやカタログ、インターネットなどを使って販売したりと「小売」を行う。また、フェアトレード・ショップ等への「卸」の役割を果たすことも多い。そのほか、消費者や市民を対象にした「啓発」や、企業や政府、国際機関を相手にした「アドボカシー」など八面六臂(はちめんろっぴ)の活動で、フェアトレード・システム全体の「扇のかなめ」の役割を担っている。

🫘 フェアトレード・ショップ

　世界ショップとも呼ばれる、フェアトレードの専門店である。ただ、既述したように、有機食品・健康食品・地元産品などを同時に扱うことも多い。一部の輸入団体が自ら店を持っているように、輸入団体とショップが一体化しているケースもある。また、ショップとは言い難いが、イベント等でフェアトレード産品を販売する教会グループや市民グループが多数存在する。ショップはフェアトレード産品の販売が第一の目的ではあるが、売って儲けること自体が目的ではない。ショップの多くがボランティアに支えられていることが物語るように、その実態は非営利事業である。

　フェアトレード・ショップにとって、販売と同等かそれ以上に重要なのが消費者ないし市民の「啓発」である。つまり、フェアトレードという理念やライ

フスタイルを広めることに重きを置いているのだ。市民がフェアトレードに触れるのは、ショップを通してであることが多かった。ラベル産品の普及で変化しつつあるとはいえ、「フェアトレードとは何か」を知りたい場合、その生きた情報が得られるのはフェアトレード・ショップであることに今も変わりはない。地域に開かれた「フェアトレードの窓」と表現することもできる。

ショップ側も買いに来た人に情報を提供する（＝待ちの姿勢）だけでなく、自らセミナーを開いたり、イベントを催したり、キャンペーンを張ったりと、能動的に情報発信している。後述するように、「世界フェアトレードデー」の基礎を作ったのが欧州のフェアトレード・ショップだったことも、ショップが啓発活動を重視してきたことを端的に示している。

🍵 生活協同組合（生協）

イギリスをはじめスイスやイタリアなどでは、生協がフェアトレードの普及に重要な役割を果たしてきた。もともと非営利組織である生協は、店舗におけるフェアトレード産品の販売だけでなく、組合員や消費者の啓発にも力を入れてきたからである。フェアトレード・ショップよりは「企業的」であるものの、それに近い働きをしてきた。

フェアトレード運動の源泉は生協運動にあるとみなす研究者も少なくない。生協運動の起こりは1844年のイギリスにさかのぼる。折からの産業革命で都市に出てきた労働者は、使用者から劣悪な労働を強いられただけでなく、地域の商店からも高額劣悪な商品を売りつけられるという形で搾取されていた。そうした中で、イギリス北部の町ロッヂデールの綿織工の労働者たちが自らの手で生活を守ろうと、小麦粉・バター・砂糖などの基礎食品を共同で仕入れて販売する協同組合を作ったのである。組合の名は「ロッヂデール公正先駆者組合（Rochdale Society of Equitable Pioneers）」だった。まさに公正（equitableとfairは同義語）を求める運動の先駆者だったのだ。

🍵 ラベル団体

従来のフェアトレード（オルタナティブ・トレード）が、限られた消費者（倫理的な消費者）層を超えた広がりを実現できなかったことを踏まえ、一般

企業の参入を促すことで一般消費者層にフェアトレードを広げていこうというのが、フェアトレード・ラベルの趣旨である。そのためには、客観的な基準を設け、それを守って生産・流通した産品であることを証明する必要が生まれた。そうした仕組みを作り、運営するのがラベル団体である。

現在では先進23カ国に19のラベル団体が設立されているが、各国のラベル団体の成り立ちは様々である。多くの欧州諸国では、フェアトレード輸入団体が開発協力NGO、環境NGO、教会組織、労働団体、消費者団体などとともにラベル団体を設立した。アメリカのラベル団体は、主としてビジネス経験者やコンサルタントなどの個人によって設立された。日本のラベル団体は、3つのキリスト教系団体（その一つはフェアトレード団体）によって設立された。

ラベルの仕組みができたことで、フェアトレード産品はスーパーやコンビニなどで手軽に買えるようになった。ラベル産品の売上は毎年30〜50％増を記録し、フェアトレード市場の飛躍的な拡大とフェアトレードの社会的認知の向上に貢献してきた。

ネットワーク団体

欧州のフェアトレード輸入団体とフェアトレード・ショップは、それぞれネットワーク団体を設立して、全欧レベルで活動している。かつてバラバラだった先進各国のラベル団体も連合体を組織して活動の統一を図っている。途上国の生産者団体が先進国の輸入団体とともに組織したネットワーク団体もある。それらネットワーク団体の詳細は次の**第3章**で説明する。

フェアトレード支援団体

自らはフェアトレードの実務に携わらないものの、フェアトレードの理念に共鳴・コミットし、その普及に協力する団体がある。

その一つに、資金面からフェアトレードを支える組織がある（フェアトレード融資機関）。生産者団体が原材料を調達したり、品質を向上させたり、活動を多様化したりするには多額の資金を要する。一方、輸入団体も生産者団体への前払を励行したいが、資金的余裕のある団体は少ない。そうした資金難を抱える生産者団体や輸入団体に融資する金融機関がほとんどないため、資金面か

ら支援しようという組織が誕生した。日本ではあまりなじみがないので、少し詳しく説明したい。

代表的なのがイギリスの「シェアド・インタレスト」である。1990年にできたこの組織はフェアトレード専門の協同組合形式の融資機関で、フェアトレードを支えたいという個人が投資した資金で成り立っている。2009年時点で、8700人余が合わせて2600万ポンド（約39億円）を投資している。生産者団体への融資が中心だが、輸入団体やフェアトレード・ショップへの融資も行っている。08年には400余りの団体に1800万ポンド（約27億円）を融資した。

オランダを本拠とする「オイコ・クレジット」は、戦争や環境破壊などに関わる企業に銀行預金が融資されていることに反対する世界キリスト教会協議会が1975年に設立した協同組合形式の融資機関である。その輪は日本を含む23カ国に広がっており、不利な立場に置かれた人々が行う生産活動に融資することで社会正義を実現することを目的とする。3万を超える市民や教会組織が投資した資金は、フェアトレード団体（融資全体の4％）やマイクロファイナンス（小規模融資）組織に融資されている（2009年時点で757の事業に3億7000万ユーロ（約480億円）を融資）。

同じくオランダを本拠とする「トリオドス銀行」は、1980年に設立された倫理的銀行で、社会と環境の向上・改善に資する活動（フェアトレードやオーガニック、文化活動）に融資を行う。現在欧州5カ国に展開し、21万人の預金者を持つ。世界経済危機の発生以降、かえって預金者・預金額が増えているという。イギリス支店は「フェアトレード預金口座」という特別の口座を用意していて、そこに預金すると、年間平均預金残高の0.25％分をトリオドス銀行がフェアトレード財団に寄付する仕組みになっている。

フェアトレードを支援する学生組織も各国にある。学生組織は、フェアトレード産品を大学生協に置かせたり、学内外でセミナーを開いたりしてフェアトレードを支援している。アメリカには「フェアトレード学生連合（USFT）」、日本には「フェアトレード学生ネットワーク（FTSN）」という全国レベルの学生組織があって、共同で啓発活動やキャンペーンを繰り広げている。

そのほか、フェアトレードについての情報を提供する団体（例えば開発教育系の団体）やホームページ、調査研究機関も各国にある。また、開発協力NGO

や環境NGO、人権NGOなどの中にも、自らの活動にフェアトレードの要素を取り入れたり、フェアトレードの考えを広めたりしている団体がある。

🫘 企業

ラベルを使ってフェアトレードに参入した企業も、ステークホルダーの一角を占める。資金力、宣伝力、販売力、どれ一つとってもフェアトレード団体より何十倍も大きい。フェアトレード市場の拡大という点では最大の貢献をしてきた。しかし、今日では企業の存在が大きくなりすぎていることへの警戒感が強まっており、フェアトレードをめぐる議論の最大の焦点となっている。フェアトレードへの企業の関わりや、それが持つ意味・課題については後に詳しく述べることにする。

🫘 政府・国際機関

政府や国際機関も、その政策や行動がフェアトレードの普及・促進に影響を与えるという意味で重要なステークホルダーである。「政府」の中には、先進国政府、途上国政府、中央政府、地方自治体が含まれる。欧州では、フェアトレードの推進に熱心な中央政府・地方自治体が数多く見られる。途上国政府の中にも、自国の主要輸出品がフェアトレードの対象である場合など、その普及に力を入れている政府がある。国際機関の中でもEU（欧州連合）はフェアトレードを積極的に推進する立場をとっている。政府・国際機関の関わりについても、後に詳しく述べることとしたい。

最後に、参考までにフェアトレードのステークホルダー・マップを掲げておく。

フェアトレードのステークホルダー・マップ

企業セクター

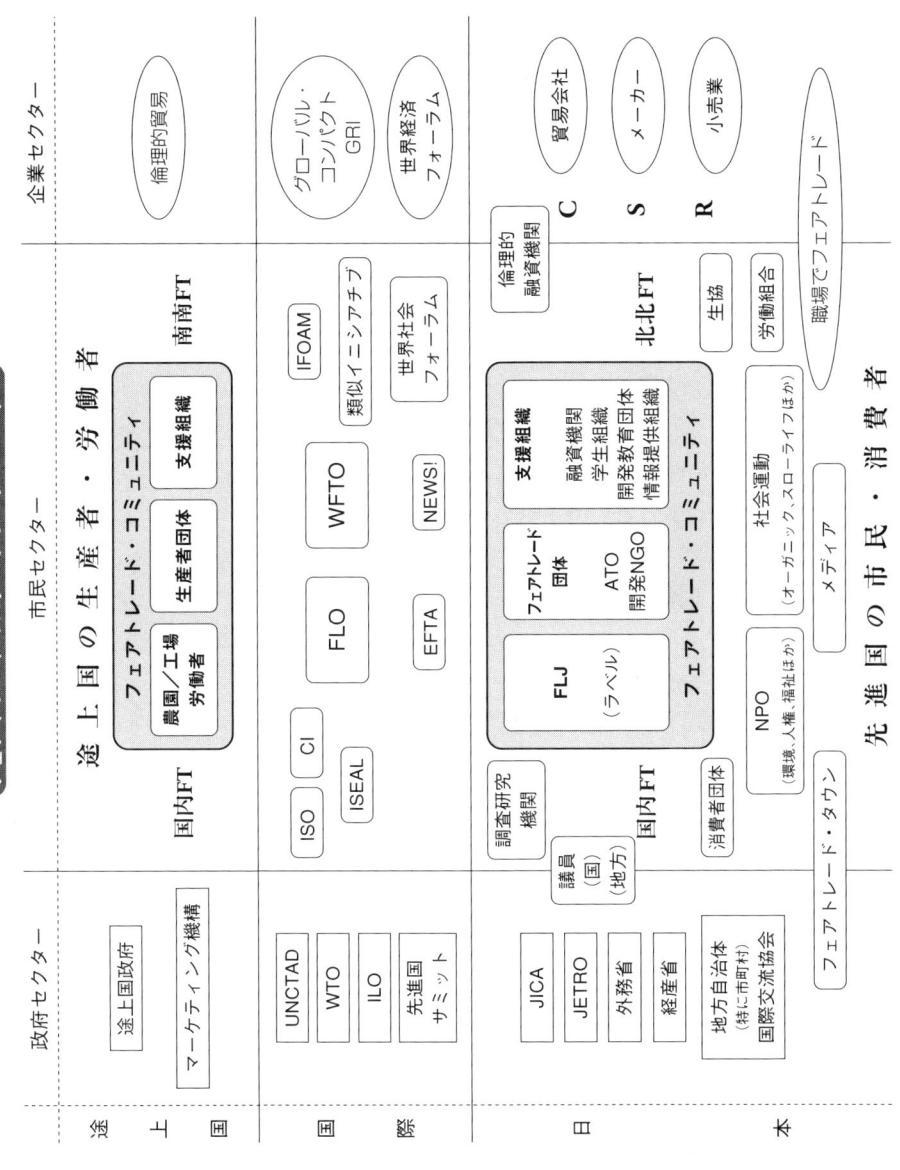

- 倫理的貿易
- グローバル・コンパクト GRI
- 世界経済フォーラム
- 貿易会社 C
- メーカー S
- 小売業 R
- 職場でフェアトレード

市民セクター

途上国の生産者・労働者

フェアトレード・コミュニティ
- 農園/工場労働者
- 生産者団体
- 支援組織

南南FT

国内FT

- ISO
- CI
- ISEAL
- EFTA
- FLO
- WFTO
- IFOAM
- 類似イニシアチブ
- 世界社会フォーラム
- NEWS!
- 倫理的融資機関

先進国の市民・消費者

フェアトレード・コミュニティ
- FLJ（ラベル）
- フェアトレード団体 ATO 開発NGO
- 支援組織 融資機関 学生組織 開発教育団体 情報提供組織

北北FT

- 生協
- 労働組合
- 調査研究機関
- 国内FT
- 消費者団体
- 社会運動（オーガニック、スローライフほか）
- NPO（環境、人権、福祉ほか）
- メディア
- フェアトレード・タウン

政府セクター

途上国
- 途上国政府
- マーケティング機構

国際
- UNCTAD
- WTO
- ILO
- 先進国サミット
- 議員（国）（地方）

日本
- JICA
- JETRO
- 外務省
- 経産省
- 地方自治体（特に市町村）
- 国際交流協会

第2章　フェアトレードの軌跡

第3章
フェアトレードのネットワーク化と基準化

イギリスのスーパーに並ぶラベル産品

　前章で触れたように、1980年代半ばからフェアトレードのネットワーク化が進んだ。実はその10年ほど前から、主要なフェアトレード団体が2～3年に1度の割合で集まって非公式なネットワーキングを始めてはいた。それが公式のネットワークへと進展したのは、80年代半ばを過ぎて売上が落ちたり、ビジネス志向の動きが強まったりと、フェアトレードが一つの曲がり角を迎えたことが背景にあった。志を同じくする団体同士が力を合わせてフェアトレードを普及するとともに、社会的・経済的・政治的な影響力を高めていこうという機運が盛り上がったのである。

　フェアトレードの基準化の動きも同時に強まった。そのきっかけは、フェアトレード・ラベルが企業の参入を促すために客観的な基準を作ったことにある。それに対して、オルタナティブ・トレードを推進してきたネットワークも、自らの理念・原則を堅持した基準を設けた。同ネットワークは現在、独自のラベルと基準を策定中である。そのほか、企業が参入しやすいよう、より緩やかな基準を作る動きが広まるなど、フェアトレードの基準は多様化している。

1　フェアトレードのネットワーク化

EFTA（欧州フェアトレード協会）

　ネットワーク化の先陣を切ったのは欧州のフェアトレード輸入団体で、1987年に「欧州フェアトレード協会（EFTA：European Fair Trade Association）を発足させた（本部はオランダのマーストリヒト）。メンバーはオランダの「フェアトレード・オリジナル（元SOS財団）」や、ドイツの「ゲパ」、イギリスの

「トレードクラフト」、イタリアの「CTM（第三世界協力）」、スイスの「クラーロ」など、9カ国の「老舗」かつ最大規模の11の輸入団体から成る。設立の目的は、輸入団体間の情報の共有と協力、共同事業の実施、途上国の生産者団体との連携などにある。

　EFTA の加盟団体が取引する生産者団体は370団体に上る。食品分野では、生産者団体一つに対して EFTA 加盟団体の一つが幹事社（Partner Attender）となって、加盟団体全体を代表して輸入の取りまとめを行ったり、製品開発や品質・能力強化などの支援を行ったりする仕組みを設けている。また、WFTO や FLO の認証を受けられない生産者団体を対象とした情報提供や、基準を満たすための支援を行っている。

　EFTA はアドボカシーにも力を入れてきた。1995年には欧州連合（EU）の本部があるブリュッセルにアドボカシー用の事務所を開設し、欧州委員会（EC）や欧州議会にフェアトレードを後押しするよう働きかけてきた。2004年には、「フェア・プロキューラ」プロジェクトを立ち上げた。これは、後述するように、政府機関に対してフェアトレード産品の積極的な購入、いわゆる「フェアトレード調達」を行うよう働きかけるものである。このプロジェクトには、EC も資金援助をしている。

WFTO（世界フェアトレード機構）[旧 IFAT（国際フェアトレード連盟）]

　1989年には40のオルタナティブ・トレード団体が集まって、「国際オルタナティブ・トレード連盟（IFAT：International Federation for Alternative Trade）」を発足させた（本部はオランダのクレンボルフ）。その後2003年に「国際フェアトレード連盟（International Fair Trade Association）」へと名称を変更し、さらに08年に「世界フェアトレード機構（WFTO：World Fair Trade Organization）」へと再度変更して今日に至っている。その目的は、従来の貿易とは違う公正な貿易を通して、不利な立場に置かれた南の生産者の生活を向上させるとともに、従来からの世界貿易を公正なものへと変革することにある。

　北主導でできた IFAT／WFTO だが、途上国の生産者団体に門戸を開いて、南北のフェアトレード団体からなる国際組織へと変化してきた。WFTO には現在70カ国から350以上の団体が加盟しており、そのうち約7割が途上国の団

体である。WFTO は基本方針を決定する世界会議を隔年で開催し、世界会議のない年には5つの地域に分かれて地域会議を開催している。アジア、アフリカ、中南米には生産者のネットワーク組織がある（アジアが WFTO-Asia、アフリカが COFTA、中南米が WFTO-LA）。ヨーロッパには WFTO-Europe が組織され、環太平洋地域（北米・日本・オーストラリア・ニュージーランド）でもつい最近 WFTO-Pacific が組織された。

　WFTO の加盟団体は、生産者団体から輸出団体、輸入団体、融資団体、世界ショップ、全国／地域ネットワーク団体まで実に多様だが、フェアトレードの理念と原則に「100％コミット」していることで一致している。自分たちこそがフェアトレードという新境地を切り拓いてきた「本家本元」であるという自負心に満ちている。WFTO が 2009 年に更新したホームページ上では次のように自己規定している。

　　「WFTO は、フェアトレードに100％コミットした350以上の団体を代表する世界組織である。WFTO は、フェアトレードの真正なる代弁者（authentic voice）であり、フェアトレードの真価の守護者である。……WFTO は、生産から販売までフェアトレードを貫く加盟団体で構成される唯一の世界ネットワーク組織である。」

　「100％コミット」を強調するのは、一般企業がラベル産品を少し扱うだけであたかもフェアトレードにコミットしているかのように装うことへの強烈な対抗心の表れであり、大企業の進出によって自分たちの存在感が薄れるかもしれないことへの危機感の表れでもある。後述するように、WFTO は、2001年から定めてきたフェアトレードの「10の原則」をすべての活動において実践していることを100％コミットの証とし、100％コミットした団体を「FT100」と呼んで差別化を図っている。

　WFTO は、フェアトレード市場の開拓、モニタリング、アドボカシーの3本柱を立てて活動してきた。「市場の開拓」では、南と北の加盟団体がパートナー関係を結ぶ橋渡しや、市場開拓の経験共有などを行ってきた。「モニタリング」では、加盟団体が10原則を遵守していることを確認するシステムを作り上げてきた。「アドボカシー」では、WTO に対して、環境や人権を含む持続可能な開発の観点からルール・協定（特に農業・知的所有権の分野）を見直すよう求めたり（1999年シアトル会議）、途上国や中小の生産者が積極的に参

加できるよう求めたり（2003年カンクン会議）、綿花問題に関して先進国の補助金撤廃や生産者の健康と生活に配慮した生産への支援を要求したり（2005年香港会議）してきた。

　WFTOはまた、フェアトレードや貿易問題を人々に広く知らせるための啓発活動にも力を入れてきた。2002年には「世界フェアトレードデー」を創設し（主導したのは日本のフェアトレード・カンパニー）、統一テーマのもとに毎年5月の第2土曜日に世界各地で加盟団体が様々なイベントやキャンペーンを繰り広げている。04年には「グローバル・ジャーニー」をスタートさせ、3年間に6大陸48カ国を練り歩いてフェアトレードのメッセージを発信して回った（終着点のベルギーでは筆者もその最終打上げイベントに参加した）。

　以上のように、WFTOは途上国の零細な生産者の利益を最優先して、フェアトレード本来の理念や原則を守り、発展させるとともに、不公正な貿易ルール・システムを変革することに力を注いできた。また、途上国の加盟団体が全体の7割と多く、理事会でも多数を占めており（理事9人のうち6人）、その意味で途上国の生産者の意思を最もよく反映した国際組織と言える。

NEWS!（欧州世界ショップネットワーク）

　欧州各国に広がる世界ショップが最初に一堂に会したのは1984年だった。その後も非公式に集まっていたが、93年にEUが発足して全欧レベルでの活動の必要性が高まったことから、94年にNEWS!（Network of European World Shops）を組織した（本部はオランダのクレンボルフ）。NEWS!には12カ国の世界ショップ協会（国ごとの世界ショップの連合体）が加盟し、その傘下にある約2500のショップが間接的に加盟したことになる。

　NEWS!の主な目的は、世界ショップ間の交流・協力を通して、全欧規模のフェアトレード・キャンペーンを繰り広げ、市民・消費者および政府を啓発することにあり、食糧貿易や児童労働、衣料産業での労働条件などの問題をテーマに取り上げてきた。

　中でも、衣料産業に関する問題では、「クリーン・クローズ・キャンペーン」と協力して、欧州各国およびEUレベルの政治家や超国籍企業（TNC）に対するハガキ書きキャンペーンを展開し、1999年に欧州議会で欧州企業の行

動基準を採択させることに成功した。NEWS!はまた、EUの東方拡大に合わせてフェアトレードを拡大すべく、東欧諸国のNGOを支援するキャンペーン（世界ショップの立ち上げ、南の生産者団体への橋渡し、啓発活動の推進などへの支援）を組織し、それにはEUからも資金援助が行われた。

　NEWS!の啓発活動のもう一つの柱となってきたのは「欧州世界ショップデー」である。これは、欧州各国で同時にフェアトレードに関するイベントやキャンペーンを繰り広げて市民の関心を呼び覚まし、高めようという趣旨の活動である。1996年に最初の欧州世界ショップデーを開催し、その後テーマを変えて毎年催してきた。それを世界規模に広げようと提案したのがWFTOで、2002年から先述した世界フェアトレードデーへと衣替えして今日に至っている。その意味で、NEWS!は世界フェアトレードデーの生みの親と言える。

　そのNEWS!は2009年末に解散した。理由は、WFTOの先進国内での活動との重複が多いためで、WFTO-Europeに合流する形で解散したのである。

🏉 FLO／FLO-I（国際フェアトレード・ラベル機構）

　先述したように、1988年に最初のフェアトレード・ラベル「マックス・ハーヴェラー」が誕生し、その成功に刺激されて、1992年にイギリス、ドイツ、スイス、フランス、93年に日本、94年にイタリア、98年にアメリカなど、先進各国にラベル団体が設立された。つい最近まで20カ国、19団体だったが（オーストラリアとニュージーランドは2カ国で1団体）、2009年にバルト3国（エストニア、ラトビア、リトアニア）が加わって23カ国、19団体となった（バルト3国はフィンランドがカバーしている）。認証を受けた生産者団体は58カ国に広がり、3つの地域に生産者ネットワークがある（アジアがAFN、アフリカがNAP、中南米がCLAC）。

　各国のラベル団体は思い思いの名前やデザインを採用し（蘭、仏、スイスはMax Havelaar、日、独、米はTransFair、英はFairTrade Markなど）、認証の基準やプロセスにも違いがあったことから、1997年にそれらを統一すべくFLO（Fairtrade Labelling Organizations International：「フロー」と読む）が設立された（本部はドイツのボン）。

　FLOは、次の4つを自らの役割としている。

- 国際フェアトレード基準の策定
- フェアトレード市場の開拓・促進
- 生産者への支援
- アドボカシー活動

　FLOは設立以来、認証システムの統一に取り組んできたが、FLOがすべてを取り決め、各国のラベル団体がそれを遵守するという「一糸乱れぬ」組織にはまだなっておらず、各国のラベル団体の自主性・独自性を残したネットワーク型組織と呼ぶ方がふさわしい。イギリスのラベル団体が独断専行的にネスレへのライセンシングを行ったのがその良い例である。ただ、この「事件」をきっかけに、現在では論議を呼びそうな企業の認証にあたっては他国のラベル団体と事前に協議することを申し合わせている。

　2002年にはFLOがラベルの統一を図り、人が右手を振る姿をシルエットにした共通ラベル（左上図）を導入した。ほとんどの国は独自のラベルを捨てて共通ラベルへと切り替えたが、アメリカ、カナダ、スイスのラベル団体は同調しなかった。その後スイスが08年に共通ラベルに切り替え、カナダも10年中に切り替える予定であることから、「TransFair」マーク（右下図）を使い続けるのはアメリカだけとなる見込みである。

　FLOは認証基準を策定するとともに、基準を満たしているかどうかを認証する役割も担っていた。しかし、同じ機関が基準作りと認証を行うのは客観性に欠けるという指摘が強まったことから、2004年に監査・認証を行う部門を「FLO-CERT」という名称の有限会社として独立させた。FLO-CERTの全株式はFLOが保有しているが、FLOとは別個の理事会と事務局を持ち、第三者からなる認証委員会がFLO-CERTの公正さ・客観性を担保する形を取っている。

　FLOは設立当初、先進国のラベル団体だけで構成され、理事会も6つのラベル団体の代表で構成されていた。生産者側は理事会にオブザーバー1人を送ることが認められていただけだったため、対等性を強く要求した。それを受けてFLOは、1999年に2人、2001年に4人の生産者側代表を理事会に迎え入れ、01年にはラベル産品購入側の代表2人（フェアトレード輸入団体と企業）の枠を設けた。05年にはラベル団体出身の理

数を1人減らしたほか、外部有識者を加え、理事会構成をよりバランスのとれたものへと改善してきた（現在はラベル団体5人、生産者側4人、購入側2人、外部有識者3人の構成）。

2006年にはこれまでで最大の組織改正が行われた。生産者側もFLOの構成団体として認められたのである。これによって、ラベル団体の総会と生産者ネットワークの総会が並立し、その両者からなる年次総会で基本方針を決定する仕組みへと変更された。現在のFLOの組織図は以下の通りである。

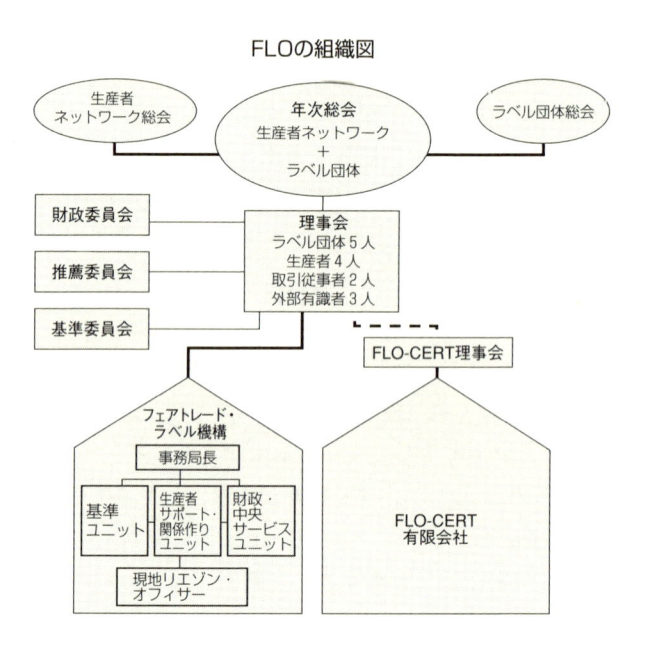

FLOの組織図

```
    生産者              年次総会              ラベル団体総会
ネットワーク総会      生産者ネットワーク
                         ＋
                      ラベル団体

財政委員会 ─┐        理事会
            ├──  ラベル団体5人
推薦委員会 ─┤       生産者4人
            │       取引従事者2人
基準委員会 ─┘       外部有識者3人
                                      FLO-CERT理事会

              フェアトレード・
               ラベル機構
                 │
               事務局長
        ┌────────┼────────┐
       基準    生産者      財政・         FLO-CERT
      ユニット サポート・    中央          有限会社
              関係作り     サービス
              ユニット     ユニット
                │
            現地リエゾン・
             オフィサー
```

なお、ラベルの仕組みは途上国にも広がりつつあり、メキシコでは1999年に国内フェアトレードを推進する組織「コメルシオ・フスト・メヒコ（CJM）」が設立された。CJMは独自の基準とラベルを使って国内にフェアトレードを広めている。南アフリカでは2008年に「フェアトレード・ラベル南アフリカ」が、チェコでは09年に「チェコ・フェアトレード協会」が組織された。両者はFLOの中で「マーケティング団体」、CJMは準メンバーという扱いになっている。

FLOはフェアトレード市場の拡大を至上命題に、新たな基準の策定や企業

への働きかけに大きな労力を費やしてきた。その分、生産者への配慮がおろそかになっていたことは否めない。生産者からすると、自分たちの意見が十分に反映されないままFLO本部で基準やルールが決定され、トップダウン式に「押し付けられる」という意識が強かった。そうした不満が噴き出したのが、それまで無料だった生産者の認証コストを有料化した2004年である（同年設立のFLO-CERTは認証料を取ることで財政的自立を目指した）。

実を言うと、その前年に有料化の方針が打ち出された時、生産者側は賛意を表明し、FLO理事会での採決でも生産者側の代表全員が賛成票を投じていた。FLOの財政が限られたままでは、認証作業が進まずにフェアトレードに参加できる生産者が限られ、新たな産品基準作りも進まずにフェアトレード市場を拡大できないことを理解したからである。しかしその後FLOが、事前合意と異なる課金方法を、しかも生産者側代表不在の場で決定したことで、くすぶっていた生産者側の不満が一気に爆発した。FLOからの脱退論が出るほどの激しいやり取りの末、何とか折り合ったが、それ以降FLOは生産者側への十分な目配りを迫られるようになった。

その一つが2004年に立ち上げた「生産者サポート・関係作りユニット（PSR）」（設立時は「生産者ビジネスユニット（PBU）」）である。同ユニットは、生産者が基準をよりよく達成したり、市場にアクセスしたりできるよう、情報や研修を提供する組織である。PSRは現地に「リエゾン・オフィサー」を置いて（09年末時点で28カ国に48人）助言や支援を行っている。

また、06年には10万ユーロの「生産者認証ファンド」を設け、財政力の弱い生産者組合に対して認証コストを最大75%補助する仕組みを作るなど、生産者支援の充実を図っている。08年の実績をみると、52の小規模生産者組合に対して計93,347ユーロ（約1200万円）の補助を行った。このファンド（基金）は各国のラベル団体からの拠出金をもとに運用されている。

3つ目の役割「フェアトレード市場の開拓・促進」は、企業にラベル産品を扱うよう働きかけたり、消費者（企業や政府を含む）にラベル産品の一層の購入を働きかけたりすることを意味する。一部には、FLOや各国のラベル団体はラベル産品を買い上げて企業や消費者に売っている、と誤解する向きもあるが、ラベル産品の売買には全く関わっていない。最後の「アドボカシー活動」

は、現行の国際貿易の不均衡な仕組みを問い、より公正な貿易を促進することを意味するが、その面でFLOは熱心とは言い難い。

FINE（ファイン）

　以上の4大ネットワーク組織は、共同でアドボカシーやキャンペーンを繰り広げたり、フェアトレードについての共通理解を深めたりしようと、非公式なネットワーキングを始めた。それが1998年に各組織の頭文字（FLO、IFAT、NEWS!、EFTA）をとってできたFINEというネットワークである。FINEは常設の事務局を持たない緩やかな組織で、4大ネットワークの代表者で構成される運営委員会が年に数回開催されている。

　FINEがまず取り組んだのは、フェアトレードという言葉が社会に広まり、企業などによって安易に使われるようになったことを受けて、フェアトレードの定義を明確にすることだった。こうして1999年に最初の共通定義★を生みだした（現在の定義は2003年に改定されたもの）。

> ★ 「フェアトレードとは従来からの国際貿易を代替するアプローチである。それは、疎外され、かつ不利な立場に置かれた生産者の持続可能な発展のための貿易パートナーシップであり、より良い交易条件の提供や意識啓発、キャンペーン活動によって、その実現を目指すものである。」

　FINEを構成する4大ネットワーク組織は、「声を一つにして」フェアトレードの理念を広めることに最も力を入れてきた。その現れが、2004年にEUのお膝元ブリュッセルに共同で設置した「フェアトレード・アドボカシー・オフィス」である。それは、EFTAが1995年から設けていたアドボカシー事務所をFINEとして引き継いだもので、費用の大部分はWFTOが賄っている。

　FINEが主要なターゲットとしているのはEUとWTOである。EU（中でもその執行機関であるEC）に対しては、フェアトレードに関する意識啓発やフェアトレード調達、生産者への支援、貿易政策の変更、企業の規律強化などを要求してきた。WTOに対しては、2005年の香港閣僚会議からFINE名でフェアトレードの原則を反映したルールや仕組み作りを要求している。

📄 その他のネットワーク

　その他の国際的なネットワークとして主要なものに、北米の「フェアトレード連盟(FTF：Fair Trade Federation)」がある。北米のフェアトレード団体は1970年代から毎年非公式に会合を開いていたが、94年に北米オルタナティブ・トレード機構（NAATO）を結成し、翌年にFTFに名称変更した。FTFはフェアトレードに完全にコミットした北米のフェアトレード団体を強化することを主目的としている。FTFは9つの原則を定め、その原則を満たした団体にFTFのマークを使うことを認めている。

　FTFには約250団体が加盟しており、そのほとんどがアメリカとカナダのフェアトレード団体だが、少数ながらアジアや中南米の生産者団体も加盟している（理事会に生産者団体は入っていない）。FTFはWFTOに加盟しており、その立場はWFTOに近い。FTFは啓発活動にも力を入れていて、アメリカの加盟団体は、2004年から10月を「フェアトレード月間」に定め、毎年全米で様々な啓発・普及キャンペーンを展開している。

　2007年には「フェアトレード・アクション・ネットワーク」が生まれた。これはフェアトレードの普及に熱心なボランティア（個人やグループ）をつなぐネットワークで、現在は欧州中心だが、国際的ネットワーク作りを標榜している。普及のアイデアを互いに交換して、それぞれの地域で普及活動を拡大・活性化することを狙っている。

　以上のほか、国単位でのネットワーク化も進んでいる。それは先進国に限らず、途上国でも同様に起きていて、代表的なものとしては、バングラデシュのECOTA Fair Trade Forum、ネパールのFair Trade Group Nepal、インドのFair

主なネットワーク組織の概要

	設立年	構成団体	地　　域	加盟団体数
EFTA	1987	輸入団体	ヨーロッパ（9カ国）	11
WFTO	1989	生産者団体、輸入団体、支援団体	全世界（70カ国）	350+
NEWS!	1994	世界ショップ協会	ヨーロッパ（12カ国）	13
FLO	1997	ラベル団体	先進国（23カ国）	19
		生産者ネットワーク	発展途上地域	3
FTF	1994	輸入団体	アメリカ・カナダ	250

注：NEWS! は解散前の数

Trade Forum India、フィリピンの Philippine Fair Trade Forum、ケニアの Kenya Federation for Alternative Trade などがある。

日本では、首都圏に本拠を置くフェアトレード団体からなる非公式のネットワーク「フェアトレード推進会議」が2009年末に発足した。

NEWS! が解散した今、フェアトレード界には4つの大きなネットワークがあるが、古くからフェアトレードに関わってきたオルタナティブ／連帯型の団体やネットワーク（EFTA や FTF）は多くが WFTO のもとに結集している。その意味で、世界のフェアトレード界は、連帯型の WFTO と、認証型の FLO の二つの大きな「陣営」に分かれ、互いに切磋琢磨していると言える。

2 フェアトレードの基準化

1988年にマックス・ハーヴェラー財団が基準を作ってフェアトレードの認証を始めて以来、フェアトレードの基準化が進んでいる。FLO 設立以降は、FLO が生産者向け、取引従事者向け、産品別の基準を策定してきた。

それに対して、IFAT／WFTO は、フェアトレードに100％コミットする団体の基準を作ってきた。現在では、WFTO もフェアトレード産品に貼ることのできるラベルの基準を新たに策定中である。両雄の間では統一的な基準を作る作業が進められ、2009年に「フェアトレード憲章」という形で結実した。

ここでは、FLO と WFTO の基準、それにフェアトレード憲章について説明する。なお、フェアトレードが広まるにつれ、類似の基準を作って「倫理的」な市場に参入しようという動きが強まっているが、それについては**第9章**で詳しく説明する。

● FLO の基準

1997年に設立された FLO は、それまでバラバラだったラベル基準の統一と、新たな基準の策定を進めてきた。コーヒーから始まった基準作りは、その後ココア、紅茶などの熱帯性飲料だけでなく、果物、野菜、穀物、切り花、スポーツボールなどへと拡大し、以下の通り20品目について基準が作られている。最新の基準は2010年3月に策定された金に関する基準である。この基準は、

職人的ないし小規模な金採掘者を対象に、「責任ある鉱業連合（ARM）」という国際NGOとともに策定したという意味でもユニークな基準である。このほか、材木、エビ、絹、天然ゴムについての基準作りが現在進んでいる。

FLOの基準が定められた産品

種別	品目	対象
飲料品	コーヒー ココア 紅茶 フルーツジュース	小規模生産者 小規模生産者 小規模生産者、雇用労働 小規模生産者、雇用労働
果物・野菜	バナナ ワイン用ブドウ 生鮮果物（パイナップル／オレンジ／マンゴー／リンゴ等） 乾燥果物（マンゴー／杏子／ナツメヤシ等） 生鮮野菜（豆／ピーマン等）	小規模生産者、雇用労働 小規模生産者、雇用労働 小規模生産者、雇用労働 小規模生産者 小規模生産者、雇用労働
穀物	コメ 大豆・パルス［乾燥豆類］ キヌア［アカザ科の穀物］	小規模生産者、契約生産 小規模生産者 小規模生産者
その他食品	ハーブ・スパイス ナッツ・油種子（オリーブオイル等） 蜂蜜 砂糖［サトウキビから作る甘蔗糖］	小規模生産者 小規模生産者 小規模生産者 小規模生産者
非食品	切り花・観賞用植物 綿花［摘み取ったままの種のついた綿花］ スポーツボール（サッカー／バレー／バスケットボール等） 金	雇用労働 小規模生産者、契約生産 雇用労働 小規模生産者

FLOの基準は年を追って多様化、精緻化し、現在では非常に膨大かつ複雑なものになってきている。その全体像は次のようなものである。

- 一般基準（Generic Fairtrade Standard）
  生産者基準
    小規模生産者組織向け
    雇用労働向け
    契約生産事業向け
    （使用禁止物質リスト）

取引基準
　　一般取引基準（Generic Fairtrade Trade Standard）
　　（最低価格・プレミアム表）
● 産品別基準（Product Standard）
　　小規模生産者組織向け
　　雇用労働向け

　基準はまず、「一般基準」と「産品別基準」に大別される。一般基準は産品の違いに関係なく適用されるもので、産品別基準は産品の特性に応じて定められる。一般基準は「生産者基準」と「取引基準」に分かれ、生産者基準はさらに三つに細分化されている。また、基準に付随して「使用禁止物質リスト」と「最低価格・プレミアム表」が設けられている。各基準およびリスト、表は、定期的（通常5年以内）ないし必要に応じて見直され、改定される。現在も一般基準に関して大幅な改定作業が進行中である。

　それでは個々の基準を概観してみよう。

❶生産者基準　　まず生産者基準だが、フェアトレード・ラベルの創設時は、零細な生産者への裨益を念頭に置いていたため、小規模生産者向けの基準しかなかった。しかし、対象が小規模生産者の手になるもの以外の産品──主として大規模農園で作られる農産物（紅茶やバナナ）や工場で作られる産品（スポーツボール等）──に広がるにつれ、大農園や工場で雇用される労働者（と雇用主）を対象とした基準が作られるようになった。その後、小規模生産者向けの基準を満たせない過渡期の人々を対象にした基準（契約生産事業向け）も作られ、現在では三本立てになっている。

❶-1. 小規模生産者組織基準……小規模生産者組織基準はまず、生産者組織（協同組合や協会）を作ることで参加できるとしており、小規模生産者が生産者組織としてまとまることを前提としている。基準は「小規模生産者」を次のように定義する。①生産者とその家族の労働が自らの農場で行われる農業労働全体のかなりの部分を占め、②生産者の労働時間の大部分が自らの農場での農業労働に当てられ、③生産者が農業活動から得る収入が収入全体の大部分を占め、④農業に必要な資本・資産・インフラの状態が共同出荷を必要とする者、である。

基準は、大きく「社会的発展」、「社会経済的発展」、「環境的発展」、「労働条件」の4分野からなる。基準の各項目には、認証を受ける時点で満たしておくべき最低要件（minimum requirements）と、時間をかけて満たしていくべき向上要件（progress requirement）が設けられている。また、遵守の判断に使う指標は FLO-CERT が別途公表している。

小規模生産者組織基準の構成

構　成	最低要件数	向上要件数	合　計
1．社会的発展	**9**	**7**	**16**
1.1 開発への貢献	0	2	
1.2 小規模生産者からなる組織	4	0	
1.3 民主主義・参加・透明性	4	4	
1.4 非差別	1	1	
2．社会経済的発展	**2**	**3**	**5**
2.1 フェアトレード・プレミアム	2	1	
2.2 組織の経済的な強化	0	2	
3．環境的発展	**12**	**39**	**51**
3.1 影響評価・計画・モニタリング	2	11	
3.2 農化学物質	7	10	
3.3 廃棄物	0	6	
3.4 土壌と水	2	6	
3.5 火	0	3	
3.6 遺伝子組換生物	1	3	
4．労働条件	**17**	**15**	**32**
4.1 雇用政策	0	1	
4.2 差別からの自由	3	0	
4.3 労働の自由	5	0	
4.4 結社の自由と団体交渉	3	2	
4.5 雇用条件	2	7	
4.6 職業上の安全衛生	4	5	
総　計	40	64	104

　最低要件に限って概要を説明すると、「社会的発展」では、組織の構成員の過半数が小規模生産者であること、販売する産品の過半は小規模生産者が生産したものであること、構成員が実質的にコントロールする仕組み・総会・理事会があること、構成員に対して差別的扱いをしないこと、などを定めている。
　「社会経済的発展」では、プレミアム（割増金）の使途を総会で決定し、管理運営を透明に行うことを義務づけている。「環境的発展」では、保護区域を保全

すべきこと、禁止リストにある農化学物質を使わないこと、リストにない農化学物質であっても正しく使用・取扱・貯蔵すること、土壌浸食を減らす／防止すること、決して遺伝子組換生物（GMO）を使わないこと、などを定めている。

「労働条件」では、労働者に対する差別や暴力的行為の禁止、債務労働・強制労働の禁止、児童労働の原則禁止、結社の自由（団結権）と団体交渉権の保障、最低賃金の保障、安全で衛生的な職場環境の維持、などを義務づけている。

他の法律等との関係では、国際的に認知された基準や条約、とりわけILOが定める労働基準に従うことを求めている。国内法の遵守も求めるが、国内法と国際基準・条約のうち、より高い基準（法全体ではなく基準ごとに比べてより高い部分）を適用する。地域的ないしセクター別の慣行との関係でも、より高い基準を適用するとしている。

現基準は、2005年の基準から大幅に改定されている。基準に説明文をつけて意味を明確化するとともに、向上要件については達成期限も明記した。今までより生産者組織の自主性を尊重し、組織内部の政策論議や意思疎通に関する向上要件をなくした。最低要件だった「輸出能力」（需要があること、品質や手段が確保されていること等）も削除した。その一方で、メンバーとなるための条件や非差別原則を明示すること、メンバー以外から産品を調達してはならないことを明記した。また、小規模生産者が人を雇用する際の基準（特に雇用政策の策定、非差別原則、安全と健康）を大幅に強化した。環境面では、17の最低要件を向上要件に引き下げるなど全体として緩和した。環境基準が厳しすぎるという生産者からの苦情に応えたものと見られる。

❶-2．**雇用労働基準**……雇用労働基準は、労働者を雇用するあらゆる企業（農場、プランテーション、工場、製造業など）を対象とするが、実際には、雇用労働向けの産品別基準が策定されている産品（現在、切り花・観賞用植物、スポーツボール、バナナ、生鮮果物、生鮮野菜、フルーツジュース、紅茶、ワイン用ブドウの8品目）を生産する企業が対象である。また、労働者が組織化され、企業が労働者の発展を促進する意志があることを前提条件としている。

ここでいう労働者には、常勤労働者だけでなく、移住労働者・臨時労働者・季節労働者・下請労働者などすべての労働者が含まれる。また、現場で働く労働者だけでなく、事務部門で働く労働者も含まれるが、組織化の対象となる労

働者に限られる（中・上級管理職は通常除外される）。

　基準は、「社会的発展」、「経済的発展」、「環境的発展」の3分野からなり、各項目には最低要件と向上要件が設けられている。このうち最低要件は、①フェアトレードの便益が労働者に行きわたること、②企業と労働者が発展に向けた潜在力を持つこと、③他の方法では達成しえない発展をフェアトレードによって実現すること、を目的に定められている。向上要件は、毎年その達成状況を認証機関に報告することが求められる。

雇用労働基準の構成

構　　成	最低要件数	向上要件数	合　計
1．社会的発展	**55**	**31**	**86**
1.1 発展の潜在力と能力の強化	7	5	
1.2 差別からの自由	4	3	
1.3 労働の自由	5	0	
1.4 結社の自由と団体交渉権	8	5	
1.5 雇用条件	13	7	
1.6 職業上の安全衛生	18	11	
2．経済的発展	**16**	**3**	**19**
3．環境的発展	**24**	**29**	**53**
3.1 影響評価・計画・モニタリング	4	11	
3.2 農化学物質	12	4	
3.3 廃棄物	3	4	
3.4 土壌と水	4	4	
3.5 火	0	3	
3.6 遺伝子組換生物	1	3	
総　　計	95	63	158

　最低要件に限って概要を説明すると、「社会的発展」は、フェアトレードの概念や、経営側と労働側の代表からなる労使合同体（Joint Body）・労働者組織についての周知徹底、労働者に対する差別や暴力的行為の禁止、債務労働・強制労働の禁止、児童労働の原則禁止、結社の自由（団結権）と団体交渉権の保障、不当労働行為の禁止、最低賃金・週48時間労働・休暇・法定社会保障の保障、安全で衛生的な職場環境の維持、などを義務づけている。

　「経済的発展」は、プレミアムの管理や利用について細かく規定する。プレミアムの使途は労使合同体で決定すること、労働側の代表は民主的な手続きに

よって選出すること、経営側と労働側は同等の投票権を持つが、労働側代表の過半数の同意なしに意思決定できず経営側は拒否権を行使できないこと、プレミアムを企業の経常費やフェアトレード基準の充足に使ってはならないこと、プレミアム用の口座を開設し、労使合同体の労働側の代表と経営側の共同署名によって管理すること、などである。

「環境的発展」では、保護区域を保全すべきこと、禁止リストにある農化学物質を使わないこと、リストにない農化学物質であっても正しく使用・取扱・貯蔵すること、有害廃棄物を安全に処理すること、土壌浸食を減らす／防止すること、水質汚染を防止すること、決して遺伝子組換生物（GMO）を使わないこと、などを定めている。

本基準と国内法、国際基準・条約、地域的ないしセクター別の慣行との関係は、小規模生産者組織基準と同じである。産品別基準との関係では、特に定めのない限り、本基準がより高度な要件を課している場合は本基準が優先する。

本基準は、大規模企業には厳しく、小規模企業には緩くと、基準の適用に幅を持たせている。とりわけ、小規模企業に対しては、フェアトレードに参加しやすいようにという政策的判断に立って、最初からすべての最低要件を満たせなくても、一定の時間をかけて満たすことを認めている。

❶-3．契約生産事業基準……小規模生産者組織基準を満たせない生産者向けに、同基準が満たせるようになるまでの過渡期用の基準が2005年に策定された。それは、産品の特性や地域の慣習などのために生産者が組織化されておらず、組織化されていても法人格を持たず、仲介者（intermediary：輸出団体、加工団体、私企業、NGOなど）とパートナーシップに基づく契約を結んで生産している場合に適用される。その場合、仲介者は法人格を持ち、生産者の社会・経済的な発展に寄与する意志と能力があり、小規模生産者組織基準を満たす組織を生産者が作れるようになるまで支援することが適用の条件となる。

本基準で仲介者は「促進体（Promoting Body）」と呼ばれ、促進体はFLOと契約を結んで、生産者が組織を作って自律できるよう支援する義務を負う。生産者は、第一段階で、生産者組織を作って促進体とより対等な関係に立てるようになることが期待される。生産者組織ができるまでの間は、生産者の中から選ばれた「生産者執行体（Producer Executive Body）」が生産者と促進体との間

のつなぎ役となる。続く第二段階では、強固な生産者組織へと成長し、小規模生産者組織基準を満たせるようになることが期待される。

本基準は特定の産品ないし国を対象とするもので、現在のところ、インドの米（バスマティ米）と綿花の生産者およびパキスタンの綿花と乾燥果物の生産者のみを対象にしている。ここでは基準の詳細は省く。

❷一般取引基準　次に一般取引基準を概観してみよう。一般取引基準は、フェアトレードの認証を受けた産品の取引に従事する者（以下、取引従事者）、つまり生産者から最終製品化する者まで、すべての取引従事者に適用される（最終製品を売るだけの小売業者には適用されない）。

取引基準は以前は産品別基準の一部を構成していたが、全産品に共通する項目を「一般取引基準」として抜き出して2009年2月に設けられた。産品に特有な取引基準は、産品特有基準などとして産品別基準に残され、一般取引基準よりも優先される。また、以前は最低価格・プレミアムも産品ごとの基準に掲げられていたが、09年に一覧表、すなわち「最低価格・プレミアム表」にまとめられた。

一般取引基準に向上要件はなく、すべて最低要件からなる。その構成は右下の表の通りである。

このうち「追跡可能性（トレーサビリティ）」については、各取引従事者が、直前および直後の取引に認証産品以外のものが入り込んでいないことを、物理的かつ文書的に証明することを定めている。物理的に証明するには、認証産品を非認証の産品とは別に取扱い、保管しなければならない。

「契約」については、買い手が生産者と法的拘束力のある契約を結ばねばならないと定め、契約書に盛り込むべき最低限の内容（量、品質、価格、支払方法、納入条件）を列挙している。また、非認証の産品を不当に安く買うことを条件にして生産者から認証産品を買うことを禁じている。さらに、フェアトレード価格支払義務者（通常は輸入業者）と支払いを受けた者との間で結ばれた契約

一般取引基準の構成

	最低基準数
1．認証	3
2．追跡可能性	2
3．契約	6
4．取引の継続	1
5．前払	7
6．価格	8
総　計	27

へのアクセスを生産者に認めている。

「取引の継続」については、買い手が生産者に対して購入計画を提出するよう義務づけている。購入計画もその前の収穫期の購入パターンに基づいて立てることを奨励している。

「前払」については、生産者から要請があった場合には、フェアトレード価格支払義務者が契約価格の最大60%までを前払するよう義務づけている。前払の割合を何%にするかは生産者に決定権がある。前払金に対する利子は双方の合意の上で決定される。

「価格」については、基準に定められた最低価格（それがない場合は市場価格）とフェアトレード・プレミアムを買い手が払うことを義務づけている。支払方法についても生産者の同意が必要で、生産者から請求書が届いてから30日以内に支払うよう義務づけている。

❸**産品別基準**　最後に産品別基準を概観しよう。基準は産品の特性に合わせて作られたものだけに、その内容は多様である。ただ、基準の構成は共通しており、その構成は以下の通りである。また、小規模生産者組織向け基準と雇用労働向け基準がある場合も、両者の内容はほとんど同じである。

A. 小規模生産者組織向け／雇用労働向け一般基準

B. 産品特有基準
1. 社会的発展
2. 経済的発展
3. 環境的発展

C. 産品取引基準
1. 産品の説明
2. 適用範囲
3. 認証
4. 追跡可能性
5. 契約
6. 取引の持続
7. 前払
8. 価格
9. その他の産品要件

Aは、その産品別基準が小規模生産者組織向けであれば小規模生産者組織基準を、雇用労働向けであれば雇用労働基準を参照するよう指示している。

Bの産品特有基準も、大半が一般基準の記述を参照するよう指示し、一部の産品についてのみ産品特有の基準を追加している。特に、雇用労働向けの切り花・観賞用植物とスポーツボールの基準は、社会的発展の要件を数多く追加的に設けている。

Cの産品取引基準は、産品ならではの基準を定めている。例えば生鮮果物・野菜に関する基準は、前払に関する一般取引基準を適用せず、生産者とフェアトレード価格支払義務者の間の交渉に任せている。スポーツボールでは前払と取引の持続についての規定がない。バナナに関しては、届いたバナナの品質に大きな問題がある場合や、小売業者などからの買いが少なかった場合は、フェアトレード価格を支払わなくとも良いとしている（後者の場合、それが認められるのは出荷量の10%までで、10%を超える分はフェアトレード価格支払義務者が損を引き受けねばならない）。蜂蜜に関する基準は、EUとスイスの品質基準を満たすよう求めている。綿花に関する基準は、綿花を綿製品にするまでの加工・製造に関わる者は、強制労働・児童労働の禁止や団結権・団体交渉権、非差別などを定めた11のILO条約の遵守に努力していることを証明するよう義務づけている。

❹**複合製品に関する基準**　フェアトレード産品は、そのまま消費されることもあるが、他の原材料とともに「複合製品（Composite Products）」として消費されることもある。例えばチョコレートを使ったクッキーであれば、フェアトレード認証を受けたココアだけでなく、認証基準が設けられていない多くの原材料が使われる。そうした複合製品が増えるにつれ、どのような場合にフェアトレード産品として認証するか、ルールを定めておく必要が出てきた。

そこでFLOは、複合製品（食品のみ）用のガイドラインを策定した。同ガイドラインは、複合製品が認証されるには、フェアトレード基準が設けられている原材料については全量フェアトレード認証されたものを使う（＝非認証の原材料を混ぜない）こと、認証された原材料の総量が複合製品の乾燥重量の50％を超えること、を求めている。ただし、特徴的な複合製品の場合は、製品を

特徴づける主要な原材料（例えばチョコレートケーキの場合はココア、オレンジジュースの場合はオレンジ）が複合製品の乾燥重量の20％を超えていれば良いとしている。その他、複合製品が新たな市場を切り開くと期待されるような場合には、条件を緩和することもあるとしている。

複合製品と類似したものに「ブレンド製品」（例えばブレンド・コーヒー）があるが、ガイドラインはそれを複合製品とは認めず、ブレンド製品の場合には原材料すべてがフェアトレード認証を受けたものでなければならないとしている。

❺**フェアトレード・ラベル基準の基本原則**　以上、フェアトレード・ラベル基準を概観したが、ここでその「基本原則」を整理してみよう。

1. 「民主的な組織作り」：ラベルの仕組みは、生産者ないし労働者が個人としてではなく、組織として参加することを基本とする。そのため、生産者は生産者組織を、労働者は労働者組織を作って参加することを求める。

　それは、個々には非力であっても、組織化することでマネジメント能力や交渉力、効率性・生産性を高めたり、付加価値の高い事業を始めたりといった生産者／労働者のエンパワメントが可能となるからである。設立された生産者・労働者の組織には、民主的かつ透明な運営を義務づけている。

2. 「最低価格の保証」：これは、ラベルシステムの真髄と言える。「最低価格」は、「平均的な生産者が持続可能な生産にかけるコストを賄う価格」と定義される。持続可能な生産のためのコスト（農場渡しの場合）には、農地・インフラ整備等の初期投資の減価償却費、農地準備コスト、実地生産コスト、収穫コスト、荷造りコスト、組織運営コスト（認証コストや生産者の利益を含む）が含まれる。最低価格は、市場価格が大きく値下がりしても必ず支払われる価格で、それによって生産者は安定した収入と生活を約束される。市場価格が最低価格を上回った場合は市場価格以上が支払われる。

　産品によっては、品質の違いや地域差が大きすぎるために最低価格を決められないもの（紅茶の大部分、砂糖の一部、切り花・観賞用植物、スポーツボール）があり、その場合は市場価格ないし売り手と買い手の間の交渉で決まった価格が売買価格となる。最低価格は、地域によって生産コストや生活

レベルに違いがあるため、地域ごと（一部は国ごと）に定められる。

3．「**フェアトレード・プレミアム**」：最低価格（ないし市場価格）に加えてプレミアム（割増金）が支払われる。プレミアムには「開発協力」の意味合いがあり、生産者／労働者・その家族・地域社会の社会的・経済的・環境的発展の支援を目的とする。したがって、プレミアムは生産者や労働者個人にではなく、生産者組織や労働者組織（正確にはプレミアム運用のために設立された法人）に支払われ、積み立てられる。その使い道は、生産者組織の場合は組織の総会で決定し、労働者の場合は労働者側と雇用者側の代表からなる労使合同体で決定する。

　有機栽培した農産物に対しては、通常のフェアトレード・プレミアムに加えて「オーガニック・プレミアム」が支払われる。例えば有機コーヒーの場合、通常のプレミアムが1ポンド（453グラム）あたり10セント、オーガニック・プレミアムが同20セント支払われる。最低価格に対する割増率は、通常のプレミアムが8〜10％、オーガニック・プレミアムが16〜20％である。

4．「**前払**」：貧しい生産者は産品の納入時まで支払いを待たされると、手持ち資金が底をついて借金せざるをえなくなる。そうやって生産者が借金地獄に陥るのを防ぐのが前払制度である。フェアトレード価格（最低価格＋プレミアム）の支払義務を負う者は、生産者からの求めがあれば、契約額の最大60％までを前払せねばならず、契約額の何％とするかは生産者に決定権がある。

5．「**労働基準の遵守、労働条件の改善**」：国際的に広く受容されているILO諸条約の遵守を義務づける。主として労働者を雇用する農園主や工場主が対象だが、農繁期などに季節労働者や臨時労働者を雇う場合には小規模生産者も対象となる。遵守・改善すべき主な点としては、「あらゆる形態の差別の禁止」、「虐待・セクハラの禁止」、「強制労働・債務労働の禁止」、「団結権と団体交渉権の容認」、「安全衛生の確保」等がある。

6．「**児童労働の（原則）禁止**」：ここで児童とは15歳未満の子どもをいう。多くの途上国で児童労働が深刻な問題となっており、雇用労働向けの基準は児童労働を例外なく禁止する。それに対して小規模生産者組織向けの基準は原則禁止にとどめている。それは、零細な生産者の場合、生計を維持するために児童が親の仕事・家事を手伝わざるをえない現実があるためで、児童の教育

と健全な成長を害さない範囲で親を手伝うことを認める。15歳以上18歳未満の若年者に対しては、どちらの基準も、就学や教育的達成、社会的・精神的・身体的成長、健康・安全性・道徳性を害さない範囲での労働を認める。
7.「環境の保護」：生産者／労働者の生活向上を主目的とするラベル基準だが、消費者の環境意識の高まりに伴って環境への配慮を強める必要が出てきた。特に、世界最大のフェアトレード市場として台頭してきたアメリカでは環境分野の基準の強化なしには市場を拡大できないという同国のラベル団体からの強い要請があり、2005年頃からとみに強化されるようになった。小規模生産者組織向けの基準では全体の半分を環境分野の基準が占めるまでになった。その範囲も、影響評価・計画・モニタリング、農化学物質・廃棄物・火の取り扱い、生態系・土壌・水の保全、遺伝子組換生物（GMO）の禁止、と多岐にわたる。

一方、フェアトレードに期待される「長期的な関係」に関しては、大半の産品について購入側が「一収穫期」分の調達計画を立てることを義務づけるにとどまっている。一収穫期は、産品によって3カ月（バナナや紅茶）だったり、6カ月（切り花・観賞用植物）だったり、1年（甘蔗糖やフルーツジュース、ワイン用ブドウ）だったりする。つまり最長1年で、その意味で「長期的な関係」を保証しているとは言い難い。

❻**認証とライセンス**　次に、認証・ライセンスの仕組みを見てみよう。
❻-1.**仕組み**……フェアトレード産品が生産されてから販売されるまでには多くの組織・団体が関わる。フェアトレード・ラベルは、生産から販売に至る一連のつながり、いわゆる「サプライ・チェーン（供給連鎖）」全体が基準を満たし、フェアトレードでないものが紛れ込んでいないことを保証するものである。そのため、連鎖の各段階に関わる組織が基準を満たしていることを確認して、認証／ライセンスする必要が出てくる。ちなみにライセンスとは、認証産品へのラベルの使用を許すことをいう。参考までに、その仕組みは下図の通りである（日本の場合。また、改変前の図なので国内業者に関する仕組みは多少変わっている）。見ての通り、その仕組みはかなり複雑である。

以上のうち、認証・ライセンスが必要な組織は、一連の流通過程の中でフェアトレード認証産品の所有権を一時的にせよ保持（＝売買）する組織である。認証／ライセンスを受けた組織は「オペレーター」と総称され、認証機関等（FLO-CERT や各国のラベル団体）に対して定期的な報告を行うとともに、認証機関等による監査を受ける義務がある。オペレーターはその機能によって以下のように分類される。

- 生産者　　　：原産国でフェアトレード認証産品（の原料）を生産する
- 現地加工業者：原産国でフェアトレード認証産品（の原料）を加工する
- 輸出業者　　：原産国でフェアトレード認証産品（の原料）を輸出する
- 輸入業者　　：原産国からフェアトレード認証産品（の原料）を輸入する
- 製造業者　　：原産国以外でフェアトレード認証産品を加工・製造する
- 卸業者　　　：（消費者向け最終製品ではなく業務用など）未完成フェアトレード認証産品を加工せずに売買する

フェアトレード・ラベルの仕組み（FLJ）

第3章　フェアトレードのネットワーク化と基準化

- ライセンシー：フェアトレード認証産品にラベルを使用することを許された組織（通常は消費者向け最終製品のブランドオーナーを指す。原産国で生産者が包装およびラベル付けを行う場合は、その産品を輸入・販売する組織がライセンシーとなる）

　以上の説明の中で「完成」とは、消費者向けに包装（パッケージ）してフェアトレード・ラベルを付けることをいい、「最終製品」とは、消費者向け包装とラベル付けが終わった（完成した）製品のことをいう。したがって、消費国のスーパーが自社ブランド製品にフェアトレード・ラベルを付けて販売したい場合は、そのスーパーがブランドオーナーになることからライセンス（販売許可）を取る必要があり、自社工場ないし委託先の工場で最終製品化する（包装・ラベル付けする）のであれば製造業者としての認証も得る必要がある。メーカーが自社ブランドの最終製品を作って販売する場合も認証とライセンスの両方を取得する必要がある（スーパーのブランド名の最終製品を作ってスーパーに納品するだけであれば認証だけ）。

　これに対して、フェアトレード認証製品を完成させるまでの過程で、産品の売買をしない（所有権を保持しない）組織、および最終製品を作らずに売買するだけの組織は認証／ライセンスを受ける必要がない。委託業者、輸送業者、保管代行業者、卸業者・小売業者（消費国で最終製品を売買するだけの場合）がそれに当たる。

　それでは、認証やライセンスは誰が行うのだろうか。従来は、生産から最終製品にするまでは認証組織のFLO-CERTが生産者や業者の認証・監査を行い、自社ブランドの最終製品を販売する業者は各国のラベル団体（ラベル団体が存在しない国ではFLO）がライセンスを与えて監査するのが一般的だった。

　しかし、後述するように、2007年にFLO-CERTがISO65を取得したことから、先進国内でのライセンス業務まですべてをFLO-CERTが一貫して行う方針へと変更した。認証機関として認定されていない各国のラベル団体が認証や監査を行っても、それは国際規格に則った認証・監査とは言えないからである。そのため、一部のヨーロッパ諸国（ドイツやフランス）では、ライセンス業務までFLO-CERTが一貫して行うシステムへと移行している（それを「ISO65化」と呼ぶ）。

日本では、ラベル産品（原料を含む）の輸入だけを行う業者と、輸入に加えて製造・卸・最終販売のどれか一つでも行う業者のうち年間総売上高が100億円以上の業者、それに最終製品前の産品を海外に輸出する業者はFLO-CERTが認証し、それ以外の業者は言葉の問題なども考慮してFLJが認証することになっている。

　認証を得た団体に対しては、原則として毎年監査が行われる。そこで、基準の違反が見つかった場合は、一定の期限内に改善することが求められる。期限内に改善が見られない場合は認証が一時的に停止され、それでもなお違反状態が続く場合は認証が取り消される。監査は通常事前に通知されるが（書類等を準備してもらうため）、重大な基準違反の情報が寄せられた時には抜き打ちの監査も行われる。

❻－2．認証・ライセンス費用……フェアトレードの認証を取得し、継続するには、どのくらいの費用がかかるのだろうか。費用計算の仕組みもやや複雑である。生産者が初めて認証を得る年は申請料500ユーロと認証料（監査人の旅費を含む）、2年目以降は20％程度割り引かれた認証料がかかる。小規模生産者の場合、①一次組織、二次組織、三次組織のどれか、②メンバーの数、③生産・販売するフェアトレード産品の品目数、④加工施設を所有するか否か、によって認証料が変わってくる。ここで、一次組織とは草の根の小規模生産者組織のことをいい、二次組織とは一次組織の連合体、三次組織とは二次組織の連合体のことをいう。メンバーや品目数が多いと、その分、監査日数が増えて認証料が高くなる。

　メンバーの数が50人未満の一次生産者組織が一品目だけを生産・販売する、最も費用がかからないケースでは、1年目に申請料を含めて1900ユーロ（約25万円）、2年目以降は1,137.5ユーロ（約15万円）が必要となる。労働者が50人未満の農園や工場も全く同じである。メンバーが1000人を超える一次生産者組織は1年目に3900ユーロ（約51万円）、労働者が1000人を超える農園や工場は4300ユーロ（約56万円）が必要である。

　取引従事者は、最初に申請料500ユーロを払うほかに年間認証料がかかる。年間認証料は取引従事者の規模やカテゴリーによって400～2600ユーロ（約5万2000円～34万円）と幅がある（日本では独自の料金システムがあるがここ

では省く)。カテゴリーは、新規か継続かのほかに、基準の遵守状況によって分けられており、遵守しているほど監査の形態・頻度が軽減され、支払う認証料を安くすることができる。

ライセンシーに対する料金体系は国によって大きな差があるため、日本のケースについて説明する。ライセンシーは、基本的に従価制のライセンス料（小売価格の1％）を支払う。一部の産品には従量制が適用され、例えばバナナは1kgあたり4円、レギュラーコーヒーは焙煎豆1kgあたり35円のライセンス料を支払う。販売額／量が少なかった場合でも、年間ライセンス登録料（年間総売上高によって3〜5万円プラス一品目増えるごとに5000円〜1万円追加）が課される。一方で、もともと販売量が少ない小規模ライセンシーは年間ライセンス登録料が免除される。

❼**基準の定め方**　FLOの基準（最低価格・プレミアムを含む）はどのように決められるのだろうか。FLOによると、社会・環境分野の基準を作る際の適正実施規範を定める「国際社会環境認定表示連合（ISEAL Alliance）★」の規範に基づいて基準作りをしているという。

そこでは、公開性、透明性に加え、不偏不党性や、利害関係者のバランス（地理的なバランスを含む）のとれた積極的な参加が求められている。中でも、基準の影響を直接受ける関係者への能動的な働きかけや、不利な立場に置かれた集団が有効に参加できることへの配慮が義務づけられ、途上国や中小規模の事業体のニーズに特別な注意を払うことが定められている。

> ★　ISEALは、FLOやIFOAM、MSC、FSC、レインフォレスト・アライアンスなど、社会・環境分野の基準を作る8つの国際組織が、基準の信頼性を高めるために2000年に共同で設立した国際民間機構。現在は11団体が加盟し、WFTOも準メンバーである。

FLOの中で基準作りを担当するのは「基準委員会」で、理事会から基準作りについて全権委任されている。基準委員会の構成は、先進国のラベル団体代表（現在2人）、輸入団体代表（同2人）、生産者団体代表（同3人）と外部有識者（同空席）からなっている。新たな基準作りと既存の基準の見直しは、FLO自身を含むそれらステークホルダーの誰もが提案することができる。様々な提案のうちどの基準作りに着手するかは、FLOの目的や戦略的方向性に合致し

ているかに加え、十分な需要があるか、基準作りに必要な資金・リソースが確保できるか、などを考慮して決定される。重要な決定は基準委員会が行うものの、マイナーな決定は事務局である「基準ユニット」に任せている。

　基準作りにあたっては、まず内部と外部のステークホルダーを確定する。内部ステークホルダーにはラベル団体、FLO-CERT、生産者サポート・関係作りユニット（PSR）や、基準の影響を受ける認証対象団体が含まれる。外部ステークホルダーには消費者団体、フェアトレード団体、小売業、労働組合、NGO、政府・国際機関、学術研究機関などが含まれる。ステークホルダーが確定すると、基本的な調査が基準ユニット、ないし基準委員会が外部委託した組織（ラベル団体など）によって行われる。

　続いて、調査結果に基づいて基準ユニットが草案を作成して各ステークホルダーに送るとともに、FLOのホームページにも掲示して各方面からのコメントを募る。集まったコメントをもとに草案を修正し、再びコメントを募るというサイクルを必要なだけ繰り返す（一般的には2回で60日間）。こうしてまとめられた最終草案は基準委員会に送られ、そこで採択されると新たな基準として公表される（委員会で不備を指摘された場合は再び調査・草案作り・コメント募集が行われる）。

　最低価格・プレミアムに関しては、まずPSRが価格・プレミアムに関する情報を収集して基準ユニットに報告・提案し、それに基づいて基準ユニットないし委託されたラベル団体が、PSRの協力を得ながら内部および外部ステークホルダーへの基本的な調査を行う。そこでは、生産者を対象にした「持続可能な生産コスト」の確定が中心的な作業となる。調査に基づいて草案が作成され、ステークホルダーからのコメントを反映した最終草案が基準委員会によって採決される（マイナーな価格変更の場合は基準ユニットが決定する）。

❽ISO65に基づく認証　FLOが設けた基準を生産者や取引従事者が遵守しているかどうかの評価を行い、遵守を確認して認証する役目は、2004年以降はFLOから独立したFLO-CERTに引き継がれた。FLO-CERTは、さらに客観性を高めるべく、ISO（国際標準化機構）が定めた国際規格「ISO65（製品認証業務を行う第三者機関が適格性と信頼性があると認められるために遵守しなけ

ればならない一般要求事項)」を満たした認証機関としての認定を07年に取得した。以降、客観性、透明性、非差別性を保証するISO65に則った認証を行っており、前述したように、将来的には生産から最終販売に至るサプライ・チェーンの全段階をFLO-CERTが認証することを目指している。

ISO65の一般要求事項とは次のようなものである。

- 業務方針・手順・運用が差別的でないこと
- 認証に関する決定は評価実施者以外の者が行うこと
- 認証システムの運営に必要な財政的安定性と経営資源（人、モノ、財）を有すること
- 認証に必要な教育・訓練を受け、技術的知識・経験をもつ十分な数の要員を雇用すること
- 認証プロセスと結果を左右しかねないような営利的、財政的、その他の圧力に影響されないこと
- 認証の授与・維持・縮小・拡大・一時停止・取消しの条件を規定すること
- すべての手順について計画的かつ体系的な方法で定期的な内部監査を実施すること
- 認証の過程で得られる情報の機密保護のための適切な取決めを有すること
- 異議申し立て・苦情・紛争を定められた手順に従って処理すること

ISO65に準拠することで、「仲間内」による不透明で都合のよい認証ではないか、という疑いを払拭し、ラベル産品に対する企業や消費者の信頼を高めることができるのだが、その一方でISO65化は一つのジレンマを抱え込むことになる。「客観性」と「非差別性」が大原則である以上、たとえ非倫理的な企業から認証取得の申請があっても、その企業が基準を満たしてさえいれば、認証しなければならないからだ。

WFTOの基準

WFTOは、古くは60年以上前からフェアトレードの世界を切り拓き、実践してきた団体の集まりで、それぞれの団体が独自の立場から、特色ある多様な活動を繰り広げてきた。そのように互いの独自性や多様性を認め合う緩やかなネットワークだったが、後発のラベル組が作った「違和感のある」基準が社会

に広まるにつれ、フェアトレードの本家本元を自任するWFTO（当時はIFAT）として、従来からの連帯型フェアトレードの理念や原則を明確にし、普及させる必要に迫られた。

こうしてWFTOは、1995年にフェアトレード団体としての行動基準を定めたのに続いて、2001年にフェアトレードの原則を定めた。当初は9原則として発足させたが、05年に「取引関係」を追加して10原則とし、09年8月に大幅に改定・強化して現在の10基準とした。

❶WFTOの10基準　　10基準は次の通りで、各基準について概要を説明する。

基準1．経済的に不利な立場に置かれた生産者への機会の創出
基準2．透明性とアカウンタビリティ
基準3．取引慣行
基準4．公正な価格の支払い
基準5．児童労働と強制労働
基準6．非差別、公正な男女関係、および結社の自由
基準7．労働条件
基準8．能力強化
基準9．フェアトレードの推進
基準10．環境

基準1．経済的に不利な立場に置かれた生産者への機会の創出：フェアトレード団体の主要な目的は、貿易を通した貧困削減にある。フェアトレード団体は、疎外された小規模生産者を支援して、貧困状態から自給自足かつ主体性のある状態に移れるようにし、貿易を地域の発展に資するものとするための行動計画を持つ。

基準2．透明性とアカウンタビリティ：フェアトレード団体は、その運営と取引関係を透明にし、全ステークホルダーに対してアカウンタブルであるとともに、情報の取扱いに十分に注意する。スタッフやメンバー、生産者などが意思決定プロセスに関与できるようにし、すべての取引相手に情報を提供する。サプライ・チェーンの全段階で、意思疎通のチャンネルを良好かつ開かれたものにする。

基準3．取引慣行：フェアトレード団体は、疎外された小規模生産者の社会・

経済・環境面の福祉に配慮して取引する。フェアトレード産品を供給する側は、求められた品質と仕様通りの産品を予定日時までに納品する。購入する側は、確実な支払いをするとともに、要請があれば契約額の50％以上を無利子で前払する。

　購入側が注文をキャンセルする場合は、事前に供給側と話し合い、供給側に過失がないままキャンセルした場合は適切な補償をする。供給側は、納品に問題があった場合には購入側と話し合い、数量や品質が納品書と合致しない場合は補償する。

　フェアトレード団体は、連帯・信頼・相互尊重に基づいた長期的な関係を維持するとともに、生産者の収入が向上するよう取引量を増やし、産品の価値・多様性を向上させる。また、他の団体と協働し、不公正な競争を行わず、他団体のデザインを許可なく真似たりしない。

基準４．公正な価格の支払い：公正な価格とは、全当事者が参加と対話を通じて合意した価格であり、生産者への公正な支払いを可能とし、かつ市場でも維持可能な価格である。公正な支払いとは、生産者が公正と見なす社会的に受け容れ可能な報酬の支払い、および男女同一労働同一賃金の原則に立った支払いを意味する。フェアトレード産品のマーケティングや輸入を行う組織は、生産者が公正な価格を設定できるよう、必要に応じて生産者の能力強化を支援する。

基準５．児童労働と強制労働：フェアトレード団体は、国連子どもの権利条約や子どもの雇用に関する国内法・地域の法令を遵守する。また、団体のスタッフ、メンバー、在宅労働者が労働を強制されることがないようにする。

　フェアトレード産品を購入する団体は、生産にあたって強制労働がないことや、国連子どもの権利条約・関係国内法・地域の法令が守られていることを確保する。生産に児童が関わる場合は、その事実を開示・モニターし、児童の福祉、安全、教育的要請、遊びの必要に悪影響を与えないようにする。

基準６．非差別、公正な男女関係、および結社の自由：フェアトレード団体は、雇用、報酬、研修機会の提供、昇進、解雇・退職に関していかなる差別も行わない。男女にスキルを磨く機会を提供し、空きポストや組織内の指導的地位への女性の応募を促す。妊娠した女性や母乳で育児をする母親特有の健

康・安全面のニーズに配慮し、便益の利用に関する決定に女性が全面的に参加できるようにする。全スタッフの労働組合加盟権、団結権、団体交渉権を尊重し、その代表が職場で差別されないようにする。

　生産者と直接関わる団体は、女性が男性と同じ報酬を受けられるようにするとともに、女性がその能力に応じた仕事につけるようにする。

基準7．労働条件：フェアトレード団体は、安全かつ健康な労働環境を提供し、安全性・健康・労働時間・労働条件に関するILO条約や国内法、地元の法令を遵守する。購入先の生産者組織の健康や安全の状況を把握するとともに、生産者組織内で健康や安全への意識や健康・安全面の慣行が改善されるよう継続的に努力する。

基準8．能力強化：フェアトレード団体は、疎外された小規模生産者の発展への好影響が増すよう務め、スタッフやメンバーの能力とスキルを発展させる。小規模生産者と直接関わる団体は、生産者の管理運営スキルや生産能力、市場へのアクセス力を向上させる特別の支援を行う。フェアトレード仲介組織から購入する団体は、疎外された生産者に対する支援能力を仲介組織が高められるよう協力する。

基準9．フェアトレードの推進：フェアトレード団体は、フェアトレードへの人々の関心、および世界貿易をより正義に叶ったものにする必要性への人々の関心を高め、フェアトレードの目的や活動を社会に唱導する。顧客に対しては、自らの組織や取扱い産品、生産者団体とそのメンバーについての情報を提供し、常に誠実な宣伝方法・マーケティング方法を用いる。

基準10．環境：生産者団体は、持続的な供給源からの原材料を最大限利用し、可能な限り地元から調達し、エネルギー消費量の少ない生産技術を用い、温室効果ガスの発生を最小限に抑えた再生可能なエネルギー技術を可能な限り用いる。廃棄物が環境に与える影響を最小化するよう務め、可能な限り有機ないし低農薬の生産方法を用いることで、環境への影響を最小化する。

　購入ないし輸入側は、持続的な供給源からの原材料を使って生産された、環境への影響が総体として最も少ない産品を優先的に購入する。全フェアトレード団体は、可能な限り再利用可能ないし生物分解性の高い材料を使って包装し、可能な限り海上輸送を使って発送する。

以上をFLOの基準と比較すると、「生産者への機会の提供」や「生産者の能力向上」といった、生産者への支援・エンパワメントを強く打ち出しているところに最大の特徴がある。また、生産者との継続的・長期的な関係や「連帯・信頼・相互尊重」を強調しているのも大きな特徴である。WFTOが「生産者寄り」で、パートナーシップを重視していると言われる所以である。女性のエンパワメントを強く打ち出しているのもWFTOらしい。

　最低価格はFLOのように一律に定めていないが、「社会的に受容可能かつ生産者が公正とみなす価格」を対話を通して合意する方法を取っている。プレミアムの規定もないが、「地域開発の支援」にその要素が含まれている。前払に関しても、「契約額の50％以上を無利子で」と、より良い条件を提示している。

　もう一つの特徴は、世界貿易をより正義に叶ったものへと変える必要を訴え、それを市民や社会にアピールする姿勢である。変革とそのためのアドボカシーを重視するところにWFTOらしさがある。

❷モニタリング・システム　以上の10基準は、WFTOに加盟するすべての団体に遵守が求められる。そこでWFTOは、加盟団体が基準を遵守していることを確認するためのモニタリング・システムを構築してきた。それは、次の3段階からなる。

自己審査：2年に1度、共通のフォーマットを使って遵守状況を自己審査し、改善目標を掲げた審査レポートをWFTO事務局に提出する。共通といっても全く同一ではなく、団体の機能に即した評価指標が設けられている。審査レポートに加え、自己審査結果を裏づける証拠（例えば生産者・被雇用者への支払記録、雇用政策、年次報告書、戦略・行動計画書など）の提出も義務づけられている。自己審査では社会監査の手法が用いられる。自らの活動に関わりのあるステークホルダーの参加、ないしステークホルダーとの協議を通して、自己審査でありながらも客観性をもった評価をするのである。

相互レビュー：提出された自己審査レポートは、WFTOの評価部門だけでなく、他の加盟団体が評価する（いわゆるピア・レビュー）。通常はその団体と取引のあるパートナー団体が評価を行う（先進国のフェアトレード団体と途上国の生産者団体が相互に）。相互レビューは学び合いの機会でもある。パー

トナー団体からのフィードバックに基づいて、自己審査レポートを書き直すチャンスが与えられる。

外部検証：加盟団体の5～10％が毎年無作為に選ばれ、第三者による検証を受ける。基準に反していると信じるに足る申し立てが他者からあった場合には、臨時の外部検証も行われる。外部検証によって重大な違反が確認された場合は、加盟資格の停止・取消の処分が行われることもある。

以上がWFTOのモニタリング・システムだが、モニタリング料と加盟団体になるための費用はどの程度だろうか。会員にはフェアトレード団体、ネットワーク団体、フェアトレード支援団体、準会員の4種類がある。そのうちフェアトレード団体の会費は年間の売上高に応じて3段階に分かれており、年間売上高が10万ユーロ（約1300万円）未満の場合は250ユーロ（約3万2500円）である。10万ユーロ以上は売上高に一定の率をかけた額が会費となる。

ただし、会費には上限が設けられていて、途上国の団体の場合は1500ユーロ（約20万円）、先進国の団体の場合は7500ユーロ（約98万円）に抑えられている。年間のモニタリング料も年間売上高に応じて7段階に分かれている。売上高10万ユーロ未満の小さな団体は25ユーロ（約3250円）、1600万ユーロ（約21億円）以上の大きな団体は1000ユーロ（約13万円）となっている。

❸**フェアトレード団体マーク**　モニタリングをクリアーして10基準を遵守していると認められた団体は、「FT100」としてWFTOに登録されるとともに、フェアトレードに100％コミットした団体であることを示すマークの使用が認められる。それがWFTOマークである。その前身であるIFATマークは2004年にインドで開催された世界社会サミットの場でお披露目された（次頁、左がIFATマーク、右がWFTOマーク）。

この「フェアトレード団体マーク」は、その団体が100％コミットしていることを認定するものであって、団体の扱う産品一つ一つがフェアトレード産品であることを認定するものではない。したがって、団体の広報紙・パンフレット・カタログといった出版物にマークを付けたり、団体事務所の壁・窓などに貼ったりすることはできるが、産品そのものに付けることはできない。

第3章　フェアトレードのネットワーク化と基準化

同マークの目的は、ほんのわずかしかフェアトレード産品を扱っていないのに「フェアトレードしてます」と喧伝する一般企業と、100％コミットした純粋なフェアトレード団体を市民に峻別してもらうことにあった。
　しかし、産品そのものにマークを付けられないため、一般市民への浸透が遅々として進まなかった。加盟団体（特に生産者団体）の間では以前から手工芸品用の販路を広げるべく製品ラベルを求める声が強くあり、2003年のWFTO世界大会ではその実現可能性を探ることが決議された。WFTOは、手工芸品についてフェアトレード・ラベル基準を作るよう再三FLOに要請を行ったが、FLOの答えは否定的なものだった。というよりも、否定的にならざるをえなかった。
　FLOの仕組みは、生産・加工プロセスを公正かつ検証可能なものとするために、詳細な要件を定めるところに特徴がある。コーヒーやバナナのようにそのまま消費され、加工されることもほとんどない飲食品や、スポーツボールのように素材や生産・加工プロセスが単純なものは要件を定めやすく、基準を作りやすい。逆に、多種多様な素材を使ったり、生産・加工プロセスが複雑だったりする産品は難しい。
　手工芸品は、そもそも何千何万という種類がある上に（アクセサリーひとつとっても何種類になるか想像もつかない）、多種多様な素材を使い、様々なプロセス（衣料品の場合は紡ぎ、染め、織り、編み、裁断、縫製など）を経て作られるという点で、産品基準作りになじまないものの典型なのである。それだけ多種多様な素材・プロセスからなる手工芸品を網羅する基準を作ろうとしたら、天文学的な数の要件を盛り込まねばならず、人知を超える作業と言って過言でない。以上が否定的な対応の理由である。

❹持続的フェアトレード管理システム（SFTMS）

❹−1．その背景と目的……FLO が手工芸品用の基準作りに難色を示したことで、WFTO は、FLO とは全く別の産品認証システム作りに乗り出した。2006年には WFTO-Asia がイニシアチブをとってシステム作りを始めた。

　それに対しては WFTO 内部でも異論が少なくなかった。というのも、WFTO と FLO は、フェアトレードの基準とモニタリングの仕組みの統一に向けた作業★を05年から始めていたからである。その直接のきっかけはオランダの NGO の働きかけにあったが、フェアトレードに商機を見出した企業が「自称フェアトレード」を始めたり、他の NGO が緩やかな基準のフェアトレード的な認証システムを立ち上げたりして、フェアトレードの多様化（＝混沌化）が進んでいたことも背景にあった。多様化・混沌化の流れに対して、真のフェアトレード、最高水準のフェアトレードとは何かを社会に示し、支持を得るべく、両者が共通の基準を作る必要で一致したのである。

　そうした中で FLO と異なる産品認証システムを作ることは、統一に向けた努力に水を差し、溝を深める恐れがあった。慎重論は欧州のフェアトレード団体の間に強かったが、筆者もオブザーバー参加した07年の WFTO 世界大会で、WFTO-Asia をはじめとする生産者団体側が押し切る形で、新認証システムを作ることが議決された。

　　★　プロジェクト名は、包括的品質管理システム（Generic Quality Management System）という。統一基準のもとに統一の品質管理原則（真のフェアトレードという品質を管理し守るための原則）を定め、原則の遵守をモニタリングする手続きも統一することを目指していた。

　新認証システムは「持続的フェアトレード管理システム（Sustainable Fair Trade Management System：SFTMS）」という名前で2008年に姿を現した。同システムは、FLO のシステムに参加できない★疎外された職人組合・グループ・企業を認証し、主流の市場に彼らがアクセスできるようにするのを主目的に開発された。したがって、当初は小規模生産者の能力が許す範囲内で取得できるような低コストの認証システムを作る予定だった。しかし、途中から小規模生産者に限定せず、どのような事業者であっても持続的なフェアトレード事業者へと自己変容することを可能とし、世界全体に通用する「オープン」な認証システムを目指すようになった。

★ 参加できない理由として、FLOの仕組みは汎用品（commodity products：規格化して大量に生産・消費できるもの）向けであって、手の込んだ多様な非汎用品には向かないこと、たとえFLOの認証が得られても途上国にはライセンス権を持つラベル団体がないためラベル産品を売れないこと、を挙げている。

　本システムはまた、消費者、市民社会、規制当局に対して「真正」なフェアトレードを保証することを目的とし、フェアトレードの定義についてはFINEの定義を、原則についてはWFTOの10基準を採用している★。

　SFTMSは、生産、取引、コミュニケーション（情報伝達）を認証するダイナミックで統合的なアプローチであると自らを規定している。ここで統合的というのは、持続可能性の様々な面に焦点を当てた認証システムが多数生まれ、どれを取得したらよいか事業者を悩ます中で、種々の認証システムを一まとめにし（＝統合し）、SFTMS認証さえ取得すれば他は取得しなくても足りる、という意味だという。

★ その他の概念や定義は、指針となる文書（SFTMSガイド）の中で明確にする予定である。ガイドそのものは、SFTMSの草案を異なる国や異なる条件のもとで試行し、その結果を反映した成案が得られた段階で作成することになっている。

　SFTMSが対象とする事業者は、世界のどこでどのような事業に携わっているかに関係なく、すべての活動をフェアトレード原則★に従って実践する事業者すべてであるとする。とはいえ、SFTMSが主に対象とするのは、生産者から最初に購入する者（第一購入者）ないしそれ以降の購入者までの間に生起するすべての活動である（卸や小売にまで活動が及ぶ場合には、それらの取引に関わる事項が追加される）。その意味で、生産者、輸出業者、輸入業者の三者がSFTMSの主要な対象者である。

★ ここでいうフェアトレード原則は次の5項目である。
・疎外された生産者に市場アクセスを提供する
・持続的かつ公正な取引関係を維持する
・生産者の能力向上とエンパワーメントを培う
・透明性、アカウンタビリティ、国内法・国際法の遵守を行動で示す
・環境面の持続可能性を推進する

❹−2．**基準の構成と運用**……SFTMSの構成は以下の通りである。このうち5か

ら8が、事業者が認証を得るために遵守すべき要求事項である。この構成を見ると、フェアトレードならではの独自性を備えつつも、環境分野の国際規格「ISO14001」★とよく似ていることが分かる。ISO14001は、事業者の環境管理システムがその要求事項に適合しているか否かを第三者の審査登録機関が審査し、適合していれば認証してその事業者を登録・公表する仕組みを取っており、その点でもほぼ同様である。

★ 組織活動・製品・サービスの環境負荷の低減といった環境パフォーマンス改善の仕組みを継続的に運用するシステム（＝環境管理システム）の構築を目的に作られた国際規格。「環境」を「フェアトレード」に置き換え、「持続性」を冠すればSFTMSとなる。SFTMS策定の実務にあたったのもISO14001専門のコンサルタントだった。

▪ SFTMS（持続的フェアトレード管理システム）

0．理由と背景
1．SFTMSの適用範囲
2．参照文献
3．定義
4．フェアトレード団体であるための原則
5．SFTMSの要件
　5.1 団体が公表したフェアトレードに関する公式文書／綱領（mission statement）
　5.2 市場と向き合う（顧客・市場・法的要請の把握）
　5.3 最初のベースライン調査
　5.4 サプライ・チェーンと向き合う（重要な側面と改善すべき分野の把握）
　5.5 目的・目標を伴った長期的改善計画
6．SFTMSの実行と組み立て
　6.1 人的資源および責任の配分
　6.2 組織および生産者グループの能力向上とエンパワメント
　6.3 持続的な事業プロセスと手続き
　6.4 公正な価格と賃金に関する政策
　6.5 生産者グループとの取引
　6.6 組織内コミュニケーション
　6.7 関連したステークホルダーとのコミュニケーション
　6.8 記録と文書管理

> 6.9 事故の予防的管理
> 7. SFTMS の管理とモニタリング
> 7.1 モニタリング、評価指標、内部監査
> 7.2 フェアトレード管理行動の継続的改善
> 7.3 労働者、生産者、その他サプライ・チェーン内のステークホルダーからのフィードバック
> 8. SFTMS の年次レビューと対外コミュニケーション
> 8.1 管理レビュー
> 8.2 対外コミュニケーション
> 付属文書
> Ⅰ. 外部監査
> Ⅱ. マークを通したコミュニケーション
> Ⅲ. 認証およびその撤回
> Ⅳ. 認証団体の認定
> Ⅴ. 改定
> Ⅵ. 本基準の所有権
> Ⅶ. 本基準の統治

SFTMS 認証の取得を希望する事業者には、次のことが義務づけられる。

- SFTMS の原則の固守を表明する公式文書を出す
- 独立した第三者によって毎年自らの実績を検証してもらい、その結果と進展状況を伝達する
- SFTMS が定める要求事項を遵守する
- 持続的な管理の実践と継続的な改善を行動で示す

事業者が認証を得るには、まず自らの実績を「持続的フェアトレード管理システム（SFTMS）レポート」にまとめ、独立した外部の監査機関／監査人に提出し、検証してもらう。初めて申請する事業者に対してはハードルを低くし、最低限の要求事項（その具体的内容は今後詰める）を満たしているかどうかを判断する。現場にも足を運んで事業者が要求事項を遵守していることを検証した監査機関は、認証推薦書を WFTO 登録機関に送る。WFTO 登録機関が認証推薦書の内容を確認すると事業者は登録され、WFTO のロゴを使うことが許される。ロゴの使用法は今まで通りで、産品に貼ることは認められない。

登録後、事業者は改善のための行動計画を毎年立て、最大 3 年かけて SFTMS

の完全遵守を目指す。つまり、主な対象が途上国の小規模生産者組織であることに配慮して、最初からSFTMS認証の取得を求めるのではなく、徐々に管理能力を高めて認証を取得するという制度設計になっている。十分に管理能力を高めた事業者は、より高い要求事項を満たしているかどうか、データが正しいかどうかを独立した第三者審査機関に審査してもらい、適合していれば晴れて認証を取得し、ラベル（デザインは未定）を産品に使用することが認められる。

SFTMSの大きな特徴は、それが団体認証（正確には団体の管理システムの認証）であるにも拘わらず、認証を得れば産品にもラベルを貼れることにある。認証の有効期間は3年で、認証の継続を希望する事業者は3年目に再び第三者審査機関に審査・認証を依頼する。

本システム全体について責任を持ち、その運営にあたる組織として「統治機関（Governance Body）」が設置される。統治機関は、客観性を担保するためにマルチ・ステークホルダー（種々の利害関係者）からなる機関で、次の4つのステークホルダーが各自選出した6人の代表とWFTO会長で構成され、WFTO会長が議長を務めることになっている。

- フェアトレード団体（3人）
- 政府機関／労働組合／国連機関（1人）
- 自然保護／消費者保護分野で活動し、市民社会を代表するNGO（1人）
- 小売業／企業連合／企業イニシアチブネットワークを代表する企業セクター（1人）

統治機関の主な役割は次の通りである。

- 共有すべき最高水準のフェアトレードの価値および理念の維持と普及
- SFTMSおよび運用ガイドの承認とそれらを5年ごとに改定するプロセスの主導
- 基準設定プロセスにおける大きな意見対立や基準の実践に伴ってあらわになる大きな不満の裁定
- 主流の企業セクターおよび組織的購入者へのSFTMSの売り込み
- 公的規制の枠組みや調達政策、主流の市場へのSFTMSの組み込み

草案段階のSFTMSは、2008年から12のフェアトレード団体で試行されてきた。そのうち、イギリスのフェアトレード団体「パチャクティ」が09年4月、SFTMSに基づいて持続的フェアトレード管理レポートを出し、第三者による

監査をパスした初めての団体となった。パチャクティはパナマ帽・アルパカ織り・刺繍つきの子供服などを生産する南米アンデス地方のインディオの女性たちを支援してきた団体である。SFTMSが要求するベースライン調査では、生産者の労働や生活、生産活動の環境への影響、生産者との意思疎通などの実態が、長所、短所を含めて明らかになり、そうした発見をもとに生産者と一緒に改善に向けた行動計画を立てることができて、非常に有意義だったという。

パチャクティの出したレポートは4ページのコンパクトなものだが、10基準の一つ一つについて数字や具体的事例を挙げて遵守状況を説明している。パチャクティは基準を完全遵守していると認められ、09年末から「WFTOフェアトレード認証」という語句だけのラベルを貼った産品の販売を始めている。

❹-3. SFTMSをめぐる論争……さて、筆者も参加した2009年5月のWFTO世界大会では、第2ドラフト段階にあるSFTMSについて白熱した議論が展開された。論点は大きく次の4点に絞られる。

　①対象をWFTO加盟団体に限定するか、あらゆる事業者に広げるか
　②監査や認証に使う指標はどのようなものか
　③SFTMSの対象範囲および第一購入者の選択とそれが持つ意味
　④FLOその他の認証システムと連携することの是非

このうち、①については、誰でも（＝一般企業でも）参加できるオープンなシステムとすることは社会や企業からの信頼を高め、販路も広がると期待される。が一方では、体力のある一般企業が参入してくると小規模な生産者組織が市場から駆逐されかねず、FLOと同じ「過ち」を犯すことになるという批判がある。そこで、対象をWFTO加盟団体に限定する（クローズにする）、一定期間後ないし加盟団体が市場に足場を確保した後にオープンにする、生産側はクローズにし輸入側をオープンにするといった代替案が出されている。

②については、要求事項を満たしているかどうかを測る指標が高度なものになってクリアーできなくなることを（小規模な）生産者組織は危惧する。監査や認証にどれくらいのコスト（資金や時間）がかかるのかも心配である。指標とコストが高くなればなるほど、落ちこぼれる生産者組織が増えてくるからだ。

③は、購入者ないし供給連鎖のどこまでを対象にするのかが不明確なこと、購入者に課せられる義務が不明確なことに関連している。要求事項を満たす義

務を最初に生産者から購入する第一購入者に限定すれば、生産者から直接輸入してきた団体は直接購入をやめて（＝第一購入者の義務を果たすことを避けて）、間にわざと他の事業者をはさもう（＝その事業者に第一購入者の義務を果たさせよう）としかねない。それは、可能な限り介在者を排して直接の取引を実現しようとするフェアトレードの精神に反するし、何の義務も負わない第二購入者以降の「買い叩き」を防げなくなる。一方で、第二購入者以降も対象とするとシステムの維持コストが高くなり、生産者に悪影響が出かねない。

　④では特にFLOとの関わりが重要である。SFTMSはFLOのシステムを補完するものと自らを位置づけている。これまでFLOの産品ラベルとWFTOの団体マークで棲み分けができていたが、WFTOが独自の産品ラベルを導入すればFTOのラベルと競合するだけでなく、多種多様なフェアトレード（的な）ラベルが混在して消費者を混乱させているとして、フェアトレードの規制を求め始めた消費者団体等の動きを加速させ、外部からの規制・介入を招くことになりかねない。それには、FLOラベルが浸透している欧州のフェアトレード団体が強く異議を唱えている。欧州の団体は、WFTOが異なるラベルを採用するならば、競合や混乱を招かないよう従来通りラベルなしで流通させる構えであり、それではSFTMSを導入した意味がなくなってしまう。

　FLOのラベルを採用すればそうした事態は避けられるし、FLO自身もそれを望んでいる。したがって、カギを握るのはWFTO側の姿勢である。積極的推進派からはFLOラベルを採用し、かつFLO-CERTに認証を依頼するという提案もある。しかし、現在と同水準の認証料の支払いをFLO-CERTから求められると小規模組織の参加が難しくなる。

　が、それ以上に本質的な問題は、WFTOマークを導入したそもそもの理由が、「不純」な目的でフェアトレードに参加した一般企業と、100％コミットした自分たちは「違う」ことを明確にするためだったのに、FLOラベルを受け入れたのでは一般企業との「違い」が全く分からなくなってしまう点にある。そこで折衷案として、FLOラベルの下にWFTO認証という言葉を加えるという案も出されている。

　積極的推進派は、2010年内に臨時大会で採決してSFTMSをスタートさせたい考えだった。しかし、数々の疑念や異論が表明され、「丸く」収まるかどう

か予断を許さないだけに、10年内の採決は見送られた。取り扱いを誤ると組織を分裂させかねない新制度導入をめぐり、WFTO は大きな正念場を迎えている。

フェアトレード憲章

　WFTO は、FLO と摩擦を引き起こす可能性のある SFTMS の構築に乗り出す一方で、FLO との間で「包括的品質管理システム」作りを並行して進めた。その作業は2009年1月に「フェアトレード憲章」、正確には「フェアトレードの原則に関する憲章（A Charter of Fair Trade Principles）」という形で結実した。従来なら FINE が取りまとめるところだが、今回は WFTO と FLO に他の二組織（NEWS!と EFTA）が委任したことを EFTA の会長も認めている。

　不思議なのは、初めての「憲章」という最高レベルの規範文書であるにも拘らず、そして4年越しの作業の成果であるにも拘らず、WFTO も FLO も積極的な広報を行ってこなかったことである。フェアトレードの動きを日常的にフォローしているつもりの筆者が憲章の成立を知ったのは2カ月後で、しかもその時点ではどちらのホームページも憲章を掲載していなかった。「**A Charter**」とあるように、まだ決定版ではなく議論する余地があること（FLO 幹部の話）、憲章が SFTMS に触れていて、その SFTMS が固まっていないことが積極的な広報を控えさせてきたようである。

　それはともかく、憲章の中身を検証してみよう。構成は以下の通りである。

- はじめに
- 共通のビジョン
- フェアトレードの定義
- 核心をなす原則
- 労働者の権利にフェアトレードが付加する要素
- 実践：フェアトレードの二つの異なる取り組み
- フェアトレードの特異性

　「はじめに」では、フェアトレードが、原則と価値観のレベルでは一貫性・統一性を追求しつつも、実践のレベルでは柔軟性を追求するため、多様な形態をとって現れることを説明した上で、憲章の目的が

▶ フェアトレードの原則およびそれを実践する主要な2つのルートを簡潔に説明することによって、フェアトレードに関する唯一の国際的な参照点を提供すること
▶ フェアトレードの潜在力を十分高めて国際貿易をより公正なものにすべく、今後のフェアトレード団体間およびフェアトレード団体と他の行動主体間の対話と協力の基礎を築くこと

にあるとしている。

「共通のビジョン」では、「正義と持続可能な発展が貿易の構造と実践の中心をなし、それによって一人ひとりが労働を通してまともで尊厳に満ちた生計を維持し、自らの潜在力を十全に発展させられるような世界の実現」を共通ビジョンとして打ち出している。

「フェアトレードの定義」はFINEが2001年に定めた定義を踏襲している。

「核心をなす原則」としては、次の5原則を掲げている。

1. **疎外された生産者への市場アクセスの提供**：通常であれば市場から締め出されてしまうであろう生産者と購入者が取引することを可能にし、取引の連鎖を短くすることで、最終小売価格のうちより多くの分け前を生産者が獲得できるよう手助けする。
2. **持続的かつ公正な取引関係**：生産者と労働者が持続的な生計を維持すること——経済・社会・環境を日々良好に保つというニーズを満たすだけでなく、それらを将来に向けて改善すること——を可能にする。情報の共有や計画作りを通して生産者と消費者が協力し合えるような長期的なパートナーシップにコミットする。
3. **能力強化とエンパワメント**：生産者組織が市場の状況や動向をより良く理解するとともに、自らの生活を自らコントロールし、変えていくために必要な知識や技能、資源を開拓していくことを支援する。
4. **消費者の意識向上とアドボカシー**：社会正義の必要性や変革の機会があることを消費者に知らせるための礎を提供し、国際貿易のルールを幅広く改革するためのアドボカシー活動やキャンペーンを繰り広げる。
5. **「社会契約」としてのフェアトレード**：フェアトレードは、公正な価格の支払、前払、能力強化への支援等に消費者が同意するという暗黙の「社会

契約」の中で行われる。それに対して生産者側は、フェアトレードからの果実を社会・経済的状況の改善、とりわけ組織の中で最も不利な立場に置かれた生産者の状況の改善に活用する。

「労働者の権利にフェアトレードが付加する要素」では、法的な要求事項を遵守し、基本的な人権を尊重するだけでは、必要とされる長期的な発展に向けた変革を達成するのに十分とは言えないとして、ILO 条約で定めた基準や一般原則を超えてフェアトレードが守ろうとする労働者の権利を掲げている。具体的には、

- 生産者／労働者組織の積極的な奨励、および生産者組織の能力強化の支援
- まともな労働条件実現のための透明かつ公正な取引（前払、価格・支払条件への双方の合意、発注にあたっての十分な時間的猶予等）、および労働者の健康と安全の向上への支援
- 女性その他不利な立場に置かれた集団の地位の向上、同一労働同一賃金、および得られた便益の活用をめぐる意思決定への女性の完全な参加
- 児童労働の開示・モニター、および児童の福祉・安全・教育機会・遊びに悪影響を与えないような配慮
- 生産・取引が環境に与える影響の継続的な改善、および農業における有機的な生産過程の奨励
- 生産者の発展を目的とした参加型によるモニタリングと評価のプロセスの構築と運用、およびそれへの小規模かつ疎外された生産者の関与の奨励

「実践：フェアトレードの二つの異なる取り組み」では、フェアトレードには明確に異なりながらも相互補完的な次の二つのルートがあるとする。

- **一体的な供給連鎖ルート**：フェアトレードを自らの使命と活動の中核に位置づけ、不利な立場に置かれた生産者の発展支援や貧困削減の一手法としてフェアトレードを活用し、販売活動を意識向上とキャンペーンに結びつける団体によるフェアトレード。
- **産品認証ルート**：国際基準が定めた要件に従って産品が生産、取引、加工、包装されることで、その産品が国際基準を遵守していることを認証する形態のフェアトレード。

「フェアトレードの特異性」では、フェアトレード以外に倫理的購買イニシ

アチブがいくつか生まれているものの、フェアトレードは、その特異な取り組みによって、生産者および消費者の支援という点で最も成功を収め続けており、社会からの信頼を維持し、守るために、誠実性、透明性、アカウンタビリティにおいて可能な限り最高の基準を策定し、推進することにコミットしている、と述べる。

憲章が掲げた5原則は、従来からの主要な原則に加えて「社会契約」の概念を持ち出した点が目新しい。ただ、「社会契約」の意味や中身が不明確で、消化不良の感が拭えない。

本憲章では、「フェアトレードの二つの異なる取り組み」として、連帯型フェアトレードと認証型フェアトレードが相互補完的であることを明記したことが特筆される。前者を代表するWFTOと後者を代表するFLOが、互いに相手の貢献を認め、互いの長所・短所を活かし、補い合ってフェアトレードを推進する姿勢を打ち出したわけで、両者の関係を対立的に捉えることを拒み、協力・協調路線を明確にしたと言える。最後の「フェアトレードの特異性」を合わせ読むと、類似の倫理的イニシアチブが次々と誕生している中で、フェアトレードの最高基準（ゴールドスタンダード）を守り抜いていくには、対立ではなく、相互の補完・協調が欠かせないという認識に到達したことが窺われる。

第4章
フェアトレードの現在(いま)：その認知度と市場

WFTO 年次総会にて（2009年カトマンズ）

1 フェアトレードの認知度

　本章では、現時点でのフェアトレードの広がりを見ることにする。まず、フェアトレードはどのくらい市民に知られているのだろうか。各国で行われる認知度の調査は時期や手法がまちまちで厳密な比較が難しかったが、2008年末に15カ国で同じ手法を用いた調査が行われた。それはフェアトレード・ラベルに限った調査で、フェアトレード全体の認知度が分かるわけではないが、比較可能という意味で貴重である。

　調査は、FLO が委託した調査会社が先進15カ国（残念ながら日本は含まれていない）で、各国1000人（ニュージーランドだけ500人）を対象にインターネット上で実施した。調査で得られた認知度は次頁の表の通りである。

　これはラベルに限った認知度なので、フェアトレード全体の認知度はこれより高いのは確実である。例えば、フランスでのラベルの認知度は37％だが、2007年に行われた別の調査ではフェアトレードを知っていると答えた人が81％に達した。

　ともあれ、この調査によって先進諸国では市民の半分がフェアトレード・ラベルを認知していることが明らかになった。国別の比較で顕著なのは、欧州では南欧を除いて認知度が高いのに対し、環太平洋地域での認知度が低いことである。特にアメリカは、フェアトレードの歴史が最も古いにも拘らず30％に過ぎない。フェアトレードを推進する様々な運動もほとんどが欧州発で（例えばフェアトレード週間／月間やフェアトレード・タウン、フェアトレード調達

フェアトレード・ラベルの認知度

国　　名	知っている(%)	知らない(%)
イギリス	82	18
オーストリア	76	21
フィンランド	70	29
スイス	69	29
デンマーク	65	32
オランダ	55	42
ドイツ	51	45
スウェーデン	51	45
ノルウェー	47	50
ニュージーランド	39	59
フランス	37	60
アメリカ	30	63
オーストラリア	29	66
カナダ	27	64
イタリア	20	74
平　　均	**50**	**46**

注：知っている (familiar) は、「良く知っている」、「ある程度知っている」の合計。
　　知らない (not familiar) は、「あまり知らない」、「全然知らない」の合計。
　　合計が100％にならないのは「分からない」という回答があるため。

など）、その後をアメリカが追う展開が続いてきた。

　なぜこうした違いがあるのかはしっかりした分析を待たねばならないが、欧州では社会民主主義の伝統が強固であるのに対して、アメリカでは新自由主義的な志向性が強いこと、欧州では旧植民地をはじめとする途上国問題への関心が高いのに対して、アメリカでは「モンロー主義」に代表されるように孤立主義ないし内向き志向が強いこと、などが考えられる。「公正」よりも「自由」を重視するアメリカではフェアトレードを取り巻く環境は欧州より厳しく、そのせいか、欧州のフェアトレード運動は現実主義的であるのに対してアメリカの運動は原理主義的である（＝逆境の中で先鋭化する）、という指摘もある。

🔵 日本での認知度

　日本ではどの程度フェアトレードが認知されているのだろうか。調査方法は異なるものの、上記の調査と同時期に日本でも認知度調査が行われた。実施したのは「チョコレボ実行委員会（以下チョコレボと略す）」で、2008年11月に

全国1040人の市民を対象にインターネットを通じた委託調査を行った。その中で、フェアトレードという言葉・概念についてどの程度知っているかを尋ねたところ、次のような結果が得られた。

日本におけるカタカナ語の認知度

言葉・概念	よく知っている	ある程度知っている	見聞きしたことがある	知らない
ロハス	11.2	29.0	33.8	26.0
カーボンオフセット	7.3	15.7	26.2	50.8
フェアトレード	**7.0**	**14.8**	**20.3**	**57.8**
フードマイレージ	6.0	12.2	24.6	57.1
マイクロクレジット	1.3	3.2	12.7	82.9

　これを見ると、「よく知っている」と「ある程度知っている」を合わせた21.9％の人がフェアトレードを知っていたことになる（「見聞きしたことがある」を加えると42％）。ただし、正しく理解していない回答者（例えば金融や株式に関係した言葉・概念と理解していた）もいたため、フェアトレードを貧困ないし環境と結びつけることのできた17.6％を日本におけるフェアトレードの認知率とチョコレボは認定した（貧困と結びつけた回答者は15.6％）。

　ただ、この数字も少し割り引いて考える必要がある。というのも、インターネットの利用者は、生活レベルが中以上で高学歴ないし知的好奇心の強い人の割合が多いと思われるからである。例えば、この調査で年収300万円未満世帯の回答者は全体の13.9％に過ぎなかったが、政府の統計（2008年7月）では、その所得層が全体に占める割合は31.3％だった。後述するように低所得層では認知率が低いことから、調査対象の構成を実態に合わせると、認知率は15％以下になると思われる。

　フェアトレード・ラベルの認知度はというと、「ラベルの意味も知っている」が1.9％、「見たことがある（意味は分からない）」が12.0％で、両方合わせて13.9％だった。また、フェアトレード団体マークの認知度も13.5％と、ほぼ同じだった。

　欧米と日本では調査の設問が違うため正確な比較は難しい。単純に比較すると、日本でのラベルの認知率は欧州の約4分の1、フェアトレード全般の認知

率も5分の1程度（欧州での認知率を70％程度と仮定）と、まだまだ低い。また、「カーボンオフセット」や「フードマイレージ」の認知率と同程度であることからして、フェアトレードという言葉・概念が特定の関心層にとどまっていることが窺われる。

チョコレボは2007年4月にも同様の調査を行っていた。その時点で、フェアトレードという言葉を知り、かつ貧困ないし環境と結びつけられた回答者は全体の2.9％だった。ただし、全国人口統計を反映させていなかったため、認知率ではなく「出現率」と表現していた。人口統計を反映させないインターネット調査の場合、回答者が30代や首都圏在住者に偏る傾向があるため、実際の認知率は2.9％よりもさらに低かったに違いない（08年末の調査でも30代と関東在住者の認知率は全国平均より高かった）。

2008年には、内閣府国民生活局が毎年行う「国民生活選好度調査」で初めてフェアトレードが取り上げられた。同年2～3月に全国の6000人を対象に行った調査で、フェアトレード製品等について「どのくらい知識を持っているか」を聞いた結果は次の通りである。

	とてもよく知っている	よく知っている	普通である	よく知らない	まったく知らない
フェアトレード製品	**0.5**	**1.7**	12.5	34.3	50.4
環境に優しい消費	1.8	9.3	49.6	32.3	6.7
自然食品	2.5	10.6	44.7	32.8	9.2

この調査でも、「とてもよく知っている」と「よく知っている」を合わせると2.2％となり、チョコレボの調査結果と近い。

チョコレボの2回の調査は方法に違いがあるため、正確な経年変化を知ることは難しい。単純な比較では2.9％から17.6％へと約6倍に増えたことになる。1年半で6倍というのはにわかに信じがたいが、その間にマスコミに頻繁に取り上げられ、フェアトレードに関する書籍も硬軟合わせて10冊ほど出版されるなど、一種ブーム化したことを考えると、うなずけなくもない。何倍になったかは別にして、フェアトレードという言葉が日本でも急速に浸透していることは確かだろう。

2 フェアトレードの市場規模

次に、フェアトレードの市場規模を見てみよう。ただし、それを知るのはもっと難しい。各国の政府統計にフェアトレードという範疇はなく、その市場規模を示す公式の数字は存在しない。どこまでをフェアトレード市場とするか、つまり、企業や団体による「自称フェアトレード」や後述する「類似イニシアチブ」を含めるかどうかという問題もあるが、ここではFINEを構成する4ネットワーク団体が認めるフェアトレードに限定する。

世界全体の市場規模

欧州では、FINEの構成メンバーであるEFTA（欧州フェアトレード協会）が、1995年から2～3年おきに市場規模の調査を行ってきた。それを引き継ぐ形でオランダ世界ショップ協会（DAWS）が、執筆時点では最新の市場報告書『フェアトレード2007』を08年夏に刊行した。この調査は、環太平洋先進諸国（アメリカ、カナダ、日本、オーストラリア、ニュージーランド）にまで対象を拡大した初のグローバルな調査となった。それによると、07年と06年のフェアトレード産品の売上高は次のようだった。

世界のフェアトレード産品売上高推移

	2007年売上高(億ユーロ)			2006年売上高(億ユーロ)			増加率		
	ラベル	非ラベル	計	ラベル	非ラベル	計	ラベル	非ラベル	計
欧州	15.54	1.45	**16.99**	10.60	1.35	11.95	46.6	7.4	42.2
環太平洋	8.27	1.20	**9.47**	5.64	1.12	6.76	46.6	7.1	40.1
先進国計	**23.81**	**2.65**	**26.46**	16.24	2.47	18.71	**46.6**	**7.3**	**41.4**
シェア	90.0	10.0	100	86.8	13.2	100	97.6	2.3	100

まず、2007年のフェアトレード産品の売上高は合計26億4600万ユーロ（4270億円）だった。その90％をラベル産品が占め、非ラベル産品を大きく上回った。地域的には欧州が全体の64％を占めた。環太平洋地域では非ラベル産品のシェアが12.7％で、欧州（8.5％）よりも高いのが特徴的である。

2006年と比較すると、全体では41％あまり成長したことが分かる。地域的な差はほとんどないが、ラベル産品の売上の増加率（46.6％）が、非ラベル産品のそれ（7.3％）を大きく上回った。それは過去10数年続いてきたことで、フェアトレード・ラベルが登場して以来20年ほどの間に両者のシェアは完全に逆転した。「逆転劇」に大きな役割を果たしたのがスーパーであることは間違いない。EFTA等による西欧での継続的な調査がそれを示している。

フェアトレード産品を扱う店舗数の推移

	1994年	1997年	2000年	2004年	2007年
世界ショップ数	3,000	3,000	2,740	2,854	3,168
スーパー店舗数	13,000	33,000	43,100	56,700	67,460
輸入団体数	65	70	97	200	246

注：1994年と97年のスーパー店舗数は、正確には「スーパーを含む商業店舗数」。

これを見ると、1994年から2007年まで、手工芸品などの伝統的な非ラベル産品を主に売る「世界ショップ」の数は3000店舗前後でほとんど変わらないのに対して、主にラベル産品を売るスーパーの方は増勢著しく、5倍以上に増えている。この世界ショップとスーパーの勢いの違いが、非ラベル産品とラベル産品の売上の違いに表れていることは明らかだ（輸入団体数もこの間に4倍近くに増えているが、その多くがラベル産品を扱っていると見られる）。

ラベル産品は、売上に応じて企業がFLOにライセンス料を払う仕組みになっているため実態の把握が容易であり、毎年の売上高がFLOによって公表されている。それによると、2008年の世界全体でのラベル産品の売上高は28億9460万ユーロだった（うち欧州19億8020万ユーロ、環太平洋9億1440万ユーロ）。08年は後半に経済危機が世界を襲ったこともあって売上が鈍化し、前年からの増加率は21.6％に落ち込んだ。非ラベル産品の売上も同程度鈍化したと仮定すると（＝増加率3.38％）、その売上高は2億7400万ユーロ程だったことになる。それを合算すると、08年のフェアトレード市場は31億2000万ユーロ程度だったと推定される。

1990年代から今日までのフェアトレード市場の拡大の様子を、把握が容易なラベル産品で見てみよう。

ラベル産品売上高と売上増加率

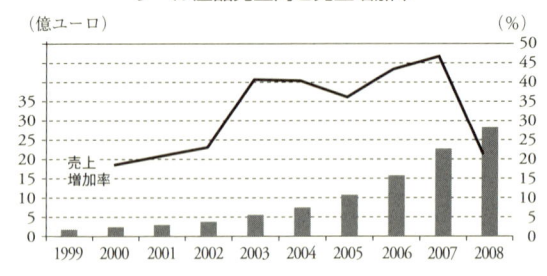

（億ユーロ）　　　　　　　　　　　　　　（％）

 このグラフを見ると、2002年までは対前年の売上増加率が20％前後だったものが、03年から40％前後へと跳ね上がり、この年を境に大きく飛躍し始めたことが分かる。しかし、リーマンショックなどで経済危機に見舞われた08年は22％へと後退を余儀なくされた。経済危機の影響がより深刻に現れる09年以降どのように推移するか注目される（日本の09年の売上高はほぼ横ばい、イギリスは12％増）。

 次に、2008年のラベル産品の売上高を国別に見てみよう（次頁表）。これを見てまず目につくのは、総売上額では人口の多い国が必然的に上位に来るのに対して、一人あたりの売上（＝購入）額では、スイスやルクセンブルグのような小国が上位に来ていることである。また、南欧（イタリア、スペイン）と環太平洋諸国は押しなべて一人あたりの購入額が少なく、オランダとドイツも早くからフェアトレードが広まっていた割には少ないのが特徴的である。

 近年顕著なのは、北欧諸国での伸びが著しいことである。例えばスウェーデンは、2006年の一人あたりの購入額が1.78ユーロで12位だったのが、わずか2年の間に8.08ユーロと4倍以上に増え、順位も6位にまで上昇している。フィンランド、デンマーク、ノルウェーも同じく2年間に、それぞれ2つずつ順位を上げている。それに対して、一人あたりの購入額が群を抜いて多いスイスは、ここ数年伸びが鈍く、飽和状態に達したのではと見る向きもある。

 人口の多い国が世界平均に与える影響も大きい。日本とアメリカは、人口では20カ国全体のちょうど50％を占めながら、売上高では27％に過ぎない。したがって、日本を除く一人あたりの平均購入額は3.36ユーロから3.93ユーロに上昇し、日米両国を除くと4.91ユーロにまで高まる。また、アメリカを除いた

国別・ラベル産品売上高（2008年）

順位	総売上高				1人あたり売上高		
	国　名	ユーロ	円	前年比（％）	国　名	ユーロ	円
1	イギリス	8億8060万	1420億	43*	スイス	22.8	3670
2	アメリカ	7億5780万	1222億	10*	イギリス	14.7	2370
3	フランス	2億5560万	412億	22	フィンランド	10.4	1680
4	ドイツ	2億1280万	343億	50	デンマーク	9.47	1530
5	スイス	1億6880万	272億	7	ルクセンブルグ	9.34	1510
6	カナダ	1億2850万	207億	67*	スウェーデン	8.08	1300
7	スウェーデン	7280万	117億	75*	オーストリア	7.94	1280
8	オーストリア	6520万	105億	23	アイルランド	7.33	1180
9	オランダ	6090万	98.2億	28	ノルウェー	6.72	1080
10	フィンランド	5440万	87.8億	57	ベルギー	4.39	707
11	デンマーク	5120万	82.6億	40*	フランス	4.22	680
12	ベルギー	4580万	73.8億	31	カナダ	3.94	636
13	イタリア	4120万	66.4億	6	オランダ	3.73	602
14	ノルウェー	3100万	49.9億	73*	ドイツ	2.58	416
15	アイルランド	3010万	48.6億	29	アメリカ	2.52	406
16	オーストラリア	1350万	21.7億	80*	ニュージーランド	1.24	200
17	**日　本**	**957万**	**14.4億**	44*	イタリア	0.70	111
18	スペイン	548万	8.8億	41	オーストラリア	0.66	107
19	ニュージーランド	508万	8.2億	53*	スペイン	0.13	21
20	ルクセンブルグ	425万	6.9億	33	**日　本**	**0.075**	**11**
	合　計	28億9,460万	4,668億	22	平　均	3.36	541

注：＊の国はユーロ圏ではないので、自国通貨での対前年比を示す。

　2008年の売上高の対前年比は22％から29％へと上昇する。人口が多い反面フェアトレードの普及が遅れている二大国が全体の「足を引っ張っている」わけだが、逆の見方をすれば両国はまだまだ「伸びしろ」が大きいと言える。

　前掲のフェアトレード・ラベル認知度と一人あたりの購入額を見比べると、両者の間に相関関係があることが分かる。認知度が高い国では購入額が多く、低い国では少ないのだ。また、一人あたりの政府開発援助額とラベル産品購入額の間にも、おおよその相関関係を見て取ることができる。一人あたりの政府開発援助額で上位に来るのが北欧諸国やイギリス、アイルランド、スイス、ルクセンブルグであるのに対して、南欧や環太平洋諸国は下位に位置する。その2グループの間には、途上国問題への関心に明らかな温度差がある。

🏐 世界貿易・市場の中のフェアトレード

　世界貿易の中でフェアトレードは果たしてどの程度の比重を占めているのだろうか。2007年の世界貿易額（輸出ベース：FOB本船渡し価格）は13兆5700億ドル（1599兆円）だった。その年のフェアトレードの売上が26億4600万ユーロ（4270億円）だったことから、単純に計算すると0.027％となる。

　ただし、フェアトレードの方は小売段階の売上高で、本船渡し価格の数倍以上になる（輸送・保険料や先進国内での流通・小売マージンが加算される）ことを勘案する必要がある。それを考慮に入れると、世界貿易に占めるフェアトレードのシェアは、多めに見て0.01％程度、控え目に見積もると0.001％程度となり、今なお極めてマイナーな存在でしかないことが分かる。日本最大の小売業イオン・グループの07年度の売上高（4兆6500億円）の10分の1でしかないことからも、それは明らかだ。

　世界貿易の大半は先進国間で行われているので、南北間の貿易に占める比重を見た方がより適切ではある。2007年の南北間の貿易額（途上国からロシアをはじめとする独立国家共同体諸国への輸出は含まない）は2兆3500億ドル（277兆円）だった。そうすると、南北貿易に占めるフェアトレードのシェアは、単純計算では0.15％、本船渡し価格ベースでは0.01〜0.05％程度となる。世界貿易全体との比較よりも一桁近く比重は高まるが、それでもなおマイナーであることに変わりはない。

　しかし、産品や国によってはマイナーの域を脱しつつある。主要なフェアトレード産品であるコーヒーは世界の貿易量の3％を占め、「隅に置けない」存在となりつつある。一人あたりのラベル産品の購入額が最も多いスイスでは、2006年時点でバナナ市場の実に55％をフェアトレード・バナナが占めた。スイスではほかにも、フェアトレードのパイナップルが17％、蜂蜜が16％、砂糖が15％の市場シェアを獲得し、メジャーになりつつある。スイスに次いで一人あたりの購入額が多いイギリスでは、バナナ市場の25％、コーヒー市場（挽いたコーヒー豆）の20％をフェアトレード産品が占めている。

　世界貿易におけるフェアトレードの比重は確かに微々たるものだが、2000〜07年の世界貿易の伸び率が年平均12％なのに対して、フェアトレードの伸び率は30％を超えている。この勢いが今後も持続すると仮定すると、計算上30

〜40年後に世界貿易の1％、40〜50年後には10％をフェアトレードが占めることになる。南北貿易に限定すればそれよりも数年早く到達するし、類似イニシアチブを含めれば、今から20年後には「倫理的貿易」が世界貿易に確固たる地歩を築く可能性は十分にあるだろう。

何十年も先を予測するのは鬼に笑われそうな話ではあるが、20年以上前にフェアトレード・ラベルが生まれた時点で今日の「隆盛」を予想できた人は皆無だったことからすれば、あながち「取らぬ狸の皮算用」とも言い切れない。

日本のフェアトレード市場

次に、日本国内の状況を見てみよう。国内のフェアトレード市場については、国際貿易投資研究所（ITI）のフェアトレード研究委員会が、2009年に日本で初めての本格的な市場調査を行った。委員会では、18の主要なフェアトレード輸入団体とフェアトレード・ラベル・ジャパンの取扱高をもとに、日本のフェアトレード市場規模をはじき出した。その結果は、次の通りである。

日本のフェアトレード市場の概要

	2007年	2008年	伸び率（％）
売上高(億円)	73.1	81.0	10.7
ラベル産品	10.0（14％）	14.4（18％）	44.4
非ラベル産品	63.1（86％）	66.6（82％）	5.5

2008年の日本のフェアトレード市場規模（小売段階）は推定81億円だった。うち、ラベル産品は14.4億円、非ラベル産品は66.6億円で、全体に占めるシェアはそれぞれ18％、82％だった。欧米でラベル産品のシェアが90％に上るのとは対照的に、日本ではまだまだ従来からの非ラベル産品が主流である。

世界のフェアトレード市場に占める日本のシェアはどうだろうか。2007年の世界市場は4270億円だったので、日本市場のシェアは1.71％となる。07年の上記20カ国のGDP（国内総生産）に占める日本のシェアが12.1％だったことからすると、欧米の7分の1の規模だったという見方もできる。

次に前年と比較すると、2007年の推計値は73.1億円だったので、全体では10.7％売上が伸びたことになる。特徴的なのは、ラベル産品の伸び率が44.4％

だったのに対して非ラベル産品は5.5％で、勢いに大きな差が見られることである。市場全体に占めるラベル産品のシェアは低いものの、伸び率では大きく勝っている★。その違いは、先進国市場全体での伸び率の違い（46.6％対7.3％）と非常に似通っており、日本だけでなく世界的な傾向と言える。

> ★ 伸び率の差がこのまま変わらないと仮定すると、5年後にはラベル産品と非ラベル産品の売上がほぼ同額となり、12年後には現在の欧米並みにラベル産品の市場シェアが90％に達することになる。

日本のフェアトレードの市場規模が窺い知れる調査としては、もう一つ、2005年12月に日本貿易振興機構（JETRO）が行った調査がある（標題は「環境と健康に配慮した消費者及び商品・サービス市場」）。京浜・京阪地域に住む20歳以上を対象にしたインターネット調査で（回収数2859人）、その中でフェアトレード産品についても調べた。それによると、フェアトレードの飲食料品を利用したことのある人は全体の7.7％、手工芸品を利用したことのある人は3.9％で、重複分を除くと8.1％の人がフェアトレード産品の購入経験者だった。

フェアトレード産品の利用率・利用意向率

商品・サービス	現在の利用率（％）	今後の利用意向率（％）
フェアトレードで輸入された食品・飲料類	7.7	44.6
フェアトレードで輸入された手工芸品	3.9	34.5

消費者調査による市場規模推計（2005年）

商品・サービス	現在の利用率（％）	1人当たり平均支出額	現在の市場規模推計
フェアトレードの食品・飲料・手工芸品等	8.1％	1,766円	144.3億円

この調査では、フェアトレード産品を買ったことがある人の支出額は、一人あたり平均1766円だった。そこでJETROは、全国の20歳以上の日本人が調査対象者と同じように（利用率、支出額とも）フェアトレード産品を買ったと仮定して計算したところ、2005年末現在で日本のフェアトレードの推定市場

規模は144億円という結果が出た。

　これを先ほどの推定値（2007年で73億円、2008年で81億円）と比べると2倍近い大きさである（調査年次を考慮すると開きはもっと大きくなる）。その差は、JETROの調査が京浜・京阪地区に限定され、しかもインターネットを使った調査だったことに求められよう。つまり、もともとフェアトレード産品・団体に接する機会の多い人や、知的探求心の旺盛な人が調査対象だったことから実態以上に大きな推定値が出たと思われるのである。したがって、約80億円という数字の方が現実の市場規模に近いと思われる。

　調査では、フェアトレード産品を「今後利用したい」かどうかも合わせて聞いた。その結果、今後利用したい人の割合（利用意向率）は、フェアトレードの飲食料品が44.6％、手工芸品が34.5％だった。両者の重複の度合が現在の利用者と同程度とすると、回答者の55.2％がフェアトレード産品の購入に意欲を示したことになる。

　それらの数字を使って、日本の潜在的なフェアトレード市場を推計してみよう。全国の20歳以上の日本人（1億440万人）の55.2％が、調査時点と同額（1766円）をフェアトレード産品の購入に支出すると想定すると、約1000億円のフェアトレード市場が日本に出現することになる（調査対象の偏りと2005年以降のフェアトレード購入額の増加という二つの要素の影響は相殺する）。

　2008年の内閣府調査でフェアトレード産品の購入に前向きな人は21.4％だった。その数字を使うと約400億円となるが、05年以降の一人あたりフェアトレード購入額の増加を考慮に入れると、その2倍前後にはなるだろう。

　日本の消費者が、他の先進国の消費者なみにラベル産品を購入すると仮定したらどうだろうか。日本を除く19先進国の一人あたりのラベル産品購入額は、2008年に634円だった。日本の消費者が同額をフェアトレード産品の購入に充てると810億円となる。それに、他の先進国と同様に非ラベル産品の分を上乗せすると、900億円という数字になる。

　以上の推計を総合すると、日本には1000億円前後のフェアトレード市場が眠っていると考えられる。その潜在的な市場規模からすると、現在はまだその10分の1も「開拓」できていないことになる。

第5章
生産者へのインパクト

タイのカゴ作り生産者（写真提供：WFTO）

1 生産者への裨益

　フェアトレードから裨益する生産者はどのくらいいるのだろうか。FLO が認証した生産者団体は、2009年時点で58の途上国（中南米20、アフリカ25、アジア13）に746団体あり、それらの団体に属する生産者・労働者の数は100万〜150万人に上るという。

　WFTO には約250の生産者団体が加盟し、EFTA は約370の生産者団体と取引している。それらのネットワーク（FLO を含む）に重複して加盟する団体がある一方で、ネットワークに入らずに独自に活動する団体もある。したがって、全体でどれだけの生産者団体がフェアトレードに関わっているのかを知るのは非常に難しい。それでも、全体で1000団体には上るだろうし、それらに属する生産者・労働者の数も200万人にはなるだろう。一人の生産者・労働者が扶養する人数は平均4人と言われるので、家族を含めるとざっと1000万人がフェアトレードから裨益していることになる。

　1日1.25ドル未満で生活する人は世界に約14億人いるとされる。先程の1000万人が皆その中に含まれるとすると、貧困層の0.7％がフェアトレードによって貧困から抜け出す機会を得ていることになる。

2 フェアトレードのインパクト

　それでは、実際にフェアトレードは人々の暮らしにどのようなインパクトを

与えているのだろうか。生産者は世界中に散在し、生産物も非常に多様であるため、その全容を明らかにするのは不可能に近い。ここでは主として、過去に行われた11の調査を総合的に分析した Nicholls & Opal（2004）、数多くの具体的事例を集めた Litvinoff & Madeley（2007）、それに Fair Trade Advocacy Office（2006）に依拠して、インパクトを見ていくことにしたい。まず、Nicholls & Opal（2004）にならってフェアトレードによるインパクトを次のように分類する。

- フェアトレード生産者への直接的なインパクト
    ❶収入の向上
    ❷付加価値の向上と生産の多様化
    ❸能力の強化
    ❹生活の質の向上
    ❺女性のエンパワメント
    ❻固有の文化の維持
    ❼精神的なエンパワメント
- フェアトレード生産者への間接的なインパクト
    ❶フェアトレード以外の取引への波及効果
    ❷組織としての能力の向上
- 他の生産者・地域社会へのインパクト
    ❶不参加の生産者への波及効果
    ❷地域社会への波及効果

それでは以下に、個々のインパクトを見ていくことにしよう。

フェアトレード生産者への直接的なインパクト

❶収入の向上　フェアトレードの生産者にとって最も直接的かつ重要なインパクトは、収入の向上であり、その安定である。それは、フェアトレードが保証する最低価格ないし生活価格やプレミアム（割増金）によって得られる。Nicholls & Opal（2004）に引用された調査によると、メキシコのコーヒー生産者はフェアトレードに参加したことで、仲買人に頼っていた時よりも収入を2倍から3倍に増やすことができたという。コーヒー価格が最も下落した2001年のアラビカ種の国際市場価格が1ポンドあたり45セントだったのに対し、

FLOが保証した最低価格は1ドル21〜26セントだったので、認証を得た生産農家は仲買人を通すよりも3倍近い収入を得ることができたわけである（ロブスタ種の場合は6倍以上）。このように、国際市場価格が暴落した時に生産者がフェアトレードから得る経済的利益は大きい。また、零細農家にとって大事なのは、一時的に「大儲け」するよりも、価格が安定して安心して暮らせること、将来設計ができることであり、その意味で最低価格／生活価格が保証されていることの持つ意味は大きい。

　フランスのラベル団体マックス・ハーヴェラー・フランスは、フェアトレード・コーヒーと通常のコーヒーで生産者の取り分がどう違うかを分析した。その結果、生産者の取り分は通常のコーヒーよりも4倍以上多く、小売価格に占める割合も3倍以上高いことが分かった。また、通常のコーヒーよりも高い分（0.35〜0.5ユーロ）が、ほぼそのまま生産者に還元されていることも分かった。

コーヒー：生産者の取り分の違い

	通常のコーヒー	フェアトレード・コーヒー
小　売　価　格	1.8〜3ユーロ	2.3〜3.35ユーロ
生産者の取り分	0.15ユーロ（5％〜8.3％）	0.62ユーロ（18.5％〜27％）

　Vihinen & Lee（2004）は、フェアトレードと通常ルートの産品で小売価格に占める生産者の取り分の違いを調べた（下表）。

産品別・小売価格に占める生産者の取り分

	通常の産品（％）	フェアトレード産品（％）
コーヒー	3〜8	10〜24
紅茶（green Ceylon）	4.0	7.6
砂糖	2.5	3.8
キノア	6.7	8.5
バスマティ米	6.5	9.5

　これを見ると、フェアトレード・コーヒーでは生産者の取り分が3倍も多い（調査時点がコーヒー危機当時だったせいと思われる）。他の産品では、キノアの27％増しからgreen Ceylon紅茶の90％増しまで幅があるが、全体として通常の産品より50％前後生産者の取り分が多いことが分かる。

ただし、生産物をすべてフェアトレード価格で売ることができる生産者は非常に少なく、フェアトレード価格で売れる割合は、大ざっぱに言って20％程度と言われる。残りは従来通り仲買人を通すなど、通常のルートで売らざるをえない。生産したココアのうち、フェアトレードで売れる割合が2％程度しかなかったガーナの生産者の調査では、収入向上の効果はごくわずかだったという。生産物の大半をフェアトレード価格で売れなければ、収入や生活を劇的に向上させることができないのが現実である。

❷付加価値の向上と生産の多様化　フェアトレードは、有機栽培への転換ないし有機原料の使用を奨励する。FLOが有機栽培のコーヒーに別途オーガニック・プレミアムを設けているのがその良い例である。それによって、コーヒー生産者は付加価値を高めることができる。現在ではフェアトレード・コーヒーの85％近くが有機栽培であると言われる。有機にして農薬の使用をやめたり、最小限にしたりすることで生産者の健康を向上させることもできる。

　一次産品の価格が長期低落傾向にあることはすでに触れた。そこで、一次産品をそのまま（原材料の状態で）輸出するのではなく、それを加工して付加価値を高めようという動きが強まっている。フェアトレードからの収入を使って、コーヒーを焙煎したり、砂糖を精製したり、果物からジュースを製造したり、綿花から糸や布を作ったりするなどして付加価値を高めるのである。

　また、農産物の場合は天候不順や病害虫発生の恐れが常にあり、農産物でない場合も先進国の消費者の好みの変化や代替品の登場などの不確定要因がある。それらは、一つの産品に頼ることの危うさを教え、産品の多様化が必要であることを教えている。メキシコのコーヒー生産者組合は、ジャムやジュースの製造、衣料品生産へと事業を多様化した。ブルキナファソのマンゴー生産者組合は、ハイビスカス、カシューナッツ、ゴマなどへの多角化を奨励している。インドの紅茶農園はエコ・ツーリズムに乗り出し、外国人旅行者向けに3つのコテージを建てた。そうした実例はあるが、投資に必要な資金を十分蓄積できていないため、多様化の動きはなお限定的である。

❸能力の強化　フェアトレード産品を先進国市場に広く受け入れてもらうに

は、質の向上が欠かせない。フェアトレード団体は、市場の情報を伝えるとともに、生産技術といったハードな技術や、例えば服飾分野のデザインのようなソフトな技術・ノウハウの提供も行ってきた。そのほか、貯蔵・輸送、情報・コミュニケーション、マーケティング、交渉、財務・会計、組織運営など、様々な技術や能力を高めるための研修や学び合いの場を提供してきた。

そうした支援と自助努力が相まって、生産者の能力は強化されている。チリのブドウ生産者組合はメンバーへの様々な技術改良指導を行って、同国一のワインを生産できるまでになった。ニカラグアのコーヒー生産者組合は品質管理研究所を設立した。メキシコのコーヒー生産者組合は寄宿舎つきの技術学校を設立して、卒業後に村で有機農法を普及したり、農法や産品の査察をしたりできる若者を養成している。インドのフェアトレード企業（州政府や綿花生産者が共同所有）は全国12のセンターを通して、有機農法についての助言・研修や、モデル農園の運営、生産者同士の学び合いのセミナー、女性向けの手工芸品作りの研修などを行って、能力と収入の向上に大きく貢献している。

そうした活動を通じて、生産者のエンパワメント（技術力、情報力、組織力、経営力、交渉力をつける）が進んでいる。また、フェアトレードの認証を受けた農園や工場では、労働者が組合を結成して経営側との団体交渉を行うなど、基本的な権利を行使できるようになってきている。

❹生活の質の向上　フェアトレードは生活の質の向上に大きく寄与している。まず、収入が増えることで、家族や子どもが一日三食きちんと食べられるようになり、栄養のある食事が摂れるようになる。身なりも整えることができる。それだけではない。プレミアムは主として共同事業に使われる。遠隔地では、公的な教育や医療サービスがほとんど行き届かず（1980年代の構造調整政策によって悪化）、そうした場合、プレミアムを使ってできた学校や教室、診療所、薬局は、人々にとってほぼ唯一の学びや治癒の場となっている。

教育面では、コスタリカのコーヒー生産者組合が教育基金を設けて70の学校を補修しただけでなく、6700人分の奨学金を支給した（その一部は大学教育のための奨学金）。ベリーズのココア生産者地区では、フェアトレードに参加してから中学校に通う子どもの数が7倍に増えた。チリのブドウ生産者組合

は、通学用のバスを購入し、それを地域の自治体に寄贈した。

　保健衛生面では、ガーナのココア生産者組合が各地に井戸を掘って清潔な飲み水が得られるようにした。ドミニカのバナナ生産者組合はメンバーが家にトイレを作る費用を賄った。東チモールでは、プレミアムで建てた診療所で1万8000もの人々が無料で診療を受けられるようになった。スリランカの紅茶農園は、診療所までの距離が遠いため救急車を購入した。ペルーのコーヒー生産者組合は、途上国ではまれな独自の健康保険システムを作り上げた。インドの紅茶農園も、やはりまれな年金システムを始め、老後の生活を保障している。

　生活の土台となるのは住宅であり、土地である。フェアトレードからの収入で個人が自宅を改修するケースもあれば、組合が住宅建設を支援するケースもある。農家にとって土地はまさに命だが、貧農のほとんどは自分の土地がないか、あっても猫の額ほどしかない。家族を養えるだけの土地を持つことが彼らの夢である。コスタリカのコーヒー生産者組合は、土地なし農家に対する耕地の提供を行い、チリの蜂蜜生産者組合では、多くのメンバーが小さいながらも自分の土地を手に入れることができた。同じくチリのブドウ生産者組合は、低所得者向けに集団で土地を買って家を建て、作物を育てるのを支援している。

　このように、フェアトレードは様々な形で人々の生活の質の向上に大きく貢献している。場所によって、組合によって、そして生産者によって独自に多種多様な質の向上が図れる（＝自らの優先順位に基づいて自己決定できる）のは、フェアトレードによって自ら現金を稼ぐことができるからである。それがいわゆる「援助」との大きな違いである。援助においては、援助する側の都合や問題意識に従ってリソースが提供されることが多く、途上国の人々の優先順位が尊重されるとは限らない。何にでも形を変えられる現金を自力で獲得することで、人々は自分の思い通りに「発展」の道を歩んで行くことができるのだ。

❺**女性のエンパワメント**　　貧困層のうち女性が占める割合は70％に上ると言われる。「貧困の女性化」と呼ばれるもので、貧困のしわ寄せは立場の弱い女性に行くのである。WFTOは、女性への同一賃金の支払、様々な機会や指導的地位の提供、女性特有のニーズへの配慮、決定への女性の参加などをフェアトレード原則に掲げる。フェアトレードによって女性が収入を得たり、協同組

合の一員となって意思決定に参加したりできれば、家庭内および地域社会内の地位を高めることが期待できる。

　Litvinoff & Madeley（2007）は、数多くの女性が作業所に職を得たり、女の子が学校に通えるようになったり、奨学金の支給にあたって女性を優遇したり、女性だけで栽培したコーヒーが最優秀賞を受賞したりといった裨益の実例を挙げている。

　一方、Nicholls & Opal（2004）は、産品によって女性の関わり方が違うため（コーヒーは主に男性、手工芸品は女性など）、フェアトレードによって女性がどの程度潤うのかを一般化して言うのは難しく、女性が関わる場合でも、数多くの仕事（家事等の再生産活動に加え、生産活動、社会的活動がある）を抱えているため労働過重に陥り、必ずしもプラスに働くわけではないと指摘している（これは、援助の世界でも「開発とジェンダー」論で常に指摘される点である）。

　組織内のエンパワメントの点ではどうだろうか。ガーナのココア生産者組合は、村レベルの管理委員会の委員7人のうち女性を必ず2人入れること、地域協議会に出席する代表3人のうち1人は女性とすることなどを義務づけている。ウガンダの紅茶生産者組合では、プレミアムの使い道を決める委員会の長を女性が務め、産院を建設して妊婦が死なずにすむようになったという。

　そうした実例はあるものの、なお限定的で、Nicholls & Opal（2004）は女性のエンパワメントや生活改善に果たすフェアトレードの役割は大きいとは言えないとしている。

❻**固有の文化の維持**　　先駆的なフェアトレード団体の多くは、途上国の先住民族の人たちを主な対象にフェアトレードを行ってきた。特に手工芸品に関しては、それを生みだした固有の文化と伝統を守る努力を払っている。また、中南米のコーヒー生産者を調査した研究は、間作や有機的な生産など古来の農耕法を蘇らせることで、文化の復興に貢献したと指摘している。

　メキシコ南部の先住民族が組織するコーヒー生産者組合は、伝統的なコンセンサス方式の合意形成や意思決定、自治を重んじている。また、基本ルールの一つに自分たちの言語や習慣を誇りをもって維持していくことをうたっている。

ベリーズのカカオ生産者組合は、自分たちの言語で放送するラジオ局を設立した。これらの例からは、フェアトレードを通じて経済的に自立し、自信をつけることで、それまで卑下していた固有の文化を見直し、守り、後世に伝えていこうという意欲の高まりを看て取ることができる。

　他方、フェアトレードは先進国の消費者があって初めて成り立つだけに、どれだけ伝統的なモノ作りに励んでも、消費者に気に入られなければ意味をなさない。そのため、現代的で消費者受けのする製品作りに走り、生産地固有の文化が変質している、という批判があるのも事実だ。開発や発展には文化的変容がつきもので、その中にはプラスの変容（女性の地位向上やより民主的な意思決定など）もある。とはいえ、フェアトレードのビジネス化、主流化が進む中で、生産地固有の文化を今まで以上に守る努力をする必要があるのは確かだ。

　途上国の生産者に寄り添う立場を取るWFTOですら、その原則の中で固有の文化に言及してこなかった。そのため2009年の世界大会では、中南米のグループから固有の文化の尊重を規定した原則を採択するよう提案がなされ、現在議論が行われているところである。

❼**精神的なエンパワメント**　　経済的な自立への道を歩み、様々な力・スキルをつけた生産者は精神的にもエンパワーされる。Nicholls & Opal（2004）は、多くの調査研究において、生産者が不安や恐れから脱却し、自分に自信を持ち、誇りや自尊心を獲得しているさまを看て取ることができると述べている。フェアトレードやオーガニック市場にアクセスできる中南米のコーヒー生産者は、アクセスできない生産者と比べ、自分の土地を失うのではないかと不安に駆られる割合がずっと低い（4分の1）。それだけ精神的な安定が得られているわけだ。

　子どもを学校や大学にまで通わせることができるようになったり、買い手とより対等な立場で交渉できるようになったり、自分の生活・人生を自分で変えたり設計できたりすることによって、生産者は自信と誇りを取り戻すことができる。生産者と連帯する先進国のフェアトレード団体の会員や、学生、市民が訪ねて来て、自分たちの努力を認めたり、称賛したりしてくれることも、生産者の自己肯定感情や自尊心を高めている。

誇りや自尊心を高めるという点で、フェアトレードは援助よりも優れている★。相手にお金やモノ、技術、情報などを「あげる」一方通行の援助は、往々にして相手を卑屈にしてしまう。人の情けや好意に頼らなければ暮らせないことは屈辱的だからである。人は皆プライドを持っている。国や貧富の差など関係ない。それは、仕事・研究で20カ国以上を訪れた経験から確信を持って言える。が、援助にはそのプライドを傷つける「毒」がある。たとえ善意からであっても、相手を卑下させてしまう力を持っている。先進国からの訪問者に対してメキシコのコーヒー生産農家が、「援助は要らない。我々は乞食ではない。適正なコーヒー価格が支払われるなら生活できるのだ」と語ったのは象徴的である。

> ★　同じことはマイクロファイナンスについても言える。筆者は1988年からグラミン銀行との付き合いがあって何度も訪問しているが、同行から融資を受けて自分の手で生産活動を始め、生計を確立した（元）貧困家庭の女性が、背筋を伸ばし、凛としたたたずまいで質問に答える姿は感動的ですらある。それは、自らの手で生産し、販売し、明るい未来を勝ち取った自信の表れ以外の何物でもない。援助は貧困層の生活を改善することはできる。しかし、彼ら、彼女らに真の「誇り」や「自尊心」をもたらすことができるかどうかは定かでない。

◉ フェアトレード生産者への間接的なインパクト

　次に、生産者がフェアトレードから得る間接的な成果を見てみよう。

❶**フェアトレード以外の取引への波及効果**　生産者はフェアトレードを通じて能力を高め、市場の情報を手に入れたり、産品の品質を高めたりすることで、通常のルートでもより良い対価が得られるようになる。タンザニアのコーヒー生産者組合は、輸出するコーヒーのうちフェアトレードのルートで輸出できるのは3分の1に過ぎないが、残りのコーヒーについても通常より6％高い売価を獲得できるようになったという。フェアトレードを通して国際的に知名度を上げたメキシコのコーヒー生産者組合は、フランスの大手スーパーが出す独自ブランド・コーヒーの供給者として、自力で長期契約を結ぶことに成功した。

　金融機関の姿勢にも変化が見られる。今まで小規模生産者の組合は、資金を借りたくても相手にしてもらえなかった。ところが、フェアトレードによって最低価格（＝収入）が保証されるようになると、金融機関も安心して融資するようになるのである。ガーナのバナナ生産者組合は、通常なら50％の利子を

課されるところを、2％の利子で融資を受けることができたという。

このように、フェアトレード以外の貿易や金融取引についても、フェアトレード生産者としての知名度や信頼性を活かして有利な条件を獲得することが可能になるのである。

❷**組織としての能力強化**　フェアトレードは、生産者が協同組合や協会（労働者の場合は労働組合）を組織して、集団として能力を高めることを奨励してきた。孤立し脆弱なところを仲買人に付け込まれるのを回避したり、皆でより大きな力を発揮したりできるよう、組織化を奨励してきたのである。それは、交渉力や価格形成力を高めるだけではない。プレミアムをはじめとするリソースをプールして活用すれば、メンバー全体を潤す様々な生産的事業（付加価値をつけたり多角化したり）や社会的事業（教育や医療）を行うことができる。そうした事業の実践を通して、企画力、動員力、調整力、経営力、指導力、広報力など、組織としての様々な力をつけていくことができるのだ。

メキシコのコーヒー生産者組合は、フェアトレードで得た知名度や組織力が評価されて、生活向上や能力開発の事業を行うための資金や支援を地元の政府や援助機関から得られるようになった。また、本来なら小規模生産者など相手にされないにも拘らず、同業者組合や全国レベルの生産者協会の一員に迎え入れられ、小規模生産者としての立場や意見を表明できるようになったという。さらに、政府が行う様々な事業や、農地問題、ゴミ問題などについて積極的に関わるようになり、地元政府が有害ゴミの収集を始めるのを手助けしたという。

一部では、組合の指導者や指導層がワンマンになったり、特権階級化したり、不正を行ったりという例も報告されている。しかし、それはあらゆる組合組織に共通した問題であり、フェアトレードならではの問題ではない。つまり、組合組織に問題があったとしても、フェアトレードそのものの価値が損なわれるわけではないのだ。

他の生産者・地域社会へのインパクト

フェアトレードは、それに参加する生産者だけでなく、不参加の生産者や地域社会をも広く潤すことが知られている。

❶ **不参加の生産者への波及効果**　フェアトレードに参加していない／参加できない生産者であっても、フェアトレードが存在することによって、その恩恵にあずかることが可能となる。エクアドルでは、フェアトレード団体が高価格でココアを買い入れているため、仲買人も同等の価格を提示せざるをえず、フェアトレードに参加していない生産者も高価格で売ることができたという。

　コスタリカでは、フェアトレード認証を受けたコーヒー農園で高い賃金が支払われていることを知った非認証の農園の労働者が騒ぎ出し、それらの農園も同額の賃金を支払わざるをえなくなったという。このように、フェアトレードは非参加者の立場も強化しているわけである。

　そうした波及効果は、フェアトレード団体が価格形成力を持つくらい大きなシェアを獲得した地域だったり、供給が逼迫していたりと、一定の要件を満たした時に実現できるもので、必ずしも一般的ではない。が、それは裏を返せば、フェアトレードが一般化するにつれて波及効果も高まっていくことを意味している。

❷ **地域社会への波及効果**　フェアトレードの生産者が属する地域社会への波及効果には様々なものがある。先ほど挙げた有害ゴミ収集の実現もその一つである。フェアトレードの生産者組合が道路や橋を補修したり整備したりする場合も、地域全体が裨益する。生産者組合がプレミアムなどを使って始めた社会サービス(教育や医療)は、メンバー以外にも門戸が開かれているのが普通である。

　ガーナでは、ココア生産者組合が始めた保健健康プログラムによって、メンバーだけでなく非メンバーも合わせて10万人が無料の医療診断を受けることができた(それも2003年までの数字)。ニカラグアでは、コーヒー生産者組合が貯蓄・融資制度を始め、非メンバーも合わせて200人以上の女性が裨益している。同組合の女性メンバーは「私たちは地域全体が便益を享受して欲しいのです」と語っている。

　高度な技術と衛生水準を誇るチリの蜂蜜生産者組合は、他の養蜂業者に対しても助言を与えるとともに、地元の自治体に対して養蜂の基礎プログラムを提供している。ドミニカでは、バナナ生産者組合などが一部資金を拠出したこと

で、政府が新しい病院の建設に取り掛かったという。チリのブドウ生産者組合が通学用のバスを地域の自治体に寄贈したことは前に触れた。これらは、フェアトレードが政府を助けたり、「エンパワー」したりしている好例である。

　環境面での地域社会への貢献もある。ベリーズでは、木陰を使ってオーガニックのフェアトレード・ココアを生産するマヤ族の生産者組合が、10万ヘクタールの熱帯雨林が伐採されるのを阻止した。日本のフェアトレード団体「スロー・ウォーター・カフェ」が支援するエクアドルのコーヒー生産者組合は、日系企業が開発を始めた鉱山からの廃水で子どもが病気になったのをきっかけに、鉱山開発中止の運動を起こし、政府を説得して開発中止に追い込んだ。

　フェアトレードの生産者組合の中には植林を進める組合も少なからずある。また、フェアトレード・コーヒーの多くは日蔭栽培★されていて、自然環境や生物多様性の保護に役立っている。一般的に言って、フェアトレードによる生産は、農薬や遺伝子組換など、環境や人体に有害な農法を禁止したり、最小限に抑えたりしているため、生産者のみならず地域社会の環境や人々の健康にもプラスの影響を及ぼすのである。

> ★　コーヒーは木蔭を好み、木蔭で育ったコーヒーは品質も高い。一方、インスタント用のコーヒーは効率を重んじるため、木が一本もない大農園で単一栽培される。コーヒー農園を作るために原野や森林を切り拓くことは大規模な環境破壊につながっている。

　麻薬の産地として有名なコロンビアでは、フェアトレードによって公正な対価が安定して得られることに心を動かされた700ほどの農家がコーヒー生産者組合を組織し、730ヘクタールに及ぶ畑をコカ（麻薬のコカインの原料）栽培からコーヒー栽培へと転換した。コカ栽培の撲滅は、コロンビアだけでなく、コカインが流れ込むアメリカの政府も力を入れている政策だが、コカほどの収入が得られる代替作物がないことが大きなネックになっていた。フェアトレードは、まさにコカ撲滅の突破口を開いたわけで、その恩恵はアメリカ社会にまで波及していると言える。

　フェアトレードはまた、出稼ぎを抑える働きをする。一家を養うだけの収入を上げられない小規模生産者は、出稼ぎに行くことで家計を維持しようとする。農産物の収穫が終わった後の端境期の出稼ぎは珍しくないが（日本でも）、農産物価格が長期下落して「農業では食えない」状態に陥るに従い、農業そのも

のを諦めて長期の出稼ぎに出ることが一般化した。

　「コーヒー危機」が起きた際には、メキシコの小規模生産者の多くがコーヒー作りを放棄して、アメリカ国境に近いマキラドーラ（輸出加工区）やアメリカにまで出稼ぎに行った。夢を失った若者も、男女を問わず村を出ていった。一家の大黒柱や若者のいなくなった家族や地域社会は活力と絆を失い、すさみ、崩壊していった。工場地帯や都会に出た者の中には、そのまま帰らなかったり、ギャンブルやアルコール、麻薬に染まったりする者も少なくなかった。

　最低価格／生活価格を保証するフェアトレードは、農業を「食える」ものに変え、出稼ぎを思いとどまらせる。ニカラグアのコーヒー生産者は、フェアトレードのおかげで2400家族が土地にとどまることができたという。インドでは、若者が都会に出ずに農業（綿花栽培）を選ぶようになった。それだけではない。フェアトレード・コットンのおかげで、都会から農村へと人の流れが逆流しているという。そうして、人が地元にとどまり、あるいは流入することで、地域社会は活性化し、絆を取り戻すことができる。ただし、出稼ぎを思いとどまらせ、さらには人々を引きつけることができるのは、フェアトレードの恩恵が十分に及ぶ（生産物の大半をフェアトレードのルートで輸出できる）地域に限られているのが現実のようだ。

　そのほか、小規模生産者であっても人を雇うだけの余裕が出てきた場合や、フェアトレードからの収入で付加価値を高める加工生産や産業の多角化を行うことができた場合などは、地域に新たな雇用を生み出して経済を活性化させ、政府にとっても税収が増えるといった波及効果、乗数効果がある。

　以上、フェアトレードが、それに参加する生産者に限らず、参加しない／できない生産者や地域社会にも様々なプラスの効果を及ぼしていることを見てきた。ただし、ここに紹介したのは個別の成功事例であり、全体として見た時にどれだけプラスの効果があるのかは定かでない。フェアトレードの評価はこれまで断片的に行われてきたに過ぎず、総合的な評価を行う必要がある。

第6章
企業セクターへの広がりと深まり

日本のスーパーに並ぶフェアトレードのバラ

　フェアトレード・ラベルの誕生で1990年代からフェアトレードへの企業の参入が盛んになった。ここでは、それがどのように広がり、深まってきたのか、次の7つのレベルに分けて考察してみたい。

1）フェアトレード産品の社内消費
2）既製フェアトレード産品の販売／提供
3）自社ブランドのフェアトレード産品の製造／販売
4）商品カテゴリー全体のフェアトレードへの切り替え
5）生産者への支援
6）フェアトレード原則の取り入れ
7）フェアトレード企業への移行／変容

1　フェアトレード産品の社内消費

　企業が最も容易にフェアトレードに関われる方法は、社内で消費するコーヒー等をフェアトレード産品にすることである。顧客向けに販売したり提供したりする製品をフェアトレードにすること（レベル2）は業績に直結する。消費者に受け入れられなければ売上に響くからだ。それに対して、社員が消費するものをフェアトレード化するのであれば、売上に影響することはない。
　イギリスをはじめとする欧州諸国では、1990年代から企業が社内消費用にフェアトレード産品を調達し始めた。その中には、ブリティッシュ・テレコム、アクセンチュア、アストラ・ゼネカ、マイクロソフト、メリルリンチ、フォルクスワーゲン等の大企業も含まれる。その取り入れ方も、社員食堂や会議・レ

セプションにフェアトレードの飲料（コーヒー、紅茶、ジュース、ワイン等）や果物、お菓子を入れたり、社内の売店や自動販売機で売るものをフェアトレードにしたり、室内をフェアトレードの花で飾ったり、制服や仕事着をフェアトレード・コットンにしたり、と多種多彩である。オランダでは、毎年恒例となっている従業員へのクリスマス・プレゼントの袋にフェアトレード産品を入れる動きが広がっている。

　日本でも2006年に大日本印刷が社内食堂や来客用にフェアトレード・コーヒーを導入した。それはCSR室長のイニシアチブによるものだったという。同年にはNTTコミュニケーションズも社内食堂で、07年には沖電気が社内会議や来客用にフェアトレード・コーヒーを使い始めた。イオンや無印良品は社内の自動販売機にフェアトレード・コーヒーを入れたところ、社員に好評だという。

　イギリスでは、企業の職場でのフェアトレード産品の消費を促進しようと、フェアトレード財団が「職場でフェアトレード」運動を展開している（**第8章**を参照）。

② 既製フェアトレード産品の販売／提供

　レベル2は、フェアトレード団体ないし企業——例えばカフェディレクトやディヴァイン・チョコレート——や一般企業が製品化したフェアトレード産品を仕入れて販売／提供するケースである。小売業では、イギリスの生協、セインズベリー、セーフウェー、スイスの生協、ミグロス（協同組合形式のスーパー）、フランスのモノプリなどが早々とフェアトレード産品を扱い始めた。その動きはラベルの普及とともに世界各地に広がり（日本では2003年にイオンが参入）、現在では世界の11万以上の店舗でフェアトレード産品が販売されている。スーパーに限らず、コンビニやディスカウントストアーでも販売されるようになっている。

　他の業種にも同様の動きがある。飲食業では、2000年にイギリスのカフェチェーンのコスタ・コーヒーと世界的カフェチェーンのスターバックスが、03年にはマクドナルドがフェアトレード・コーヒーを扱い始めたことはすでに触れた。運輸・旅行業では、1997年にスイス航空が機内でフェアトレード・コ

ーヒーを提供し始めた。2003年にはイギリスの5つ星ホテルであるサンダーソンなどがフェアトレードのコーヒー・紅茶を宿泊客に提供するようになった。

　その動きは宿泊業界に波及し、08年の調査によると、フェアトレード産品を提供するイギリスの宿泊施設は全体の23％にまで増えているという。ノヴォテルやソフィテルを擁するアコールホテルグループは、03年にフランスでフェアトレード・コーヒーを提供したのを手始めに、現在では東欧、南アフリカ、中国を含め世界17カ国で提供している。アメリカでも08年にウィンドハム・ホテル・アンド・リゾートがフェアトレード・コーヒーを出すようになった。フィンランドでは、ガソリンスタンドのABCがフェアトレード・コーヒーを扱い始めた。

　そのほか、イベントやキャンペーン用のグッズとしてフェアトレード製品を使う例も増えている（ただし、そうした一過性の関わり方には批判がある）。

　レベル2では、業績へのリスクはあるが、試験的に販売／提供して顧客の反応が良ければ取扱量を増やし、そうでなければやめれば良い。また、販売／提供する企業自身が大きな投資をする必要はなく、負うリスクも小さい。この段階では、企業のコミットは弱く、「様子見」の姿勢である。

③　自社ブランドのフェアトレード産品の製造／販売

　レベル3は、一般の製造業がフェアトレード製品を作ったり、小売業が自社ブランド製品を販売したりするケースが該当する。イギリスでは1994年にグリーン・アンド・ブラックスがフェアトレード・チョコレートを、クリッパーがフェアトレード紅茶を製品化した。2003年に大手焙煎業者のプロクター・アンド・ギャンブルとサラ・リー、05年にネスレがフェアトレード・コーヒーを扱い始めたことはすでに触れた。チョコレートでは、09年にキャドバリーが、イギリス国内で売上ナンバーワンのデイリー・ミルクをフェアトレード製にした。世界最大の菓子メーカーが旗艦商品をフェアトレードにしたことは驚きをもって受け止められた。続いてネスレも主力商品のキットカットを10年初頭からイギリスでフェアトレード製に切り替えた。

　小売業の中で自社ブランドのフェアトレード製品の開発・販売を率先したの

は生協だった。2000年にイギリス生協が自社ブランドのフェアトレード板チョコとコーヒーを売り出したのである。様子見をしていた他の大手スーパーも、生協の成功を目にして自社ブランド製品を導入し始めた。セインズベリーは01年から、テスコ（イギリス最大のスーパー）は04年から、アスダ（同第二のスーパー）とソマーフィールドは05年から、といった具合である。

メーカーが作ったものを右から左に売れば良いレベル2に比べ、自社製品を作って売るレベル3では、投資の面だけでなく、ブランド・イメージの面でも企業のリスクは高くなる。フェアトレード産品は質が悪いという昔ながらのイメージを消費者が持っている場合、自社ブランドに傷がつく恐れがある。

また、特定の自社製品をフェアトレードと銘打って売り出すことは、他の製品が「アンフェア」であるかもしれないという疑いを消費者に抱かせ、他の製品の売上に悪影響を与える恐れもある（企業がフェアトレード参入に躊躇する一つの大きな理由）。イギリス生協ですら、自社ブランドの板チョコを売り出した時には100万ポンド（1億5000万円）の赤字を覚悟したという。しかし、予想に反して売上は1年で50％も増え、余勢を駆ってコーヒー、ワイン、チョコレートケーキ、砂糖、紅茶などへと自社ブランド製品を広げていった。

4　商品カテゴリー全体のフェアトレードへの切り替え

レベル4は「カテゴリー・シフト」である。それは、一つの品目（例えばコーヒー）をすべてフェアトレード製に切り替える（シフトする）ことを意味する。ここでも先陣を切ったのは生協だった。イギリス生協が2002年に板チョコをすべてフェアトレードに切り替えたのだ（その意味ではサブ・カテゴリー・シフト）。スイス生協も04年にすべてのバナナをフェアトレード・バナナに切り替え、05年には切り花（バラ）を100％フェアトレードにした。

そうした動きに大手スーパーが追随した。イギリスのマークス・アンド・スペンサー（以下M&Sと略す）は2006年にすべてのコーヒーと紅茶をフェアトレードに切り替えた。それは著者のイギリス滞在中に起きたのだが、フェアトレード産品しか並んでいない陳列棚は壮観だった。大きな賭けだったに違いないが、M&Sによると消費者から「圧倒的な」支持を得ているという。それに

対し、イギリスのスーパー界で最大のフェアトレーダーになると宣言していたセインズベリーは、負けじと同年末にすべてのバナナをフェアトレードに切り替えると発表し、すぐにウェートローズが追随した★。すると、M&Sは07年から綿製品のフェアトレードへの切り替えを始めた。このようにイギリスの大手スーパー間ではカテゴリー・シフトを競っている感がある。そこで注目されるのは、フェアトレードに切り替えても価格をほとんど、ないし全く上げていないことである。それによって、フェアトレード産品は高いからと購買を控えていた層を引きつけ、より広く消費者に浸透していくことが可能となる。

★ フィンランドの大手スーパーSiwaも2005年にフェアトレード・バナナに切り替えた。

他の業界でも（サブ）カテゴリー・シフトの動きが続々と現れている。イギリスの外食大手プレタマンジェは、2002年にフィルター・コーヒーをフェアトレードに切り替え、イギリスの駅や空港に展開するAMTコーヒー・チェーンも04年に100％フェアトレードにスイッチした。ダンキン・ドーナツは04年にアメリカ全土でエスプレッソ・コーヒー（カプチーノ、カフェラテを含む）をフェアトレードに切り替え、スターバックスもイギリスとアイルランドで出すエスプレッソ・コーヒー（販売量の9割を占める）を09年すべてフェアトレード製にした（10年春には全欧に拡大）。

ケータリング（仕出し）等を行うイギリス最大の食品サービス企業コンパス・グループも、提供するバナナを08年からすべてフェアトレードに置き替えている。同国の砂糖メーカー大手のテート・アンド・ライルは、小売り用の砂糖をフェアトレード製に切り替え中で10年に完了する予定である。

運輸・旅行業界では、2007年にイギリスのヴァージン鉄道が車内で販売するコーヒー・紅茶やチョコレートをフェアトレードに切り替え、姉妹会社のヴァージン航空も機内で提供するコーヒー・紅茶（年間1200万杯分）をフェアトレードにした。その後をライアン航空（アイルランド）とエアー・ベルリン（ドイツ）も追ったのだが、興味深いのは両社が格安航空会社であるにも拘わらず、割高なフェアトレードに切り替えたことである。

2004年には全英に200カ所以上あるユースホステルがコーヒー・紅茶をすべてフェアトレードにした。筆者が07年にB&B（いわゆる民宿）に宿泊した時、部屋に置かれていたウェルカム・セット（コーヒー、紅茶、ココア、砂糖、ミ

ニチョコ)がすべてフェアトレードだったのは嬉しい驚きだった。北欧では130施設を持つスキャンディック・アンド・ヒルトン・ホテルが07年からフェアトレード・コーヒーへと切り替えている。

　レベル4で一カテゴリー全部をフェアトレードに切り替える場合、企業のリスクは大きくなる。長く慣れ親しんだブランド製品（例えばネスレのコーヒー）が買えなくなった顧客を失ってしまうかもしれない。売れないからと非フェアトレード製品に戻そうとすれば、倫理的な消費者やNGOから非難されるのは目に見えている。一度カテゴリー・シフトに踏み出すと後戻りが難しくなるのだ。企業としては腹を据えてかからなければならない。

　とはいえ、スーパーのように、何万もある商品カテゴリーの中の一つや二つを切り替えるのであれば、たとえ損をしても他の商品の販売で十分埋め合わせることができ、カテゴリー・シフトによってフェアトレードにコミットしたというPR効果が上がれば「安いもの」かもしれない。

5 生産者への支援

　レベル5は、フェアトレード製品を製造／販売するだけでなく、生産者に対して能力強化等の支援を行うことで、フェアトレードにより深くコミットする。
　その一例がイギリスのセインズベリーだ。同社は2007年夏に100万ポンド（約1億5000万円）を投じて「フェア開発基金」を立ち上げた。基金の目的は、フェアトレード認証を受けるだけの余裕や力量に欠ける零細な生産者（主にアフリカ）を支援して、フェアトレードに参加できるようにすることにある。基金の運用は、コメディー作家たちが組織した開発協力NGOで、貧困撲滅のための協力活動で定評のあるコミック・リリーフに任せている。現在はウガンダのドライ・フルーツ生産農家とマラウィのピーナツ生産農家を支援中で、農家が生産したフェアトレード産品はセインズベリーで販売する予定である。
　イギリスで社会的評価の高いスーパーのウェートローズ（従業員持株会社）は、自社向けに果物を生産する南アフリカの農園労働者を支援すべく、2005年にウェートローズ財団を創設した。財団には、同社のほか、取引に関わる農園主、輸出業者、輸入業者が収益の一部を寄付し、集まった資金を使って農園

労働者組織が自らの生活改善やエンパワメントの活動（識字教育、診療所や保育所の建設、技能研修など）を行う仕組みである。これまでに150万ポンド（約 2 億 2000 万円）を集め、うち60％が同社からの寄付である。この事業は南アフリカ政府の黒人経済エンパワメント計画とも連携しており、究極的には黒人農園労働者が自分たちの農地を持つための資金を無償で提供することを目指している。同財団は、「社会的責任をもった貿易」の一つのモデルを構築すべく、ガーナやケニアにも支援対象を広げつつある。

　ルクセンブルグのカクタス（スーパー）は、「フェアトレード二週間」中の売上の20％を拠出して、ペルーにある二つの砂糖精製工場を財政的に支援したり、ニカラグアで食品加工組合の立ち上げを支援したりしている。それにはルクセンブルグ政府も協調して資金援助を行ったという。ポルトガル最大のコーヒー会社デルタは、コーヒーが一袋（250グラム）売れるごとに0.25ユーロを、供給元の東チモールの生産者支援（学校・幼稚園の建設、教材や衣服の提供、教員の養成など）に回している。先述のアコールホテルグループは、2006年にアース・ゲスト（Earth Guest）という社会・環境プログラムを立ち上げ、カンボジアやモロッコで地元の小規模生産者から食材を調達したり、NGOと組んで生産者への支援（生産の多角化・市場アクセスの改善）や若者向けの職業訓練を行ったりしている。

　以上と同列には扱いにくいが、スターバックスは2009年から小規模農家支援策として1250万ドル（12億円）の資金貸し付けプログラムをスタートさせた。と同時に、コーヒーの品質や効率性を高める独自のプログラム（Coffee and Farmer Equity：CAFE）とフェアトレード・ラベルの基準を融合し、両方の基準をコーヒー農家が満たせるよう技術的な支援を行うことも表明した。加えて、09年のフェアトレード・コーヒーの調達量を倍増させて全体に占める割合を10％に高め、10万人以上の生産者が裨益できるようにするとも表明した。

　レベル 5 では、生産者への支援というベクトルに加え、消費者の啓発という逆のベクトルもある。例えばイギリス生協は、顧客に対して毎月一つフェアトレード産品を買うという決意表明（pledge）を呼びかけたり、自分の好きなコーヒーやチョコレートの会社宛てにフェアトレードの導入を求める手紙を書くよう呼びかけたりしてきた。また、店でフェアトレードを広報するボランティ

アを募ったり、テレビのコマーシャルで倫理的消費の実践を消費者に訴えたりしてきた。このように、レベル5では、フェアトレード産品の扱い量を増やすだけでなく、片や生産者、片や消費者に対して働きかけて、フェアトレード推進により深くコミットするのである。

6 フェアトレード原則の取り入れ

レベル6では、企業の社会貢献活動の一つとして「付け足し」的にフェアトレードに取り組むのではなく、経営の基本方針にフェアトレードの理念や原則を反映させる。つまり、日常の業務ないし本業の中でフェアトレードを実践し、フェアトレードを「内部化」するのである。

この点でも、生協が最先端を行くのは間違いない。イギリス生協は1995年に「責任ある小売」イニシアチブを始動させた。そこでは、生協が追求する基本的な6つの価値の一つに「公正」——企業活動を公正かつ不偏な方法で行う——を掲げた（他の5つは自助、自己責任、民主主義、平等、連帯）。それに加え、4つの倫理的価値（公開性、誠実性、社会的責任、他者への思いやり）も掲げた。このように、フェアトレードの理念は生協の基本的な経営方針の中に不可分の要素として取り入れられているのである。

2008年にエシカル・コンシューマー誌が行った調査でイギリス生協よりも倫理的との評価を受けたM&Sは★、07年に「Plan A」という名の経営方針を策定した。Plan Aでは、全体を気候変動、廃棄物、持続可能な原材料、公正なパートナー、健康の5分野に分け、合わせて100の具体的な公約をしている。そのうち「公正なパートナー」の分野では、供給連鎖における労働基準の向上（生活賃金実現への努力を含む）、小規模生産者・供給者からの買い付けの増加、地元の食材の買い付け倍増、買い付け方法の改善、最低保証価格の拡大、顧客と生産者の橋渡し、フェアトレード食品・衣料の取り扱い拡大、障がい者・ホームレスなど不利な立場にある人々の雇用支援、社会・環境問題に関する対顧客キャンペーンの実施、など21項目を掲げている。

★ 2005年に両者は4.5ポイントで並んでいたが、08年には生協の5ポイントに対してM&Sは7.5ポイントを獲得した。同誌は企業の政策を評価対象としていることから、Plan Aの策

定が M&S の高評価に結びついたのは間違いない。

　Plan A の達成状況は毎年報告されている。2009年の報告書は、農家との話し合いに基づいて牛乳・牛肉・羊肉の最低保証価格を設けたことや、フェアトレード・コットンを使った衣類の販売を 2 年間に 16 倍に増やしたこと、買い付け方法が供給元の労働者に与えている影響を学び、改善するための研修をフェアトレード団体の協力を得て実施したこと、などを具体的な成果として報告している。このように、M&S はフェアトレードを主要な経営方針の一つに掲げている点で「模範的」ではあるが、一部の供給業者に対して納入単価の引き下げを要求しているとの指摘もあり、フェアトレードの精神・原則が社内に広く浸透しているとまでは言えないようである。

7　フェアトレード企業への移行／変容

　レベル 7 では、フェアトレードの理念・原則が企業の経営方針の中核に位置づけられる。レベル 6 では経営方針の一要素にとどまるのに対して、最重要の指導原理になるのである。それは、フェアトレード企業になりきる（移行／変容する）ことを意味している。企業組織のフェアトレード団体は初めからレベル 7 に位置している。イギリス生協は公正さや倫理性を企業理念の中核に置いていることから、レベル 7 に到達していると見なしてよいだろう。

　企業に究極のコミットが求められるという意味で、レベル 7 は次元が大きく異なる。とはいえ、レベル 7 に移行しても、消費者や市民から十分な支持が得られず、ビジネスとして成り立たない状況に陥れば、レベル 6 以下に後戻りすることもありえなくはないだろう。

　同じレベル 7 でも、より高次元のフェアトレード企業が誕生し、その数を増やしつつある。「生産者の経営参加」を実現した企業である。先頭を切ったのは「ディヴァイン・チョコレート」だった。同社はそもそも、ガーナのココア生産者組合クアパ・ココーが支援元のツインに働きかけて1998年に設立した会社である。設立にあたりクアパ・ココーは株式の33%を保有し、2 人の代表を取締役会に送り込んだ。こうして生産者が受動的な受益者の域を脱して、先進国のフェアトレード団体と対等な立場で経営に参加する道が開かれたので

ある。この斬新な経営デザインが評価されて、同社は99年にデザイン協会からミレニアム・プロダクト賞を授与された。

　同社の取締役会は年に4回開かれるが、うち1回は多くの生産者が参加できるようガーナで開催される。2003年に同社が黒字化して以降、クアパ・ココーは株主として配当も受け取れるようになった。また、同社の方針として、売上高の2％を生産者支援に回すことを決めた。06年には共同株主だったボディ・ショップ★から持ち株の無償譲渡を受けたことで、クアパ・ココーは株式の45％を保有する筆頭株主となった。クアパ・ココーとディヴァイン・チョコレートはガーナだけでなく、内戦で荒れ果てた西アフリカの最貧国シエラレオネのココア生産者への支援も始めている。

　　★　ボディ・ショップは自然素材の化粧品を売り出した化粧品会社で、動物実験や捕鯨に反対するとともに、「コミュニティ・トレード」という名の独自のフェアトレードを推進してきた。

　もう一つのフェアトレード企業「カフェディレクト」は、2004年に株式の一部公開にあたって株式の5％を生産者協会に開放した（主な株主は同社を設立したツインやオックスファムなど4つのフェアトレード団体で、それぞれが10％を保有）。生産者協会は代表2人を取締役会（総数9人）に送り込んで経営にも参加している。定期的に開かれる生産者会議も同社の事業を方向づけている。カフェディレクトは利潤の半分を生産者支援に回しており、その額は2000年からだけでも330万ポンド（5億3000万円）以上に達する。そのほか、ハリケーン（05年メキシコ）や旱魃（07年東アフリカ）が産地を襲うたびに生産者の救援復興活動を行っている。07年に同社は、イギリス企業2000社中で消費者が最も推奨するブランドとなった。

　オックスファムは2004年に、コーヒー生産者組合と合同でカフェチェーン「プログレソ・カフェ」を設立した。生産者をもっと潤せるよう独自のチェーン店を作るというのは、ホンジュラスの生産者組合の発案だった。株式の半分はオックスファムが保有するが、25％はホンジュラスとエチオピアの生産者組合が取得し、残りの25％も生産者トラスト（信託財団）が保有して、貧しい生産者地域の発展を支援している。5人の取締役のうち1人は生産者の代表である。同社はまだロンドン市内に2店を持つだけだが、20店にまで拡大す

る計画である。筆者もコベントガーデンにあるカフェを訪れて昼食をとったことがあるが、洗練された心地よい空間に心が洗われる思いがした。

　2007年には、フェアトレード団体のツインとイコール・イクスチェンジが、フェアトレードのナッツ（ピーナッツやカシューナッツ）に特化したコミュニティ利益会社（CIC）★「リバレーション」を設立した。株式の42％は8カ国の生産者からなる国際ナッツ生産者組合（ベルギーの政府援助機関が支援）が保有し、取締役会にも生産者の代表が入っている。08年にはフェアトレードを長年サポートしてきた著名なコメディアン（ハリー・ヒル）が協力して「ハリーズ・ナッツ」というブランドを開発し、売上を大きく伸ばしている。

> ★　CICは、社会的起業を促進すべく2005年に設けられた新しい企業形態で、利益の分配もできるが（上限がある）コミュニティに貢献する活動を行う企業にのみ認められる。保育・介護や社会的弱者の雇用と並んでフェアトレードも制度設計時から対象分野に想定されていた。

　以上のほか、1996年にオランダの開発NGOソリダリダードが設立したフェアトレードのフルーツ会社「アグロフェア」も、中南米とアフリカ13カ国の生産者（バナナ、マンゴー、パイナップル等）からなる国際生産者組合が株式の50％を保有し、取締役会にあたる監査委員会にも代表を送っている。利益の一部は、他の生産者がフェアトレードに参加するのを支援するために投資されている。このように、欧州の先進的なフェアトレード企業は、生産者が株式を保有して対等な形で経営に参加できるような取り組みを推し進めている。

　もう一つ新しい動きがある。それは、途上国の生産者が独自のブランドを確立して先進国市場に売り込むというものである。アフリカ・ルワンダのコーヒー生産者8700人は、クリントン財団（元クリントン米大統領が創設）とスコットランドの富豪の支援のもとに「ルワンダン・ファーマーズ」というブランドを立ち上げ、2008年イギリス市場に進出した。フェアトレード認証を受けたコーヒーはスーパー等で販売されている。焙煎はフェアトレード支援で定評のあるスコットランドの業者に依頼しているが、ルワンダの生産者は通常のフェアトレード最低価格とプレミアムに加えて、焙煎業者から利益の16％を手に入れている。クリントン財団等は他のアフリカ諸国や産品に拡大して「アフリカン・ファーマーズ」ブランドを立ち上げる計画も有している。

　途上国の生産者そのものではないが、イギリスに住むエチオピア・オロミア

地方出身の難民グループは、財団や自治体の支援を受けて2009年に「オロモ・コーヒー会社」を立ち上げた。同社はオロミア地方の小規模コーヒー生産者組合から直接買い付け、零細焙煎業者に焙煎してもらった認証コーヒーを販売している。このように、今後、途上国の生産者が先進国のフェアトレード団体等に頼ることなく、独自に会社やブランドを立ち上げて先進国市場に進出するケースが増えることが予想される。

　以上、7つのレベルに分けて企業によるフェアトレード参入の広がりと深まりを考察した。一般的に言えば、レベルが上がるごとにフェアトレードへのコミットが深まると言うことができる。ただ、たとえより高いレベルに達していても、申し訳程度の参入だったり、一時的だったり、形式的だったり、動機が「不純」だったり、ということもありえる。そうした場合、たとえ外見上レベル6に該当したとしても、自社ブランド産品を数多く開発して販売しているレベル2の企業に比べて、より深くフェアトレードにコミットしているとは必ずしも言えず、実際にはレベル2の企業の方がまじめにコミットしているかもしれない。したがって、市民や消費者には、外見や形式に囚われず、企業の本質を見抜く力が求められる。

　全般的に企業がコミットを深めつつあるように見えるが、片方で気がかりな動きもある。フェアトレードに前向きな企業が大企業に買収される例が散見されるからである。1978年創業のアメリカのアイスクリーム会社「ベン・アンド・ジェリーズ」は、社会・環境問題に熱心に取り組み、世界で初めてフェアトレードのアイスクリームを販売するなど、同国で最も倫理的とされてきた企業だが、2000年に多国籍企業ユニリーバに買収された。

　2001年には、イギリスで保存料を使わないサンドイッチを売り出し、ホームレスの支援を行い、早くからフェアトレード・コーヒーを取り入れた「プレタマンジェ」の株をマクドナルドが33％取得した。05年には、イギリスで初めてフェアトレード・ラベルのチョコレートを発売し、オーガニックの普及でも有名な「グリーン・アンド・ブラックス」がイギリス最大の菓子・飲料メーカーのキャドバリーに買収された。そのキャドバリーも、2010年初めアメリカの食品大手クラフト社に買収されてしまった。

2006年には、独自のフェアトレードを推進してきた「ボディ・ショップ」が世界有数の化粧品会社ロレアルに買収された。このニュースはフェアトレード界に少なからぬ衝撃を与えた。というのも、ロレアルの大株主がネスレで、ボディ・ショップがディヴァイン・チョコレートの株を13％保有していたからである。つまり、買収によってネスレがディヴァイン・チョコレートの経営に口出しするのではないかと危惧されたのである。幸い、既述したようにボディ・ショップが所有株式をクアパ・ココーにすべて無償譲渡したため、事なきを得た。

　2010年には、カリフォルニア大学の大学院生たち（MBA）が04年に起業して作った、インターネット通信販売で生産者から直接フェアトレードの手工芸品等を買える革新的な仕組み「ワールド・オブ・グッド」が、インターネット通信販売大手のイーベイによって買収された。

　上記の例は、大企業が新市場への進出や企業イメージの向上を図るべく、社会問題や環境問題に熱心な先進的・革新的企業を傘下に収めようと狙っていることを示している。幸いこれまでは、買収した大企業が傘下に収めた企業に自由な活動を認め、「変な」介入はしていない。確かに、変に介入すれば市民団体やマスコミの批判を受けて、企業イメージを上げるどころか大きく下げてしまうだろうし、そうなれば買収した意味もなくなってしまう。

　そうした中で、グリーン・アンド・ブラックスが2011年までに世界で販売するチョコレートや飲料をすべてフェアトレードにすることを表明し、ベン・アンド・ジェリーズも2013年までに世界で販売するアイスクリームを100％フェアトレードにすることを表明したことは、明るいニュースだ。

　ボディ・ショップをロレアルに売り渡した創始者のアニタ・ロディック（2007年死去）は、自分は「トロイの木馬」になると語っていた。つまり、大企業ロレアルの懐に飛び込んで内側から変革するという気概をもって買収に応じたというのだ。確かに「小が大を食う」ことになればそのインパクトは大きい。だが、「ミイラ取りがミイラに」というたとえもある。大企業がフェアトレード企業を飲み込んで「骨抜き」にする可能性は十分あるだけに、消費者として、市民として監視の目を絶やさないようにする必要がある。

第7章
政府セクターへの広がりと深まり

イギリス議会

　次に、フェアトレードへの政府の関わり方について見ていこう。政府には行政府だけでなく立法府等も含める。また、中央政府だけでなく地方政府（自治体）や政府間機関（いわゆる国際機関）も含める。政府の関わりは次の6つのレベルに分けて考察する。

1）フェアトレードの認知／支持
2）フェアトレードの普及促進
3）フェアトレード活動・団体の支援
4）フェアトレード産品の積極的な調達
5）フェアトレードを推進する政策／法の策定と実施
6）主要政策へのフェアトレード原則の反映

1　フェアトレードの認知／支持

　レベル1では、政府がフェアトレードの認知、ないしフェアトレードへの支持を表明する。欧州諸国、特にイギリスやオランダ、北欧の政府は貧困層に直接働きかけるNGOの活動を前々から高く評価してきた。その中でフェアトレードもNGOによる国際協力の一形態として認知し、支持してきた経緯がある。
　2000年に国連の場で「ミレニアム開発目標（MDGs）」が設定されると、「2015年までの貧困人口比率の半減」をはじめとするMDGs達成のための有用な手段として、フェアトレードへの支持は一層強まった。フェアトレードの認知／支持は、政府内のどのレベルで表明されるかで重みが違ってくる。イギリスでは、2002年にブレア前首相がガーナのココア生産者を訪問した際にフェアト

レードへの支持を表明したほか、蔵相や貿易産業相も支持を明らかにした。フランスでも、シラク前大統領が「フェアトレードを推進することで、消費をしつつ倫理的価値と人間の尊厳を守ることができる」との支持表明を行った。

主要先進国は2005年のG8サミットの合意文書で、アフリカ支援策の一つという限定つきではありながらもフェアトレードを取り上げ、「フェアトレード商品の市場の拡大、及び、それらが人々の生計を助け、開発における投資の前向きな役割についての一般市民の意識を向上させる上での積極的な効果を歓迎する」と支持を表明した。

G8の一角である日本では、残念ながら国際協力を所管する外務省や援助の実施機関である国際協力機構（JICA）の担当部署レベルですら、フェアトレードへの支持はおろか認知さえなされていない。JICAの国内各地の事務所や有志職員がフェアトレードに関する勉強会やイベントを開催する程度である。ただ、政府内にフェアトレードへの関心が高まっている兆候はある。2008年度の国民生活白書（内閣府）が初めてフェアトレードを取り上げ、3ページにわたって日本や海外の現状を説明したのがその一つの現れである。

レベル1では、貧困問題や南北問題の解消に向けた有効な手段としてフェアトレードに「市民権」を与え、支持を表明するわけだが、その支持も「リップ・サービス」にとどまったり、「健闘を祈る」だけに終わったり、ということもありうる。したがって、この段階では政府がフェアトレードにコミットしたとは言い難い。

2 フェアトレードの普及促進

レベル2では、政府がフェアトレードの普及を後押しする。フェアトレード団体やそのネットワーク組織が行うキャンペーンや啓発活動を支援したり、フェアトレードに関する情報を提供・周知したり、フェアトレードを推奨したりするのである。欧州各国では、ネットワーク組織が毎年企画する「フェアトレード週間」や「フェアトレード月間」を政府が後援している。その典型が1998年に始まった「フェアトレード二週間」を資金面でも支援してきたイギリス政府である。ドイツ政府は世界ショップ協会やフェアトレード・ラベル団体、消

費者団体が2003年に開始した「fair feels good」という啓発キャンペーンを後援してきた。オランダ政府は、フェアトレード・ラベルを普及させるためのテレビ・コマーシャルを資金的に支えてきた。ベルギー政府は「フェアトレードセンター（現在は「開発のための貿易センター」）」を設立して、フェアトレード週間の開催、フェアトレードに関する情報の収集や発信を行ってきた。

　国によっては政府自らがフェアトレードを推奨もする。イギリス貿易産業省のCSR担当閣外相は、2002年に国内一流企業のトップを招いた朝食会の席でフェアトレードへの支持・支援を訴えた。ドイツ政府は「買い物かご」を通じて貧困削減に貢献するよう国民に呼びかけてきた。

　このように、レベル2では、政府が「外野席から応援」するにとどまらず、一歩踏み込んで（内野席に入って）フェアトレードの普及を後押しするという意味で、フェアトレードに多少なりともコミットしたと言うことができる。

③ フェアトレード活動・団体の支援

　レベル3では、政府がフェアトレードの活動や団体を支援する。ベルギー政府は18カ国の生産者団体に対して5年間で300万ユーロ（4億円；1団体あたり3年間で最大7万ユーロ）の支援を行ってきた。オランダ政府は、生産者団体がフェアトレードに頼らずに一般市場でも競争できるようブランド力をつける事業を支援している。デンマーク政府は、世界ショップ・輸入団体の連合体とラベル団体の双方に財政支援を行ってきた。イギリス政府は、フェアトレードとラベル産品の普及を図るフェアトレード財団に対して1999年からの10年間に300万ポンド（4.5億円）以上の資金援助をしてきた。99年にツインとガーナのカカオ生産者組合がディヴァイン・チョコレート設立に向けて銀行から資金を借り入れた際には、国際開発省が40万ポンド（6000万円）の信用保証を行うことで設立を可能にした★。

> ★　筆者が当時の関係者から得た情報によると、国際開発省が私企業に信用保証することは本来認められていなかったが、「英断」をもって実行したという。

　日本では、外務省が「草の根無償資金協力」の枠組みで生産者団体に資金援助をしたり、JICAが「草の根技術協力事業」の中でフェアトレード団体に資

金援助したり（支援型）、フェアトレード事業を共同実施したり（パートナー型）、政府系機関である日本貿易振興機構（JETRO）が「開発輸入企画実証事業」の中でフェアトレード団体に資金を提供したり、といった例があり、その数も増えつつある。しかし、それらはアドホック（場当たり的）ないし単発的な支援にとどまっており、残念ながら政府として積極的にフェアトレードを促進しようという政策的意図を持って支援してきたわけではない。

4 フェアトレード産品の積極的な調達

レベル4では、政府が自ら積極的にフェアトレード産品を調達（購入）することでフェアトレードを促進する。各国で先行実施されている、環境への負荷が少ない製品を政府が率先して調達する「グリーン調達」（日本でも2001年に「国等による環境物品等の調達の推進等に関する法律（通称はグリーン購入法）」を施行）のフェアトレード版である。

実は、政府は一大消費者でもある。欧州の場合、政府機関の年間調達額の総計はGDPの16％、金額にして2兆ユーロ（約260兆円）に上るという。そのうち少しでもフェアトレード産品の調達に振り向ければ、フェアトレード市場は大きく広がり、社会的な認知もぐっと高まるだろう。そもそも「環境への負荷が少ない」製品を率先して調達するのが政府の義務であれば、「社会への負荷が少ない」製品を率先して調達するのも政府の義務ではないだろうか。

イギリスでは、1997年に下院が議会内で消費するコーヒーをすべてフェアトレード製に切り替え、国際開発省がそれに続いた★。97年時点で政府機関がフェアトレード調達していた国は、オーストリア（議会、外務省）、デンマーク（議会、一部省庁）、イタリア（議会、一部省庁）など欧州に少なくとも7カ国あった。その動きは他国にも波及し、今ではフランス（議会、外務省、首相府、大統領府）やチェコ（議会）、ハンガリー（大統領府）など、旧東欧地域を含めほぼすべてのEU諸国でフェアトレード調達が行われている。

★ イギリス政府によると、2007年から08年にかけて政府内でフェアトレード・コーヒー／紅茶を使っていた割合は、環境食糧農村省が30％で最も多く、次いで外務省の18％、内務省と財務省の各10％、地域地方政府省の8％の順だった。

ノルウェーでは、政府がフェアトレードおよび環境基準に則った公的調達政策・行動計画を2007年に策定し、全省庁がフェアトレードのコーヒーとオレンジジュースを愛用するようになった。同年に誕生したアイルランドの新政権も、全省庁でフェアトレード調達することを表明した。

　フェアトレード調達は地方自治体にも広がっている。自由貿易の盟主アメリカでは、連邦政府は冷やかなものの地方には好意的な自治体がある。1999年にグローバル・イクスチェンジの呼びかけで、学生団体、労働組合、教会組織、環境保護団体等がカリフォルニア州の各市にフェアトレード調達を働きかけたのを受けて、サンフランシスコ、バークレー、オークランド市などがフェアトレード・コーヒーを調達することを決めた。バークレー市は調達するコーヒーをフェアトレードに限定する条例を定めたほどだ。言わば、「カテゴリー・シフト」の行政版である。

　イタリアでは、同国最大のフェアトレード団体CTMアルトロ・メルカートが始めた「フェア給食サービス」キャンペーンが効を奏し、70以上の市町村の公立小中学校や幼稚園、保育園がフェアトレード産品（バナナ、チョコレート等）を使った給食を提供するようになった。興味深いのは、納入業者の選定にあたって、生徒や先生、保護者向けにフェアトレードの啓発を行うことを選定基準に含める自治体もあることだ。

　フェアトレード・コットンの調達も広がりを見せている。2012年夏のオリンピック★開催を目指したスペイン政府は、キャンペーン用のTシャツにフェアトレード・コットンを用いるよう義務づけ、パリ市は衛生局の職員向けにフェアトレード・コットンでできた作業衣をあつらえた。オランダでは、国立銀行がフェアトレード・コットンを使った10ユーロ札を発行した。

　★　ロンドンでの開催が決まった2012年オリンピックでは、会場でフェアトレードのコーヒー、紅茶、砂糖、チョコレート、バナナを提供することを同組織委員会が決定している。

　日本の中央省庁では組織だったフェアトレード調達はまだ見られない。筆者は2008年に日本で開催された第4回アフリカ開発会議やG8洞爺湖サミットでフェアトレード・コーヒー等を提供するよう、外務省内の友人を通して働きかけたことがある。その3年前イギリスで開かれたG8サミットでフェアトレード・コーヒーが提供された前例があったからだ。外務省の反応はいまいちで期

待していなかったのだが、両方の国際会議でフェアトレードのコーヒーと紅茶が提供されたことを後で知らされた。今後政府内（少なくとも外務省内）でフェアトレード調達が日常化することを期待してやまない。

　地方は先を行っている。横須賀市では、国際交流課のイニシアチブで2008年4月に「三浦按針祭観桜会」でフェアトレード・コーヒーを提供したのを皮切りに、市主催の国際式典や新年賀詞交歓会でフェアトレード・コーヒーを提供することが慣例化した。それに式典へのケータリングを行った業者も「感化」され、同社が行うケータリングでは使用するコーヒーをすべてフェアトレード製に切り替えることを決定したという。

　話を欧州に戻すと、フェアトレード調達が普及してはいるものの課題がないわけではない。最大の課題は明確な公共調達のガイドラインがないことである。欧州各国は、ECが2004年に出した「公共の事業・供給・サービス契約に関する指令」に基づいて国内法を整備し、公共調達を行うことになっている。同指令は、公共調達にあたっては価格だけでなく、環境的・社会的配慮をすることを認めている。が、同時にEC条約の基本原則である「非差別」、「平等な待遇」、「透明性」を遵守するよう求めており、フェアトレード産品を優先的に調達すると、それら基本原則に抵触する恐れがある。その二律背反性ゆえに、フェアに生産・取引されたことにどの程度配慮するかの判断が国によって異なってくる。フランスやベルギーは緩く解釈している（調達をフェアトレードに限定する場合もある）のに対して、イギリスは固く解釈しているため、フェアトレードに好意的な地方自治体やフェアトレード団体から批判が出ている。

　そのEC指令の解釈をめぐる論争に一石を投じる判決が2007年にオランダであった。フローニンゲン州政府が庁舎内で消費するコーヒーをフェアトレード製に限定したことに対し、国内最大手のコーヒー会社ダウ・エグバートが「差別的な扱いであり不当だ」として州政府を相手どって裁判を起こしていた。それに対して裁判所は、フェアトレードに限定したことは平等・透明性の原則に反せず、フェアトレード・コーヒーを供給できる業者は20社もあり、同社もフェアトレードの認証を取ろうと思えば取れるのであるから、競争や同社の参入を阻害するものではない、として同社の訴えを退けたのである。同社は上訴せず、メディアに大きく取り上げられた裁判は州政府側の勝訴に終わった★。

★　フローニンゲン州政府は提訴の10年ほど前からフェアトレード調達を行っていた。それを、あえてこの時期にダウ・エグバートが提訴したのは、「100％持続的な公共調達」を目指すオランダ政府が持続性の基準作りの最中で、基準にフェアトレード原則を反映させようとフェアトレード団体が働きかけていたため、その阻止を図ったものと見られている。

この裁判で争いは一件落着かに見えたが、再燃しそうな情勢である。オランダの二つの町がフェアトレード調達を行った際、ダウ・エグバートのコーヒー（ウツ・サーティファイド認証製品）を規格外として認めず、裁判所もそれを支持した（2010年3月）ため、同社が争う姿勢を見せているからである。

フェアトレード調達に関しては、「ICLEI（持続可能性を目指す自治体協議会：持続可能な開発を公約した67カ国1070以上の自治体・自治体協会からなる国際組織）」も、地方自治体がフェアトレード調達を推進するためのガイドブック『Buy Fair』を2006年に刊行した。

EFTAは、ECの財政支援を得て04年からフェアトレード調達の調査・推進プロジェクト「Fair Procura」を実施し、提言を行った。08年からは後継プロジェクト「Public Af*fairs*」を実施中で、集大成として10年に「フェアトレード調達モデル」を提示する予定である。

EC自体も「公共調達における社会的配慮」に関する指針を取りまとめており、2010年にも発表する予定だという★。それに先立ってECが09年5月に出したフェアトレードに関する政策文書は、調達にあたっては「技術仕様」の中に（フェアトレードに）関係する持続可能性基準を入れても良く、基準は生産プロセスに関するものであっても良いという見解を示した。それは、フェアな条件で生産されたことを基準にしても良いことを意味している。ただし、特定のラベルや認証の取得を要件とすることは非差別の原則に反するとしている（特定のラベル／認証の構成要素を下位の基準として設定することは可能）。近々発表されるECの指針の中にフェアトレード原則が極力反映されるよう、現在フェアトレード団体側は働きかけを強めている。

★　ECは2003年に、持続可能な調達のもう一つの柱である「グリーン調達」について、行動計画を3年内に策定するよう各国に求めた（14カ国が策定済み）。08年には新たな政策文書を出し、10年までに公共調達の50％をグリーン調達とするよう求めている。

ここで、企業の場合、社内消費用の購入（＝企業によるフェアトレード調

達)がレベル1なのに、政府ではなぜレベル4なのかという疑問に答えておく必要がある。それは、企業が割高なフェアトレード産品に限って調達したとしてもそれは企業の「勝手」だが、国民の税金を使って調達する政府の場合そうした「勝手」は許されず、他の同等品を差し置いても割高なフェアトレード産品を調達するには国民的な合意を必要とするからである。フェアトレードを認知/支持したり、その普及を推進したり、フェアトレードの活動や団体を支援したりするのはチャリティ的な関与にとどまる。フェアトレード調達も、政府内の食堂や売店でフェアトレード産品を申し訳程度扱うのであればチャリティの域を出ない。しかし、国民的合意を得てフェアトレード調達を政策的に位置づけるのは、政府としてフェアトレードに相当コミットしたことになるのだ。

5 フェアトレードを推進する政策／法の策定と実施

レベル5では、フェアトレードの推進や支持を政府の政策としたり、議会が決議したりすることによって、フェアトレードへのコミットを深める。イギリスでは、下院の国際開発委員会が2007年に「フェアトレードと開発」をテーマに公聴会を開き★、そこでの意見聴取を基に政府に対して（一部は企業向けに）フェアトレードの推進を求める27項目の勧告を行った。主な勧告は、フェアトレード運動をもっと支援すべきこと、そのために政府内に高位のフェアトレード担当官を設けたりフェアトレード調達を促進したりすべきこと、最も貧しい生産者が裨益できるようなフェアトレードを支援すべきこと、小規模生産者・労働者への配分を増やすよう企業への働きかけを強めること、最終小売価格に占める生産者の取り分を明記したラベルシステムの実現可能性を調査すべきこと、などである。

★ イギリス滞在中だった筆者は最初の公聴会を傍聴した。その日呼ばれたのはフェアトレード財団、スターバックス、M&Sの各代表とドミニカ共和国の首相だった。当時スターバックスは、シダモなどのコーヒー名を商標登録するエチオピア（コーヒー発祥の地）政府の試みを妨害したとして批判を浴びていた。公聴会の1週間前になって商標登録に同意したのだが、事の経緯を委員から厳しく追及された。バナナ輸出国のドミニカ共和国の首相は、EUの優遇措置が1990年代半ばにWTOルール違反と認定されて輸出が4分の1に落ち込み、バナナ生産者の80%が貧困に陥ったこと、そこにフェアトレード認証基準ができ、全量をフェアトレ

ード価格で輸出できるようになって生産者の生活が回復・向上したこと、イギリス政府に望むのは援助ではなくフェアトレードの推進であること、などを陳述した。公聴会が開かれたのは学校の教室ほどの部屋で、委員（下院議員）や陳述人のすぐ横で話を聞くことができた。一外国人の私が目と鼻の先で傍聴できたことに「開かれた議会」を見た思いがした。

　勧告を受けたイギリス国際開発省（DFID）は、2009年の「国際開発白書」（中期的な開発協力政策文書）の中で、初めてフェアトレードへの政策的な支持と支援をうたった。「公正かつ倫理的な貿易」という一項を設けて、企業活動の水準を引き上げたり、労働条件をまともなものにしたり、生産者・労働者が公正な報酬を得たり、世界の消費者が日常的に発展に貢献したりする上で、公正かつ倫理的な貿易が強力な手段となっていると評価し、今後4年間に公正かつ倫理的な貿易への支援額を4倍に増やすことを表明したのだ。

　白書を紹介したDFIDのホームページは、6つの代表的な個別施策の1つに公正かつ倫理的な貿易への支援を掲げており、それが主要施策であることが分かる。ホームページではまた、より良い世界を築くための誓約を市民に促している。誓約の選択肢の第一は「倫理的な買い物をすること」、第二は「より公正な世界に向けたキャンペーンを支持すること」、第四は「グローバルな正義に関心を持っていることを意思決定者、友人、隣人に知らせること」である。こうしてイギリス政府自身が「公正・正義」へのコミットを市民に訴え、倫理的な買い物を推奨している。

　他の欧州諸国を見ると、オーストリアでは2000年に議会がフェアトレード推進決議を行い、政府に対してフェアトレードを同国の開発政策の主要な原則として採用し、国際機関でもフェアトレードの原則を支持するよう求めた。国会／連邦議会レベルでのフェアトレード推進決議はベルギーやスペインでも行われている。欧州評議会によると04年時点で加盟国の24％（11カ国と推定される）でフェアトレードを支持する法律が制定されていたという。地方議会レベルでの推進決議は数え切れないほどである。それは、「フェアトレード・タウン」を宣言する際の必須要件になっているためでもある（次の**第8章を参照**）。

◉ EUレベルの政策・決議

　EUレベルでは、早くからフェアトレード推進の動きがあった。1994年には、

ECが南北のフェアトレード強化を支持するメモをまとめ、欧州議会は南北貿易における公正と連帯を促進する決議を行っていた。

1998年には、欧州議会が初めて「フェアトレードに関する決議」を採択した。同決議は、発展を促す最も有効な手段の一つがフェアトレードであり、南北間の公正と正義を向上させる国際経済・貿易ルールを促進する重要な手段であるとして、ECに対し、途上国の生産者団体や欧州のフェアトレード団体への支援や、フェアトレードの目的に合致した貿易・開発協力政策の策定などを求めるとともに、加盟国に対しても消費者向けおよび学校でのフェアトレードの啓発などを求めた。

これを受けて、翌99年にはECが初の「フェアトレードに関する政策文書」をまとめた。その中でECは、消費者や企業の間でフェアトレードへの関心が高まっていることを認め、フェアトレードについて消費者に情報を提供する必要や、自由貿易を推進するWTOと整合させる必要、フェアトレード団体側と定期的な対話を行っていく必要を指摘した。また、フェアトレードを自称する企業が増えていることに懸念を示し、ラベル団体の基準作り・認証・モニタリングを強化・向上させる必要のあることを指摘した。

2000年には、EUが欧州の植民地だったアジア・カリブ海・太平洋諸国との間で結んだ「コトヌー協定（包括的なパートナーシップを規定）」の第23条（経済セクター開発）で、「フェアトレードの促進を含む貿易の発展」への協力をうたった。具体的な施策を掲げた付属文書では、途上国の生産者団体とEU内のNGOに対して、フェアトレードの新産品の開発や消費者啓発キャンペーン、教育活動、能力向上のための資金協力を行うことを表明した。

2006年には、欧州議会が「フェアトレードと発展」という新たな決議を行った。その中で欧州議会は、フェアトレードが貧困削減と持続可能な発展のための重要な手段として機能してきたこと、長期的に見て多国間貿易システムへの途上国の公正な参加を促進するものであることを評価した。その上で、ECに対し、フェアトレードや類似のイニシアチブ（貿易の社会的・環境的側面の向上に貢献する独立したモニタリングシステムを有するイニシアチブ）について勧告するよう求めた。それらに加え、欧州議会は次のような要請や指摘を行った。

1）EC・欧州理事会は、MDGs の達成に寄与する有効な手段としてフェアトレード等のイニシアチブを推進すること
2）EC・欧州理事会は、フェアトレード産品に対する付加価値税の引き下げや関税の撤廃を検討すること
3）EC は、フェアトレード等に対する適切な行動および資金供与について欧州議会に提案すること
4）EC は、フェアトレード等に関わる部局（開発、貿易、雇用・社会問題、消費者保護、国内市場・農業）間の調整を改善し、当該分野の政策の不可欠な要素としてフェアトレード等を取り入れること
5）フェアトレードに関する法の制定を目指す加盟国が基準を作るにあたっては、国際フェアトレード運動を含むステークホルダーの知見や経験を踏まえ、過剰な規制に陥る危険性や小規模生産者に及ぼしうる影響を精査すること（現時点では拘束力を持たない法とするのが適切）
6）欧州の公的機関は、公共調達政策の中にフェアトレード基準を取り入れ、EC はフェアトレード調達に関する指針を策定するなどしてそれを促進すること
7）EC は、国際的なフェアトレード運動と連携して、消費者の信頼に耐える仕組みであるか否かを評価するための明確かつ汎用性のある基準を擁護すること
8）欧州の貿易政策は、南の小規模生産者の市場アクセスを改善すること
9）EC は、可能であれば、コトヌー協定に規定されているように、生産者が価格決定に参加できるようなメカニズムを支持すること
10）EC は、GATT38 条に従って、後発途上国が関心を持つ一次産品の市場を安定化し、改善するための方策を編み出すこと
11）EC は、二国間、地域間、多国間の貿易交渉において小規模生産者を守り、その利益を促進する一貫性のある政策を策定すること
12）EC は、EU の貿易政策を策定するにあたってフェアトレード等を考慮に入れること
13）EC は、フェアトレードを均衡のとれた南北貿易を活性化しうる持続的な貿易政策のモデルへと発展させる可能性を調査・検証すること

この決議で特筆すべきことは、FINEの定義・原則を採用したこと、そしてフェアトレードは最低価格＋プレミアム以上の支払や前払、長期安定的な関係、生産者の能力強化とエンパワメント、（消費者の）意識向上などの基準を満たす必要があると明記したことである★。フェアトレード運動が生み出してきた定義・原則・基準を公的機関に認知させたことは、大きな勝利と言える。

> ★　FINEが共通の定義と原則に合意したのは2001年だったため、1998年の欧州議会の決議は独自の基準を提示していた。2001年以降EU機関がフェアトレードについて語る時は、FINEの求めに応じてその定義・原則に準拠するようになり、筆者の知る限り05年から「Fair Trade」と大文字での表記を始めた。大文字表記の時はFINEが定義するフェアトレードを指し、「fair trade」と小文字表記の時はより幅の広いフェアトレードを指す。06年の欧州議会決議の表記はもちろん大文字である。

　2009年5月には、ECが10年ぶりにフェアトレード（Fair Trade）に関する新たな政策文書「フェアトレードおよび貿易に関連して持続性を保証する非政府の仕組みが持続可能な発展に果たす役割」を発表した。その中でECは、10年間に欧州のフェアトレード市場が70倍にも拡大し、消費者の認知度もイギリスやフランスで70％以上に上るなど広く浸透してきたことを評価し、フェアトレードやその他の貿易に関連して持続可能性を保証する仕組みを一層支持していくことを表明した。そうした上で、次のような指摘をした。

- フェアトレードや同種の仕組みが持つ「非政府」という特質を維持することが重要である（公的規制は民間のダイナミックな動きに干渉する恐れがある）
- 多様な仕組みの存在は持続可能性の向上に寄与する一方、消費者を混乱させる恐れがある
- 様々な仕組みが持つ基本的なプロセス要件（ガバナンス、目標、範囲、基準、影響評価、第三者評価、費用便益分析、対外的な主張等）について共通理解に達することは有用でありうる
- 異なるラベル間の対話や協力、場合によっては融合の可能性をECとして模索する（相乗効果や消費者にとっての明瞭性を高めるため）
- フェアトレード等への資金供与を続ける（従来の慣行を踏まえつつECにとって優先順位の高い活動に資金を供与する）
- 様々な仕組みが途上国の生産者に与える影響／効果を分析し、比較する

公的規制の動き

1999年のEC文書は「自称フェアトレード」の増加への懸念を示し、2006年の欧州議会決議は各国がフェアトレード基準を設ける際には国際フェアトレード運動等の知見や経験を踏まえるよう勧告し、09年のEC文書は類似イニシアチブが消費者を混乱させる恐れがあるとして、類似イニシアチブ間の共通理解や対話・協力・融合を模索する意図を明らかにした。

以上のように、この10年、類似イニシアチブ「乱立」への懸念が強まり、一部のEU加盟国でフェアトレードに関する基準や法を定める動きが出てきた。それが顕著なのがフランス、ベルギー、イタリアの3カ国である。ただし、3カ国とも政府自身が規制に動いたわけではなく、消費者団体やフェアトレード団体側からの働きかけが元になっていた。消費者団体には類似イニシアチブがもたらす混乱をなくしたいという思い、フェアトレード団体にはフェアトレード本来の基準や原則を堅持したいという思いがあった。

基準化が最も進んでいるのはフランスで、消費者団体の動きにフェアトレード団体も呼応して、公的規定を求めたのが始まりである。2002年から政府やフェアトレード団体、消費者団体、開発NGO、企業が、ISO（国際標準化機構）傘下のAFNOR（フランス規格協会）のもとで公的規制の議論を繰り広げてきた。議論は困難を極めたが、政府がフェアトレード運動を擁護する立場を取ったことで、06年にようやくフェアトレードに関する「合意★」が成立した。合意されたフェアトレード原則は次の3つである。

1）パートナー間ないし契約者間のバランスがとれた取引関係
2）フェアトレードに参加する生産者組織と労働者組織への支援
3）消費者、顧客、一般市民に対するフェアトレードに関する情報の提供と意識の向上

★ 「合意」はフェアトレードに関する「規範」ではなく、「参照点」に過ぎない。というのも、一部のフェアトレード団体が最後まで反対したため、「合意」は文書に署名した51団体に対してのみ有効なものとされた。また、マルチセクター間の合意であって政府の政策そのものではない。

3つの原則ごとに基準と指標が示されており、その中には公正な価格（すでに存在する最低価格を含む）の決定、ILO条約の遵守、安全・健康・環境に関

するルールの遵守などが含まれている。また、各当事者の権利と義務も規定しており、全体としてフェアトレード運動側が満足できる内容となった。

一方、フランス中小企業省はAFNORでの合意成立を待たずに、フェアトレードを規定すると同時にフェアトレード認証機関の公的認知（recognize）を任務とする委員会の設置を定めた「中小企業法」★の改正案をまとめ、2005年夏に議会を通過させた。そして同法に基づいて、政府、フェアトレード団体、消費者団体、開発NGOからなる「フェアトレードに関する国家委員会（CNCE）」の設置法が07年に制定された。現在、作業部会が認証機関認知の仕組みと基準作りを行っていて、近く原案を提示する予定である。CNCEの設置と活動の開始は早くて10年中の見込みである。

> ★ 同法は、「フェアトレードは、先進国と途上国の不利な立場に置かれた生産者の間でモノやサービスの交易を行い、生産者の経済的・社会的向上を保証するための持続的な関係を打ち立てるものである」と定義している。

認証機関を認知する仕組みは任意のもので、CNCEの認知を受けずともフェアトレード認証を行うことができ、罰則もない。ただ、CNCE認知という「お墨付き」を得ることで認証システムの信頼度が高まることになる。ベルギーの仕組みもフランスにならって任意となる見通しだが、イタリアは強制力を伴った仕組みを模索している。ただ、ベルギー、イタリア両国とも議論は進んでいない。フランスの仕組みが動き出すと、他の欧州諸国にも一定の影響を与え、全欧的な公的規制の議論につながっていく可能性がある。

他方、ISOでもフェアトレードの基準を定める動きが2006年に表面化した。発端は、乱立する類似イニシアチブが消費者を混乱させているのを問題視した国際消費者機構（CI）が、世界統一のフェアトレード基準を定めるよう提案したことにあった。こうしてフェアトレード運動側の知らぬ間に、提案者のCI主導のもと、ISOの消費者政策委員会（COPOLCO）で検討が始まった。消費者主導の基準作りでは生産者の視点が抜け落ち、「歪んだ」基準になることを危惧したWFTOは、同委員会の会議への出席を求め、働きかけを行っている。情報筋によると、同委員会での議論の対象が倫理的貿易へと拡大し、直接フェアトレードを規定する議論ではなくなっているので「一安心」だが、今後の推移はなお予断を許さないという。

このようにレベル5では、フェアトレードの推進を政策や法で位置づけることで政府はフェアトレードへのコミットを深める。公的に規定されることでフェアトレードが「正統性」を増し、社会や企業セクターへ一層浸透していくことは期待できる。が、その一方で、どのように規定されるかは不安材料でもある。類似イニシアチブが増えている中で政府が規定する時には最大公約数的な決め方をしかねず、フェアトレードの原則が「薄まる」恐れも強い。公的な規定は「両刃の剣」だが、長い目で見れば避けて通れない課題であることも確かで、フェアトレード界として戦略を持った取り組みが必要である。

6 主要政策へのフェアトレード原則の反映

フェアトレードの二大目的（p.4参照）の一つは、既存の国際貿易のルールやシステムをフェアなものに変革することにある。その意味で、政府が貿易政策や関連政策をフェアトレードの原則や基準に合致したものへと変えることは、フェアトレードへのコミットを最も深めたと言うことができる。

欧州議会は早々と1998年の決議で、フェアトレードの目的に合致したEUの貿易・開発協力政策の策定を求め、06年の決議では、EUの貿易政策を策定するにあたってフェアトレード等のイニシアチブを考慮に入れることを求めた。

EU各国の貿易その他の政策にフェアトレードの原則や基準がどこまで反映されているか、筆者は十分に把握できていないが、**第9章**で紹介するように、イギリスではDFIDが1998年に「倫理的貿易イニシアチブ（ETI）」にコミットし、途上国の生産者の労働条件改善に乗り出している。

2009年4月には、イギリスの貿易開発消費者省が5年間を見据えた「貿易・開発政策報告書」を発表した。報告書は、08年秋以降の世界的な経済危機によって各国が保護貿易志向を強め、国際貿易の縮小が予想される中で、イギリスが「自由かつ公正な貿易」を今まで以上に強く推進することを最重要課題に掲げている。そこで言う「公正」は、貿易障壁等によって自由貿易を妨げないという旧来のネオリベラルな公正概念の枠を踏み出していない。それでも、従来と違うのは、自由かつ公正な貿易の追求によって、イギリスとEUの企業・消費者に便益をもたらすと同時に、貿易による貧困削減効果を最大化する

ことを目指している点にある。加えて、貧困削減の一方策として「フェアトレードおよび倫理的貿易」を推進し、環境や労働条件、ジェンダー平等、人権、健康等に悪影響を与えない貿易政策を採ることをうたっている。

　イギリスの政策全体を見ると、環境・社会問題への配慮は保護貿易の隠れ蓑とならない範囲において、ないし自由貿易を歪曲しない範囲において行うとしていることで明らかなように、自由貿易に軸足を置いている。また、貿易政策にフェアトレードの理念を反映させているわけでもなく、自由貿易と共存できるものとして扱い、その範囲内において貧困削減に貢献することを期待していることも事実である。とはいえ、フェアトレードが同国の貿易政策に足がかりを得たこと自体は評価すべきことだろう。

　フランスでは、アメリカ流ネオリベラル路線に批判的な政府が「連帯経済」の推進に熱心である。フランス政府は2000年に閣外相の連帯経済担当相（現在は労働・社会関係・家族・連帯相で閣内相）を置き、フェアトレードを含む連帯経済を推進してきた。02年にAFNORのもとでフェアトレード基準化の議論を開始する決定を行ったのも連帯経済担当相だった。06年に他国に先駆けて導入した航空券連帯税（国際航空券に課税して途上国でのHIV／エイズなど感染症対策の資金源とするもので国際連帯税の一種）も、同国の連帯経済重視の表れである。そうした意味で、フランスはフェアトレード的価値を他の政策にも適用しつつあると言える。

　またベルギー政府は、持続可能な発展のための国家計画にフェアトレードの理念を反映させたという。このようにフェアトレードの理念や原則が主要政策に反映される兆しはある。ネオリベラルな経済政策の破綻が明らかになった今日、その可能性は増していよう。とはいえ、ネオリベラリズムの根は深く、少なくとも欧州では2009年の欧州議会選挙の結果から明らかなように政治が「右」旋回しており、フェアトレードが主要政策の中で「主流化」する道はなお険しいと言わざるをえない。

　以上、政府セクターへの広がりと深まりを分析してきた。一般的にはレベルが上がるほどフェアトレードへのコミットが深まると言えるが、企業の場合と同様、形式的な関わりにとどまるのであるならば、たとえ上のレベルに該当してもコミットが深いとは必ずしも言えないことを申し添えておきたい。

第8章
社会への広がりと深まり

世界初のフェアトレード・タウン
「ガースタング」(Tom Bamber 撮影)

　ここまで、企業セクター、政府セクターへのフェアトレードの広がりと浸透を見てきた。それは、フェアトレードを規範化する上で重要なことだが、企業や政府をしっかりコミットさせるために欠かせないのは社会へのフェアトレードの広がりと浸透である。

> 「英国市民の意見と選択は国際開発省の仕事に直接影響を与える。市民が消費者として行う選択——例えばフェアトレード産品の購入——は、地球規模で貿易を公正なものにする省の仕事に影響を与える。市民の中心的な倫理観・価値観は、省の価値観と仕事の絞り込みに影響を及ぼし、市民の政治的意見は、省が国際開発・人道援助を行う際の予算、優先順位、方法に影響を及ぼす。」

　この引用文は、毎年世論調査(国際開発に対する国民の姿勢調査)を行っているイギリス国際開発省(DFID)が、その目的として述べた文である。注目すべきは、省の仕事に影響を与える代表例としてフェアトレードを挙げていることだ。DFID 自身が認めるように、市民の消費者としての選択★、および選挙民としての政治的意見の表明は、政府の仕事に大きな影響を与えるのだ。

> ★　消費者の選択が企業に与える影響について、あるイギリスの研究者は、一人の消費者が企業に電話して何かしら要望する(例えば「フェアトレード・コーヒーを入れてほしい」)と、企業はその向こうに150〜200人の消費者を見るという。つまり一人の要望は150〜200人分の重みを持つのである。

　社会へのフェアトレードの広がりと深まりは、少なくとも次の6つのレベルに分けて考察することができよう。ここでも主にイギリスを例に、フェアトレードがどのように社会に広がり、浸透しているのかを見てみたい。

1）フェアトレードを認知する市民の増加
2）フェアトレード産品を購入する市民の増加
3）フェアトレードを支持する市民の広がり
4）フェアトレードを企業や政府に働きかける市民の増加
5）他の市民社会組織との協調・連携の強化
6）フェアトレードの社会への根づき

1 フェアトレードを認知する市民の増加

　レベル1は、社会におけるフェアトレードの裾野の広がりである。市民の認知度の経年的な変化を確度をもって追えるのはフェアトレード・ラベルの認知度である。イギリスのフェアトレード財団によると、同国のラベル認知率は次のように変化してきている。

ラベルを認知した人の割合の推移（イギリス）

　これを見ると、2003年まで低迷気味だった認知率が04年に大きく上昇した。それは、スーパーなどが独自ブランドのフェアトレード産品を売り出したり、カテゴリー・シフトを始めたりした時期にあたる。現在の認知率は70％を超え、FLOの08年末の国際調査では82％に上るなど、今やフェアトレード・ラベルはイギリス市民に広く知れ渡っていることが分かる。

　☆　他国での認知率の推移は次の通りである。フランス以外はEFTA等による「フェアトレード・欧州」レポートにあるラベルの認知率。フランスはアルテルエコによるフェアトレードの認知率。同レポートの認知率の方がFLOの調査より高く出る傾向にある。

	フランス	アイルランド	スウェーデン	ノルウェー	アメリカ
2000年	9	16	13	6	
2003年	45				
2004年		44	39		12
2005年	56		49		
2006年			64	30	27
2007年		53	70	53	

　次に、ラベルを認知する社会層の特徴を見てみよう。フェアトレード財団の調査によると、2004年までは「中流から上位中流層」で、年齢的には45～54歳の中高年層が中心だったが、05年には25～34歳の青年層に中心が移り、下位中流層（末端管理職以下のサラリーマン）で認知率が大きく伸びた。08年には35～44歳の青中年層と25～34歳の青年層の認知率が同率（76％）で最大となるなど、社会の広い層に認知され、かつ「庶民的」なものになってきていることが分かる。男女別では一貫して女性の認知度が高いようである。

　日本でフェアトレードを認知している人たちの属性はどうだろうか。「フェアトレード製品についてどのくらい知識を持っているか」を聞いた2008年初めの内閣府調査の結果は次頁の通りである。

　これを見ると、男女別では、知っている人（「とてもよく知っている」と「よく知っている」）の割合は女性の方が高い（女性2.4％対男性1.9％）。それは20～30代と50代後半で顕著である。年齢層別に見ると、10代後半（15～19歳）の認知率が飛び抜けて高い。この年齢層で知っている人の割合（6.3％）は全世代平均（2.2％）の3倍近くに上る。10代後半は「まったく知らない」の割合も全世代中で最も高いが、それは10代の「正直さ」の表出と言えるだろう（年を取るほど自らの無知を認めたがらない）。10代後半の中では女性の1.0％に対して男性が2.5％とずっと高いのも特徴的である。ハイティーンに続いて40代前半（2.9％）、20代前半（2.8％）、30代後半（2.6％）の順で認知率が高く、逆に50代以降は70代前半を除いて平均を下回っている。

　総じて言えば、男女別では女性が、年齢的には10代から40代前半までの若い層がフェアトレードをよく知っている。とりわけ10代後半の認知率が飛び抜けて高いことは、フェアトレードの未来に明るい光を投げかける。

性別と年齢層別に見たフェアトレードの認知度（日本）

	とてもよく知っている	よく知っている	普通である	よく知らない	まったく知らない	無回答
全体	0.5	1.7	12.5	34.3	50.4	0.7
男	0.4	1.5	13.7	35.5	48.1	0.7
女	0.6	1.8	11.3	32.9	52.7	0.6
15～19歳	1.8	4.5	7.6	19.3	66.8	
20～24歳	0.5	2.3	9.7	25.0	62.0	0.5
25～29歳		2.3	11.9	27.4	58.0	0.5
30～34歳	0.9	1.2	8.6	32.7	56.2	0.3
35～39歳	0.9	1.7	12.0	35.8	49.6	
40～44歳	0.6	2.3	10.3	36.8	50.1	
45～49歳		2.3	11.8	35.9	50.0	
50～54歳	0.3	1.4	15.2	33.0	50.1	
55～59歳	0.2	1.3	14.9	37.1	45.6	0.9
60～64歳	0.5	0.5	15.1	38.5	44.3	1.2
65～69歳	0.9	1.2	13.3	41.3	42.2	1.2
70～74歳	0.3	2.2	14.0	35.4	45.9	2.2
75～79歳			14.3	34.0	49.6	2.1

　一方、「チョコレボ」が2008年に行った調査は職種・学歴・所得による認知率の違いを明らかにしている。それによると、男女別では女性が高く（女19.6％、男15.6％）、年齢層別では20代から30代の若い層で高い。職種では、事務系会社員や公務員、自由業、学生で認知率が高く、自営業や技術系会社員、専業主婦で低い★。学歴では、四年生大学卒と大学院卒では高いのに対して、中学校卒、高等学校卒では低い。所得では、年収500～1100万円の世帯で認知率が高い（特に700～900万円の世帯）のに対して、500万円未満の世帯では低い（ちなみに08年の1世帯の平均所得は556万円）。総じて言うと、女性、（30代までの）若者、ホワイトカラー、高学歴、高収入の層で認知率が高い。それは、年齢層を除いて一昔前のイギリスの姿とほぼ同じである。

　　★　ここで「高い」「低い」は絶対的な高低ではなく、調査対象者の構成比率に比べて認知率が「高い」「低い」を言っている。例えば、事務系会社員は調査対象者全体の14.9％を占めるだけだが、認知者全体では19.8％を占めているので認知率が高い、という具合である。学歴や所得についても同様である。

2 フェアトレード産品を購入する市民の増加

　レベル2は、認知を実際の行動（購入）に移す市民の広がりである。まず、イギリスにおけるラベル産品の売上の推移を見てみよう。

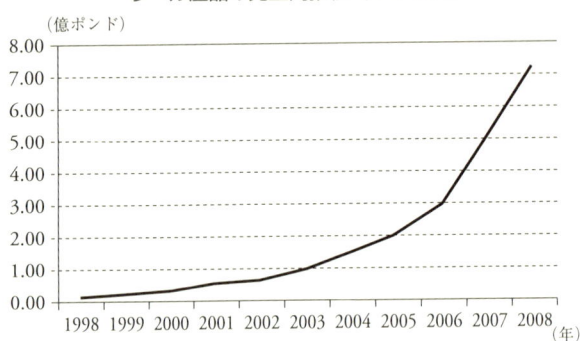

ラベル産品の売上高推移（イギリス）

（億ポンド）

縦軸：0.00〜8.00　横軸：1998〜2008（年）

　この図から、ラベル産品の売上高がこの10年間に年平均46％（2年で2倍、10年で40倍以上）のペースで伸びてきたことが分かる。それは、購入者自体が増えたことと、各人の購入頻度が増えたことの両方による。フェアトレード財団によると、2004年にラベル産品を買ったことのある家庭は全体の33％だったが、08年には70％に達した。ラベル産品を買う頻度も08年には12.8回（＝月1回以上）に上り、前年と比べても2.1回増えた。

　頻度に関しては06年に次頁のような調査結果が出ている（ラベルを認知した人のうちの割合）。定期的に買う人（30％）と時々買う人（31％）はほぼ拮抗している。そのうち、複数のラベル産品を買う人はそれぞれ半分弱いた。たまに買う人（15％）を合わせると、年1回以上ラベル産品を買う人はラベル認知者の76％を占めた。

　認知と購買の関係では、2004年にはラベル認知者のうち購入したことがある人は63％だったが、06年には76％へと上昇した。08年は認知率が70％で購入した家庭の割合も70％だったので、単純計算ではラベル認知者はすべて購入したことになる。以前はフェアトレード産品であると知りながら買わない人

ラベル産品を買う頻度（イギリス）

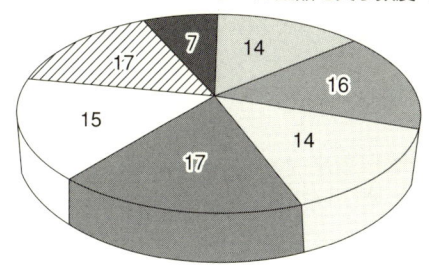

- 定期的に複数のラベル産品を買う: 14
- 定期的に一つのラベル産品を買う: 16
- 時々複数のラベル産品を買う: 14
- 時々一つのラベル産品を買う: 17
- たまにラベル産品を買う: 15
- ラベル産品を買うことはない: 17
- その他: 7

注：単位は％、「定期的」は月１回以上、「時々」は年２回ぐらい、「たまに」は年１回ぐらいを意味する。

が結構いたのに対し、最近は認知が即購買につながっているようである。フェアトレードへの信頼と支持が高まっているせいだろうか。

2006年のDFIDの調査からは、フェアトレード産品の購入に前向きな市民層が分かる。全体では58％の人が「買う」と答えたが、男性の51％に対して女性は64％と明らかに多かった。年齢層では、55〜64歳（66％）、45〜54歳（64％）、65〜74歳（61％）のいわゆる中高年層で多く、16〜24歳（47％）、25〜44歳（57％）の若青年層では少なかった。職業別では、管理職・専門職（65％）、中間職（64％）が多く、単純・肉体労働職（55％）は少なかった。また、大学以上の高等教育層（65％）、大学未満の高等教育層（61％）で多く、高等教育を受けていない層（49％）では少なかった。

倫理的消費

ここで、フェアトレードを倫理的消費の角度から眺めてみよう。イギリスの生協グループは1999年から消費者の倫理的意識と行動に関する調査を開始し、それをまとめた「倫理的消費報告書」を毎年出している。

生協が倫理的消費とする範囲は広く、「倫理的飲食（フェアトレード、オーガニック、生産者直売、飲食品ボイコット等）」のほか、「グリーンな家庭（省エネ、グリーン・エネルギー、持続可能な林産物、リサイクル品等）」、「エコな旅行／輸送（公共輸送機関利用、エコ・カー、エコ・ツーリズム）」、「倫理的な個人アイテム（倫理的な服・化粧品、チャリティショップでの買物等）」、「地域共同体（地元商店での買物、NGOへの寄付）」、「倫理的な金融（倫理的

な預金・投資・株主、信用組合)」の6分野からなる。そのうち、フェアトレードや関連する主要な倫理的行動を抜き出して比較したのが次の表である。

イギリスにおける倫理的消費

(億ポンド)

	1999	2000	2001	2002	2003	2004	2005	2006	2007	2008
倫理的消費の総額	96	119	135	184	221	266	297	323	355	360
フェアトレード食品	0.22	0.33	0.51	0.63	0.92	1.41	1.95	2.85	4.58	6.35
オーガニック食品	3.90	6.05	8.05	9.20	10.2	11.2	14.7	17.4	19.1	19.9
持続可能な林産物	3.51	6.29	5.68	5.96	7.04	7.28	7.16	6.96	10.2	13.3
NGOへの寄付	25.7	27.6	23.9	17.7	21.3	23.4	28.6	22.9	20.7	29.9
チャリティショップでの買物			2.61	2.49	2.70	3.83	4.11	3.59	1.84	2.86
地元商店での買物				15.7	17.2	21.2	22.8	25.9	21.4	21.1

これを見ると、倫理的消費全体に占めるフェアトレード食品の割合は2008年でも1.8％と小さい。類似行動の中で最も消費額が大きいのがNGOへの寄付や地元商店での買物、オーガニック食品である。それらに比べてフェアトレード食品は4分の1前後で、依然マイナーな存在である。しかし、1999年以降の伸び率を見ると、全く違った姿が浮かび上がってくる。1999年の消費額を100として（チャリティショップでの買物は2001年、地元商店での買物は02年を100として）、その後の増減を追ったのが次のグラフである。

イギリスにおける倫理的消費の推移

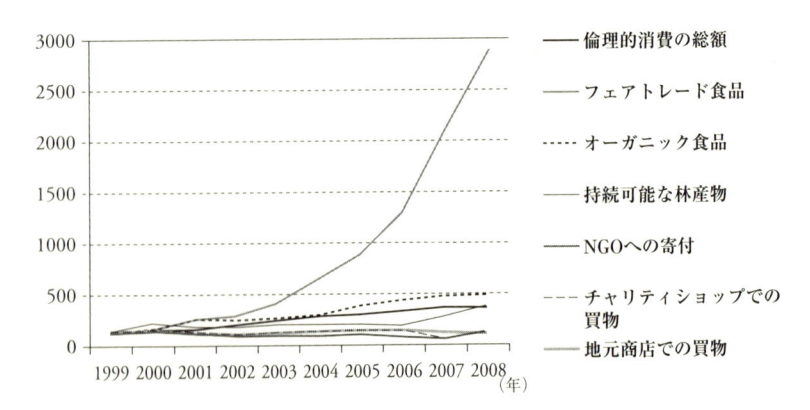

これを見ると、フェアトレード食品の伸びが圧倒的に大きいことが一目で分かる。1999年から2008年にかけて、倫理的消費の総額が3.75倍になったのに対し、フェアトレードは29倍にもなった。オーガニックも健闘している（5.1倍）が、フェアトレードはそれを遥かに凌駕した。1999年当時フェアトレードはオーガニックの18分の1の規模でしかなかったが、2008年には3分の1にまで差を縮めた。それに対し、チャリティショップでの買物とNGOへの寄付は停滞している。このように、倫理的消費行動全体の中でも、フェアトレードは他と比べ物にならないほど際立った伸びを見せているのである。

　イギリス生協はまた、食品産業の倫理性に対する消費者の期待／姿勢を1994年と2004年に調査した。そこでは、食品産業（生協のような食品小売業を含む）が取るべき行動について6つの具体的な質問と、消費者の姿勢や行動について6つの一般的な質問をした。その結果は次の通りである。

食品産業の倫理性に対する消費者の姿勢／期待

	1994年	2004年	増減率
途上国の生産者を支援する	55	80	45
食肉となる家畜を倫理的に扱う	66	71	8
野生生物に危害を及ぼさない	59	70	19
環境汚染を最小に抑える	52	67	29
自然資源を保護する(持続的な資源利用)	55	64	16
包装を最低限に抑える	52	58	12
倫理的な問題への関心は以前より高い	57	64	12
倫理的な食品には多く払っても良い	62	84	35
倫理的な理由でボイコットしたことがある	33	29	−12
倫理的な理由でボイコットすると思う	60	60	0
食品ラベルは全情報を明らかにすべき	62	94	52
誤解を与える食品ラベルは禁止すべき	62	90	45

　これを見ると、食品産業が取るべき行動として2004年に最も多くの消費者が選んだのが「途上国の生産者を支援する」で、それは1994年からの増加率（45％）でも最大だった。動物愛護精神が世界で最も強いと言われるイギリスらしく、94年当時は家畜や野生生物への配慮が1、2位を占めていたが、10年の間に大きく様変わりした。環境、自然資源、包装といった非人格的なエコよりも、人や動物をケアする消費者感情が強いことも窺われる。

第8章　社会への広がりと深まり

一方、食品ラベルへの意識や関心が非常に高いことも分かる。ラベルにはすべての情報の開示を求め（94％）、消費者を惑わせるラベルは許さない（90％）という強い思いが伝わってくる。食品産業／企業の倫理性を判断する材料としてラベルへの期待が大きいようだ。また、倫理的な食品には多く払っても良いとする消費者が84％もいて★、その割合も10年前より増えている。一方で、倫理的な理由でボイコットしたことのある人は減少している。ここからは、非倫理的な企業を「ムチ」打つよりも、倫理的な企業に「アメ」を与えて（＝多少多く払って）報いるというポジティブな姿が浮かび上がる。そうした行動は、ボイコット（boycott）に対して「バイコット（buycott）」と呼ばれる。

★ 2008年の調査では、「倫理的な製品」なら価格が高くても買うと答えた消費者は92％に上った。

日本社会での広がり

次に、日本社会でのフェアトレード産品の広がりはどうだろうか。まず、経年的な変化を把握できるラベル産品の売上の推移を見てみよう。

これを見ると、2003年からラベル産品の売上が伸び始め、05年以降加速していることが分かる。ただし、購入者の絶対数が増えているかどうかは定かでない。チョコレボが08年末に行った調査では、回答者の7.7％がフェアトレード産品を購入したことがあると答えた。その3年前に行われたJETROの調査では8.1％だったので減少したようにも見えるが、JETROの調査は大都市圏限

ラベル産品の売上高推移（日本）

定だったため数字が高めに出たと思われる。

次に、2008年の内閣府の国民生活選好度調査が明らかにした、フェアトレード製品の価格と購買行動との関わりを見てみよう（下表）。

フェアトレード製品購入についての考え（日本）

	%
同品質なら少々高くても他の製品よりもフェアトレード製品を購入する	6.1
同品質で同価格なら他の製品よりもフェアトレード製品を購入する	15.3
同品質で他の製品よりも低価格ならフェアトレード製品を購入する	16.6
フェアトレードを知らないため、わからない	56.9
価格の高低にかかわらずフェアトレード製品は購入しない	4.7

これを見ると、高くてもフェアトレード製品を購入する積極派は6.1％に過ぎず、それに消極的購入派（同品質で同価格なら購入する）を加えても21.4％にしかならない。その反面、価格に関係なく購入しないという拒否反応も4.7％と少なかった。とはいえ、イギリスでは「倫理的な製品」であれば価格が高くても買うと答えた消費者の割合が同じ年に92％だったことを考えると、日英のギャップの大きさを痛感せずにはいられない。

男女別で見ると、認知率とは逆に、積極的購入派、消極的購入派、さらに低価格ならという層ですら女性より男性の方が多い。逆に購入しない層では女性の方が多い。いざ購入となると女性の目は厳しいのだろう。それでも、若い女性（10代後半～20代前半）の間では積極的購入の姿勢が際立って高い。年代別では、積極的購入派は認知率と同様に10代後半が最も多く（9.9％）、20代も多い。消極的購入派は30代後半から50代前半にかけて多い。

一方、価格に関係なく購入しないという層は50代後半から70代前半にかけて多い。ただ、フェアトレードを知らないために答えられない消費者が半数以上おり、認知率の上昇とともに積極的・消極的購入派が増えてくることが予想される。また、購入派は若年層に多く、不買派は熟年層に多いことを考えると、世代交代が進むとともにフェアトレードの購入者が増えてくると予想される。

日本における「倫理的消費」に関しては、2009年8月に電通が全国の成年男女100人に対して行った「ソーシャル（社会的）消費」に関する調査がある。

日本人のソーシャル消費行動

	%
社員が反社会的行為を行うような企業の商品・サービスは購入したくない	83 (37)
消費の仕方や消費者の意識が変われば社会をもっと良くできると思う	74 (25)
地産地消でなるべく地元の農業振興に貢献したい	73 (22)
環境問題への取り組みが熱心な企業の商品・サービスは積極的に購入したい	70 (11)
派遣切り・リストラなど社員をないがしろにする企業の商品・サービスは購入したくない	68 (26)
自分の消費行為の地球・未来への影響を意識することが良くある	55 (9)
国内農業の振興や食の安全のためなら今より高い食品でも購入したい	54 (6)
ハンディキャップの人々がつくった商品を購入したい	50 (7)
フェアトレードの商品があれば積極的に購入したい	**46 (8)**
消費とは社会的行為である	39 (9)

注：数字は「そう思う」と「ややそう思う」という答えの合計。（　）内は「そう思う」という答えの割合。なお、「フェアトレード商品を購入したい」人は、性別では女性が58％、男性が34％だった。

　これによると、環境問題に熱心な企業の製品を買いたい人は70％に上り、日本人の環境意識が高いことが分かる。それに比べ、障がい者が作った製品やフェアトレード製品の購入意欲、つまり社会的な問題への意識は低い。それでも、フェアトレードに関して言えば、2008年初めの内閣府の調査時（21.4％）の倍以上だ。調査方法や設問が違うため単純な比較はできないが、フェアトレード製品の購入意欲が強まっていることは確かだろう。

　先に紹介した2005年末の日本貿易振興機構（JETRO）の調査（「環境と健康に配慮した消費者及び商品・サービス市場」）にも倫理的消費に関わる部分がある。調査対象は環境と健康に配慮した44商品・28サービスだが、ここでは倫理的消費に関係のある20項目を選びだした（次頁の表）。

　これを見ると、倫理的行動の中で実践率が高いのは「再生紙利用の紙製品」や「省エネ性マークのついたエアコン・冷蔵庫・テレビ等」、「近くの農家や地元で取れた生鮮食品」など、手軽にできるものが多い。それらの中で「フェアトレードの飲食料品や手工芸品」の利用はまだまだ少ない。

　一方、今後やってみたい倫理的行動として多いのは、省エネ関係の行動や生ゴミのリサイクルである。それらほどではないが、「フェアトレードの飲食料品」も44.6％と健闘している（全72項目の中でも14番目）。各倫理的行動の「成長性」でも「フェアトレードの手工芸品、飲食料品」は高い。20項目中、手工芸品は5番目、飲食料品は6番目に高い成長性を示し、オーガニック食品

日本における倫理的消費

商品・サービスの需要性・成長性	A 現在の利用率(％)	B 今後の利用意向率(％)	需要性(A+B)	成長性(B／A)
無農薬や有機の野菜・雑穀・米等の生鮮食品	25.3	31.3	56.6	1.2
無農薬や有機の原料使用の加工食品	8.8	46.9	55.7	5.3
無農薬や有機のコーヒー・紅茶・ハーブ・お茶等	13.7	47.8	61.5	3.5
近くの農家や地元で取れた野菜・果物・魚など生鮮食品	30.9	35.0	65.9	1.1
有機繊維や天然素材を使った衣類や小物	17.5	44.7	62.2	2.6
フェアトレードで輸入された食品・飲料類	7.7	44.6	52.3	5.8
フェアトレードで輸入された手工芸品	3.9	34.5	38.4	8.8
環境にやさしい成分を使った洗剤	25.0	42.1	67.1	1.7
再生紙利用のティッシュペーパー・紙オムツ等の紙製品	44.6	27.7	72.3	0.6
古着、リサイクルの衣類	21.4	16.0	37.4	0.7
エコショップ、リサイクルショップ	18.5	33.8	52.3	1.8
リサイクルや中古品・再生家具、アンティーク家具	11.8	41.1	52.9	3.5
家電・家具等の修理・修繕サービス	19.8	40.7	60.5	2.1
生ゴミ処理機、コンポストバック	5.2	51.3	56.5	9.9
省エネ性マークのついたエアコン・冷蔵庫・テレビ等	34.9	46.5	81.4	1.3
省エネ性マークのついたストーブ・調理器・温水機器	17.9	57.5	75.4	3.2
ハイブリッドカーなどの環境に配慮した車	4.4	65.8	70.2	15.0
太陽光パネルなどの太陽熱利用の製品	4.4	61.4	65.8	14.0
打ち水、キャンドルナイト	11.2	36.7	47.9	3.3
自然体験・環境教育のプログラム、エコツアー	1.6	29.6	31.2	18.5

注：「需要性」とは、現在の利用率と今後の利用意向率の合計。潜在需要も含めた規模を表す。
　　「成長性」とは、今後の利用意向率を現在の利用率で割ったもの。今後の伸び率を表す。

よりもずっと高い。

　2005年末に利用率が高かった上位20項目（上の表の20項目とは違う）のうち、過半数（12項目）は健康に良い食品・日用品・運動など、消費者の「自己利益」に関わるものだったが、今後利用したい上位20項目にはそれらは3項目しか含まれていない（オーガニック食品には自己利益の面も多分にあるがここでは含めない）。現在と将来の間の大きな差は、日本人の消費行動が今後倫理的な方向に向かうことを示唆している。ただ、この調査から予測できるのはより環境に配慮した行動であり、どれだけ社会や生産者に配慮した行動を取るようになるかを予測するのは難しい（社会倫理に関わる調査項目はフェアレードしかないため）。

　2008年末に行われた環境に配慮した消費動向を調べた調査（平成20年度国民生活モニター調査）も参考までに紹介しておく。まず、日常の買物の際に環境のことを「いつも考えている」人は24％、「だいたい考えている」人は64％

いた。しかし、買う時に企業が環境・社会に配慮しているか否かを判断基準にする消費者は48％どまりで、環境に配慮した店舗・企業の商品を日常的に買う人も17％に過ぎなかった。一方で、環境に配慮した行動を妨げる要因に、環境配慮商品の高価格を挙げた人は2年前の60％から45％に減少し、価格第一の姿勢に変化が窺われる。他方、毒入りギョーザ事件や食品偽装事件が頻発して食の安全への不信が増大し、特に途上国からの輸入加工食品の購入をやめたり減らしたりした人が64％もいたことは、フェアトレードの行方に暗雲を投げかける。

③ フェアトレードを支持する市民の広がり

市民の支持の広がりとして、ここでは先述したイギリスDFIDの世論調査に表れたフェアトレードへの市民の関心や支持の変化を見てみたい。調査の中に「個人として貧困削減に貢献しうる最も効果的な方法」を聞いた設問がある。それに対するイギリス市民の答えは次の通りである。

個人として貧困削減に貢献しうる最も有効な方法は？（イギリス）

(％、複数回答)

	2000	2001	2002	2003	2004	2005	2006	2007	2008	2009
NGO等に寄付する	63	60	63	62	60	59	60	43	35	38
教会／キャンペーン組織に関わる	16	14	15	15	13	11				
NGO等でボランティアする／関わる								19	20	19	8
途上国で働く	15	14	15	14	13	12	13			
フェアトレード産品を買う*	**43**	**42**	**46**	**49**	**46**	**52**	**58**	**50**	**51**	**35**
貧困国からの産品を買う									34	35	21
社会的責任を果たす企業を支持する**	**24**	**25**	**24**	**24**	**20**	**22**	**46**			
援助の増額を政治家に働きかける	32	29	34	36	30	34	35	22	19	3
（援助資金となる）税金を払う			35	36	32	33	-	18	15	31
途上国に観光旅行する	16	15	11	11	9	12	13	11	9	8
貢献できるとは思わない	12	12	6	7	8	10	12			

注： ＊2007年からは「フェアトレードおよびその他の倫理的に調達された産品を買う」となっている。
　　＊＊2006年は「途上国や人々を搾取する企業を忌避する」となっている。

年によって選択肢に違いがあるため厳密な比較は難しいが、大まかな変化は見て取ることができる。まず2000年時点では「NGO等に寄付する」を挙げる市民が最も多かった。その割合は06年まで60％前後で推移していたが、今で

は30％台に下がっている。それに対して「フェアトレード産品を買う」は、2000年の43％から徐々に増えて06年に58％に達し、その後減少に転じた。07年から「貧困国からの産品を買う」という競合する選択肢が追加されたためかもしれないが、09年には両方とも大きく減少した。

　2009年は「援助の増額を政治家に働きかける」が3％へと急降下し、「NGO等でボランティアする」も大幅に減る一方、「税金を払う」は倍増した。こうして見ると、貧困を削減するには税金を払うだけで足り、今以上に援助額を増やす必要はなく、自らもボランティアをしたり、割高なフェアトレード製品を買ったりする余裕がないのでNGO等への寄付で済ます、という市民の姿が浮かび上がってくる。リーマンショック後の景気後退が大きな影を落としているようだ。

　とはいえ、フェアトレード産品ないし途上国の産品の購入はなお50％を超え、貧困削減の方法として最も有効と見なされている。NGOや政府を通した支援よりも有効と見なされているのだ。06年の調査にだけあった「途上国や人々を搾取する企業を忌避する」が46％の高い支持を得ていたことも注目に値する。全体として、「援助ではなく、貿易を、まともなビジネスを」という意識の変化がこの数年の間に起きていることを示唆している。

　次に、「政府として貧困削減に貢献するための最も重要な方法」という設問への答えを見てみよう（次頁の表を参照）。この設問は、1999年〜2005年（上表）と2008年以降（下表）で選択肢が大きく異なるため、通して比較するのが非常に難しい。

　まず、1999年〜2005年について見ると、「債務の帳消し」が1999年に一番重要と見なされていたが翌年以降減少し、代わって「紛争・戦争の減少」と「資金その他の援助の供与」が最も重要な方法に選ばれるようになった。これは、2000年を目標としたNGOによる「債務帳消しキャンペーン」が大々的に繰り広げられていたこと、同年以降はアフガニスタンやイラクで紛争・戦争が続発したことが背景として考えられる。「より公正な世界貿易システム」は2002年から選択肢に加わり、その後年を追って重要な方法として支持を高めている。選択肢に入ったこと自体、NGOやフェアトレード団体による「貿易を公正にしよう」キャンペーンが同年に始まったことを反映したと考えられる。

第8章　社会への広がりと深まり

政府として貧困削減に貢献するための最も重要な方法は？（イギリス）

(％、単数回答)

	1999	2000	2001	2002	2003	2004	2005
資金その他の援助の供与	18	26	30	30	29	28	27
民間投資の増加				1	2	2	2
貿易・投資の増加	17	9	10				
より公正な世界貿易システム				**10**	**13**	**14**	**18**
国際機関の改革	5	5	6	4	5	4	3
債務の帳消し	33	22	22	20	17	14	18
紛争・戦争の減少	21	32	28	30	28	32	28

政府が貧困削減を支援する方法の中で最も重要な方法は？（イギリス）

(％、単数回答)

	2008	2009
技術的な支援	13	16
インフラ整備の支援	9	13
緊急救援／人道支援	7	7
途上国政府に直接資金を供与	4	3
有償・無償の資金供与	2	2
NGOへの資金供与	6	8
農家への公正な価格の保証	**12**	**12**
先進国への輸出増加	**6**	**4**
債務の帳消し	14	10
戦争・紛争の防止	14	10

　次に2008年以降だが、「資金その他の援助の供与」の選択肢が6つに細分化され、「より公正な世界貿易システム」も2つに分けられるなど、設問内容が大きく変化した。最新の調査結果を見ると、「公正な価格の保証」は政府による貧困削減策として3番目に重要と見なされている。それに比べて「NGOへの資金供与」は低い★。「先進国への輸出増加」は、「途上国政府への資金供与」や「有償・無償の資金供与」よりも高い。「債務の帳消し」や「戦争・紛争の防止」への支持も比較的高い。全体として、技術支援やインフラ整備以外の資金援助（対NGOを含む）への支持は低く、それよりも公正な価格の保証や債務の帳消し、戦争・紛争の防止など、途上国を取り巻く「マイナスの要素」を取り除き、（筆者なりに言うと）途上国が自らの潜在力を発揮できる環境を作ることを市民が重視している、と見ることができる（08年はその傾向が特に顕著である）。

★ 政府がNGOを通して援助することへの支持が低いだけで、NGOへの支持率自体が低いわけではない。2006年の調査では、貧困削減のために最も重要な組織としてイギリス市民が選んだのは、オックスファムをはじめとする国際NGOだった（51%）。次に多いのは国連（16%）で、イギリスを含む先進国政府は3番目（12%）だった。

日本の市民が貧困削減の方法としてフェアトレードをどれだけ支持しているかを示す調査は残念ながらない。代わりに、趣旨は異なるが、日本の市民（消費者）の意識を他国と比較した調査を見ておこう。この調査は、2007年秋にコンサルティング会社のエーデルマンが世界9カ国の消費者を対象に実施したものである。結果は次の通りである。

9カ国の消費者意識比較

＊カナダ、ブラジルは省略

	イギリス	アメリカ	ドイツ	イタリア	日本	中国	インド	平均
何をしている時に満足を感じるか								
家族や友達と過ごす	83	80	85	78	**70**	58	78	75
他人を助け地域社会に貢献する	31	43	47	49	**27**	49	53	44
買物をする	23	16	19	18	**30**	25	40	22
世界を助ける	7	8	10	16	**11**	11	29	12
社会的に意義のある活動への支援に積極的な会社を知っている	31	32	37	29	**17**	55	31	39
社会的に意義のある活動について頻繁に情報を交換している	24	38	26	47	**6**	11	47	32

「何をしている時に満足を感じるか」という質問に対して日本の消費者は、「家族や友達と過ごす」、「他人を助け地域社会に貢献する」、「世界を助ける」の3項目で9カ国平均を下回り、特に「他人を助け地域社会に貢献する」では最下位だった。日本が唯一平均を上回ったのは「買物をする」だけだった。他方イギリスが「世界への貢献」で最下位なのは意外である。「世界を助ける」という言葉にチャリティ的なものを感じたのかもしれない。

「社会的に意義のある活動（good cause）への支援に積極的な会社を知っている」、「社会的に意義のある活動について頻繁に情報を交換している」という質問への回答でも日本は最下位だった。少なくともこの調査時点では、他国に比べて日本の消費者は社会貢献や社会的に意義のある活動についての関心が非常に薄かったと言わざるをえない。

4 フェアトレードを企業や政府に働きかける市民の増加

次に、企業や政府に対してフェアトレードにコミットするよう働きかける市民＝「行動的市民」の点ではどうだろうか。イギリス生協が食品産業の倫理性に対する消費者の期待／姿勢を調べた調査では、倫理的な理由でボイコットしたことのある消費者は1994年の33％から2004年の29％へと減少していた。しかし、同生協が毎年行う「倫理的消費」に関する調査（下表を参照）では、企業の評判を理由にした不買は、1999年の44％から2005年の55％、09年の64％へと増えている。それは調査時点の違いによるものだろうか。「非倫理的な買物をしたことに罪悪感を覚えた」消費者が10年間に2.5倍にも増えていることを見ても、倫理的な理由でボイコットする消費者は増えていると思われる。

過去１年間に１回以上取った倫理的な行動（イギリス）

(％)

	1999	2005	2008	2009	増加率（1999－09）
リサイクルした	73	94	96	―	32（1999－08）
地元の商店／納入業者から購入した	61	80	83	87	43
企業の行動について友人・家族に話をした	58	54	59	68	18
企業の評判をもとに製品・サービスを買った	51	61	57	60	18
企業の評判をもとに製品・サービスを買わなかった	44	55	57	64	45
基本的に倫理的な基準で買物をした	29	―	51	52	79
非倫理的な買物をしたことに罪悪感を覚えた	17	44	38	43	153
企業についての情報を積極的に集めた	24	31	36	38	58
環境・社会問題について積極的に働きかけた	15	22	26	26	73

ボイコットも企業に対する一つの意思表示だが、「環境・社会問題について積極的に働きかける（原語はキャンペーン）」のはまさに行動的市民である。割合的には2009年でも全体の26％と少数ではあるが、10年前より73％も増えており、イギリス市民が能動化していることを示している。

日本で市民の倫理的行動についての調査があるかどうか、寡聞にして知らない。それに近いものとしては、先に紹介した2009年8月の電通の調査がある（p.172参照）。調査結果には、反社会的な会社や、社員をないがしろにする企業への拒否反応が強く表れている。他方、「消費の仕方や消費者の意識が変わ

れば社会をもっと良くできると思う」人は74％に達し、「自分の消費行為の地球・未来への影響を意識することが良くある」という人も55％いた。「消費は社会的行為である」と考える人も39％いた。ここからは、社会的責任（CSR）に欠ける企業に厳しい視線を送る日本市民の姿、自らの消費行動が社会や環境に悪影響を与えうることを認識し、自らの行動や意識を変えれば社会を良くできると考える市民の姿が浮かび上がってくる。

　エーデルマンは2009年、10カ国で企業に対する消費者の期待について調査した。それによると、「社会的に意義ある活動にお金を出すだけでなく企業の日常業務に一体化すべき（＝本業でCSRを行うべき）」と答えた日本の消費者は61％で、ドイツ（57％）、イギリス（59％）に次いで低かった。また、「同じ品質であれば社会的に意義ある活動に熱心な企業へと購入先を変える」と答えた消費者は、日本が57％で最低だった（10カ国平均は67％）。

　こうして見ると、他国との比較では、まだ日本の消費者の企業に対する姿勢は「甘い」。それでも07年のエーデルマンの調査時点よりは、社会的意識の面で他国との差が縮まってきた。この2年、度重なる食品偽装事件や「強欲資本主義」の崩壊、派遣切りに代表される弱者切り捨てを経て、日本の市民もようやく社会的な意識に目覚め、より批判的・能動的な市民へと変身しつつあるのかもしれない。

　次に、政治的な働きかけの面ではどうだろうか。オックスファムは2002年から「貿易を公正にしよう」キャンペーンを開始し、その一環として、世界の意思決定者（政治家）に貿易を公正なものに変えるよう求める請願書への署名をホームページ上で呼びかけた。「Big Noise（大声を上げる）」という名のこのキャンペーンで、06年末までにイギリス市民100万人強（成人人口の2％）が署名した（全世界では2000万人、日本はわずか1300人余り）。

　市民そのものではないが、欧州のフェアトレード団体は、2009年6月の欧州議会選挙に出た立候補者への働きかけを行った。議員に選出された暁には、EUの全政策に途上国の生産者のニーズが反映されるよう、また貧困からの脱却を手助けするフェアトレードにEUが十分な支援を行うよう最善を尽くす、という誓約書への署名を求めたのである。この呼びかけに対して459人の候補者が誓約書に署名した。内訳を見ると、緑の党、社会民主党、共産党といった、

いわゆる左派系の政党からの候補者が大部分を占めていた。イギリスでは20人が署名し（保守党候補は署名せず）、そのうち10人が当選した。

総選挙立候補者への調査

日本では、2009年8月の総選挙の際、筆者がフェアトレード学生ネットワークなどの賛同と協力を得て、立候補者にフェアトレードへの関心や支持を問う調査を試みた。予算や人手に限りがあったため、対象を都道府県庁所在地の選挙区に絞らざるをえず、47都道府県の120の小選挙区に立候補した355人を調査対象とした（選挙区数、立候補者数ともに小選挙区全体の4割に該当）。設問は以下の7つだった。

1）フェアトレードについてどの程度知っていたか
2）フェアトレードにどの程度関心があったか
3）フェアトレードにどの程度関わったことがあるか
4）フェアトレードと自由貿易のどちらに賛同するか
5）これまでの自身の政策への「公正さ」の反映の度合い
6）これからの自身の政策への「公正さ」の反映
7）その他、フェアトレードに関する考え

最終的に72選挙区の90人の候補者から回答を得た。回答率は候補者数で25％と決して高くなかったが、一般市民のフェアトレード認知率が17％程度という中では上出来と言えよう。政党別の内訳は次の通りである。

フェアトレードに関する質問への立候補者の回答率

政　党	候補者数	回答者数	回答率(%)	当選者数
自民党	112	8	7	1
民主党	114	34	30	33
公明党	6	2	33	
共産党	97	38	39	1
国民新党	3	2	67	1
社民党	9	3	33	
みんなの党	5	0	0	
新党日本	1	1	100	
無所属	8	2	25	
計	355	90	25	36

回答率では、他党と比べ自民党が非常に低い。同党の候補者は大部分がフェアトレードを知らないか、無関心なのだろうか。無所属も保守系が多いためか低めだった。当選者は回答者の42％にあたる36人で（比例区での復活当選を含む）、地すべり的な勝利を収めた民主党候補が圧倒的に多かった。

　各項目に対する回答（次頁表）を見ると、認知度では、フェアトレードを「内容まである程度知っている」が最も多く（66％）、次いで「内容を詳しく知っている」が多かった（18％）。関心度でも、「かなり関心を持っていた」が半数近くを占め（48％）、「少しは関心を持っていた」（40％）がそれに次いだ。そもそもフェアトレードについてまったく知らない、ないし関心のない候補者が回答するとは考えにくいことから、調査結果が候補者全体の傾向とは見なしがたい（それは他の設問についても言える）。

　これまでの関わりでは、「少しは関わったことがある」が最多（42％）だったものの、「まったく関わったことがない」が僅差（39％）で続いた。関わったことがある場合でも、ほとんどがフェアトレード産品の購入どまりだった。とはいえ、回答者の44％が購入した経験があることは、それだけフェアトレードが身近なものになったと言えよう。

　4問目からは、貿易そのものの公正化や政策への公正さの反映に関する設問である。まず、公正貿易か自由貿易かという質問では、圧倒的に公正貿易支持が多かった。自由貿易寄りの候補者は10％に満たず、自由貿易礼賛（強く賛同）は1人もいなかった。これも、そもそもフェアトレードに好意的な候補者が回答したためと思われる。

　候補者自身の政策への「公正さ」の反映に関しては、「これまでも反映させてきた」がほとんどで、「反映させなかった」はわずか13％だった。今後の政策への反映では、1人を除いて全員が反映させたいと回答した。とりわけ「全面的に反映」が、「これまで」の12％から41％へと大きく増えた。回答にリップサービス的な面があるとしても、「公正さ」をより反映した政策にしたいという意思表示はフェアトレード界にとって心強い。

　最後に政党別の回答分布を見てみよう。回答のうち、選択肢1には1ポイント、2には2ポイント、3には3ポイント、4には4ポイントを付与して、加重平均を算出する方法で政党による違いを明らかにする。

第8章　社会への広がりと深まり

立候補者のフェアトレードへの関心

設問	回答	回答者数	割合(%)
1）フェアトレードの認知度	1．聞いたことがない	5	6
	2．聞いたことはあるが、内容は知らない	10	11
	3．内容もある程度知っている	59	66
	4．内容も詳しく知っている	16	18
2）フェアトレードへの関心度	1．まったく関心がなかった	1	1
	2．少しは関心があった	36	40
	3．かなり関心があった	43	48
	4．非常に関心があった	9	10
3）フェアトレードとの関わり	1．まったく関わったことがない	35	39
	2．少しは関わったことがある	38	42
	3．何回か関わったことがある	9	10
	4．頻繁に関わってきた	5	6
3'）どのように関わったことがあるか	フェアトレード産品の購入	40	44(86)
	イベントやセミナーへの参加	14	16(31)
	フェアトレード団体の会員となる	1	1(2)
	その他	6	7(13)
4）公正貿易か自由貿易か	1．公正貿易に強く賛同	45	50
	2．どちらかというと公正貿易に賛同	26	29
	3．どちらかというと自由貿易に賛同	8	9
	4．自由貿易に強く賛同	0	0
5）これまでの政策への公正さの反映	1．反映させたことはなかった	12	13
	2．少しは反映させてきた	21	23
	3．かなり反映させてきた	42	47
	4．全面的に反映させてきた	11	12
6）これからの政策への公正さの反映	1．反映させる考えはない	1	1
	2．少しは反映させたい	12	13
	3．かなり反映させたい	37	41
	4．全面的に反映させたい	37	41

注：3'の「どのように関わったことがあるか」という設問への答えの割合のうち、（　）内の数字は、何らかの形で関わったことのある候補者全体（52人）に占める割合。

　初めに、回答者数が少ないため、算出した数字がその党の基本姿勢を表していると即断できないことに注意しておく必要がある。ある程度確度をもって言えるのは、共産党、民主党、それに数はやや少ないものの自民党くらいである。社民党に関しては党と候補者が訴える政策の一貫性が高いので、党としての姿勢をほぼ反映していると見なすことにする。その4党を比較すると、フェアト

各政党のフェアトレードへの姿勢

政党	フェアトレードの認知度	フェアトレードへの関心度	フェアトレードとの関わり	公正貿易か自由貿易か	公正さの反映（これまで）	公正さの反映（これから）
自民党（8）	3.3	2.5	2.1	2.5	2.9	3.0
民主党（34）	2.9	2.6	2.0	2.0	2.4	3.0
公明党（2）	3.0	2.5	2.0	2.0	1.5	2.5
共産党（38）	2.9	2.7	1.6	1.1	2.7	3.6
国民新党（2）	3.5	3.0	2.5	1.5	2.5	4.0
社民党（3）	3.0	3.0	2.0	1.0	2.0	2.7
新党日本（1）	2.0	2.0	1.0	1.0	4.0	4.0
無所属（2）	3.0	3.0	2.5	2.0	3.0	3.0
全体平均	3.0	2.7	1.8	1.5	2.6	3.3

注：政党名の後の（　）内の数字は、回答した候補者の数を表す。

レードの認知度や関心度、フェアトレードとの関わりについては大きな違いが見られない。所属政党に関係なく、フェアトレードを知っている、ないし関心のある候補者が回答したためと考えられる。

「公正貿易か自由貿易か」では党による違いが明確になってくる。社民党は全員が「公正貿易に強く賛同する」と答えた。共産党も回答者全員が公正貿易寄りで、2人を除いて「公正貿易に強く賛同」した。また、自由記述欄が白紙の回答が多い中で、同党候補の半数以上がフェアトレードへの強い支持を書き記し、記述内容も非常に似通っていた（党としての共通見解があると思われる）。

民主党は「公正貿易に強く賛同（7人）」から「どちらかというと自由貿易（6人）」まで幅広く、旧社会党系から旧自民党系まで抱える同党の多様性が表れている。全体としてはその中間の「どちらかというと公正貿易」に収斂しており、公正貿易と自由貿易の両立を志向する候補者も4人いた。

自民党候補者の平均は2.5で、公正貿易と自由貿易のちょうど中間に位置する。どの選択肢も選ばずにコメント欄に「ベターミックス」と記述した候補者も3人おり、公正貿易と自由貿易の折衷という立ち位置が鮮明である。中道を志向しつつ4政党の中では最も自由貿易寄りである。それは「公正貿易に強く賛同」を選んだ候補者が1人もいなかったことにも見てとれる。

自らの政策への「公正さ」の反映についてはどうだろうか。これまでに「公正さ」を反映した度合いは、自民、共産、民主、社民の順で、数字で見る限り自民党の候補者が共産党を差しおいて最も公正さを反映してきたことになる。

第8章　社会への広がりと深まり

これは予想外の結果だった。顧みるに「公正さ」は主観的判断が入り込む余地が多い概念だけに、自民党候補者が何をもって「公正」としたのかを知る必要がある。今後の「公正さ」の反映については、共産、自民、民主、社民の順で、共産党が最多である（同党候補者の大半＝26人が「全面的に反映させたい」と回答）。社民党の候補者が全員「公正貿易に強く賛同」を選んだにも拘わらず、政策への「公正さ」の反映についてやや積極性に欠けるのも意外である。最後の2つの設問については、質問の主旨が不明確なために予想外の結果を招いたのではないかと筆者自身反省している。

　当選して衆議院議員になった36人に絞って分析すると、「内容まで詳しく知っていた」、「非常に関心があった」、「少しは／何度も／頻繁に関わってきた」人の割合が候補者全体よりも高く、フェアトレードの認知度・関心度の高い候補者が当選したことになる。実際に関わった割合も、フェアトレード産品の購入、イベント等への参加、フェアトレード団体の会員のすべてにおいて候補者全体よりも高かった。共産党の候補者がほとんど落選したため、当選者は候補者全体より自由貿易寄りで、政策への公正さの反映の度合いは低い。それでも、公正さを政策に反映させることに強い意欲を示した当選者は10人近くいる。また、調査票を誤送したりしたため調査対象外の候補者18人から回答があり、そのうち当選した2人はフェアトレードの良き理解者と判断される。

　今回の調査によって、フェアトレードに関心を持つ衆議院議員が40人近く誕生し、うち10人余はフェアトレードへの「シンパ」であることが分かった。フェアトレード界にとって、この10人余の議員は「応援団」となりうる存在であり、フェアトレードを広めていく上での大きな財産と言える。

　今回の調査は純粋に客観的、学術的な調査ではない。研究者であると同時にフェアトレードにコミットする筆者は、①有権者にはフェアトレードや公正さに対する候補者の姿勢を投票時の一つの判断基準にしてもらい、②フェアトレードへの関心・支持を表明した候補者には当選後フェアトレードの推進者になってもらう、という一種「政治的」な意図をもって調査したからである。筆者としては、フェアトレードの推進に意欲のある個人や団体が、より身近な自治体レベルの選挙で同様の調査を行って、地元代表の中に理解者・推進者を増やし、フェアトレードを根づかせていくことを期待したい。

5　他の市民社会組織との協調・連携の強化

　フェアトレードの普及はフェアトレード団体だけで実現できるものではない。社会的な広がりを達成するには、他の市民社会組織と協調・連携していく必要がある。

　イギリスでは、早くからフェアトレードに関わってきた教会組織や国際協力NGOに加え、生協や女性団体（全国女性協会連合、国際ソロプチミスト）、環境NGO（地球の友）、人権NGO（アムネスティ、反奴隷労働）といった多種多様な分野のNPOやNGOもフェアトレードを支持してきた（労働組合への浸透度は低い）。

　著名人の支持を得ることにも成功している。俳優（ブラッド・ピット、アンジェリーナ・ジョリー）やミュージシャン（U2、コールドプレー、ポール・マッカートニー、エルトン・ジョン）、コメディアン（ハリー・ヒル）、テレビキャスター、料理専門家、インテリア・デザイナー、メーキャップ・アーティストなど、これまた多種多様な著名人がフェアトレードへの支持を表明している。

　そうした多分野の市民社会組織や著名人の協力があってこそ、広くイギリス社会にフェアトレードを普及させることができたと言えるだろう。それに対して日本では、生協（生活クラブ生協、グリーンコープ）や人権NGO（アムネスティ、ACE：児童労働の撤廃と予防に取り組むNGO）、環境NGO（WWF）、労働組合（NTT労組）の中にフェアトレードを支持する団体はあるものの、まだまだ広がりに乏しいと言わざるをえない。著名人の中にも、フェアトレード・シンパは何人かいるようだが（原田さとみ、高樹沙耶、桜井和寿、坂本龍一、宮崎あおい、川平慈英、前園真聖、SHIHOなど）、フェアトレードのスポークス・パーソンとなる人は現れていない。

　広い意味でのフェアトレードの実現、つまり国際貿易（具体的にはWTOのルールと組織）を公正なものに変革するという目標の達成に向かっては、「正義の貿易運動（Trade Justice Movement：TJM）」がイギリスで起きている。TJMが生まれたのは2000年末で、その年を目標に途上国の債務帳消し運動を繰り

広げてきた「ジュビリー2000」の終息にあたり、次のステップを模索する中で誕生した。それは、前年に開催されたWTOシアトル会議が途上国やNGOの激しい抵抗で失敗に終わり、交渉を仕切り直す時期にもあたっていた。

TJMは、世界から貧困と環境破壊をなくすには自由貿易ではなく「正義の貿易」が必要であるとして、イギリス政府に対し、以下のことを要求してきた。

1) 途上国政府が貧困撲滅と環境保護のために最善の解決策を採れるよう闘う
2) 世界の貧困地域の人々の生計に打撃を与えるダンピング輸出を終わらせる
3) 企業が人々や環境を犠牲にして利潤を上げるのをやめさせる法律を制定する

WTO香港会議を前にした2005年末のキャンペーンでは、8000人がイギリス議会に押しかけて1日で375人の議員にロビーイングを行い、議員に対する大衆行動の新記録を作ったという。EUの政治統合が進む（政策が国レベルではなくEUレベルで決まる）中で、TJMは近年、他の欧州諸国のフェアトレード団体やNGOと協力して、EU（の貿易政策）★を対象にしたアドボカシー活動に力を入れている。

> ★ 2009年6月の欧州議会選挙では、TJMも候補者を対象に「正義の貿易」への支持を誓約するよう働きかけた。イギリス国内では57人の候補者から誓約を獲得し、そのうち14人が当選した（労働党、自由民主党、緑の党）。

TJMは「企業責任連合（Corporate Responsibility Coalition：CORE、フェアトレード団体も加盟）」と合同で、150年ぶりの会社法の大改正にあたって、社会や環境に対する企業の責任を強化するよう求める運動も繰り広げてきた。この運動には75万人が参加したという。その甲斐あって、2006年に改正された会社法は、利潤の最大化だけでなく、社会や環境に与える影響を考慮する責任を企業に負わせ、社会（その中には供給元も含む）と環境に与えた影響について報告することを義務づけた。それでもなお、報告の基準を法で定めておらず、企業の海外活動で影響を受けた人々がイギリスの法廷で企業責任を問う規定がない、といった不十分な点が残されており、TJMとCOREは法のさらなる強化を求めている。

TJM結成の中心メンバーは開発協力NGO（世界開発運動、オックスファム、クリスチャン・エイド）、フェアトレード団体（トレードクラフト、フェアト

レード財団)、環境NGO (地球の友) などだった。その後、教会組織、学生組織、教員組織、女性団体、人権NGO、労働組合などにも輪が広がり、現在では75団体 (会員数は合わせて900万人) が参加する一大運動に成長している。日本では、そうした運動の広がりは残念ながらまだ見られない。

他の市民イニシアチブの触発

フェアトレードはまた、直接的、間接的に他の市民イニシアチブを触発する役割も果たしてきた。その一つが「クリーン・クローズ・キャンペーン (Clean Clothes Campaign：CCC)」である。これは、先進国向けに繊維縫製品を作る途上国の工場で労働者が劣悪な環境下で働かされている実態 (いわゆる搾取工場) が明らかになったのに対して、欧州のNGOや労働組合が1989年に始めた運動である。CCCは「衣料品産業における労働者の権利規定」を策定して、途上国の下請け工場に発注する先進国企業に対し、労働者の権利の擁護と倫理的な調達を要求してきた。

2004年には、そのCCCがオックスファムやグローバルユニオン (国際的な労働組合連合) とともに「フェアにプレーしよう (Play Fair)」キャンペーンを始めた。アテネ・オリンピックの開催を前に、スポーツ用品の製造現場で蔓延する労働者の搾取と虐待をなくすべく、世界的なスポーツ用品メーカーに対して、ILO条約等を遵守する基本方針や行動計画を策定して下請け企業等にも遵守させるよう要求した。国際オリンピック委員会に対しても、オリンピック憲章の中に労働者の権利を守る条項を入れるよう求めた。この運動は08年の北京オリンピック時に引き継がれ、今は12年のロンドンオリンピックに向けたキャンペーンが繰り広げられている。

もう一つは、「ラグ・マーク (RugMark)」運動である。インドをはじめとする南アジアでは、子どもが絨毯作りに駆り出され、学校にも行けず、半ば監禁状態で一日中働かされている。そうした非人間的な児童労働を撲滅しようと、人権NGOなどが1980年代に始めた運動が元になっている。運動を進める中で、法的規制だけでは有効性に欠けることから、フェアトレードのように市場の力を使って児童労働をなくすアイデアが生まれた。こうして、94年にラグ・マーク財団が設立され、財団が設けた基準を遵守し、児童労働によって作

られていないことを客観的に認証できた絨毯（ラグ）に「ラグ・マーク」を付けるのを認めるシステムが誕生したのである。ラグ・マークは最近「GoodWeave」という新たなマークに変わり、基準も環境・社会分野へと拡充する作業が進んでいる。

「フェアトレード旅行」の動きも活発化している。言わば「エコ・ツーリズム」のフェアトレード版である。南アフリカではすでに「南アフリカフェアレード旅行（FTTSA）」という団体が設立され、2003年以来、公正な賃金と労働条件、利益の公正な分配、地域の環境・社会・文化の尊重等の基準を満たした宿泊・旅行業者50社以上がFTTSAの認証を受けている。また、1980年代から倫理的ツーリズムの活動をしてきたイギリスの「ツーリズム・コンサーン」というNGOが、FTTSAやFLOなどとともに「フェアトレード旅行ネットワーク」を作り、旅行用の国際的なフェアトレード基準作りを始めている。

そのほか、持続的な管理をした森林から切り出された材木であることを認証する「森林管理協議会（FSC）」の仕組みが大規模事業者に有利に働き、小規模な共同体林業が裨益できていない問題に対処するため、FSCにフェアトレードの要素を取り入れることが検討されるなど、フェアトレードは他の市民イニシアチブを触発したり、「フェア化」したりする機能を果たしている。

6 フェアトレードの社会への根づき

フェアトレード・タウンの誕生

フェアトレードが社会に広がることは重要だが、ただ広がるだけでなく、社会の中に根づくことも同等ないしそれ以上に重要である。ここでは「フェアトレード・タウン」を中心に社会への根づきを見ていくことにしたい。

フェアトレード・タウンというのは、町ぐるみでフェアトレードを推進する運動のことである。この運動が産声を上げたのは、イギリス北部ランカシャー州の人口5000人の市場町「ガースタング」、生みの親となったのは獣医のブルース・クラウザーだった。

1992年にガースタングへ移住したブルースは、フェアトレード団体オックスファムの地元グループを立ち上げ、同年にオックスファムが行ったフェアト

レードに関する全国調査に参加した。調査の結果、「第三世界の生産者に有利な条件を提供する産品を買おうと思う」と答えた人が町民の82％に上った。そこでブルースたちは、子どもフェスティバルで広報したり、フェアトレード・コーヒーの試飲会を開いたり、地元のカフェやレストランにフェアトレード産品を使うよう働きかけたりしたが、思うような成果を上げられずにいた。

「よそ者」のブルースに力を貸したのは彼が通う教会の牧師だった。その牧師の力添えで1997年に町内の6教会のうち3教会の支持を得ることができた。99年には子どもたちが好きなチョコレートを題材に、町の少年クラブや中学校を巻き込んで「ガースタング・ゴー・グローバル（世界に羽ばたくガースタング）・グループ」を結成し、ガーナのココア生産者の生活や奴隷貿易★の歴史を学び、劇に仕立てて人々にフェアトレードの意義を訴える活動を展開した。

> ★　ガースタングに程近い州都ランカスターはかつてイギリス第4の奴隷貿易港で、ガーナはアフリカ有数の奴隷積み出し基地だった。ガーナのココア農場の中には今でも奴隷同然に働かされている労働者がおり、奴隷貿易を学ぶことはまさに「温故知新」の意義があった。ブルース自身も奴隷貿易廃止運動に触発されたことを認めている。筆者がイギリスに滞在していた2007年は奴隷貿易廃止200周年だった。廃止運動の先頭に立った議員ウィルバーフォースの出身地ハル（東部ヨークシャー州の旧奴隷貿易都市）は、200周年を記念して、手足に鎖を巻き、首かせをして奴隷の苦しみを味わいながら、奴隷労働のない世界を訴えるロンドン大行進の出発地となり、筆者もその最初の道行きに同行した。大行進ではフェアトレードのアピールも行い、ここでも奴隷貿易とフェアトレードはつながっていた。

大きな転機が訪れたのは2000年である。同年2月オックスファム・グループは、「フェアトレード二週間」の最中に町長や学校の先生、牧師、商店主、農家などを招いて、フェアトレード産品と地元産品だけを使った「フェアトレード食事会」を開いた。これをきっかけに町長もフェアトレードに関心を持つようになり、町ぐるみでフェアトレード産品と地元産品の利用を推進する機運が高まった。賛同する学校や教会、商店、レストランは、フェアトレード産品と地元産品を積極的に消費・販売することを誓約した。学校と教会はすべて、商店・レストラン等は95％が誓約したという。それらの団体は目印のステッカーを窓に貼ってアピールした（右図）。

第8章　社会への広がりと深まり

ここで注目すべきなのは、地元産品の消費・販売も同時に推進したことである。それは、周辺が農村地帯で、地元と競合するフェアトレード産品はないにしても、途上国の産物の消費だけを呼びかけたのでは地元の農家が反発する恐れがあること、そして、国内の農家もスーパーなどからの買い叩きにあって途上国の生産者同様苦しんでいること、に配慮してのことだった。

　そうした地道な運動の積み重ねが実を結んで、2000年4月ガースタングは世界初の「フェアトレード・タウン」宣言をした。ここで大事なのは、町役場／議会が宣言したのではなく、町民自身が町民集会で宣言したことである。この草の根イニシアチブはマスコミの注目を集めると同時に、地元選出の国会議員たちの賞賛を得★、国際開発省も支持するところとなった。同省の次官はガースタングを表敬訪問した際、「ガースタングに発したかがり火は、燎原の火のごとくイギリス全土、さらには海外へと燃え広がっていくだろう」と語ったという。

> ★　5人の下院議員が5月に動議を出し、その中でガースタングが町ぐるみでフェアトレード推進のイニシアチブを取り、価格引き下げ圧力に苦しむ地元農家の共感を得たことを称えるとともに、全国のすべてのコミュニティがガースタングにならうよう推奨した。

　2001年には「ガースタング・ゴー・グローバル・グループ」の若者たちがガーナのココア生産者を訪問し、翌年にはガーナの農家の人たちがガースタングを訪問するなど、相互訪問の輪も広がっていった。

　この成功を見て、ラベル団体のフェアトレード財団は全国規模の運動とすべく、フェアトレード・タウンになるための基準を2001年に策定して普及に乗り出した。運動はまさに「燎原の火」のごとく燃え広がり、市区町村はもちろん、島、ゾーン★、さらには州単位で宣言するところも現れた（カンブリア州、サマーセット州等）。

> ★　ゾーンは行政単位ではない。いくつかの村や町が集まるなど、一つの行政単位に収まらない地域のことを指す。

フェアトレード・タウンの基準

　それでは、フェアトレード・タウンになるための基準とはどのようなものだろうか。基準は次頁に掲げた5つである。

■ フェアトレード・タウンの基準

1. 地元自治体がフェアトレードを支持する決議を行うとともに、自治体内（事務所や食堂、会議など）でフェアトレード産品を提供することに合意する。

    注）イギリスの地方自治体は議会と行政が一体化している。有権者から選ばれたCouncillorは議員になると同時に自治体行政の執行部となる（通常Councillorの中から互選で首長が選出されるが、その場合の首長は名誉職である。一部の自治体は市民が直接首長を選び、その場合は実権を持つ）。

2. 各種のフェアトレード産品が、地元の小売店（商店、スーパー、新聞販売店、ガソリンスタンド等）で容易に購入でき、飲食店（カフェ、レストラン、パブ等）で提供される。

    注）必要とされる小売店・飲食店の数は次のとおりである（2品目以上のフェアトレード産品の販売／提供場所の必要数）。

人　口	小売店	飲食店
2500人以下	1	1
2501人〜5000人	2	1
5001人〜7500人	3	2
7501人〜2万人	4	2
2万人〜2万5千人	5	3
2万5千人〜3万人	6	3
以下10万人まで	5千人増えるごとに+1	1万人増えるごとに+1
以下10万人以上	1万人増えるごとに+1	2万人増えるごとに+1

    例えば：5万人都市では小売店10店、飲食店5店
    10万人都市では小売店20店、飲食店10店
    20万人都市では小売店30店、飲食店15店

3. 地元の職場や団体（宗教施設、学校、大学等）がフェアトレードを支持し、フェアトレード産品を利用できる時は必ず利用する（人口10万人以上の町では地元の基幹雇用者の参加が義務づけられる）。

    注）基幹雇用者とは、規模が大きく、地域にゆかりと影響力がある雇用者のことをいう。

4. メディアへの露出やイベントの開催によって、地域全体でフェアトレードへの意識と理解が高まる。

5. フェアトレード推進委員会（steering committee）を設けて、フェアトレード・タウン運動が発展を続け、新たな支持を得られるようにする。

注）フェアトレード州となるには、基準2と3について別のオプションが用意されている。州内ですでにフェアトレード自治体と認定された地域の人口が州の人口の半分を超えていれば基準2と3はクリアしたと認める、というものである。その場合でも基幹雇用者の参加は必須である。

この5つの基準を満たすと、フェアトレード財団からフェアトレード・タウンに認定される。一度認定を受けたらそれで終わりではない。2年ごとに認定の更新を受けねばならない（最初だけは1年後に更新）。更新を受けるには、それまでの2年間（最初だけは1年間）に地域内でフェアトレードがさらに広まり、根づいたことを報告できねばならない。どれだけ達成できれば更新されるかという明確な基準はないが、フェアトレード産品を販売／提供する店を増やしたり、支持・利用する職場・団体を増やしたり、イベントを開いてフェアトレードの認知度を高めたり、といった成果が求められる。

これまでにフェアトレード・タウンの認定を受けたのは、イギリス全土で478地域に上る（2010年3月現在）。08年10月には首都ロンドンがフェアトレード・シティに認定され、大規模な記念行事が行われた。

フェアトレード自治体になる基準は州レベルまでしか作られていないが、イギリス連合王国を構成する4カ国のうちウェールズとスコットランドは「フェアトレード・カントリー」になることを競った。両者は競いながらも共通の基準作りを行い、08年6月にウェールズが一足先に世界初のフェアトレード・カントリーを宣言した。フェアトレードでは先輩格のスコットランドはさぞ悔しい思いをしたのではないかと思うが、スコットランドが行政主導型だったのに対して、ウェールズは草の根からのボトムアップの運動だったことが差となって表れたようだ。

国際開発省の次官の予言通り、フェアトレード・タウン運動は海外にも燃え広がった。近隣のアイルランドやベルギーに「延焼」し、他の欧州諸国へと拡大していった。そうした動きにECも応援に乗り出し、フェアトレード・タウンをEU諸国に普及する3年プロジェクトに36万ユーロ（約4700万円）を拠出した。その皮切りとなる2006年11月の第1回フェアトレード・タウン国際会議には、EU諸国はもちろんアメリカ、カナダ、オーストラリアからも参加があった。アメリカでは3カ月前に初のフェアトレード・タウンが生まれたばかりだった。筆者もオブザーバー参加を許されたこの会議は、若々しい熱気にあふれていた。

会議では各国からの報告があり、それぞれ工夫を凝ら

している様子が知れた。各国とも5つの基準は維持しながらも、独自の基準を追加した国も多くあった。例えばアイルランドは「多数の学校がフェアトレード・スクールになってフェアトレードについて学ぶ」を第6の基準としていた。ベルギーは「地元産品の持続的な生産と消費」、ノルウェーは「自治体がフェアトレード調達を50％にまで高める」、オーストラリアは「発展目標を設ける」を第6の基準に掲げていた。

　この会議では、世界に広がったフェアトレード・タウン運動をつなぐ国際ネットワークや、共通のホームページ作りが多くの参加者から提案された。それが実って、2009年7月にイギリス、フランス、ベルギーのフェアトレード・ラベル団体が共同でホームページを立ち上げた（http://www.fairtradetowns.org/）。このホームページを通して、世界各国で運動を展開する組織やグループが情報を共有したり、ネット上で議論をしたりできるようになった。

　2010年3月現在、世界19カ国に795のフェアトレード・タウンが誕生している。その中には、ロンドン、パリ、ローマ、ブリュッセル、コペンハーゲン、ダブリンなどの首都も8都市含まれている。アメリカでは、ミルウォーキーとサンフランシスコがフェアトレード・シティになった。また、オバマ大統領の誕生を奇貨として、ホワイトハウスを「フェアトレード・ホーム」にしようという運動が起きている。

　さらには、途上国（ブラジル、コスタリカ）にもフェアトレード・タウンが誕生している。まさに世界的な広がりを見せていることから、2010年ないし11年に世界の全大陸で同時に1000番目のフェアトレード・タウン誕生を祝う計画が進んでいる。

　日本では、2005年5月に熊本市でフェアトレード・タウン宣言が行われた。同市で1993年からフェアトレード・ショップを開いている「らぶらんど・エンジェル」の働きかけに若い市長が応じて、市長立会いのもとフェアトレード・タウンを宣言したのである。しかし、欧米のように市議会の決議を得た「正式」の宣言ではないので、市議会に決議を求める署名運動を展開中である。筆者は2010年3月に来日したブルース・クラウザーとともに熊本市を訪れて市議等と懇談したが、議会の主要会派に支持が広がっていることから、近々決議を得て、全大陸同時の1000番目のフェアトレード・タウン誕生にアジアを

第8章　社会への広がりと深まり

代表して参加することも夢ではない感触を得た。熊本市のほか、札幌や名古屋などでもフェアトレード・タウンを目指す運動が盛り上がっており、それら3市を交えて日本におけるフェアトレード・タウンのあり方をめぐる議論が10年3月から始まっている。

「日本でのあり方」というのは、5つの基準をそのまま日本に当てはめるのが難しいからである。とりわけ1番目の地元議会の決議を得るのは至難の業である。イギリスですらそれが最難関で、保守党が過半数を占める自治体では決議を得るのが難しい。もう1つはフェアトレード・ラベルとの関係である。多くの国でラベル団体が運動の推進母体に入り、ラベル産品の推奨や販売促進をしている。ラベルへの疑義・懸念が強い日本のフェアトレード界では、ラベルと一体化することへの異論が強い。ただし、アメリカやイタリアのようにラベル以外のフェアトレード産品を推奨する国もあるので、それ自体は大きな阻害要因とはならないだろう。

課題は、地域に根ざしたフェアトレード活動を排除しないような日本独自の仕組み（小規模でも「まともな」フェアトレード活動を認知し、「怪しい」自称フェアトレードから区別する仕組み）をどう編み出せるかにある。初めは基準を緩める「仮免」のような段階的な仕組みがあっても良いかもしれない。

フェアトレード・タウンの課題

さて、フェアトレード・タウン運動がフェアトレードの認知度を高め、地域にフェアトレードが根づくのに大きな役割を果たしているのは事実としても、「順風満帆」というわけではない。筆者が参加した国際会議やネットワーカーの会議、フェアトレード・タウンの推進者への聞き取りから、いくつかの課題や教訓が明らかになっている。

その第一は地元自治体との関係性である。フェアトレード・タウンになるのを急ぐあまり、十分な「根回し」をしないと後に禍根を残すことになる。実際にカナダであったように、好意的な革新系の議員が多数を占めている時がチャンスとばかり「数」を頼りに決議を勝ち取っても、その後保守系が巻き返して多数派になった時には逆ねじを食わされるかもしれない。それは、功を焦らずに「超党派」の賛同を得る必要があることを教えている。

推進委員会を作る時も、フェアトレード団体やNGOだけでなく、自治体、大学、学校、労働組合、商工会、その他業界団体など、幅広く参加してもらうことが大事だ。地元の「名士」に加わってもらえると一層心強い。フェアトレードに限定せず、地域の課題・問題の解決や地域経済社会の活性化（例えば地産地消）に取り組むことも有効であり、大事だという。また、スーパーやコンビニなどの大規模店／チェーン店にばかり目を向けて、フェアトレード・ショップや個人商店を圧迫することにならないよう注意する必要もある。

「世界初のフェアトレード・タウン」の標識（ガースタング）

　もう一つの大きな課題は、フェアトレード・タウンになった後、どのようにして運動を維持・発展させるかである。最初は熱気に包まれてスタートするのだが、3年、4年と経つうちに運動がマンネリ化したり、人が抜けていったりして活力を失ったという話を幾度となく聞いた。筆者は2004年にフェアトレード・シティになったイギリスのブライトン市に1年住んだのだが、年間最大のイベントである「フェアトレード二週間」の間（07年3月）、市内でイベントらしいイベントは何もなく、目に付いたのはスーパーでの販売促進ぐらいだった。推進委員会のリーダーに会って話を聞いたところ、委員が次々と抜けていき、何もできなくなってしまったという。推進委員も自治体の担当者も自分の仕事を抱えながら参加しているため、よほどコミットしていないと持続が難しいようである。ブライトン市の隣町ルイスもフェアトレード・タウンになって3年足らずだったが、推進委員は更新を受けるのに必要な書類に成果として書くべきことがなくて困っていた。

　2007年にはフェアトレード・タウン発祥の地ガースタングを訪れ、ブルースに案内してもらった。どれほど「フェアトレード色」に包まれているのか心躍る気分で訪れたのだが、町にかつての熱気はなかった。町の入口に立っていた「世界初のフェアトレード・タウン」という看板は失われ、フェアトレード（＋地元産品）支持のステッカーを貼る店も数軒しかなかった。推進委員会も人が集まらず、ブルース自身、申し訳なさそうに活動が停滞していることを認

めざるをえなかった。

そうした経験に立って運動を再活性化する試みも生まれている。例えばガースタングは、ガーナの村との間で姉妹都市関係を結ぶ計画を立てた。2007年夏にはそれが実り、パートナーシップ協定が結ばれた。両者が対等な立場で交流を続けるとともに、ガーナの村の発展（道路作り、ジュース工場の設立など）にガースタングが協力していくことを確認した。さらに最近、ガーナの村とアメリカ初のフェアトレード・タウン「メディア」との間で「三角姉妹都市関係」を結んだ。奴隷貿易がその一部をなしたかつての大西洋の「三角貿易」に対抗して、公正な三角友好関係を築こうという面白い企画である。

再活性化を図るその他のアイデアとしては、毎年新たなテーマや達成目標を設ける、推進・普及イベントの出来を競わせて表彰する、学校の子どもたちからアイデアを募ったり、フェアトレードをテーマにしたポスターや歌のコンテストを開催したりする、一律の認定ではなく一ツ星・二ツ星・三ツ星のようにフェアトレード・タウンにランクを付ける、自治体に専任の担当官を置かせる、全国レベルや近隣地域同士で経験やアイデアを共有・交換したり、合同のキャンペーンを行ったりする、などである。国際的なネットワークができた今、学び合いや協働の範囲はさらに広がっている。

🔖 その他の取り組み

イギリスでは、フェアトレード・タウンと並んで「フェアトレード礼拝所（教会、シナゴーグ、モスク等）」、「フェアトレード大学」、「フェアトレード学校」という取り組みがある。

キリスト教会はフェアトレードにとって「揺りかご」のような存在で、多くのフェアトレード団体やグループ、活動を生みだしてきた（大本山の英国国教会もフェアトレードと世界貿易の公正化の推進に熱心）。その中でもフェアトレードに深くコミットするのが「フェアトレード教会」である。フェアトレード教会に認定されるには、次の3つの基準を満たすことが求められる。

1）礼拝の後および教会内のすべての集まりで、フェアトレードの紅茶とコーヒーを出す
2）他のフェアトレード産品（砂糖やビスケット、果物等）も愛用する

3）フェアトレード二週間をはじめ、一年を通じてイベントや礼拝など様々な場で可能な限りフェアトレードを推奨する

　認定を受けた教会は今や5000以上に達するという。さらに、個々の教会が推進するのではなく、近隣地域が一緒になって推進する動きも広がっている。その先駆けがリバプール市に近いチェスター教区で、110以上の教会を抱える同教区が2003年に「フェアトレード教区」を宣言した。それに他の地域も追随し、今では67のフェアトレード教区が誕生している。フェアトレード教区に認定されるための基準はフェアトレード・タウンのそれに近い。

　フェアトレード推進の動きは他の宗教にも広がっており、39の「フェアトレード・シナゴーグ（ユダヤ教会）」、1つの「フェアトレード・モスク（イスラム寺院）」が生まれている。仏教寺院、ヒンズー教寺院も運動の輪に加わるものと期待されている。

　「フェアトレード大学」は、2003年にオックスフォード・ブルックス大学が宣言したのをきっかけに全国に広がった。普及のイニシアチブを取ったのは「ピープル・アンド・プラネット（P&P）」という名の学生NGOだった。その名が示す通り、貧困撲滅・人権擁護・環境保護を目的にキャンペーン活動を行うこのNGOは、各地の大学にP&Pグループを組織し、フェアトレード推進と地球温暖化防止を主な活動としている。P&Pの働きかけで、オックスフォードやケンブリッジを含む112のフェアトレード大学が生まれている。フェアトレード大学に認定されるための基準は次の通りである。

1）学生自治会（ないしそれに準ずるもの）と大学当局がともに、本5基準を含めたフェアトレード方針を策定する
2）大学内のすべての店でフェアトレード食品を買うことができ、学内すべてのカフェ、レストラン、バーでフェアトレード食品が使われる。それが直ちに実現できない場合は、可能になり次第それらの場所でフェアトレード食品を使い始めることを約束する
3）大学当局と学生自治会が開くすべての会合、および大学当局と学生自治会のすべての事務室においてフェアトレード食品（コーヒー、紅茶等）を使う
4）フェアトレード産品の学内消費を増やすことにコミットする
5）フェアトレード推進委員会を設立する

初のフェアトレード大学となったオックスフォード・ブルックス大学では、学内で提供される食品のうち、フェアトレードの占める割合が売上高ベースで13％に上るという。肉や水産物などフェアトレード基準のない食品の方が遥かに多いことからすると、十分高い数字と言える。2005年からはフェアトレード大学が毎年一堂に会し、互いの経験を共有し合っている。運動はまた海を越え、08年にはアメリカに、09年にはオーストラリアに初のフェアトレード大学が生まれた。

　小学校、中等学校（日本の中学と高校にあたる）向けには「フェアトレード・スクール」を認定する仕組みが2007年春にできた。それまでも、P&Pやオックスファムなど数多くの団体が小・中等学校にフェアトレードを広める活動を繰り広げ、独自にフェアトレード・スクールを名乗る学校もあった。が、基準等がまちまちだったため同年に統一したのである。フェアトレード財団が定めた基準は次の通りである。

1）半数以上が生徒からなるフェアトレード推進グループ／委員会を設立し、1学期に1回以上集まる
2）全校的なフェアトレード方針を立てて文書化し、校長の署名を得るとともに、学校の理事会からの支持を得る
3）フェアトレード産品の販売・宣伝・利用を可能な限り行うことにコミットし、その実現が難しい時は少なくとも努力したことを明らかにするとともに、実現に向けて努力し続ける
4）学校全体で、フェアトレードに関する事柄を2年ごとに3つ以上学ぶ
5）フェアトレードを推進する活動を校内で1学期に1回以上、地域で年に1回以上行い、そうすることでフェアトレードを日常的なものにし、より公正な世界作りに誰もが参加できるようにする

　活動の具体例としては、学校の給食にフェアトレードのバナナを入れてもらう、売店にフェアトレードのチョコレートやクッキー、ジュースを置いてもらう、制服をフェアトレード・コットン製にしてもらう、フェアトレードのボールを使ったサッカーやラグビーの対抗戦をする、学園祭でフェアトレードの宝探しを企画する、フェアトレード産品を使った料理教室を開く、保護者向けにフェアトレードの茶話会やフェアトレード・ワインの試飲会を開く、フェアト

レードの劇やファッションショーを催す、など様々ある。

フェアトレードに関する学習としては、社会科（日本でいう公民、世界史、地理）の授業だけでなく、国語、算数／数学、音楽、美術、技術、コンピュータ、家庭科、宗教など、直接関わりのない授業にも工夫を凝らして取り入れているようである。授業では、フェアトレード団体や開発教育団体が作成した教材を使って学んだり、フェアトレード団体から講師を呼んで話を聞いたり★、といったことも頻繁に行われている。

> ★ 筆者のゼミでも、小学校向けにフェアトレードを紹介するプログラムを学生が作り、近くの小学校に出向いて「出前授業」を行っている。5、6年生の関心や知識は想像以上に高く、大学生にとっても良い刺激となっている。

このフェアトレード・スクール事業には、DFIDも2006年から24万ポンド（3600万円）の補助金を出して支援している。イギリス全土で3000以上の学校が認定されており、08年には認定された学校が集う初めてのフェアトレード・スクール会議が開催された。

フェアトレード・スクールに関連して、イギリス生協グループは「若者生協（Young co-operative）」という面白いプロジェクトを始めた。それは、生徒たち（対象は小学2年生以上）にグループを作ってもらい、自分たちで仕入れや販売を含む生協活動を行ってもらうことで、民主的な協同組合形式のビジネスを広めることを目的としたものである。

活動の中にはリサイクルや野菜の栽培・販売などもあるが、中心は何といってもフェアトレードである。生徒たちが学校の中に店を出してフェアトレード産品を仕入れ、自分たちで値決めをし、売るのである。そのサポートは生協大学が行っている。以前は生協大学が起業資金を補助していたようだが、今は起業資金も生徒たちが自ら工面する方式に変わり、より自立を促すものとなっている。校内の売店に頼ることなく、生徒が自分たちでフェアトレードを広めることにも大きな意義がある。

最後に、職場というコミュニティにフェアトレードを広げ、根づかせようと

いう「職場でフェアトレード（Fairtrade at Work）」という取り組みがある。企業が社内にフェアトレードを導入した事例は第6章で紹介した。そうした動きを後押しし、加速しようと、フェアトレード財団が2006年秋から全国的なキャンペーンを始めた。開始にあたって財団がアンケート調査をしたところ、自分の職場ですでにフェアトレード産品を使っていると答えた人は17%どまりだった。職場で取り組むべき倫理的活動として最も支持を得たのは二酸化炭素の排出削減だった（45%）が、38%の人がフェアトレードの導入を挙げ、リサイクル活動／リサイクル品の使用（32%）やNGOへの寄付（19%）を抑えて2位に入り、多くの社会人が支持していることが明らかになった。

　呼びかけに応えてフェアトレード産品を導入した職場は、中央省庁や市役所、公的機関（病院、図書館、動物園、幼稚園）のほか、NPO、電話会社、鉄道会社、コンサルタント会社、建設会社、不動産会社、ホテル、旅行会社、スタジオ、広告会社など多岐にわたる（一部はキャンペーン前に導入済み）。中には100%フェアトレードに切り替えた会社も多いという。

　以上のように欧米、特にイギリスでは、住んでいる町や礼拝所、大学・学校、職場といった様々なコミュニティにフェアトレードを根づかせる運動が活発に展開されている。それが、各国でフェアトレードの認知率や売上を押し上げ、企業や政府に対してフェアトレードへの参加・支持や貿易の公正化を要求する市民の声の高まりをもたらしてきたことは間違いない。今後は、一時的な盛り上がりに終わることなく、持続的に市民や企業、政府の意識を変革するような運動へと成長していくことが期待される。

第9章
フェアトレード的イニシアチブ全盛とその意味

様々なラベル

　フェアトレードが広く社会に受け入れられ、メジャーな存在になるにつれて、フェアトレードに類似したイニシアチブが次々と姿を現しはじめた。そもそも「フェアトレード」は法的に規定されているわけではないため、誰でも独自のフェアトレード的な仕組みを創り出すことができる。ここでは5つのメジャーなイニシアチブの特徴やフェアトレードとの違いを見るとともに、様々なイニシアチブが咲き乱れる意味について考察したい。

1 ウツ・サーティファイド（UTZ CERTIFIED）

　ウツ・サーティファイド（以下UCと略す）の前身にあたるウツ・カペが設立されたのは1997年である。ウツ・カペはマヤ語で「良いコーヒー」を意味し、認証対象をコーヒー以外の食品（紅茶、ココア、パーム油）に広げるに伴って2007年に現在名に変わった。そのロゴにはGood Insideという語句も入っているため、日本では「グッドインサイド認証」の名で知られる。

　UCは、オランダ最大のコーヒー焙煎業者アホールドコーヒー（同国最大のスーパー「アホールド」の子会社）とグアテマラのコーヒー農園が創った認証システムだが、そこで重要な役割を果たしたのは、最初のフェアトレード・ラベル「マックス・ハーヴェラー」を生み出したオランダのNGOソリダリダードだった。では、なぜわざわざ類似の仕組みを作ろうとしたのか。理由は、最低価格の支払い等を求めるフェアトレード基準をアホールドコーヒー等の焙煎

業者が受け入れず、ラベル産品が一向に広がらなかったことにある。そこで、企業が受け入れやすいシステムとして開発されたのが UC である。

UC の基準は、1997 年策定のユーレップギャップ（EurepGAP）に準拠して作られた。ユーレップギャップは、狂牛病や残留農薬問題など食の安全を脅かす事件が相次ぐ中で、欧州の小売・食品業界が生鮮食品（青果物・畜産物・養殖魚）の安全性確保を目的に自主的に策定したものである。UC の基準は、食品の安全性のほか、生産過程での労働安全、環境保全、動物福祉等への配慮を含むユーレップギャップの基準に、ILO 条約等が定める社会的基準を加味して作られた。そうした経緯から、UC の基準には業界側の要求が色濃く反映されている。それは日本語版のホームページの表現からも明らかだ。

「生産者がプロフェッショナルな農園管理を行い、食品業界がサステイナブルな農作物を生産者に要求またそれらを正当に評価し、消費者が社会や環境に責任ある方法で生産・流通された商品を購入する」サステイナブルな農作物サプライ・チェーンの実現を目指しています。

生産者にはプロフェッショナルな農園管理が求められるだけに、対象は欧州の小売業への納入実績を持つ大規模から中規模の農園や事業者に限られてくる（仕組み的にはすべての生産者と買い手が対象）。

UC が重視するのは、ユーレップギャップと同様に「トレーサビリティ（追跡可能性）」の確保である。安全かつ衛生的に生産された食品に途中で「まがいもの」が混入しないよう細心の注意を払う。生産者と最初の買い手の間で売買契約が成立すると、UC はその契約に固有の追跡番号を割り当て、売買のたびに追跡番号が引き継がれる。そうすることで、取引関係者はコンピュータに追跡番号を打ち込むだけでリアルタイムのトレーサビリティ情報を得ることができる。それに加え、直接の売買記録の保持や認証品と非認証品の分別保管といった加工・流通過程の管理義務も課される。

UC の認証が欲しい生産者は管理基準（Code of Conduct）を守らねばならない。コーヒーの場合、基準は次の 11 章 175 項目からなる（義務的基準と追加的基準の数は、それぞれ 1 年目の数）。

ウツ・サーティファイドの管理基準

	義務的基準	追加的基準
1．追跡可能性、生産物の同定と分離	7	0
2．管理システム、記録の保管、自己監査	5	6
3．品種と台木	1	5
4．土壌の管理	0	3
5．肥料の使用	7	5
6．灌漑	2	7
7．作物保護物質（農薬など）	30	11
8．収穫	2	2
9．収穫後の作物の取扱い	7	5
10．労働者の権利、健康、安全	27	24
11．天然資源と生物多様性	9	10
計	97	78

　基準は、「優良な農業・業務慣行」、「社会的基準」、「環境的基準」の3つに大別される。基準には、必ず守らねばならない「義務的基準」と、一定数満たす必要のある「追加的基準」があり、義務的基準の数は年を追って増えていく（1年目は97項目、4年目は153項目）。満たすべき追加的基準の数は、生産者のタイプ（個人か団体か）や生産条件（灌漑施設を持つか等）によって幅がある。

　「優良な農業・業務慣行」には、肥料や農化学物質に関する記録の保持、労働者に対する適切なトレーニング、事故や緊急事態への対処法、衛生に関する規則や実践、トレーサビリティの提供、年1回の内部監査等が含まれる。

　「社会的基準」では、最低賃金（国内法とセクター協約で定められた賃金のうち高い方）の支払いのほか、労働者の団結権・団体交渉権、週48時間労働、強制／児童労働の禁止、安全・清潔な住居・水へのアクセス、初等教育・基礎保健医療へのアクセスなどが義務的基準である。女性に対しては同一労働同一賃金や出産休暇などの配慮がある。不利な立場にあるグループや少数派の平等な参加も規定するが、追加的基準にとどまる。

　「環境的基準」には、土壌浸食の抑制と予防、農化学物質の最小限かつ責任ある使用、統合的病害虫管理、最小限の水・エネルギー利用、汚染された水の処理、原生林の伐採禁止、コーヒーの日陰樹としての自生樹種の活用などが含まれる。

　フェアトレードとUCを比較すると、フェアトレードの場合は主な対象が小

規模生産者であるのに対して、UC は中規模から大規模の生産者（とその労働者）である。それは、UC が社会的・環境的に責任ある方法で生産された産品が確実に消費者まで届くことに重きを置くからである。

　UC は長期的な取引関係や前払を要求しない。最低価格や定額のプレミアムも保証せず、売買価格の決定は生産者と買い手の交渉に委ねる。その代わり、生産国ごとの市場情報（売買量・平均売買価格）を常時提供する形で側面から支援し、買い手が市場価格しか払わない場合やわずかな上乗せ（プレミアム）しかしない場合には警告を発し、それに従わない場合は登録を取り消す仕組みを採っている。UC の仕組みは、生産者が専門性を高め、コストを減らし、品質を高めることで、より良い価格を獲得できるという市場原理に立っている。

　ちなみに、2008 年に生産者が UC 認証コーヒーから得たプレミアムは 1 ポンドあたり 6.2 セントだった（フェアトレードは 10 セント）。フェアトレードの場合、最終製品は 100％認証された素材でできていなければならないが（複合製品等を除く）、UC の場合、ロゴを貼った製品に含まれる認証素材の割合は 90％以上あれば良い。

　認証を行うのは、UC 財団（生産者、取引／製造業者、NGO の代表で構成）の認定を受けた認証機関で、ISO65 に則って認証する。認証の有効期間は 1 年で、生産者は毎年監査を受けて更新する必要があり、それに伴う費用を払わねばならない。一方、最初の買い手は、プレミアム価格を生産者に支払うとともに、コーヒー生豆 1 ポンドあたり 1.2 セントの管理費を UC に支払う義務を負う。プレミアムや管理費はその後の買い手への売渡価格に反映されるが、その後の買い手は UC に登録するだけでよく、登録料を含め一切の負担をする必要がない（フェアトレードのような認証料・ライセンス料は取られない）。その意味で、焙煎企業やスーパーにとっては費用負担の要らない「魅力的な」仕組みである。

　オランダ最大の焙煎企業が UC の生みの親であるため、同国ではコーヒー市場の 20％以上を UC 認証コーヒーが占めている。世界 4 大焙煎企業の一つサラ・リーは 2004 年から UC 認証コーヒーを扱い始め、09 年までに購入量を 10 倍に増やした。イギリスの焙煎会社キャピタル・コーヒーは、2010 年にすべてのコーヒーを UC 認証に切り替えた。UC 認証コーヒーは北欧諸国に広く浸

透しているほか、北米にも入っている。日本では上島コーヒー、キーコーヒー、ネスレなどが扱い、イトーヨーカドーやサミット、生協（日本生活協同組合連合会）で販売されている。スイスでは最大のスーパー「ミグロス」が、フェアトレードからUCへの乗り換えを図っている。

　こうして、2008年にはUC認証コーヒーの世界販売量は7万トンに達し、フェアトレード認証コーヒー（6万6000トン）を超えるまでになった（UC認証を受けた中で認証コーヒーとして売れた割合は23％で、フェアトレードと同程度）。07年から始動したココア認証プログラムには、世界最大の穀物商社カーギルやネスレ、マーズ、ハインツなどの超国籍企業が多数参加している。紅茶では、サラ・リーが欧州で販売する紅茶の3分の1を10年中にUC認証とすることを表明している。

2　レインフォレスト・アライアンス（Rainforest Alliance）

　レインフォレスト・アライアンス（以下RAと略す）は1987年に設立されたアメリカの環境NGOで、その名の通り、熱帯雨林の保護をはじめとする生物多様性の保護を主目的とする団体である。89年には責任ある森林管理をした森からの木材であることを保証する「スマートウッド」という認証システムを創設し、93年には持続的な森林管理を認証する民間の国際組織「森林管理協議会（FSC）」の立ち上げにも加わった。

　1990年には農業分野に進出して「エコ・オーケー」という認証プログラムを立ち上げ、持続可能なバナナ栽培の認証を始めた（最初の認証商品はチキータ・バナナ）。その後、コーヒー、ココア、柑橘類、花・シダ類、パイナップル、紅茶等へ認証対象を拡げていった。当初は環境関係の基準が中心で、生産者や労働者に関する基準（社会基準）が強化されたのは2005年以降である。

　一般にRAの基準と呼ばれるが、基準を定めるのはRA自身ではなく、中南米9カ国の環境NGOからなる「持続可能な農業ネットワーク（SAN：1998年設立）」で、RAはその事務局役を務めている。認証そのものは「Sustainable Farm

Certification, Intl.」という名の組織が行うのだが、実際に査察をするのはSANを構成する環境NGO（アジア・アフリカ地域はRA）であって、基準作りと認証は密接に結びついている。

RAの基準は下の表左側の10原則と94項目からなり、うち14項目（右側）が必ず守るべき重要項目である（カッコ内の数字は項目数と、そのうちの重要項目数）。このほかに産品特有の基準もあるが省略する。

レインフォレスト・アライアンスの基準

10の原則	14の重要項目
1．社会・環境管理システム（10−1） 2．生態系の保護（8−2） 3．野生生物の保護（6−1） 4．水の保全（9−2） 5．労働者の公正な待遇と良好な労働条件（19−4） 6．職場の健康と安全（20−1） 7．地域社会との関係（5−0） 8．統合作物管理（7−2） 9．土壌の管理と保護（5−1） 10．統合廃棄物管理（5−0）	＊認証産品と非認証産品の分別 ＊すべての自然生態系の把握・保全・再生 ＊農場内外の生態系（水系を含む）の一体性の維持 ＊野生動物の狩猟・捕獲・採取・闇取引の禁止 ＊自然水系に悪影響を与えない廃水 ＊自然水系への有機・非有機固形物の投機禁止 ＊あらゆる差別の禁止、同一賃金・機会の提供 ＊最低賃金の支払い（法定最低賃金と地域の平均賃金のうち高い方以上） ＊15歳未満の児童の直接／間接雇用の禁止（15〜17歳は保護者の同意・署名が必要） ＊強制労働や暴力行為・ハラスメントの禁止 ＊農化学物質を使う労働者への防具の供与 ＊禁止された農化学物質の使用禁止 ＊遺伝子組換／操作物質の回避 ＊土地の長期的生産力を超える作物栽培のための新規開拓の禁止

RAの認証対象は生産者だけで、買い手は対象でない。生産者は個人の農家でも、協同組合でも、超国籍企業が経営する大規模農園でも構わない。生産者が認証されるには、94項目のうち80％以上の項目（14の重要項目はすべて）を遵守し、かつ各原則のうち50％以上の項目を遵守することが求められる。認証された生産者は、俗に「カエルのマーク」と呼ばれるRA認証ラベルを使うことが許される。認証は3年間有効で毎年監査が行われる。生産者は農場の大きさに応じた認証料を毎年払うほか、監査人の日当と旅費を支払う。

RAの認証制度は、生態系の保護と自然資源の持続的な管理・活用に主眼が置かれ、生産者／労働者の裨益や能力強化は副次的な扱いである。生産者／労

働者に対しては最低賃金の支払い、結社の自由、地元労働者の優先的雇用、安全かつ衛生的な労働環境、まともな住居、清潔な水や衛生設備へのアクセス、子どもの教育へのアクセス、その他 ILO 条約の遵守などの規定を設けている。

　RA によると、2009 年現在で 19 カ国（うち 13 カ国が中南米）の約 3 万の事業体が認証を得て、家族も合わせて約 300 万人が裨益していると言う。RA が力を入れているのが大規模プランテーションの認証で、それによって土地を持たない労働者や季節労働者といった最貧層のニーズに応えられるとしている。

　フェアトレードと比較すると、フェアトレードが生産物の取引の仕方に力点を置くのに対して、RA は農場の管理の仕方に重点を置く。RA は労働者への最低賃金の支払いを求めるだけで、最低価格やプレミアムの規定はない。売買価格の決定に RA が関わることはなく、生産者と購入者の交渉に委ねる。女性に関しては、性に基づいた差別の禁止を定めるだけで、女性特有のニーズへの対応や女性のエンパワメントまでは求めていない。

　注目すべきは、労働者の基本的な権利（労働組合への加入権、団結権、団体交渉権）を重要項目としていないことだ。つまり、大農園等は労働基本権を守らなくても構わないのである。労働組合を嫌う（労働組合＝共産主義と見なす）傾向の強いアメリカ企業への配慮と思料されるが、労働基本権の遵守を必須としないことに、筆者は大きな違和感を禁じえない。

　RA の基本的な考え方は、生産者が認証を通して「生産コストを削減し、品質を向上させ、生産性を高める」ことができれば市場で高く売れる、という単純明快なものである。その点では UC と共通する。しかし、UC 以上に生産者の受益者負担、自助努力、自己責任を重視し、アメリカ的な能力主義、市場万能主義の視点が色濃く反映されている。そこからは、買い手との力関係への配慮といった、不利な立場にある生産者の側に立った視点は感じ取れない。

　RA の仕組みの大きな特徴は、その「市場寄り」、「企業寄り」の姿勢にある。RA 認証産品を購入・販売する企業は、最低価格を保証する必要がないだけでなく、認証料・ライセンス料はおろか UC のような管理費すら払う必要がない。認証システムを維持するコストを担うのは生産者だけである。さらに、コーヒーや紅茶、チョコレートの場合、企業は認証された素材を 30％ 混ぜるだけで RA のラベルを貼ることが許される（UC は 90％ 以上）。残りの 70％ はどんな

素材を混ぜてもいいわけである。その理由は、ハードルを下げて企業の参入を容易にすることにあろう。

　最低価格を保証せず、労働基準を緩め、企業の負担をなくしたRAのシステムほど企業にとって魅力的なものはないだろう。コーヒー業界では、4大焙煎企業のクラフトとプロクター・アンド・ギャンブルがRAのコーヒーを大々的に扱っている。ネスレは2003年からRAとの共同事業を開始し、ネスプレソ用のコーヒーに混ぜるRA認証の割合を、13年までに現在の50％から80％へと引き上げる計画である。FLO認証のコーヒーを扱っていたイギリスのカフェ・チェーンのコスタ・コーヒーは、全面的にRAに乗り替えた。日本でも大手の上島コーヒーとキーコーヒーがRA認証のコーヒーを発売している。KLM航空（オランダ）と英国航空は機内でRAのコーヒーを提供している。08年のRA認証コーヒーの販売量は6万2000トンを超え、フェアトレード認証と肩を並べるまでになっている。

　紅茶では、ユニリーバが2010年までに全量をRA認証とすることを決めた。同社のRA認証リプトン紅茶は日本でも出回っている。世界第二の紅茶会社テトリーは、2016年までに同社の紅茶をすべてRA認証に切り替えると発表した。バナナでは、チキータの自社農場がすべてRA認証を取得した。チョコレート大手のマーズは、20年までにすべてのチョコレートをRA認証にする計画である。以上の結果、国際的に取引されるコーヒーの1％強、バナナの15％をRA認証が占めるに至っている。

　RAは政府や国際機関にも食い込んでいる。2004年にアメリカ国際開発庁は、RA認証された中米産のコーヒー、バナナ、木材の流通販売を拡大する3年プロジェクトに860万ドル（約8億円）を供与した。この事業には、クラフト、チキータ、家具大手のイケアなど35の企業も参加し、4.5億ドル（約400億円）分の認証産品の購入にコミットしたという。世界銀行と国連開発計画が管理する地球環境ファシリティーは06年に、RA認証コーヒーの市場シェアを10％にまで高める7年プロジェクトに1200万ドル（約11億円）を供与した。ニューヨークの国連本部ではRA認証のコーヒーが消費されている。

③ フェア・フォー・ライフ（Fair for Life）

フェア・フォー・ライフ（以下 FfL と略す）は、スイスのビオ財団とマーケットエコロジー研究所（IMO）が、2006年に開発した認証システムである。ビオ財団が基準を策定し、IMO が認証するという関係にあるが、一般には IMO のフェアトレード（正式には IMO 社会・フェアトレード認証プログラム）として知られている。IMO は、もともと1980年代から欧州をはじめ世界でオーガニック認証を行ってきた機関で、FfL の開発に踏み切ったのは、何百という企業が FLO 認証を得られずにいる状況に対応するためだったという。

FfL は、あらゆる産品、事業者、国、貿易／交易関係に対応できることをうたい文句にしている。対象事業者の分類は、プランテーション、小規模生産者グループ、中規模家族生産者グループ、製造／加工業者、輸入業者／その他の購買事業者である。その中で主なターゲットとしているのは小規模生産者グループで（個人は対象にしない）、協同組合のような自律的な生産者グループとともに、私企業／NGO と契約生産や加工を行っている生産者グループを念頭に置いている。

IMO によると、FfL の基準（IMO はプログラムと呼ぶが本書では基準と呼ぶ）は、FLO のフェアトレード基準、IFOAM（国際有機農業運動連盟）の社会基準、ILO 条約、SA8000（労働者の権利や労働基準に関する国際規格）、RA の基準をベースに策定したという。基準は次頁の表の通り、社会基準と貿易／交易基準（フェアトレード基準）からなっており、社会基準は雇用労働の場合と生産者グループの場合に分かれている（末尾の数字は基準の数、カッコ内はそのうちの必須項目の数を示す）。

基準には必ず遵守せねばならない必須項目と非必須項目がある。認証にあたっては、各項目がどれだけ満たせているかをスコアをつけて計算する。必須項目については、いくつ以上のスコアを取れば「パス」できるかが示されている。認証を得るには必須項目をすべてパスした上で、各セクションで取るべき総スコア（非必須項目のスコアを含む）のうち1年目は90％、2年目は95％、3

FfLの基準

社 会 基 準		フェアトレード基準 61 (22)
●雇用労働の社会基準　115（52）	●生産者グループの社会基準　128（42）	1．フェアトレード購入者の義務　26（7） 　1.1　取引関係 　1.2　価格づけとフェアトレード・プレミアム 2．生産者企業体の義務　35（15） 　2.1　すべての生産者企業体の義務 　2.2　生産者グループの場合の義務 　2.3　雇用労働の場合の義務
1．すべての労働者の基本的な権利　54（24） 　1.1　強制労働の禁止 　1.2　団結権と団体交渉権 　1.3　児童労働の禁止 　1.4　懲罰のあり方 　1.5　平等な処遇と機会 　1.6　健康と安全 2．雇用の条件　42（23） 　2.1　雇用者と労働者の間の契約と関係 　2.2　賃金 　2.3　労働時間 　2.4　社会保障 　2.5　異なる労働形態に対する平等な処遇 3．環境的側面　19（5） 　3.1　水の利用と廃水の処理 　3.2　エネルギーの管理と気候変動への対処 　3.3　生態系の管理 　3.4　廃棄物の管理	1．グループの組織形態　42（11） 　1.1　透明な運営と生産者との関係 　1.2　価格づけと生産者への支払い 　1.3　差別の禁止とジェンダー関係 　1.4　内部コントロールシステム 2．生産者の農場における労働条件　30（14） 　2.1　児童労働と若年労働者 　2.2　生産者の農場における労働条件 3．生産者グループのスタッフの労働条件　32（15） 　3.1　スタッフの基本的労働権 　3.2　スタッフの雇用条件 4．環境的側面　24（2） 　4.1　内部環境モニタリング 　4.2　生産者の環境パフォーマンス 　4.3　グループによる加工作業の環境パフォーマンス	

　年目は100％を取らねばならない（各セクションで取るべき総スコアは満点の約半分である）。

　こうした複雑（IMOから見ると柔軟）な仕組みにしたのは、企業によって重点の置き方が異なるため、各企業が自らの優先順位に従って重点項目を選び、全体として基準を満たせるようにするためだという。環境面に関しては、すべての事業がオーガニック、あるいはグローバルギャップ（旧ユーレップギャップ）、UC、RAなどの認証を得ることを義務づけている。

　FfLの基準は、労働者の基本的な権利（団結権、団体交渉権）の保障や、強制労働・児童労働の禁止、法定最低賃金（法定されていない場合は該当する産業の標準賃金）以上の支払い、健康と安全の確保、環境の保全、生産者に対す

る市場情報等の提供や支援、などを必須項目としている。

　FfLも最低価格を設けず、生産者と買い手との間の交渉に任せているが、生産者の基本的なニーズを満たし、かつ自由に使えるお金が少しは残るものでなければならない、とする。プレミアムは支払いを義務づけるが、その額や割合を定めずに、生産者と買い手の交渉に委ねている（目安として農場渡し価格の10％以上、雇用労働の場合は労働コストの5〜10％を推奨）。プレミアム・ファンドの管理や意思決定は、生産者組織の場合は組織内の管理委員会ないし役員会が行い、雇用労働の場合は労働者総会ないし雇用者側の管理委員会が行う。

　前払（契約額の50％まで）、長期的・直接的な関係、生産者の能力強化、不利な立場にある生産者からの優先的買い入れ、生産者との交流等の規定もあるが、必須項目ではない。

　他の非必須項目の中にも、フェアトレードが重視するものがかなり含まれている。雇用労働では、債務労働・雇用における差別・セクハラの禁止が必須でない。また生産者グループが、メンバーから生産コスト割れで買い上げること、メンバー以外から買い入れること、女性や不利な立場にある人々を疎外すること、季節労働者・臨時労働者・（加工場・製造所などで働く）スタッフに地域の標準的な賃金を支払わないこと／差別的な扱いをすること／時間外労働を強制すること、生態系を破壊したり廃棄物で汚染すること等を禁じていない。買い手側が頻繁に取引相手を変えること、産品の一部を安く買い上げること、生産者に余剰生産物があっても他に売らせないこと、産品のトレーサビリティを確保しないことも禁じていない。生産者に対して市場価格以上を支払うことは義務づけていても、それが生産コスト以上であることを義務づけていない。一方で、生産者グループがメンバーから買う時は、地域の仲買人よりも5％（オーガニックの場合は10％）以上高い価格で買うことを義務づけている。

　ただし、セクションごとに非必須項目も加えて最低スコアをクリアーしなくてはならないので、フェアトレード原則に反する事柄をすべて放置しておくことはできず、選択的に満たさねばならない。FfLの社会基準は、全体としてUCやRAより進んでいると言えるが、フェアトレード原則の多くが必須でない点でFLO基準よりずっと見劣りする。

　FfLのラベルを使用するには、基本的にはすべての原材料の95％以上がIMO

認証ないしFLO認証のものでなければならない。農産物が原材料の場合、重量ベースで50％以上がIMO、FLO、UC、RA、SA8000、FSC等の認証のものでなければならず、IMO認証かFLO認証以外の原材料の含有率は最大20％に限定している。認証料を払うのは通常は生産者グループだが、先進国の購買者が払っても良い。

これまでFfL認証を得た産品には、バナナ等の果物、スパイス、マテ茶、ココア、コーヒー、オリーブ油、米、エビ等の食品のほか、手工芸品や衣料品もある。名の通った企業でFfL認証産品を扱っているのは、オーストリアのチョコレート会社ゾッターぐらいである。

IMOは企業に対し、FfL認証とオーガニック認証を同時に受けることで認証コストを下げられることをメリットとして売り込んでいる。IMOのもう一つの売りは、企業独自のフェアトレードやCSRの取り組みを評価して、第三者監査の「お墨付き」を企業に提供することである。実際に、アメリカを本拠とする自然食品・オーガニック食品のチェーン店「ホール・フーズ・マーケット」が独自に始めた倫理的貿易「ホール・トレード」をIMOが2008年から監査し、品質保証をしている。

4 エコサート・フェアトレード（EFT：Ecocert Fair Trade）

エコサートは、1991年にフランスで設立された有機認証機関（私企業）で、同国の有機認証市場で70％のシェアを有する。今では先進各国に加え、アフリカやアジア、中南米にも姉妹団体を持つ国際的なネットワークを形成している。フェアトレードに参入したのは2007年で、それはフェアトレードが「急速に成長するセクター」で「信頼性のあるシステムを求めている」ことにあったという。

エコサートは、独自のフェアトレード基準（EFT）を作るにあたり、FINEの定義・解釈、ILO条約、それにAFNOR（フランス規格協会）でのフェアトレードに関する合意に準拠して策定した。また、FLOと同じくマルチ・ステークホルダー方式で、生産者、輸入業者、小売業者、消費者団体が基準作りに

関わっている。実を言うとフランスでは、2002年に中小のオーガニック企業が集まって、オーガニックとフェアトレードを組み合わせた「ビオ・エキタブル（Bio Equitable）」という認証システムをスタートさせ、その監査・認証をエコサートが請け負っていた。そこでノウハウを蓄積したエコサートが独自のシステムを開発したと思われる。最近両システムを統合することで合意が成立し、10年にはビオ・エキタブルが姿を消して EFT に一本化されることになった。

EFT が掲げる目的は次の通りである。FINE に準拠しただけあって伝統的なフェアトレードの原則に沿ったものとなっている。

エコサート FT の目的と基準

目　的	EFT 基準（11章43項目）
● 市場アクセス・生産者団体支援・価格保証を通じて、生産者の収入と生活を向上させる ● 女性や貧困層をはじめとする不利な立場にある生産者の発展を促進し、子どもを守る ● 国際貿易が生産者に与える負の影響について消費者の意識を高め、その購買力を積極的に行使できるようにする ● 対話・透明性・敬意に基づいた模範的なビジネス関係を構築する ● 従来の国際貿易のルールと慣行を変革するキャンペーンを先導する ● 人権を擁護する	1．社会的責任 2．経済的要件 3．環境要件 4．ビジネスパートナー間の公正な関係 5．生産者団体の支援 6．情報の提供と市民の意識向上 7．環境への負荷の少ない輸送 8．EFT ラベル製品であるための条件 9．宣伝・広報の仕方 10．ラベル表示の方法等 11．包装の最小化 12．一般的事項

また、EFT の基準は表の右の11章43項目からなる。1の「社会的責任」では、ILO 条約の遵守（強制労働の禁止、児童労働の原則禁止、労働基本権の尊重等）、非差別、生産者組織の参加型かつ民主的な運営、最も不利な立場にある生産者の生活改善、最低賃金以上の支払い（最低賃金が生活維持に必要なレベルを下回る場合はそのレベル以上の賃金）、安全と衛生の確保、社会保障の供与などを規定している。

2の「経済的要件」では、生産者団体全体の発展（生産用具の共同所有、教育・保健衛生サービスの提供等）のためのパートナーシップ・ファンドの設立を定めている。ファンドには生産者団体が販売額の1％以上、中核組織（キー・オペレーター：基本的にフェアトレード団体）がその生産者団体からの生

産物を売って得た収入（売上高）の1％以上を払い込み、ファンドの運営は共同で行う。また、中核組織には地域社会の発展のための基金を設ける（運営は地元のNGOに任せる）ことを奨励している。

3の「環境要件」では、有機農業の促進や再生可能なエネルギーの使用、廃棄物の適正な処理、生物多様性の保全、遺伝子組換生物（GMO）使用の厳禁、地元の状況を悪化（主食作物の減少等）させる生産・輸出の禁止、輸出先の生産者の状況を悪化させる輸出の禁止（輸出先で生産できるものは輸出しない）、加工の奨励等を規定している。

4の「ビジネスパートナー間の公正な関係」では、長期的な取引関係（3年以上）、最低発注量、生産者の要請に基づく前払等のほか、産品・品種・生産国／地域ごとに定めた最低価格の支払いを規定している。さらに、生産者から小売業までの間に入る業者・団体が得るマージンを、原則として非認証の産品から得るマージン以下に抑えることを規定している。

8の「EFTラベル製品であるための条件」は、食品は原材料の70％以上、化粧品と衣料品は95％以上が認証産品でなければならないと定める。それより含有率が低い製品には別のラベルが用意されている（その場合も最低含有率が別途定められている）。

中核組織に対する要求は厳しい。生産者への支援（技術面やマーケティング面）、一般市民の啓発、様々な対話の場への参加、環境影響評価の実施、環境負荷の少ない輸送（船や鉄道）の励行、継続的な改善計画の策定、活動の有効性（生産者の能力強化や生活向上等）の証明などが求められる。コモディティ・チェーン（商品連鎖）全体にわたる情報の公開も求められる。生産地、生産者、生産・加工の方法、品質、トレーサビリティ、商品連鎖の各段階における価格とマージン、輸送費、生産者の実質的な取り分、EFTを含むフェアトレードからの売上と非フェアトレードからの売上、などが公開の対象である。

EFTが認証するのは生産者ではなく中核組織であり、認証や監査にかかる費用も中核組織が負担せねばならない。中核組織には先進国のフェアトレード流通団体を想定しているが、生産者団体や輸入団体、小売業も中核組織になりうる。100％フェアトレードでない中核組織の場合は、EFTを含むフェアトレード産品の取扱量を毎年増やしていくことが求められる。

以上を見ると、最低価格の支払、前払、パートナーシップ・ファンド（FLOのプレミアムにあたる）、生産者組織の参加型かつ民主的な運営、小規模生産者が主な対象（プランテーションも例外的に認める）など、FLOと似通った点が多い。しかし、それらに加え、生活維持に必要なレベル以上の賃金の支払、地域発展基金の奨励、地元の状況を悪化させる生産・輸出の禁止、輸出先の生産者の状況を悪化させる輸出の禁止、3年以上の取引、最低発注量、商品連鎖におけるマージンの制約など、FLOを超える規定も多々ある。認証・監査費用の支払いも生産者ではなく中核組織に求めている。

　以上を総合すると、FLOを超えた、従来のオルタナティブ・トレードの理念・原則を反映した認証システムと言うことができる。ただし、公表された情報からは、認証の条件や認証にかかるコスト等が明確でない。

　EFTの基準は、食品（バナナをはじめとする果物、ココア、コーヒー、スパイス、米、キノア等）、化粧品（アルガンオイル、シアバター、ごま油等）、衣料品（綿製品）について設けられていて、手工芸品についても現在検討されている。また、ビオ・エキタブルとの合併に伴い、EFT認証を受ける産品はすべてオーガニック認証を受けねばならないことになった。基準の設定と認証はまだ未分化で、ISO65は取得していない。

　EFT認証製品の主な市場はフランスをはじめとする欧州だが、日本でも2009年春から生協（ユーコープ）でEFT認証バナナが販売されるようになった。EFTはFLOを超える基準を定めているが、ハードルが高く、中核組織への要求も厳しいことから、今後どれだけ広がりを見せられるか注目される。

5 倫理的貿易イニシアチブ（ETI：Ethical Trading Initiative）

　ETIは、倫理的な貿易の実現を目的とした企業、労働組合連合、NGOの三者からなるマルチ・ステークホルダーの民間イニシアチブである。それには、イギリス企業が調達する食品や衣料品の生産現場で労働者が劣悪な条件下で働かされていることが1980年代後半から次々と明らかになり、企業に対する社会からの批判が高まったことが背景にあった。批判された企業は独自に行動規範を設けて改善を図ったものの、

規範そのものが緩かったり、モニタリングがいい加減だったりしたため実効性に欠けていた。そこで、信頼性・実効性のある共通の規範を定めようと、一部の企業と労働組合、NGO が動きはじめ、イギリス国際開発省（DFID）の資金協力を得て 1998 年に誕生したのが ETI である。

ETI は、予算の半分弱を DFID からの補助金（残りはメンバーの会費）に依存しつつも、政府から独立した NPO 法人である。発足時には 5 企業しか参加していなかったが、現在ではイギリスの主だった企業 57 社が加盟し、その下請け企業 3 万 8000 社で働く 860 万人が受益しているという。57 社のほか、9 の労働組合連合と、フェアトレード団体（トレードクラフト、ツイン、フェアトレード財団）を含む 15 の NGO が ETI を構成している。理事会は各セクターから選出された代表からなり、DFID はオブザーバー参加が認められている。

ETI は「倫理的貿易」のことを、「生産に携わる人々の労働条件の改善に向けて、小売業、製造業、それに供給者が責任を取ること」と定義している。ETI のビジョンは、「すべての労働者が搾取や差別から自由で、自由、安全、公正な条件下で労働できる世界」の実現である。そのために共通の規範を策定し、グローバルなサプライ・チェーンを持つ企業が労働者の基本的な権利を保障するのを支援することを目的としている。

ETI の共通規範は「労働慣行に関する基礎的規範（Bace Code）」と呼ばれ、ILO 諸条約をベースにしている。以前は加盟企業に対して、自社の行動規範に ETI の基礎的規範を反映させるよう奨励するだけだったが、現在では基礎的規範を全面的に自社の規範（の一部）として採用することを義務づけている。

基礎的規範は次の 9 分野の 24 項目からなる。

倫理的貿易イニシアチブ（ETI）の基礎的規範

1．雇用の選択の自由（強制労働・債務労働の禁止）
2．結社の自由と団体交渉権の尊重と奨励
3．安全かつ衛生的な労働条件
4．児童労働の禁止
5．生活できる賃金の支払い（法定最低賃金と業界標準賃金のいずれか高い方以上）
6．適正な労働時間（恒常的な週 48 時間以上の労働や非自発的な時間外労働の禁止）
7．あらゆる差別の禁止
8．正規の雇用を最大限に確保（社会保障等の義務を避けるための非正規雇用の禁止）
9．過酷ないし非人間的な処遇の禁止

以上の基礎的規範は、最低限守るべきことを規定しているに過ぎない。加盟企業は、基礎的規範よりも高い法的規定があればそれを遵守せねばならず、基礎的規範を超えた行動を取るよう求められている。ETIまた、規範を実行に移すにあたっての「実施原則」を定めていて、参加企業に、①倫理的貿易を会社の主たる業務に一体化すること、②労働条件を毎年改善すること、③労働条件改善に向けた供給者の努力を支援すること等を求めている。

　ETIは、参加企業が初めから規範をすべて満たすことまで求めておらず、規範にコミットし、労働組合やNGOのアドバイスを得て逐次満たしていくことを期待する。そして改善を促すために、会議・セミナー・研修の機会を設けたり、パイロット事業を行ったり、互いの最善行動（ベスト・プラクティス）を学び合うための情報提供を行ったりしている。最近では、労働者が自らの権利について意識・認識を深めて経営側との交渉能力を高めるよう支援したり、経営者が労働者の権利を侵害した場合には解決策を斡旋したりと、活動の幅を広げている。

　ETIの加盟企業は、遵守・改善状況を毎年報告せねばならない。ETI理事会は提出された報告書を審査するが、基礎的規範を満たしているからといってその企業を「認証」したり、何らかの「お墨付き」を与えたりするわけではない。製品に貼る独自のラベルもない。それらが他のイニシアチブとの大きな違いである。企業にとってのメリットは、ETIに加盟し、労働組合やNGOのチェックを受けることで、「倫理的企業」であるとアピールできることにある。

　規範に反した行動が加盟企業にあった場合、ETI理事会はその企業が取るべき改善策や改善期限を文書で通知する。それでも改善が見られない場合はETIメンバーの資格を停止し、停止後1年たっても改善されない場合は除名する。ETIは最近、事務局が毎年2割以上の加盟企業をアトランダムに選び出し、労働組合やNGOの協力を得て遵守状況を実地に検証するようになった。

　そのほか、基礎的規範を全面的に採用することを義務づけるなど、ETIはシステムの強化に努めているが、その実効性には疑問符が投げかけられている。

　インド、ベトナム、南アフリカの3カ国の18の現場でETIの成果を調査したバリエントスとスミスによると、ETIによって安全・衛生や労働時間の面では半分以上の現場で大きな改善が見られ、児童労働の禁止や賃金の面でも多少

改善があった。しかし、雇用の選択の自由や結社の自由、団体交渉権といった基本的な権利の面では、全くないしわずかな改善しか見られなかったという。また、下請け企業に対して規範の遵守を要求しておきながら、片方では納入価格の引き上げに応じなかったり、引き下げを要求したりと、発注側（イギリス企業）の「二面性」を大きな問題として指摘している（Barrientos & Smith (2006)）。つまり、規範を遵守するのに必要なコストを下請けに押しつける、ないし自分の腹を痛めずに「倫理的企業」の振りをするというのである。

6 まとめと比較検討

　以上のほかにも、「Cert ID ProTerra」（イギリス発の非GMO食品認証から発展したフェアトレード・プログラム）、「step」（スイス発の絨毯用のフェアトレード・マーク）、「Equitrade」（イギリス発のフェアトレード・マークで現在はマダガスカル産のチョコレートに限定）、「fibre citoyenne」（フランスの繊維・衣料品用のフェアトレード・マーク）などの類似イニシアチブがある。先に紹介した「ラグ・マーク」もその一つと言える。

　さらには、「倫理的紅茶パートナーシップ」のように、業界が基準を定めてメンバー企業の基準遵守をモニターするような「業界イニシアチブ」もある。そうした仕組みは第二者（second party：当事者でもなく第三者でもない）、ないし相互（peer）認証／モニタリングと呼ばれる。

　このように、第三者による客観的な認証とフェアトレード原則を最大限取り入れた仕組みに始まって、第三者認証でありながらフェアトレード原則を緩めた仕組み、認証はしないが第三者による検証が備わった仕組み、業界で基準を作って第二者による認証／モニタリングをする仕組み、そして企業が独自の基準を作って自ら（＝当事者が）認証／モニタリングする仕組みなど、フェアトレード的な仕組みが次々と生まれ、まさに百花繚乱、咲き乱れている感がある。

　様々な類似イニシアチブが生まれ、錯綜した状況にある今、ここでそれらを整理し、比較検討してみたい。まず、連帯型のフェアトレードからFLOシステム、類似イニシアチブ、業界認証／行動基準（CoC）、自己認証／CoC、そして自由貿易までを、一連のスペクトラムとして図に表してみよう（次頁）。

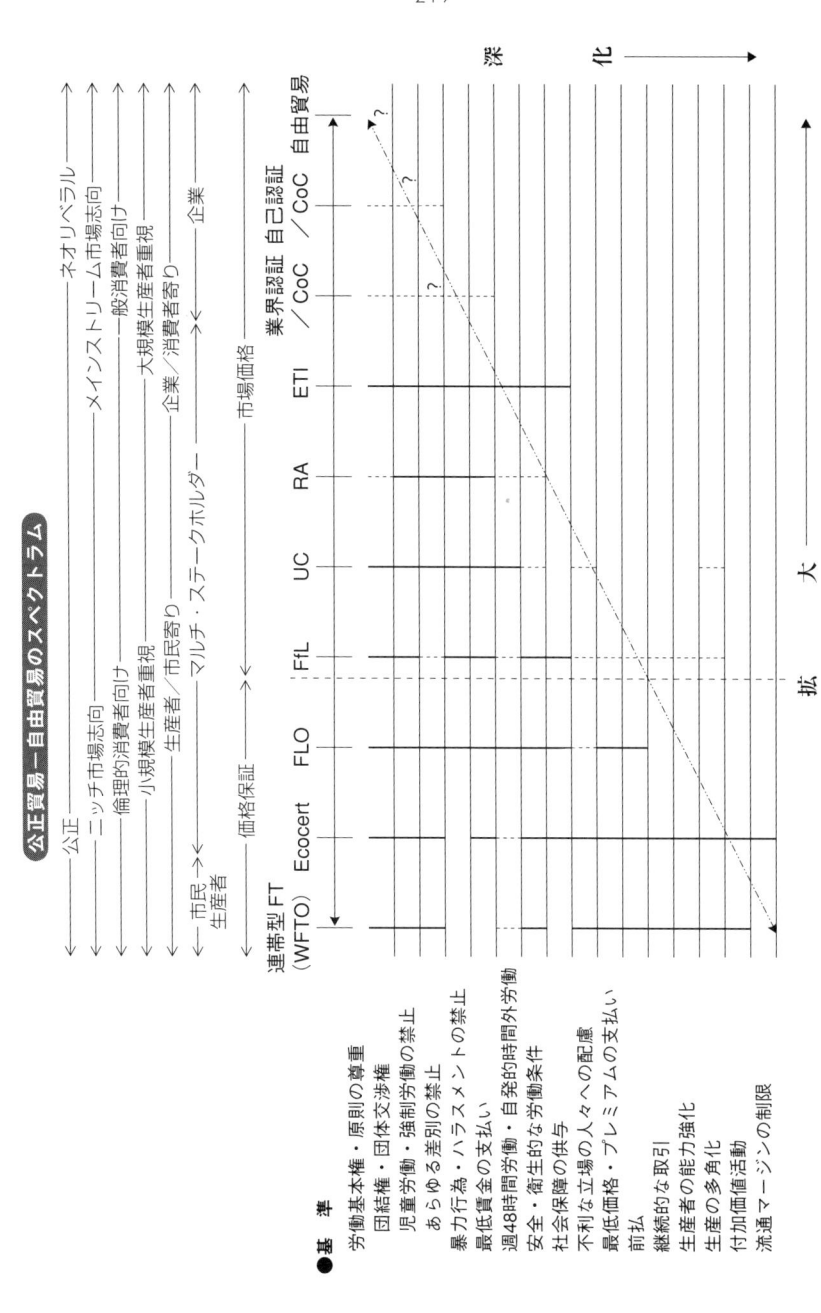

公正貿易―自由貿易のスペクトラム

```
                                                                    ネオリベラル
                                                              メインストリーム市場志向
                             ニッチ市場志向
                             倫理的消費者向け                一般消費者向け
                             小規模生産者重視            大規模生産者重視
     公正                                                                      自由貿易
     市民 →                                      生産者・ステークホルダー →  企業
     生産者 →                                     企業/市場寄り          消費者寄り
                ← 価格保証 →                          市場価格
```

	連帯型FT (WFTO)	Ecocert	FLO	FfL	UC	RA	ETI	業界認証/CoC	自己認証/CoC

深化 →
拡大 →

● 基 準
- 労働基本権・原則の尊重
- 団結権・団体交渉権
- 児童労働・強制労働の禁止
- あらゆる差別の禁止
- 暴力行為・ハラスメントの禁止
- 最低賃金の支払い
- 週48時間労働・自発的時間外労働
- 安全・衛生的な労働条件
- 社会保障の供与
- 不利な立場の人々への配慮
- 最低価格・プレミアムの支払い
- 前払
- 継続的な取引
- 生産者の能力強化
- 生産の多角化
- 付加価値活動
- 流通マージンの制限

注：実線 ―― は、必須とされている/明確にうたわれている基準、点線 ---- は、必須でない/明確にうたわれていない/弱い基準であることを示す。

第9章　フェアトレード的イニシアチブ全盛とその意味

ここで左右の軸は、左に行けば行くほど「公正」、「ニッチ市場志向」、「倫理的消費者向け」、「小規模生産者重視」、「生産者／（政治・社会的意識を持った）市民寄り」であることを示す。逆に、右に行けば行くほど「ネオリベラル」、「メインストリーム市場志向」、「一般消費者向け」、「大規模生産者重視」、「企業／消費者寄り」であることを示す。

　上下の軸は、上に行くほど必要最低限の基準・原則（1998年にILOが採択した「労働における基本的原則及び権利に関する宣言」に含まれる基準・原則）にとどまり、下に行くほどより公正・厳格な基準であることを示す。なお、ここでは社会・経済的な基準をもとに諸イニシアチブをスペクトラム上にプロットしている。したがって、環境面の基準を加えると位置づけが変わってくるであろうことを付記しておく。

　自由貿易、自己認証、業界認証は、それぞれ極めて多様なために一義的に示すことが難しい。したがって、ここでは点線で示すとともに「？」を付した。連帯型フェアトレードも非常に多様だが、ここではWFTOの基準に準拠した。

　この図からは、様々なイニシアチブ間の違いが浮かび上がってくる。FLOを軸に分析すると、連帯型フェアトレードとエコサートは、公正さを担保する基準をより多く備えている。そうした意味で「フェアトレード・プラス」と呼ぶことができる。一方で、フェア・フォー・ライフ（FfL）やウツ・サーティファイド（UC）、レインフォレスト・アライアンス（RA）は、社会・経済的な基準がFLOのそれよりも弱い。中でも労働基本権・原則に関わる基準の遵守を必須としていないこと（FfLとRA）は、労働者・生産者よりも企業の方に顔が向いた基準であることを示している。そうした点から、FfL、UC、RAは「フェアトレード・ライト」★と呼ばれることがある。

★　フェアトレード・ライト（fair trade-lite）というのは、健康を気にする消費者受けを狙ってカフェインやカロリーを抑えた清涼飲料水等が「〜 lite」と名づけられているのをもじって、社会を気にする企業受けを狙って遵守要求を抑えたフェアトレード的イニシアチブにつけられた呼び名である。和訳すれば、「お手軽フェアトレード」とでも言ったところだろうか。蔑称的であるため、そう呼ばれることには当事者から反発がある。

　そのフェアトレード・ライトがフェアトレードにタダ乗りしているという指摘がある。RAやUCは、高い認証料を払っても最低価格やプレミアムが保証されず、小規模生産者にとってリスクが大きい。そこでフェアトレード（ラベル）から得られる収入やプレミアムを使っ

てRAやUCの認証を得る生産者が出てくる。それは、フェアトレードがRAやUCのシステム維持に補助金を出しているようなもので、裏返すと、RAやUCがフェアトレードにタダ乗りしているように見えるのである。エチオピアのコーヒー生産者は筆者の友人に、「RAとUCは認証するだけで正しい価格を支払わないから信頼していない」と話したという。

また、新自由主義者たちがフェアトレードよりもRAやUCを推奨するのも特徴的だ。

倫理的貿易イニシアチブ（ETI）は、図上ではRAやUCよりも公正さで勝るように見えるが、第三者が検証する仕組みになっておらず、「看板倒れ」で実質を伴っていない例も見られることから、「よりネオリベラル／企業寄り」という位置づけになっている。

一方、WFTOの基準は、図上では所々欠けていたり、点線だったりして、エコサートやFLOの基準より劣っているようにも見える。それは、WFTOの場合、基準というよりも原則と呼ぶ方がふさわしく、具体性・詳述性にやや欠けるためだ。また、他の基準と違って大農園や工場での生産を想定していないために、労働者に関わる基準が弱かったり欠けたりしているのであって、基準として劣っているわけではない。

システムの運営に関しては、連帯型フェアトレードが生産者と政治・社会的意識を持った市民によって運営されているのに対して、エコサートからETIまでは市民や生産者、企業、消費者などマルチ・ステークホルダーによって運営され（左に行くほど生産者と市民のイニシアチブが強くなる）、業界認証／CoCと自己認証／CoCは企業によって運営されるという違いがある。

一連のスペクトラムと初めに表現したが、実は途中に大きなギャップがあって、連続的ではないことを指摘しておく必要がある。ギャップは、連帯型フェアトレードからFLOまでの左側と、FfLから自由貿易までの右側の間にある。FLOまでの左側は生産者に対して最低価格ないし人間らしい生活ができる価格を保証するのに対して、FfLから右側はそれを保証せずに価格決定を市場に委ねるからだ。市場にすべてを任せるのか、市場を人の手によって制御しようとするのか、イデオロギー的な溝は深く、容易には越え難いものがある。

最後に、この図を「フェアトレードの拡大と深化」という視点から見ると、左に行くほどフェアトレードが「深化」し（フェアトレードの原則が十全に反映され尊重される）、右に行くほどフェアトレードが「拡大」する（一般の企業にまで程度の差こそあれフェアトレードが広がる）と見なすことができる。

7　フェアトレード的イニシアチブ全盛の意味

　フェアトレードに類似するイニシアチブが数多く生まれたこと自体、フェアトレードの理念や仕組みが人々の想像力を掻き立て、公正な社会を切り拓く新たなモデルになっていることを示している。

　まわりをよく見渡すと、以上のほかにも、林産物分野では「森林管理協議会（FSC）」、海産物分野では「海洋管理協議会（MSC）」、衣料品分野では「公正労働協会（FLA：主にアメリカ）」などのマルチ・ステークホルダーの認証・モニタリングの仕組みがある。それらに多分野の業界や企業の取り組みを含めれば、星の数ほどの認証・モニタリングシステムや行動基準があるに違いない。

　では、なぜこれほど多くの民間イニシアチブが「咲き誇って」いるのだろうか。個々のイニシアチブが生まれた背景は多様だとしても、全体背景に目をやった時、「ネオリベラリズム」の台頭とそれに根ざした「グローバリゼーション」が浮かび上がってくる。

　第二次世界大戦後しばらくの間、政府による有効需要管理の重要性を説くケインズ経済学が主流をなし、国家には経済や市場に対する積極的な役割（介入）が期待された。途上国内では、公的なマーケティング機構が一次産品の買い入れ・販売を独占的に行い、生産者に最低価格を保障していた。そして国際間では、ケインズが提唱した国際貿易機関（ITO）そのものは英米議会の反対で死産に追い込まれたものの、その意を呈して、一次産品の価格を安定・向上させるための国際商品協定が結ばれていった（ITOの精神を受け継いだGATTは、国際商品協定を自由貿易原則の例外として容認した）。

　ここで、戦後の時代背景として無視できないのは東西対立である。ソ連は「革命の輸出」を図り、途上国側でも貧困のない平等な社会を築こうと、共産主義を志向する政府や政治勢力が勢いを得ていた。それに対してアメリカをはじめとする西側諸国は、共産主義の拡大を抑え込むために、軍事的な対応に加えて経済政策面での対応を迫られた。共産主義の温床となる貧困を撲滅する政策である。アメリカが「国連開発の10年」を提唱したのも（1961年）、「緑の革命」を推進したのも、貧困の撲滅によって共産主義を封じ込めることに狙い

があった。

　国際商品協定の容認・推進も同じ文脈の中にあった。その典型が「国際コーヒー協定」である。ボリビア革命（1952年）、キューバ革命（1959年）と、自国の「裏庭」と見なす中南米に押し寄せる共産主義に危機感を抱いたアメリカは、世界最大のコーヒー生産・輸出国だった南米の大国ブラジルの共産化を防ぐべく、国際コーヒー協定を提唱し、1962年に誕生させたのである。それは優れて「政治的」な協定だった。

　しかし、1970年代から時代は変化し始める。イギリスでは、労働党による福祉国家政策が深刻な経済停滞を招いたと断ずる保守党のサッチャーが首相に就任し（1979年）、市場主義経済政策へと舵を切った。アメリカではレーガン大統領が誕生し（1981年）、自由主義経済政策（レーガノミックス）を強力に推進した。日本やドイツも右にならえをし、1980年代以降、国際社会は「ネオリベラリズム」に染まっていったのである。

　ネオリベラリズムは国際機関にも浸透していった。世界銀行・IMFの「構造調整政策」である。慢性的な財政・貿易赤字や累積債務に陥った途上国の経済構造を、ネオリベラリズムの立場から大改造しようとするその政策は猛威を振るった。生産者に最低価格を保障していたマーケティング機構も格好の標的となり、縮小・解体されていったことはすでに述べた。

　国際商品協定も、自由貿易を阻害するものとして同じ運命をたどった。ネオリベラリズムの荒波に耐えていた国際コーヒー協定も、ついに1989年、価格安定のための輸出割当が削除され、実質的な機能停止に追い込まれた。89年といえばベルリンの壁が壊され、共産主義の崩壊が決定的となった年である。同協定をめぐっては生産国側にも不満があったものの、協定の更新を拒否してその「崩壊」を決定づけたのはアメリカだった★。もともと共産主義を封じ込めるための「政治的」な協定としてスタートしただけに、共産主義の脅威という「政治的必然性」の消滅とともに、その存在価値も消滅したのである。

　　★　1993年に国際コーヒー協定から脱退したアメリカが2005年に復帰した裏には、01年の同時多発テロに衝撃を受けて、テロの温床となる貧困を撲滅する必然性を再認識したためと言われる。しかし、復帰後もアメリカは価格安定メカニズムの導入には反対のままである。

　コーヒーを対象にフェアトレード・ラベルが誕生したのは、国際コーヒー協

定が「崩壊」する前年の1988年末である（協定の価格安定メカニズムの存続は87年からすでに危ぶまれていた）。フェアトレード・ラベルの発案と誕生は、協定の「崩壊」を見越していたわけではなかったにしても、「崩壊」と誕生の時期が重なったのは偶然の一致以上の「歴史的な必然」だった。

共産主義の脅威という「タガ」が外れたことで、ネオリベラリズムは大手を振って世界を跋扈するようになった。その波に乗って、超国籍企業をはじめとする先進国の企業は世界中に調達網を広げていった。その中に統合されていった途上国の生産現場は、1セントでも安い調達先をあさって止まないグローバリゼーションの荒波をもろにかぶることとなった。かつては多少とも身を守ってくれたマーケティング機構や国際商品協定といった「防波堤」も今はなく、生産者は「丸裸」で荒波に立ち向かわざるをえなくなった。そこに、一つの防波堤を築こうとしたのがフェアトレード・ラベルだと言うことができる。

別の角度から見てみよう。市場原理にすべてを任せればよいとするネオリベラリズムのもとで、政府セクター（国や国際機関）は公的な規制を緩和・撤廃し、自らの関与を縮小して、市場経済にはガバナンスの空白が生じることになった。そもそも拘束力をもった法が未整備で、あったとしてもアメリカが自らの意に沿わない国際機関や国際取り決めから脱退してしまうように、その執行・強制が難しい国際市場は、まさにガバナンスの真空状態に陥った。その一方では、製品の安全性や企業の倫理性が問われる「事件（＝自由貿易の弊害）」が多発するにつれ、規制を求める消費者・市民の声が強まっていった。

有効な規制・ガバナンスの存在しない国際市場を前に、そして自国を本拠地とする超国籍企業の活躍が自らの国益とばかりに規制をしぶる先進諸国政府を前に、市民のイニシアチブとして市場に規制をかけ、公的なガバナンスを取り戻そうとしたのがフェアトレード・ラベルであり、FSCであり、MSCである。

その意味でフェアトレード・ラベル等の市民イニシアチブは、「官」が放棄した、ないし意識的に作り出したガバナンスの空白（ないし、グローバル・ガバナンスの赤字）を埋めるべく、市民自らが「公」のガバナンスを構築する試みと言うことができる。

そこでは、生産者、消費者、フェアトレード団体・NGO、企業など、マルチ・ステークホルダーの意見を集約して「ウィン－ウィン」の状態を生み出そ

うと試みられている。様々なステークホルダーの利害の調整。それは、本来、政府セクターが果たすべき役割である。したがって、それらの市民イニシアチブは、国際市場における政府セクターの機能不全を補い、代行していると見ることもできる。

　フェアトレードは「第三の道」の模索でもある。資本主義のオルタナティブとして期待された共産主義は、現実の世界では機能しえないことを自ら白日の下に晒してしまった。ここでは詳述できないが、国際商品協定に代表される「管理貿易」にもまた、容易に克服しがたい欠陥が内在することが明らかになった。こうして、資本主義体制下の市場の働きに対する批判的姿勢を維持しつつも、市場システムを活かして非管理貿易的に公正さを確保する（ブラウンが言う "in and against the market"）「第三の道」を模索する営みでもあるのだ。

　そうした市民イニシアチブに対して、自由な貿易・経済活動を掣肘されたくない企業は、「自主規制」をアピールしてかわそうとする。こうして、企業単独ないし業界としての認証・モニタリングシステムや行動基準が次々と生まれることになる。

　他方、一口に市民といっても、その中には様々な考え方の持ち主がいる。純粋ないし原理主義的な市民もいれば、現実主義の市民もいる。そこで、エコサートのように規制色の強いシステムを志向するイニシアチブが生まれると思えば、UCやRAのような「企業に優しい」イニシアチブも生まれてくる。

　このように、グローバル・ガバナンスの空白の中で、様々なイニシアチブが「世界標準」を目指して競っている。それは、フェアトレードにおける自由競争と呼ぶこともできる。誰の目にも明らかな「正解」がない中で、自由競争はしばらく続くだろう。それがどのように収束していくのか、予見するのは難しい。企業も、例えばマクドナルドが、アメリカではフェアトレード・ラベル、イギリスではRA、大陸欧州ではUCのコーヒーを扱っているように、どれか一つにコミットするのではなく、二股、三股をかけて様子見をしている。多々あるイニシアチブの中でどれが主導権を握るかは、今後フェアトレード運動、企業、政府、そして市民がどのような選択をするかにかかっている。

第10章
フェアトレードへの批判 ❶：右からの批判

アメリカのフェアトレード・ショップ

　近年、社会に広く浸透し脚光を浴びているフェアトレードだが、批判もある。批判には「右」からのものと「左」からのものとがある。そのこと自体、公正という「理想」と取引という「現実」の間で、折り合いをつけながらバランスを保って進もうとするフェアトレードの姿を表しているとも言える。批判の中には見当はずれなものも多いが、様々な批判に向き合うことは、フェアトレードをより実効性・変革性のあるものとする上で欠かせないことである。本章では「右」からの批判を検証する。

　「右」、すなわちネオリベラリズム（新自由主義）の立場からの批判は、保守系のシンクタンクやメディアが主な発信源となっている。

　それでは、批判を検証する前に、新自由主義論者も肯定するフェアトレードのプラス面をまず見ておこう。

　その一つは、価格変動が激しい一次産品市場にあって、変動のショックを和らげる「価格ヘッジ」の役割をフェアトレードが果たしている、という評価である。一般企業は先物市場などを使って価格ヘッジをすることができるが、途上国の零細な生産者にはそのような余裕はなく、情報にも乏しい。そうした中で、最低価格を保証するフェアトレードが、唯一彼らにとって価格ヘッジの役割を果たしているのだ。

　また、「信用貸し」が未発達なところ、ないしあっても利子が高いところでは、フェアトレードに備わる「前払」制度がその代役を務めているとも評価する。

　さらに、大企業が市場を支配し、歪曲しているところでは、フェアトレードが競争を生み出し、効率性を高める役割を果たしている、と評価するのである。

1 アダム・スミス研究所：その1

　以上の数少ないプラスの評価に対し、「右」からの批判は多岐にわたる。批判の急先鋒は、自由主義経済の泰斗アダム・スミスの名を冠したイギリスの「アダム・スミス研究所」である。同研究所が放った最初の批判の矢は、2004年に発表した「不満な理由は？　フェアトレードとコーヒー危機（Grounds for Complaint? 'Fair trade' and the coffee crisis）」という題の論文（Lindsey（2004））だった。

❶企業を批判するのはお門違い　　論文の中でアダム・スミス研究所は、コーヒー危機（価格の暴落）の原因は、労賃の安いベトナムと機械化・集約化を進めたブラジルが低コスト・低価格を実現したことにあって、フェアトレードが焙煎業者や小売業者を非難するのはお門違いであり、「創造的破壊」によってこそ経済発展は達成される、と主張する。

　両国での低価格コーヒーの生産拡大がコーヒー危機の大きな要因となったのは確かだ。しかし、その批判は一面的に過ぎる。低価格が、少数民族の圧迫（ベトナム）や森林破壊（ブラジル、ベトナム）といった犠牲の上に成り立っていたこと、そして何よりも焙煎業者等の飽くなき利益追求に根ざしていたことに目をつぶっているからだ。利潤の最大化が駆り立てる、社会と環境を犠牲にした商業的なコーヒー栽培は、短期的に経済発展をもたらしても長期的には「不可逆的な破壊」を生み、持続的な経済発展を損なうのは明らかだ。

❷フェアトレードは「善意の袋小路」　　同論文は、フェアトレードが「従来のコーヒー＝不公正と搾取の産物」と決めつけて消費者に罪悪感を覚えさせ、需要を減退させる一方で、人為的に高価格を維持することで供給の過剰を招く。その結果、需給バランスが悪化し、コーヒーの価格は一層下落して生産者を窮地（袋小路）に追い込む、と言う。

　「フェアトレードは供給過剰を招き、かえって生産者を苦しめる」というのは、新自由主義者たちが好んで用いる論理である。つい「なるほど」と思わさ

れがちだが、それは論理の世界でのことである。コーヒーに限らず、フェアトレードが供給過剰を招き、価格を下落させたことを批判者たちが実例をもって示したことは、筆者が知る限りない。フェアトレードは、価格は保証しても買い取りまでは保証しない。生産量の一部しかフェアトレード価格で売れないにも拘らず、生産者がやみくもに生産を増やしたりすることはない。アメリカが国内で供与している、供給過剰を招くような「悪質」な農業補助金などとは性質が全く違うのである。

❸腐敗ほか　同論文は、国際商品協定等の管理貿易のもとでは腐敗が蔓延し、権力者が私腹を肥やしただけで、生産者には恩恵が行き渡らなかったと指摘する。管理貿易が数々の問題を抱えていたことは事実だ。しかし、今日のフェアトレード運動内で昔のような管理貿易の復古を主張する人は少数に過ぎない。

　論文はまた、アメリカ・スペシャルティ・コーヒー協会（SCAA）と中南米の生産者がスペシャルティ・コーヒーの基準を厳格化する法の制定を求めていることを問題視し、低品質コーヒーを生産するアジアやアフリカの生産者を苦しめるだけだと主張する。しかし、SCAAはフェアトレードとは何の関係もない組織である。このように、フェアトレード界の少数意見や全く無関係な動きを取り上げてフェアトレードを非難するのは、それこそ「お門違い」である。

2　アダム・スミス研究所：その2

　第一の矢が余りにも的外れでお粗末だったことを自覚してか、アダム・スミス研究所は2008年に次の矢を放った。その名も「不公正貿易（Unfair Trade）」と名付けた論文（Sidwell（2008））で、今度は周到な準備のもと、手ごわい批判を繰り広げた。

　主な論点は次の通りである。
- ❶フェアトレードよりも援助の方が有効である
- ❷フェアトレードに参加できない生産者の生活を悪化させる
- ❸品質の悪い産品に報いるアンフェアなモデルである
- ❹生産者を農業や低付加価値活動に閉じ込めている

❺最貧層／最貧国を排除している
❻貧困削減に寄与しない
❼時流に乗ったフェアトレードにはリスクが伴う
❽フェアトレードには様々な不正が伴う
❾フェアトレードは政治的意図を隠し持っている

　ここで興味深いのは、最初の論文で強調した「フェアトレードは供給過剰と価格下落を招く」という批判にわずか2行しか割いていないことだ。論拠が薄弱なことを認めたも同然である。それでは、各論点を見ていこう。

❶フェアトレードよりも援助の方が有効である　　フェアトレード産品を買う消費者は、払った額のうちかなりの部分が生産者に渡ると思っているかもしれないが、実際には中間マージンが非常に多く、生産者に渡るのは10%程度である。それよりもNGO等に寄付して、その大部分が生産者に渡るようにした方がずっと有効だ、という批判である。

　この批判も一見もっともらしい。が、筆者自身の経験からしても、NGOの人件費や事務所経費、資金集め等にかかる経費はバカにならない。アメリカでは資金集めのプロに払う手数料が、集まった寄付額の8割に上ることもあるという。援助対象者に直接届く割合が寄付額の半分以下（時には10～20%程度）のことはザラにある。それでも、援助が相手の真の自立につながるのであれば、その方が有効かつ効率的かもしれない。しかし、既述の通り、援助は意図せずして依存を招くことが少なくない。自立への寄与という視点から見たとき、フェアトレードと援助のどちらが有効か、簡単に結論づけることはできない。

　これに関連して、フェアトレード産品は他の同等品よりも高いのに、小売価格の10%程度しか生産者に還元されないのはなぜか、と不審がられることについて説明しておきたい。生産者に公正な（＝高い）対価を支払うとはいえ、仲買人等の中間業者を省くならもっと還元率が高くて良いはずだ、残りの90%は一体どこに行ったのか、という疑問である。

　その答えには大きく二つある。一つは南北間の厳然たるコストの差である。先進国への輸出コストや先進国内の流通・販売コスト（フェアトレード団体やショップの人件費・事務所経費等を含む）は先進国の物価水準で決まるため、

物価が安い途上国内の生産・流通コストの何倍もかかる。勢い、小売価格のうち途上国に落ちる割合、生産者に渡る割合は小さくなってしまう。フェアトレード団体やショップはみなギリギリの経営状態で、月5万円で生活するスタッフもいれば、閉店を余儀なくされるショップもある。生産者に人間らしい生活を保障する活動をしていながら、自分たちは…というのが現状である。

　もう一つは「規模の経済」である。大量生産・大量販売される一般の商品は、一単位あたりの生産・流通・販売コストを低く抑えることができる。いわゆる薄利多売である。それに対してフェアトレード産品は、少量生産・少量販売であるため、一単位あたりのコスト／単価が高くならざるをえない。そこに無理して生産者への還元を増やせば、販売価格はさらに高くなる。高くなって売れなくなれば、生産者への還元そのものができなくなってしまう。

　生産者への還元が思ったよりも少ないことには以上のような背景がある。消費者がもっとフェアトレード産品を買うようになれば「規模の経済」が働いて小売価格は下がり、生産者への還元率は上がっていくだろう。イギリス等では現にそれが起きている。ついでを言えば、フェアトレード産品は高いと言う前に、フェアトレードでない商品はなぜそんなに安いのか、「価格破壊」の裏に何があるのかを問うてみるのも良いだろう。

❷フェアトレードに参加できない生産者の生活を悪化させる　　フェアトレードに参加していれば、需要が減って価格が下がっても契約や最低価格によって守られるが、参加していない生産者はますます苦しくなる、という批判である。例えば、100あった需要が50に半減したとする。フェアトレードに参加している生産者は契約に従って今まで通り25を売ることができる。一方、参加していない生産者は、今まで75（100−25）あった需要が25（50−25）へと減少する。こうして、非参加者の場合は需要が激減してその分価格も大きく下落し、フェアトレード参加者より苦しかった生活が一層苦しくなる、というのだ。

　実例を挙げてはいないが、論理的にその可能性はある。しかし、フェアトレード参加者も、現在のようにフェアトレード価格で売れる割合が20％程度であれば、需要減退から受ける影響は非参加者とさほど変わらない。また、需要減退が長期化すれば、たとえフェアトレードであっても契約量は減少を余儀な

くされ（さもないとフェアトレード団体や企業は不良在庫を抱えて行き詰まる）、フェアトレードで守られる割合も減少していく。

マイナス面だけを見るのもフェアでない。生産者がフェアトレードに参加して競争が起きたことで、仲買人が従来より高い価格を非参加者にも提示せざるをえなくなり、非参加の生産者にも恩恵が及ぶようになった実例が片方には少なからずある。そうした事実に目をつぶって、机上の論理から導き出されるマイナス面だけをあげつらう姿勢は誠実さに欠ける。

さらに、フェアトレードが地域に入り込むことで、今まで仲買人が独占／寡占していた地域市場に競争をもたらしたということは、フェアトレードが市場原理に反するどころか、市場に本来の機能を取り戻させたこと、本来あるべき市場競争を実現したことを意味している。

❸**品質の悪い産品に報いるアンフェアなモデルである**　生産物のすべてをフェアトレード価格で売ることができず、しかもフェアトレードが品質を重視しない以上、生産者は最高品質のものを一般市場で高く売ろうとするかもしれないし、フェアトレード市場には最低品質のものを売って保証された価格を得ることが可能である。また、コーヒー等は協同組合が皆から集荷して混ぜてしまうので、生産者一人ひとりが品質向上の努力をしなくなる。このように、フェアトレードは品質の劣った産品に報いるアンフェアなモデルだ、と批判する。

この指摘の原典となったバーントの論文（後出）を読むと、生産者が最高品質のコーヒーを一般市場に売る傾向があることをアメリカのラベル団体が認めた、とある。確かに、スペシャルティ・コーヒーがブームとなって以降、高品質の豆をめぐる争奪戦が起きている。各地で仲買人がフェアトレード価格よりずっと高値で買い漁り、高価格と即金決済にひかれた生産者がフェアトレードで売る予定の高品質の豆を仲買人に売っている、という話はよく聞く（フェアトレードにとっては不運だが、貧困から抜け出し切れていない生産者が高値と即金に飛びつくことを安易に批判はできない）。

一方、2007年1月のエコノミスト誌とのインタビューでブラジルのコーヒー生産者は、「最高品質のものはオークションへ、スペシャルティ品質のものはフェアトレードや他の協同組合へ、通常品質のものは大規模輸出業者へ、そ

の他は地元市場へ売る」と語っている。また、スペシャルティ・コーヒーの品評会が主要産地で開催されているが、ボリビアのフェアトレード認証組合「セナプロック」は同国の品評会で2回優勝している。2003年にニカラグアで開催された品評会では、385サンプルのうち38サンプルが高品質との評価を受け、そのうち7サンプルはフェアトレード・コーヒーだった。ルワンダの認証組合COOPACのコーヒーは、同国で1位、アフリカ全体でも3位に入った実績を持つ。そうした事実を無視して、フェアトレード・コーヒーは最低品質かもしれないと、何の証拠もなしにその可能性だけを臭わすのは、意図的な中傷という誹(そし)りを免れないだろう。

　ここで、品質に関して指摘しておくべき重要な点がある。2009年にFLOが小規模生産者組織基準から「輸出品質基準を満たさねばならない」という規定を削除したのは、品質を軽視しているかのように映る。しかし、品質を高めることは消費者にとっては喜ばしいものの、品質基準を高くすればするほど零細な生産者は基準を満たせずに脱落していき、本来フェアトレードが手助けすべき人々を排除していくことになる。フェアトレード団体は、1980年代の「失敗」を糧に品質向上に力を入れてきたが、それを基準化することは、非力な生産者の排除という副作用からして決して望ましいことではない。

　市場メカニズムを利用する以上、品質問題は避けて通れない。しかし、フェアトレードにとって最も重要なのは、生産者に人間らしい生活を保障することであって品質を保証することではない。誰も買わないような粗悪品は別として、市場に流通しうるものであれば、品質の良し悪しに関係なく、それを作った生産者に最低限の価格を保証する仕組みを作ることこそが重要なのである。

　その優先順位を忘れて品質論争に深入りすると、「品質向上こそが貧困から抜け出す道」とする新自由主義論者の思う壺で、自ら生産者の首を絞め、フェアトレードの意義を見失うことになる。フェアトレードは一定以上の品質を確保しており、中には最高品質のものもある、とさえ主張すれば十分で、それ以上深入りすべきではない。

❹生産者を農業や低付加価値活動に閉じ込めている　　論文は、フェアトレード・モデルは最低価格を保証することで、貧しい農家がずっと農家でいるよう

に仕向け、他の収入源を切り開いたり、より良い生活を夢見たりするのを妨げている。また、フェアトレード・ラベルは未加工の産品に最低価格を保証するだけで、加工して付加価値をつけることは後知恵でしか考えていない。今まで農業国家のまま豊かになった国はなく、フェアトレードは経済発展を目指す途上国の国家計画に反しうる、と主張する。

が、これも観念的な批判だ。フェアトレード・プレミアムを使って生産の多様化や加工・付加価値づけに取り組んできた生産者団体はいくらもある。多様化・多角化するにはそれなりの投資が必要であり、フェアトレードがその必要な資本をもたらしてきた。フェアトレード全体としてどれほど多様化が進んでいるかは不明だが、多々ある多様化の努力を無視した観念的批判はフェアではない。論文はまた、多様化のオプションが（あまり）ないと指摘するフェアトレード団体を「敗北主義者」と切り捨てる。が、それも、多様化には大きな困難が伴う★事実を知らないからこそ言える観念論に過ぎない。

> ★　新たな生産活動に乗り出すには資本と技術が必要である。さらに農作物の場合、地質や気候が適している必要がある。作物や製品ができてもそれを売るルートが必要である。例えばコーヒー産地では、コーヒーを売るルートは確立されているが、他の作物を売るルートは自ら開拓せねばならない。新たな作物や製品にどれだけ需要があるかも分からず、市場の情報を一から手に入れねばならない。ざっと挙げてもこれだけのハードルが待ち構えている。その日暮らしの零細農家がそれらの障害を克服できるだろうか。それだけのリスクを負えるだろうか。答えは明白である。

「ずっと農家でいる」ことがあたかも悪いことであるかのような主張、農業国家のままでは国の発展はないという主張も、近代化論に染まった教条主義的な主張である。食糧危機が現実味を帯びる中、農業の戦略的重要性はむしろ高まっている。別の保守的なシンクタンク「アクトン研究所」は、フェアトレードが「給料が高く安定した多国籍企業への就職といった長期的に見て実入りの良い仕事に就くことを妨げている」とも主張する。が、読み書きすら不自由な貧農の人たちが多国籍企業に「就職」する例として筆者が知っているのは、多国籍企業傘下の農園や工場で低賃金かつ劣悪な労働を強いられるケースくらいしかない。それより素晴らしい就職例があったら是非知りたいものである。

❺**最貧層／最貧国を排除している**　　これは、フェアトレード・ラベルに特化し

た批判である。フェアトレードは、①生産者を選ぶ際に生産者のニーズ（困窮度）ではなく生産物の買い手の有無を基準に選んでいる、②小規模生産者を対象とし、それより貧しい農業労働者を排除している、③常勤労働者の雇用を禁ずることで、賃金が安く不安定な季節労働者を増やしている、④中進国を優遇し、アジア・アフリカの貧困国を冷遇している、と論文は批判する。

最初の批判は、FLOの基準が、輸出能力に関する最低基準として「生産物への需要がなくてはならない」と規定していたことを指すと思われる。その規定が削除された2009年まではともかく、今その批判は当たらない。

「農業労働者を排除」というのは、小規模生産者だけを対象としたコーヒーに関する基準を指している。この基準は、コーヒー生産者の大部分（70％）が小規模生産者であることを踏まえたものである。フェアトレード・コーヒーへの需要が不足し、生産量の20％程度しかフェアトレード価格で売れない中で対象をプランテーション（大農園）にまで広げると、貧困から脱しつつある小規模生産者が貧困に逆戻りという事態を招きかねない。したがって、需要が拡大して対象を大農園に広げても大丈夫という時点まで小規模生産者に限定するのが今のFLOの方針である。

農業労働者の方がより厳しく不安定な生活を強いられていることは確かだ。だからこそ、バナナや紅茶といった、大農園での生産が大部分を占める産品では大農園を対象に加えたのである。

市場規模がなお限られる中で小規模生産者と農場労働者のどちらを優先するか、簡単に答えを出せる問題ではない。「二兎」を追えない現状にあっては、産品の特性に合わせた基準作りをせざるをえないのだ。

「常勤労働者の雇用を禁止」というのは、コーヒーをはじめとする10品目について、「常勤の雇用労働者に構造的に頼ることなく、農場を主として自分および家族の労働でもって経営している生産者」に対象を限定していることを指している。常勤労働者を恒常的に雇う生産者を認めると大農園との境界が不明確になってしまうからだ。その是非はともかく、対象を限定したことで「賃金が安く不安定な季節労働者を増やした」実例を全く示していない。事実に基づかない批判は論評のしようがない。

最後の「中進国を優遇しアジア・アフリカの貧困国を冷遇」というのは、認

証されたコーヒー生産者組合の数がメキシコに多く、アジア・アフリカには少ないという批判である。それは、ラベル認証がメキシコに始まったという歴史的経過を看過している上に、最近ではアジア・アフリカの認証生産者組合の増加がメキシコを圧倒的に上回っている（2002年からの5年間でメキシコの認証組合は5増だったのに対して、アフリカは199増）事実を知らないか、都合よく無視しているに過ぎない。

❻**貧困削減に寄与しない**　論文は、フェアトレード市場が急成長しているのはスタートラインが低すぎたからで、現在でも市場シェアはわずか（フェアトレード・バナナですらイギリス国内のシェアはたったの20％）で、大規模な貧困削減策になっておらず、なることもできない、と批判する。

　20％をわずかと呼ぶか否かはさておいて、フェアトレードが裨益しているのは多めに見積っても貧困層の0.7％程度でしかないことは事実である。だからといって、将来にわたって大規模な貧困削減策になれないと断言しきれるのか。新自由主義の色メガネで見ればそうなのだろうが、いずれにしても、貧困削減に有益か無益かを最終的に判断するのは彼らでない。第一義的には途上国の生産者であり、次いで私たち市民であり、消費者である。

　関連して論文は、フェアトレードは最低価格を保証するが、生産物の何パーセントをフェアトレード価格で買うかは保証しない、と指摘する。その結果、生産者がフェアトレード基準を満たすために多額の投資をし、認証費用を払っても引き合わない、と主張する。

　確かに、基準を満たして認証を得ても買い手が見つからず、フェアトレードから離脱する生産者もいると聞く。しかし、それは市場に参加する時には必ず伴うリスクである。フェアトレードは管理貿易ではない。チャリティでもない。フェアトレードに問題があるとすれば、基準を満たして認証を得れば「絶対に売れて儲かる」といった（詐欺まがいの）勧誘をした時であろう。

　それよりも、この指摘で不思議なのは、「生産物の何パーセントをフェアトレード価格で買うかは保証しない」と非難めいた言い方をしていることである。売れるあてもないのに何パーセント買うと保証することが新自由主義に叶っているのだろうか。市場原理に反することを理由にフェアトレードを批判してお

きながら、片方ではフェアトレードが市場原理に従って買い取り保証をしないことを理由に非難するとは、一体どのような論理構造なのか理解不能である。

❼**時流に乗ったフェアトレードにはリスクが伴う**　論文は、フェアトレードよりもスペシャルティ・コーヒーの方が信頼性が高いだろうと言う。後者の方が「同情疲れ」に陥るリスクがなく、フェアトレードは急速に時流に乗ってきた分、同じく急速に時流から取り残される可能性がある、と言うのだ。

確かにフェアトレードが一時的な流行で終わる可能性はある。それはフェアトレード界が心しておかねばならないことでもある。しかし、スペシャルティ・コーヒーの方が信頼性が高いかどうかも定かでない。それに特化したスターバックスが900店を閉店し、6700人を一時解雇したのはまだ記憶に新しい。

論文はさらに、スペシャルティ・コーヒーの方が高い価格で豆を買っており、生産者にとってはフェアトレードより有利な取引だと指摘する。例えばルワンダでは、フェアトレードよりも80％も高い価格で取引されているという（2006年時点）。その背景には、既述した通り高品質豆の争奪戦が始まったことがある。04年末頃からコーヒーの市場価格は高騰を始め、それ以来頻繁にフェアトレード価格を上回るようになった。が、いつまで高騰が続くか保証の限りではない。ブームの終焉や不況による消費の減退、豆の供給過剰等でスペシャルティ・コーヒーの買い入れ価格が下落・急落する可能性は常に存在する。その時打撃を受けるのは、甘い言葉でスペシャルティ・コーヒーの世界に誘い込まれた生産者であり、安全地帯に身を置く新自由主義者たちではない。

❽**フェアトレードには様々な不正が伴う**　これは「公正」を旨とするフェアトレード界にとって放っておけない批判である。論文は、2006年9月にイギリスの経済紙『フィナンシャル・タイムズ』に掲載された記事を引用して次のように指摘する。コーヒー業界の関係者によると、南米ペルーでフェアトレードの認証を受けていないコーヒーが認証品として輸出され、10ヵ所訪れたミル（精製工場）すべてで非認証コーヒーが認証コーヒーとして扱われていた。また、記者が訪れた5つのフェアトレード認証のコーヒー園のうち4つでは、収穫期に雇われた季節労働者の賃金が最低賃金を11％下回っていた。さらに、

フェアトレード認証を受けた生産者協会の栽培するコーヒーの5分の1が、熱帯雨林の原生保護林で違法に栽培されていた、というのだ。

　この報道に対して、イギリスのラベル団体は直ちに次のような説明を行った。認証されていないコーヒーが認証コーヒーとして売られるという事実は過去にも確認したことがあるが、記事の中の話は誇張されている。生産したコーヒー全量をフェアトレードのルートで売れるわけでもないのに、わざわざ非認証のコーヒーを混ぜる理由はない、と言うのである。筋は通っているが、かといって100％納得できる説明でもない。非認証のコーヒーを市場から安く買って認証コーヒーとして高く売ろうとする可能性がないわけではないからだ★。

　★　アクトン研究所は、認証コーヒーには「奴隷労働」で作られたコーヒーが混じっているかもしれないと指摘する。そこには、「フェアトレード・コーヒーは奴隷労働で作られているかも」という、スキャンダラスなイメージを読者に植え付けようという意図が感じられる。

　最低賃金以下の賃金については次のように説明した。最低賃金を11％下回っているものの、他のコーヒー園より25％高い賃金を支払っている。だから良いというわけではないが、小規模生産者にも限界がある。生産量の10〜15％しかフェアトレード価格で売れないにも拘らず季節労働者に最低賃金を払うと、雇い主の小規模生産者自身が最低賃金レベルの生活を確保できなくなる、というのがその主旨である。フェアトレードに長く関わるメキシコのコーヒー生産者も、法定最低賃金が1日3.28ユーロであるのに、平均2.18ユーロの収入しか得られていないと筆者に明かした。そこには理想と現実の相克がある★。

　★　最低賃金に関しては、フィリピンのように、政府が国民の人気取りを狙って非現実的な高い最低賃金を定めているため、それを満たすことが極めて難しいケースも少なくない。

　10カ所訪れた精製工場すべてで非認証コーヒーが扱われていた、というのは事実とすれば由々しきことで、厳正な対応が取られるべきだろう。ただ、この点に関しても、「金儲け」のための不正は指弾されるべきとして、地縁社会における規範との相克を指摘する声がある。認証された組合の生産者に、組合員でない親類縁者がいて生活に苦しんでいる場合、助けてあげる（＝非認証のコーヒーを買って売ってあげる）のが親類縁者として当然の義務、という文化も途上国の中にはある。そうした場合、フェアトレード基準に従うべきか、地

域の規範に従うべきか、悩ましい問題ではある。

　最後の「熱帯雨林の原生保護林内での違法な栽培」に関してラベル団体は、2006年に環境関係の基準を強化する前の出来事であり、また日陰栽培のコーヒーは原生林と共存できる、と説明した。新たな基準は保護林内での栽培を禁止し、原生林の中での新規の栽培を原則禁止とした。「原則」禁止なのは、他に耕作地がない場合にのみ（日陰栽培のように）原生林の植生を最大限守る形で新規栽培を認めるためである。例外を設けることに違和感を持つ向きもあるだろうが、理想の押しつけ（＝全面禁止）はかえって事態を悪化させる（住民が窮乏化する、ないし規則を無視して無差別に開拓する）ことすらある。

　認証農園で基準が守られていないという指摘は増えている。2009年1月にはイギリスの保守系日刊紙『タイムズ』が特集を組み、ケニアやインドの紅茶農園で基準が守られていない実態を報告した。それによると、労働者がフェアトレードについて知らない、プレミアムを管理・利用するための労使合同体が設立されていない、プレミアムの使い道を労働者が知らず、その恩恵を実感できていない、監査人に対して何を話していいかを経営者側が労働者に指示する（＋解雇が怖くて指示に逆らえない）、セクハラや不当な扱いが頻繁に起きている、認証農園が非認証農園から茶葉を買っている、というのである。

　2009年9月に日本で放映された海外ドキュメンタリー番組でも、スリランカの紅茶農園で労働者が防護服をつけずに農薬を撒いたり、プレミアムが支払われていることを知らなかったり、監査人が労働者と接触できないよう労働者を隔離したり、といった事例が報告された。

　これらの指摘に対してラベル団体側は、基準の不遵守を深刻に受け止めつつ、フェアトレードで取引される量が生産量全体の数％から20％程度しかないことが背景にあると指摘する。農園はどのくらいフェアトレード価格で売れるか分からないのに、多大な投資をして全量を基準に沿って生産せねばならない。ごく一部しかフェアトレード価格で売れなければ投資分を回収できず、基準を遵守し続けることが難しくなる。実際に、フェアトレード価格で売れる割合の多い農園では労働者の生活が顕著に改善されている、と反論する。

　タイムズ紙も、フェアトレードの基準が厳しすぎて守るのが容易でない、という農園主の話を伝えている。また、昔からの大農園は「小さな王国」のよう

なもので、一世紀たった今も実態はほとんど変わっておらず、そこで働く人々は他に働き口もなく自由にものを言えない農奴のような境遇にあり、そうした状況を変えようとフェアトレードは悪戦苦闘している、と同情的な見方もしている。さらに、労働者が正当な利益を得られるよう、紅茶を売る大企業も責任を果たす必要がある、と指摘している。

一方で同紙は、「フェアトレード・ラベルは急速に成長したが、通常の企業なら行っている『成長管理』への投資を忘れてきた」、「中には中立的な組織による監査を嫌い、監査結果にくちばしをはさもうとしたラベル団体もある」、というスイスのラベル団体の元代表の話も引用している。

NPOが急増する日本で一部に怪しい団体や刑事事件を起こす団体すら出現しているように、フェアトレードの急成長に伴って基準を守らない例が出てくるのは避けられないだろう。問題はそれにどう対処するかである。不正や不遵守が生じ、増えることが予期されるにも拘らず、スイスの元代表が言うように必要な「投資」を行ってこなかったことは、紛れもなくFLOやラベル団体の落ち度である。フェアトレード市場の拡大にばかり目を向けて、足元を固めてこなかったツケが回ってきたとも言える。

フェアトレード・ラベルに突き付けられた課題はこれくらいにして、一連の基準違反の指摘を前に、一つの奇妙な事実に読者の皆さんは気づかれなかっただろうか。いずれの指摘も非認証の農園について沈黙していることである。認証農園よりもさらに低い賃金しか払っていない農園、労働条件がもっと悪い農園をさておいて、認証農園の非を批判しているのである。社会的責任を曲がりなりにも果たそうと努力する者が（中には市場目当ての者もいるだろうが）、完全履行できないことを理由に非難され、責任を果たそうと努力さえしない者が不問に付される「不条理」がそこにはある。また、季節労働者として最低賃金以下でもいいから働かないと生活できないという「現実」がそこにはある。そうした根深い不条理や現実を問わずに、表面的な不遵守に目くじらを立てるだけでは、問題をその根本から解決することはできないだろう。

❾フェアトレードは政治的意図を隠し持っている　論文は、消費者受けするフェアトレード産品の包装の裏に自由市場経済への嫌悪が隠されていることをほ

とんどの消費者は知らないし、経済学者でも知らないことがある、と言う。そして、消費者はフェアトレード産品を買うことが、国際経済秩序を根底から覆そうとするキャンペーンに力を貸すことになるのを理解しているだろうか、と問いかける。フェアトレードは、世界貿易のルールを全面的に書き換え、生産と貿易をコントロールするという企図のもとに消費者を懐柔しようとしている、とも主張する。

　フェアトレード運動は国際貿易の変革をずっと前から訴え続け、その意図を隠し立てもしていない。にも拘わらず、あたかも革命を起こそうと陰謀を企てているような書きぶりは、フェアトレードへの恐怖と反感を消費者に植え付けようとする、悪意に満ちた記述としか言いようがない。

　悪意と言えば、フェアトレードが価格を固定している（fix price）という主張がある。価格の固定というとピンとこないが、それは不当に儲けるための価格操作というネガティブな響きを持つ言葉である。フェアトレードは最低価格を保証するだけで、最低価格が市場価格を上回った場合は市場価格に連動する。それを「価格を固定（操作）している」と敢えて表現する裏には、それこそ読者に悪印象を与えようという「陰謀」が潜んでいるように思えてならない。

③　コリーン・バーント論文

　次に、フェアトレードを批判した論文として良く取り上げられるコリーン・バーントの「フェアトレード・コーヒーは貧困層を救えるのか（Does Fair Trade Coffee Help the Poor?）」（Berndt（2007））を検証したい。

❶**フェアトレードにかかる費用は多く、便益は少ない**　バーントはまず、スペシャルティ・コーヒーとフェアトレード・コーヒーの生産者価格を調べ、1989年から2006年まで前者は1ポンド（453グラム）あたり平均1ドル33セントだったのに対して、後者は1ドル36セントで、フェアトレードの方がたった3セント高いだけだった、と指摘する。その一方で、フェアトレード認証を得るためのコストはFLO-CERTに払う認証費用だけでなく、ずっと多いと主張する。つまり「労多くして益少なし」と言うのである。

バートが言う「余計」なコストとは次のようなものである。①収益分配の手続き（議論・記録・決議・実施）にかかるコスト、②リーダーを民主的に選出するコスト、③意思決定に必要かつ十分な情報をメンバーに提供するコスト、④情報を公表・配布する手続き（議論・記録・決議・実施）にかかるコスト、⑤透明な会計システムに切り替えるコスト、⑥監査に必要な記録やメンバーに開示する記録を保存するシステム作りにかかるコスト。

それらは果たして「余計」で不必要なコストなのだろうか。筆者の目から見れば、仲買人や世界経済に翻弄されてきた小規模生産者が、結束して民主的な組織を作り、力を合わせてより対等な形で市場に参加し、そこから公正な対価を得ていくために必要な「投資」ばかりである。つまり、バートが余計なコストと見なすものは、実は「エンパワメント」という、経済価値では測れないより大きな便益を獲得する上で必要かつ有意義な投資なのである。バートが言う通り、フェアトレードによる経済的な便益は決して多くない。フェアトレード価格で売れる割合が少ない現在はまさにその通りだ。問題は、便益を経済的な指標（＝何ドル儲かったか）だけで測るかどうかである。社会、政治、環境面の便益に価値を置くかどうかである。そこに新自由主義の信奉者たちとそうでない人たちの決定的な違いがある。

❷プレミアムは人々の生活を良くするか？　バートはグアテマラのコーヒー生産者組合連合「フェデコカグア」と、コスタリカのコーヒー生産者組合「コペドタ」の調査に基づいて次のように書く。「フェデコカグアのマネージャーは、組合のスタッフと事業にフェアトレード・プレミアムを使った後には、個々の生産者に分配できるものは何も残らないことを認めた。そのため、コペドタのマネージャーは『フェアトレードはわざわざやる価値がない』と信じている」と。

何気なしに読むと、フェアトレードからは得るものがなく、やる価値がないと思ってしまう。しかし、この文章は作為に満ちている。プレミアムは本来、組合員全体や地域社会の利益のために使われるものだ。したがって、個々の生産者に分配するものが残らなくても当然なのだ。しかも、グアテマラの生産者の言葉の後にコスタリカの生産者の言葉をつなげて、だからフェアトレードな

どわざわざやる価値がないと言わせている。これは証言の捏造に近い。
　それだけではない。バーントはフェデコカグアのマネージャーであるレオン氏の言葉を次のように引用している。

　「我々がここで使うプレミアムだが……あなたも私たちのコーヒー試験場を見たでしょう。とても専門性の高いものだ。……だけど、フェアトレードからもらう5セント［筆者注：1ポンドあたりのプレミアムの額］をあなた（小規模生産者）にあげようと思ったら、多分それは何の価値もない」。続けて彼は、たくさんの団体がグアテマラにやってきて学校や診療所を建て、自分たちのホームページに載せる写真を撮っていく、と語った。彼の経験では、それはフェアトレードによる通常の便益ではない。

　これを読むと、団体（フェアトレード団体かどうかは分からない）がやってきて学校や診療所を建て、写真を撮ってホームページに載せているが、それはフェアトレードによるものではない、と言っているように聞こえる。案の定、オーストラリア屈指の自由市場主義のシンクタンクを自称する「公共問題研究所」は、この文章に飛びつき、さらに一ひねり加えて次のように告発した。

　「ある調査は、グアテマラのフェアトレード生産者組合のマネージャーがプレミアムにはほとんど便益がないと言っていることを明らかにした。彼はさらに、たくさんのフェアトレード団体がグアテマラにやってきて、フェアトレードを宣伝するために学校や診療所の写真を撮り、それらの施設はフェアトレードによる成果だと主張している、と語った。彼はしかし、それらの施設はフェアトレードによって通常もたらされるものではないと反論した。」

　つまり、フェアトレード団体が学校や診療所の写真を撮ってホームページ上で宣伝しているが、実は作り話なのだというトーンに変化させている。「団体が学校や診療所を建てた」という部分を割愛しているので、他団体の成果を自分たちの成果だと吹聴しているようにすら読める。
　バーントが言葉を引用したレオン氏は、2008年7月にオーストラリアのABCラジオで次のように語っている。「ラベル団体はホームページでフェアトレードの成果を宣伝する仕方を改善すべきである。……学校や診療所について触れるよりも、ラベル産品のおかげで一部の小規模生産者の生活が改善したことを説明した方が良い。……恐らく生産者組合のごく一部は学校や図書館、医療セ

ンターを建てたことがあるが、ほとんどの組合は10セント［筆者注：改定された１ポンドあたりのプレミアム］を使って毎日の支出を賄ったり、家族に教育を提供したりしている。それを使って学校や病院や電気のための施設を作ったりはしない」と。プレミアムで学校や診療所を建てたことを否定しておらず、単位組合の正確な使い道を把握していないだけなのだ。彼の主張の主眼は、学校や診療所といった社会開発的な便益よりも、経済的な便益や日常生活の改善の方が重要だということにある。

　筆者は、バーントが初めから読者をミスリードしようとしたという疑いを禁じえない。レオン氏はキム・フェルナーの著書（Fellner（2008））にも登場する。その中で彼は、フェアトレードだけでなく、レインフォレスト・アライアンス、ウツ・サーティファイド、スターバックスのCAFEプログラム、オーガニックなど様々な認証制度に参加しているが、「フェアトレードの原則は本物だ。恐らく小規模生産者の生活を首尾一貫して変えてくれる唯一のラベルだ」と語っている。それはバーントのような断片的な記述や引用の中ではなく、16ページにわたってフェデコカグアの活動を詳細に紹介した中に出てくる言葉である。どちらが信用するに足るか、これ以上説明する必要もないだろう。

　ついでながら言うと、バーントはフェアトレードについて基本的な認識の誤りを随所に見せており（フェアトレードは60％までの前払を義務づけている、協同組合が生産者を認証する等）、信頼性に欠ける。信頼性と誠実性に欠けた文章が、大学の助教授による現地調査というだけで権威づけられ、尾びれ背びれがついて「事実」として流布して行くのは恐ろしいことである。

❸生産者協同組合は怪しい　　バーントは、中米の多くのフェアトレード生産者協同組合には不正があるかもしれない、として次のように指摘する。①他の生産者から安い価格で買ったコーヒー豆をフェアトレードとして売る、②組合のマネージャーがプレミアムを懐に入れる、③普通なら認証を受ける資格のない大規模な生産者を認証する。さらに、協同組合の問題として、①役員がプレミアムを私物化するインセンティブが働き、その一例として役職に就くための過剰な競争があるかもしれない、②マネージャー職が多すぎるきらいがある、③リーダーは自分の地位を守るために不人気ながらも財政的に正しい決定をし

ないかもしれない、などを挙げる。
　全体として「〜かもしれない」という曖昧な指摘ばかりで、実例も示さない。想像をたくましくしただけのような文章で論文の体をなしておらず、論評するに値しない。一般的に言って、協同組合に対して新自由主義者たちが拭い難い猜疑心を抱いていることは間違いない。社会主義や非効率性、官僚組織化、不正等を連想するようである。協同組合の問題点を指摘する論文は数多いが、それはフェアトレードに限った問題ではない。
　協同組合に問題はあっても、それに代わるこれといった民主的な組織形態が生まれていないことも事実である。協同組合には、議論を通した意思決定、代表の選出、リーダーシップの養成など、「民主主義の学校」としてのポジティブな面が多々ある。そして「三本の矢」のたとえの通り、弱い立場にある生産者・労働者が搾取や抑圧にあらがう力をつけることを可能にする。逆に、支配的な立場にある者にとって都合が悪いのは弱者が団結することである。「分割して統治せよ（Divide and rule）」は、古代ローマ帝国時代以来、権力を握る者の常套手段である。

❹フェアトレードは消費者の選択の幅を狭める　　バーントは、フェアトレード・コーヒーしか買えないことになれば消費者は選択の幅を狭められる、と主張する。それはそうだが、問題は選択の幅である。債務労働や児童労働で作られたコーヒーも選択できるようにすべきなのだろうか。選択の幅を無制限に広げれば、環境を破壊してもよし、奴隷労働を使ってもよし、ということになる。「文明社会」であるならば、文明の名に恥じない制約を選択の幅に加えるのが当然である。フェアトレードは、人間らしい生活を保障し、持続可能な発展を可能にするという制約を加えるべきだと主張する。フェアトレードを否定するのであれば、それに代わる「文明の名に恥じない制約」を明確にすべきである。
　バーントはまた、非フェアトレード産品が買えるという選択を残すことが、生産者をして（消費者が）満足できる産品を生産し続けることを保証する、と主張する。何と消費者にとって都合のいい話だろうか。また何と生産者にとって不都合な話だろうか。「消費者主権主義」ここに極まれり、という以外に語る言葉を持たない。

4 新自由主義陣営の処方箋

それでは、フェアトレードを批判する新自由主義陣営は、一体どのような「処方箋」を示しているのか、見ておこう。

❶転作／多様化の勧め　「処方箋」の第一は、価格下落という市場のシグナル、そして非効率な生産者は退場せよという市場の原理に従って、他の作物に転換したり、生産を多様化したりするよう勧める。

確かに、需要の回復が見込めない産品（プラスチック製の袋に代替されてしまった麻袋を作るためのサイザル麻など）の場合は転作や多様化が必要だろう。

しかし、それには多くの困難やリスクが伴う。アダム・スミス研究所自身、例えばコーヒー栽培は固定費（植え付けや維持にかかる費用）の占める割合が高いため、変動費さえ賄えれば生産者は生産し続ける道を選ぶことを認めている。また、先進国の貿易障壁や多額の農業補助金（＝新自由主義に反した行為）のせいで他作物への転換が難しいことも認めている。

そうした大きな障壁・制約が立ちはだかる中で、何の支援もなしに零細な生産者に転作を勧めるのは、まともなアドバイスと言えるだろうか。それは、一流の棒高跳び選手しか越えられないような高さのバーを、粗末な竹竿一本で飛び越えてみろと言うようなものである。しかも、下には何のセーフティネットも用意されていない。跳躍に失敗して大ケガをしても、高みの見物を決め込む新自由主義者たちは、「自己責任」と言って涼しい顔をしているに違いない。

❷品質の向上　新自由主義者たちは、品質の向上や、高品質・高価格のスペシャルティ・コーヒーへの移行もアドバイスする。

しかし、零細な生産者に品質向上のための投資をする余裕はない。スペシャルティ・コーヒーは適地でなければ生産できないと専門家も言う。しかも、コーヒー市場の十数％を占めるだけのスペシャルティ・コーヒー市場に生産者が雪崩をうって参入したらどうなるか。それこそ供給過剰で価格破壊が起き、生産者が大きな打撃を受けることは間違いない。

一般に新自由主義者たちは、コーヒーに限らず、品質さえ向上させれば市場で高価格を獲得でき、それこそが貧困脱却への確かな道になると主張する。でもよく考えてみよう。それは、貧困家庭の子ども全員に向かって、努力して大学まで行けば良い就職ができ、みな貧困から抜け出せると言っているようなものだ。中には「アメリカン・ドリーム」を実現できる子もいるだろう。だが、大学までの教育費を払える貧困家庭はどれだけあるだろうか。無理に無理を重ねて大学まで行けたとしても、全員が大卒となった日には、その肩書きは希少価値を失い、卒業しても職にありつける保証などない。

　それは、オーガニック産品に起きたことでもある。オーガニックにすれば希少価値が高まり、高く売れて収入が増えるという触れ込みだった。しかし、大勢の農家や企業体が参入した結果、希少価値は消え失せ、こんなハズではなかったという恨み節があちこちで聞かれる。得をしたのは、オーガニック食品を安く食べられるようになった消費者だけである。

　フェアトレードも、品質が重要なことは1980年代に苦い経験を通して学んできた。しかし、品質さえ向上させれば貧困から抜け出せるというのはまやかしである。品質を上げて付加価値をつかみ取ったと思った瞬間、消え失せていくように、零細な生産者にとってそれは「逃げ水」のような幻想にすぎない。

❸付加価値づけ　一次産品をそのまま売るのではなく、加工を加えるなどして付加価値づけをすること（コーヒーでいえば自分たちで焙煎をする等）も勧める。

　それ自体は間違ったアドバイスではない。問題は、付加価値をつけるにはそれなりの資本や技術を要し、貧しい生産者には手が届かない点にある。付加価値をつけた製品の市場性やマーケティングも大きな課題である。新自由主義者たちは、それらを生産者の自助努力の問題として片づけてしまう。様々なリソースに欠け、リスクを負う余裕のない小規模生産者にとって、それは空しく響く御託宣に過ぎない。

　フェアトレードは、付加価値づけに必要な資本を蓄積し、必要な情報や技術を獲得し、マネジメントやマーケティングのスキルを高めるのを可能にする。そうして初めて、生産者は付加価値づけを現実のものとすることができるのだ。

❹ **制度の整備**　バーントは、長期的に見てフェアトレードは良くて「バンドエイド」的な働きしかできず、経済発展への最善の道は企業家の活動を奨励する制度の整備である、と説く。そして、制度のいくつかを変えるだけでフェアトレードが目指す目標を達成できる、と主張する。具体的には反例を示す形で、①投資家の保護、②企業への課税引き下げ、③契約の履行、④事業の速やかな許可などを挙げる。アクトン研究所は私有財産制や法の支配を挙げる。それらは新自由主義論者が常日頃吹聴してやまない政策群である。それらを実現できれば、小規模生産者は、フェアトレードに頼るよりもずっと企業家精神を発揮して豊かになれるという。

　その可能性はあるし、法の支配のように不可欠なものもある。しかし、新たな機会をより良く活かせるのは、小規模生産者なのだろうか、それとも途上国市場への進出を虎視眈々と狙う超国籍企業なのだろうか。制度を整備するだけで、何の支援策もないままに同じ土俵で両者を競わせたら、どちらが勝つのだろうか。答えは誰の目にも明らかだろう。

❺ **自由貿易**　最後は決まって自由貿易礼讃である。アダム・スミス研究所は、途上国が貧しいのは大企業や豊かな国が不公正な貿易条件を強要したせいではなく、途上国が自由貿易を拒んできたせいだとする。したがって、自由貿易の採用こそが貧困から抜け出す道だとする。一時危機的レベルに陥ったコーヒー価格はその後回復した。それは、「今や自由貿易が貧しい生産者に対して著しく優しくなっている」ことを意味するのだという。「我田引水」もここまでくると見事である。

　自由主義経済の論客フィリップ・ブースは、「途上国の人々が貧しいのは世界貿易システムのせいではなく、汚職がひどく、管理貿易を敷くといった、国のガバナンスのせいだ」と主張し、良いガバナンスと自由貿易の必要性を強調する（Booth (2004)）。また、「どんなにガバナンスが良い国でも政府の行動は外から抑制する必要がある」と述べ、そのためにWTOがあるのだと言う（ここでは保護主義をなくすための抑制を指している）。そして、「たとえ先進国が貿易障壁を設けたとしても、途上国が貿易障壁を設けることは自国の発展のためにならない」と主張する。つまり、たとえ先進国が武装（保護貿易）してい

ても、途上国は丸裸（自由貿易）で戦った方が自分自身のためになるというのである。開いた口が塞がらない、と感じるのは筆者だけだろうか。

自由貿易主義者の主張の極めつけは、「自由貿易だけがフェアな貿易」だという主張である。なぜなら、自由貿易は自発的であって強制されたものでなく、人間を管理できるものと見なすような上から目線の夢想に耽溺することがなく、経済成長と発展をもたらすことを通してより良い生活という唯一最大の夢を貧困層に与えるからだ、と言う。しかし、そうした夢を貧困層が実際に叶えられたことがどれだけあったのだろうか。これまで自由貿易から得られた夢はといえば「悪夢」ばかりだったのではないだろうか。

5 アダム・スミスとフェアトレード

最後に、新自由主義者たちが信奉する、かのアダム・スミス、「自由放任主義」を説いたとされるアダム・スミスが真に目指した市場や経済のあり方とは一体どのようなものだったのか、見ておきたい。

スミスの著作は生涯でただ二つ、『国富論』と『道徳感情論』だけである。本来はその二著作を熟読した上で論ずべきところだが、ここではアダム・スミス研究の泰斗、堂目卓生（大阪大学教授）の『アダム・スミス：『道徳感情論』と『国富論』の世界』に依拠して上記の疑問に答えていきたい。ちなみに同書は、日本経済新聞の「2008年エコノミストが選ぶ経済図書」の第1位に輝いた秀著である。

堂目によると、スミスは二つの著作によって「社会の秩序と繁栄を成り立たせる普遍的な原理は何か。それらを妨げる要因は何か。これらの問題を人間本性の考察にまで立ち返って検討する」という課題に立ち向かったという。

道徳感情論

スミスが初めに著した『道徳感情論』の目的は、「社会秩序を導く人間本性は何かを明らかにすること」にあった。その中でスミスはまず、社会秩序を基礎づける原理（＝道徳原理）は感情に基づくものであり、私たちの中にある様々な感情が作用しあうことによって社会秩序が形成される、とする。

スミスによれば、人間はどんなに利己的でも、本性の中には別の原理があって、他人の運不運に関心を持ち、哀れみや同情といった感情を抱く生き物である。そして、当事者の境遇に自分を置いた時に想起される自分の感情や行為と当事者のそれとを比較して、一致する場合には当事者の感情や行為を適切なものとして是認し、異なる場合には否認する。そのように、「他人の感情や行為の適切性を判断する情動的な能力」のことをスミスは「同感（sympathy）」と呼び、「同感」がスミスの思想を貫くキーワードとなっていく。

人は他人の感情や行為を観察すると同時に、自分の感情や行為が他人にどのように映るかを知りたくなり、他人から是認されたいと願うようになる。その願望は人類共通で、個人の中で最大級の重要性を持つとスミスは考える。

人は、他人からの是認を願って、自分の感情や行為を他人が是認しうるものに合わせようとするとともに、他人の一方的な判断から自分自身を守るべく自身の胸中に「公平な観察者の基準」を形成し、それに基づいて自分の感情や行為の適切性を判断するようになる。こうして人は、胸中の公平な観察者が是認する感情や行為を推進し、否認する感情や行為を控えるようになる。スミスは、公平な観察者の判断に従う人を「賢人」、世間の評価を気にする人を「弱い人」と呼び、すべての人に両方の要素があるとする。

次にスミスは、他人の行動の継続的な観察によって、人は気づかぬうちに適切な行動についての一般的諸規則を心中に形成する、と考える。諸規則には二つあって、そのうち「正義」は胸中の公平な観察者が非難に値すると判断する行為を回避するよう私たちに指示し、「慈恵」は胸中の公平な観察者が称賛に値すると判断する行為を推進するよう指示する。この一般的諸規則に従って人々が行動すれば、秩序だった住みやすい社会が実現される、とスミスは考える。

ここで重要なのは、「慈恵」は建物を美しくする装飾であって建物を支える土台ではないのに対して、「正義」は大建築全体を支える支柱であると述べ、「慈恵」よりも「正義」を重視していることである。さらにスミスは、自分の行為の基準として一般的諸規則（正義と慈恵）を顧慮せねばならないと思う感覚を「義務の感覚」と呼ぶのだが、それは人間生活において最大の重要性を持つ原理であり、我々の本性の他のすべての原理（利己心や自愛心を含む）を制御する特別の職務を持つ、と言う。つまりスミスは、「正義」と「自制」を重

んじ、「利己心を無制限に放任すべき」などとは考えていなかったのである。

スミスは国際秩序にも言及する。彼は、文化的なものは慣習・流行や社会・時代に影響されるが、社会の存続にとって重要な正義ないし道徳感情に関する基準は影響されることが少なく、文化や慣習の違いを越えて世界の諸国が共有する（言い換えると公平な観察者の判断基準を形成する）ことが可能である、と考える。しかし、現実には国家間に中立的な観察者が近くにおらず、国民的偏見（倒錯的な祖国愛）に囚われて道徳的腐敗ないし不正義が起きている。

では、いかにして国民的偏見を取り除き、正義に関する基準を世界が共有するようにできるのか。スミスの考えでは、人々が他国民と交際し、同感し合うことを繰り返すうちに国民的偏見を弱め、正義に関して他国民も自らと同じ感覚を持つことを認識できるようになる。諸国民間の関係が緊密化することで形成されるであろう国際世論は、共通の公平な観察者の判断基準を打ち立てる基礎を築く。そして、諸国民間の自由な貿易こそ、そのような交際を広める手段となりうるし、諸国民間の「連合と友好の絆」となりうる、とする。

つまり、自由な貿易は、正義に関する基準を諸国民が共有し、正義に基づく国際秩序を打ち立てる上で、かけがえのない手段たりえる、と考えるのである。

スミスは、社会の繁栄も「同感」という人間本性によって導かれると述べる。つまり、人は悲哀よりも歓喜に同感したいと思う傾向を持ち、富や高い社会的地位は歓喜をイメージさせるので、人は他人から同感を得るために富や高い地位を追い求めるようになる。そして、もっと富を得ればもっと幸せになるという欺瞞・野心・虚栄が勤労を掻き立て、技術を向上させることで、経済の発展と社会の繁栄がもたらされる、とする。

しかしスミス自身は、真の幸福は富や地位の獲得にはなく、その追求は人生をむしろ不幸にすると考える。真の幸福は平静にあり、平静に必要なものは、健康で、負債や良心の呵責を感じることがなく、最低水準の富があることで、最低水準の富を得るのに必要なのは「施し」ではなく「仕事」だ、というのがスミスの考えである。

スミスは、世間の尊敬と感嘆を得る道には「徳への道」と「財産への道」があるとも言う。「徳への道」は英知を探求し徳を実行する道で、賢人が選ぶ道である。一方、「財産への道」は富と地位を獲得する道で、弱い人が選ぶ道だ

とする。「財産への道」を歩む者の間では、限られた富と地位の獲得をめぐって競争が起きる。競争は、質の悪い世話（労働の生産物）、高くつく世話を排除し、良い質の世話が安価に豊富に提供されるのを可能にする。その一方で競争は、虚偽・結託・強奪などを伴って正義を侵犯する恐れがある。

そこでスミスは、「フェア・プレイ」のルールに則った競争を訴える。堂目によれば、それは、他人の生命、身体、財産、および名誉を侵害しない、正義に叶った競争でなければならないことを意味する。

スミスは、すべての人の中にある賢人の要素（賢明さ）が社会に秩序をもたらし、弱い人の要素（弱さ）が繁栄をもたらすと考える。したがって、「弱さ」そのものが問題なのではなく、両者のバランスが問題だ、というのがスミスの考えである。「弱さ」は放任されてはならないが、完全に封じ込められてもならず、「賢明さ」（ないし正義感やフェア・プレイのルール）によって制御されねばならない、というのが堂目の見るスミスの思想である。

🫘 国富論

次に『国富論』、正確には『諸国民の富の性質と原因の研究』に目を移そう。堂目によると、スミスは、諸国民を豊かにし、諸国民をつなぎ、万民の法（国際法）の形成を準備する「万民の富の一般原理」を国富論によって提示した。

国富論でスミスはまず、富を生み出す原資は「労働」であると述べ、富の源は人々の労働にあるという立場を明確にする。彼はまた、豊かさの増進とは、国民の平均的消費量の増大と社会の最下層の消費量（最低水準の富）の増大を意味する、との立場をとる。つまり、パイを大きくするだけでなく、最下層の取り分を増やすことも重要視するのである。

また、豊かさは労働生産性の向上と生産的労働の割合を高めることで増進されるとした上で、前者を重視し、その労働生産性を飛躍的に高めるのが「分業」であることから、富を増やす原動力を分業に求める。

スミスによると、分業は人間本性の中にある「交換性向」（物と物を取引・交換・交易する性向）から生まれ、交換性向は人間本性の中で支配的な「説得性向」（相手に自分の感情・意思・意見を伝え、相手の「同感」を得る性向）に基礎を置く。彼はまた、人が交換をするのは他者への愛からではなく、自身への

愛（自分の生存を確かなものにし境遇を改善する）からであることを認める。

　国富論の中でスミスが「見えざる手」という言葉を使った唯一の箇所では次のように言う。個人は一般に公共の利益を推進しようと意図してもいないが、「見えざる手に導かれて、自分の意図の中には全くなかった目的を推進する。…自分自身の利益を追求することによって、個人はしばしば、社会の利益を、実際にそれを促進しようと意図する場合よりも効率的に推進するのである」と。

　この記述にだけ注目すれば、個々人が公共の利益を推進しようと意図する必要はなく、それぞれ自由に自己利益を追求することで、結果として社会の利益をより効率的に推進できるという「自由放任主義」を説いたことになる。

　しかし、それはスミスの思想の一面的かつ極めて表層的な解釈でしかない。先に見たように、スミスは国富論に先立って書いた道徳感情論の中で「正義」と「自制」を重んじる姿勢を明確にしており、「弱さ」を放任することなく「賢明さ」（ないし正義感やフェア・プレイのルール）によって制御すべき、という基本理念を明示しているからだ。

　スミスは、国富論の中でも、人は他人からの援助なしには生存できない存在であり、互いに援助を必要とする存在である、と述べている。そして、交換とは自愛心からだけでなく、同感・説得性向・交換性向という人間の能力・性質にも基づいて行われる互恵的行為であるとする。したがって、市場は本来互恵の場であり、競争の場ではない、というのが堂目の見るスミスの思想である。

　分業が確立すれば、全員が他人の世話によって自分の生活を支えていけるようになる。そうした社会をスミスは「商業社会（ないし市場社会）」と呼ぶ。それは全員が交換をし、全員が「ある程度商人になる」社会である。

　では、市場で「互恵的行為」である交換が成り立つには何が必要なのだろうか。堂目によれば、市場が互恵の場であるには、他人から強奪しない、他人を奴隷のように扱わないと約束することが必要であり、市場が公共の利益を促進するには、参加者の利己心だけでなく「フェア・プレイ」の精神が必要である、というのがスミスの考えである。

　スミスにとって市場社会とは、自愛心・利己心に支えられた社会ではあるものの、同時にフェア・プレイを受け入れる正義感・交換性向・説得性向に支えられた社会でもある。後者は「同感」に基礎づけられていることから、市場社

会を支える根本は、自愛心とともに「同感」（＝他人の諸感情を自分の中に写し取り、それと同様の感情を引き出そうとする情動的能力）に求められる、と堂目は指摘する。

　スミスは、豊かさを増進するための自然的原理として、「分業」に加えて「資本蓄積」を挙げた。資本蓄積の中心的な担い手は資本家であり、その意味で資本家は豊かさを増進する重要な役割を果たすのだが、スミスは公共の利益を損ねる危険性が最も高いのも資本家階級であると見る。公共精神に乏しく、時には自己の利益のために公共の利益を犠牲にする「致命的な欠陥」を資本家に見るのである。

　資本家に対するスミスの批判は実に手厳しい。「最も周到な注意だけでなく、最も疑い深い注意を払って、時間をかけて慎重に検討した上でなければ、決して彼らの提案を採用してはならない。それは…これまで多くの場合に公共を欺き、抑圧してきた階級の人々から出されている提案なのである」とまで言う。それは当時、政治的支配階級に働きかけて自分たちが利益を独占できるような規制や制度を作らせた資本家階級に向けられたものなのだが、現代においてもなお有効な、例えば超国籍企業に投げかけてもおかしくない警句である。

　今なお有効な警告がもう一つある。道徳感情論の中にある、自然的自由の体系に向けた規制の緩和や撤廃は人々の感情に配慮しながら徐々に進めねばならない、という警告である。スミスによると、統治者は拙速に事を運ぼうとし、その傾向は自分の掲げる理想の美しさに陶酔すればするほど強くなる。人々の感情を考慮せず、自分が信じる理想の体系に向かって急激な社会変革を進めようとし、計画からの小さな逸脱も我慢できず、チェスの駒のように人を動かせると考える、とスミスは言う。それはまるで、1980年代から世銀とIMFが途上国に強要した「構造調整政策」に対して発したかのような警告である。

🫘 スミスの思想

　堂目は最終章の「スミスの遺産」で次のように述べる。スミスについて抱かれてきたイメージは、「規制を撤廃し、利己心に基づいた競争を促進することで高い成長率を実現し、豊かで強い国を作るべきだ」と主張する、原理的な自由経済主義者のそれだった。しかし、彼の思想の根底にあったのは、人間にと

って最も重要なのは「心の平静」を保つことという信念だった。スミスにとって、弱さ（財産形成の野心や競争）は社会の繁栄を導く原動力ではあるが、放任しておくと社会の秩序（心の平静も含む）を乱す恐れがあることから、社会秩序の基礎をなす賢明さ（正義感）によって制御されねばならないものだった。

　富には、市場によって国内の人間をつなぎ、成長によって富者と貧者をつなぎ、貿易によって異国の人々をつなぐ機能がある。富が交換される市場では、相手から奪ったり相手を騙したりすれば憤慨を招くであろうし、自分もそうされたら憤慨するであろうと思い描く「同感」の力を全取引主体が発揮することで、初めて不正のない交換が成立する。人と人をつなぐ富の機能を十分に生かす経済システム、すなわち自由で公正な経済システムを築けるかどうかは、諸個人がどの程度胸中の公平な観察者の声に耳を傾けられるかにかかっている。

　確かにスミスは、個人の利己心に基づいた経済行動が社会全体の利益をもたらすと論じたが、そこで彼が想定した個人は、他人に同感し、同感されることを求める社会的存在としての個人であり、胸中の公平な観察者の是認という制約条件のもとで自分の経済的利益を最大化するよう行動する個人だった。

　以上の堂目の分析に立った時、スミスの思想は、今まで彼のものとして流布されてきた思想とは大きく異なった装いをもって私たちの前に立ち現れる。

　スミスは「同感」——筆者なりに言うと「他人の痛みや喜びを推し量り共感する力」——から導き出される「正義感」ないし「フェア・プレイ」の精神が制約する範囲内において自由な経済活動と競争を容認した。つまり、「公正」を大前提とした上で「自由」を認めたのである。そもそもスミスにとって、市場とは本来「互恵の場」であり、競争の場ではなかった。スミスはまた、彼が最も価値を置く「心の平静」には、健康で負債や良心の呵責がないことに加えて「最低水準の富」が必要だと考え、最低水準の富を実現するのに必要なのは「施し」ではなく「仕事」だと考えていた。さらにスミスにとって貿易とは、ただ富を交換し、繁栄を図るための道具ではなかった。それは、正義に関する基準を諸国民が共有し、正義に基づく国際秩序を打ち立てるためのかけがえのない手段だった。

　こうしてスミスの思想を原点に立ち返って検証した時、そこに立ち現れてくるのは、まさに「フェアトレード」の思想そのものだと言って良いだろう。

第 11 章
フェアトレードへの批判 ❷：左からの批判

ネパールの手工芸品生産者

　フェアトレードに対しては、右からだけでなく、左（主として反グローバリズム陣営）からも批判がある。その代表格は、『不公正貿易』（邦題は『コーヒー、カカオ、コメ、綿花、コショウの暗黒物語——生産者を死に追いやるグローバル経済』）の著者ジャン＝ピエール・ボリスである。フランス国営放送のキャスターだった彼は、超国籍企業や世銀・IMFの構造調整政策によって一次産品の生産者が極度の貧困に追い込まれていく姿を番組化した。それをまとめた著書の中で、超国籍企業や先進国政府、国際機関を断罪しつつ、返す刀でフェアトレードへの手厳しい批判を行ったのである。

1　ボリスの批判

　ボリスの批判の矛先は、主として彼が欧州型フェアトレードと呼ぶ「ラベルを使った認証型フェアトレード」に向けられている。批判は次の7点に集約される。

　❶力のある生産者を潤し、最貧層を疎外している
　❷フェアトレード団体は、参加していない生産者の利益を侵害している
　❸ラベル認証機関は公平な判断を下せない
　❹ラベル認証機関は中間搾取業者に取って代わっただけである
　❺生産者と消費者の力のアンバランスを攻撃していない
　❻フェアトレードは問題の本質を見えにくくする
　❼フェアトレードはオルタナティブにならない

　それでは、一つ一つ見ていこう。

❶**力のある生産者を潤し、最貧層を疎外している**　フェアトレードは、その恩恵に浴しているのが最も貧しく惨めな人々であると信じ込ませているが、実際に潤しているのは教育水準が充分に高く、一致団結した活動的な農民からなる協同組合や、商業的・技術的課題に取り組む力のある組織である。その結果、フェアトレードは意図せずして、最も貧しい人々をさらなる疎外へと追い込んでいる、とボリスは批判する。

　この批判には真実が含まれている。とりわけフェアトレード・ラベルは、生産者が満たすべき基準を年々強化し、さらに認証料を徴収し始めたことから、余裕や能力のある生産者組織でないと認証を得るのが難しくなっており、その意味で疎外を生じさせている。FLOは「生産者サポート・関係作りユニット」や「生産者認証ファンド」を設けて、零細な生産者の技術的・財政的な支援に乗り出しているが、とても十分とは言えない。ただし、最貧層の「相対的」な疎外は起きているとしても、「絶対的」な疎外、つまりフェアトレードによって最貧層が前よりも悪い状況に追い込まれているという指摘が正しいかどうかは、具体的事例をボリス自身示していないため、判断し難い。

　ここで、最貧層の疎外について少し考えてみたい。フェアトレードが人々を引き付けるのは、それが「チャリティ」ではなく、貿易を通じて途上国の零細な生産者の人々の自立を実現できるところにある。が、フェアトレードが持続し、発展していくには、ビジネスとして成り立つことが欠かせない。そこで問題となるのは、生産者の人々が貿易に参加するだけの最低限の力を備えていないと、ビジネスとして成り立たせるのが非常に難しいことだ（それは連帯型フェアトレードについても言える）。相手の能力を引き上げることに多大な労力・資金・時間（いわゆるコスト）がかかってしまうからだ。

　したがって、ビジネスとしてフェアトレードを成立させようとすると、最低限の力が備わっていない最貧層は対象にしたくてもできない、という現実に向き合わざるをえなくなる。最貧層を対象とするフェアトレードも確かにあるが、そこには必ずといって良いほど無償の援助の要素が入っている（無償無給のボランティアに支えられることを含む）。

　ここで、土地なし貧困層への融資で貧困削減に大きな成果を上げてきたグラミン銀行を例に挙げよう。かつて同行は、「最貧層」への裨益をうたいながら

実際には最貧層が裨益していないと批判されたことがある。筆者がユヌス総裁に事実関係を尋ねたところ、初期には最貧層を対象に実験的な融資をしていたことがある。しかし、技術や知識に加え、自らへの自信にも欠ける最貧層は返済できないことを恐れ、ほんの少額（時には鶏といった現物）しか借りようとしない。融資後も頻繁に訪ねて勇気づけ、助言をするなど、採算を度外視した支援が必要だった。貧困層は融資に値する人々であり、彼らへの融資が商業的に成り立つのを実証することを最大の目標としていたユヌス総裁は、最貧層への融資継続を断念した。無理して続ければ、融資による貧困の削減という壮大な社会実験が無に帰してしまうからだ。同行がすべての貧困層を救えるわけではない。細やかな支援を必要とする最貧層には「非商業的アプローチ（福祉や援助）」が適しており、棲み分けが必要だという結論に至ったのである。

　フェアトレードに話を戻せば、実現可能なビジネスモデルを確立することと、最も不利な立場にある人々を対象とすることは両立しがたい（二兎は追えない）という現実、貿易に参加する力をある程度持った生産者に絞らなければ「共倒れ」に終わるという現実を直視する必要がある。最も不利な立場にある人々は、非商業的アプローチによって細やかな支援をする方が適している。連帯型フェアトレード団体がNGO団体／部門を設けて、開発協力（援助）の手法で最不利層を支援しているのはそうした理由からだ。

　したがって、最も不利な立場にある人々を対象にできないからといってフェアトレードが肩身の狭い思いをする必要はない。逆に、最不利層を対象にできないからといってフェアトレードを批判するのは的外れだし、彼らを救えないのならフェアトレードは無価値と言うのは暴論である。批判が的を射るのは、主たる対象が最不利層でないにも拘わらず、そうであるかのようにフェアトレードが主張する場合である。また、不利な立場からは程遠い、豊かな生産者を支援する場合である。

　グラミン銀行の後日談を言うと、批判があってから20年余、同行は最貧層向けの支援・融資事業を再開した。商業銀行として確固たる地位を築き、それだけの余裕が出てきたからである。フェアトレードも、ビジネスとして確固たる地位を築いた暁には最不利層を対象とする余裕が生まれてこよう。

❷**フェアトレード団体は、参加していない生産者の利益を侵害している**　ボリスは、あるコーヒー生産者の代表の言葉を借りて次のように言う。生産者にまともな報酬を払わないコーヒーは買うべきでないと訴えるフェアトレード団体があるが、それはコーヒーのイメージを損ね、従来の流通経路でしか販売できない（＝フェアトレードに参加できない）生産者の利益を侵害している。その団体は自らカフェ・チェーンを出しており、「他の製品にケチをつけながら競争を前提とした商売を行っている」、と言うのである。そして、イギリスやドイツでコーヒー消費量が減少しているとして、生産者代表の主張を擁護する。

　この批判は奇しくも新自由主義者たちのそれと軌を一にする★。確かにフェアトレードを唱導することで従来のコーヒーのイメージを損ねる可能性はある。しかし、それが原因で消費量が減少し、フェアトレードに参加できない生産者の利益が侵害されたという証拠は、左右どちらの批判者も示していない。

　とはいえ、生産者自身がフェアトレード団体の活動によって不利益を被っていると感じている事実は重く受け止める必要がある。それは、フェアトレードへの参加者と非参加者の間に溝を作らないような配慮・取り組みが必要なことを教えている（プレミアムを使った社会事業はそれに相当する）。

> ★　左右共通といえば、ボリスも、生産者組合内にフェアトレードによる余剰金を横領しようという動きがあると、「右」と同様の批判をする。ただし、彼は、フェアトレード・コーヒー価格140セントのうち50セントが共同体によって「天引き」されたと言うだけで、その行方や使い道を明らかにしておらず、「天引き」＝「横領」というのは短絡的にすぎる。

　ボリスはまた、フェアトレードが「詐欺」の口実に利用されていると指弾する。フランスの輸入業者が、ラオスのコーヒー生産者からフェアトレード価格で買い入れると約束しておきながら、生産量450トンのうち5トンしか買わなかったため、生産者は残りを叩き売りせざるをえなかった、と言うのだ。正確な事実関係が不明なので、本当に生産者を欺く意図があったかどうか分からない。ボリス自身「できもしないことを約束した」と書いていることから、全量買ってあげたかったが5トンしか買えなかったというのが真相と思われる。だとすると、犯罪行為である「詐欺」とまで形容するのはフェアではない。

　とはいえ、買う側が過大な約束をして生産者に過大な期待を抱かせ、後で生産者に「だまされた」と思わせるようなことが、相互信頼を旨とするフェアト

レードにあってはならないことは確かだ。

❸**ラベル認証機関は公平な判断を下せない**　ボリスは、フェアトレード・ラベルの認証機関は「認証業務で生計を立てている」ため、「利害が絡んで公平な判断を下すことができる立場にない」、と指摘する。ラベル産品の取扱いを希望する企業を認証するにあたって相手から認証料やライセンス料を取り、それを主な収入源にしている以上、企業に有利な判断を下しかねない、という趣旨と思われる。

似たような指摘として、アメリカのラベル団体はスターバックスからの認証料に大きく依存しているので、同社に対して強い態度で臨めるかどうか疑問だ、という研究者の指摘がある。先に引用したスイスのラベル団体の元代表も、企業からのライセンス料に依存する危険性を指摘している。

確かに、企業の格付け機関は企業から審査料を取るために格付けを甘くし、それがサブプライム・ローン破綻の一因になったとも言われる。したがって、企業からの認証料等に依存しない組織運営は重要である。ただ、企業に影響される恐れがあるからといって、ラベルの仕組みを全否定するのも当を得ているとは言い難い。第9章で述べたように、ラベル・システムには、不作為の政府セクターに代わって公正さを保障する新たな公的仕組み、ガバナンスを構築している面がある。だとすれば、市民社会の役割は、新たな公的ガバナンスを担うシステムを寄ってたかって引きずり倒そうとするよりも、それを監視し、市民や生産者寄りのものとすることにあるのではないだろうか。

ネオリベラル的なウツ・サーティファイドやレインフォレスト・アライアンスが、企業からわずかしか、ないし全く費用をとらず、システムの維持コストを生産者に押しつけているのと、企業にも負担を求めるのとでは、どちらが「フェア」かという議論も必要だろう。社会の一員としての企業が、ラベルという一種の「公共財」ないしフェアなシステムを維持するために応分の負担をするのはむしろ当然だと言える。問題は、認証料を出す相手を認証するという仕組みに伴う危うさにある。それはフェアトレードに限らず「民間認証」全般に関わる問題で、将来的には純粋な第三者が関わる認証や「公的認証」へと移行する必要があることを示唆していよう。

❹**ラベル認証機関は中間搾取業者に取って代わっただけである**　ボリスは、フェアトレードによって、途上国側では生産者を悩ましてきた中間搾取業者が減ったが、消費国側では認証機関という新たな中間搾取業者が現れた、とも言う。

彼の目には、流通ルートの中に認証機関が現れ、認証料やライセンス料を取るという形で儲けている、と見えるようだ。認証料等の「中間マージン」が新たに発生したことは事実だし、マージンを取るだけで生産者にとって何の恩恵もなければ「搾取」と呼べるかもしれない。しかし、生産者に対する認証料は生産者の同意のもとに導入されたのだし、生産者は期待したほどではないにしてもラベルの仕組みから一定の利益を得ている。

ボリスはまた、消費国側で企業や消費者が搾取されていると考えているようだが、企業や消費者は「フェア」という価値に共鳴して、みずから進んで買っているわけで、「搾取」という表現は全く当たらない。

「中間マージン」といえば、スーパーやカフェなどが不当に高いマージンを得て儲けているという報道が以前イギリスなどであった。消費者にはフェアトレード産品は高いものという先入観があり、その購入がステータス・シンボル化したこともあって、マージンを高く設定しても（倫理的）消費者は買うという計算があったと言われる。スーパー等は否定したが、報道直後に小売価格が下がったことは「不当マージン説」に真実味を与えるものとなった。

ボリスとともに認証型フェアトレードの批判者として著名な経済学者クリスティアン・ジャキオーも、認証機関は途上国の仲買人に取って代わっただけという趣旨の批判をする。彼は、仲買人がコーヒー1パックあたりかすめ取っていた0.06ユーロに代わって、認証機関が0.05ユーロを徴収するようになったと言う。しかし、取引からほぼ同額の「中間マージン」を得ていることだけをあげつらって、買い叩けるだけ買い叩いて生産者を貧困に陥れる仲買人と、最低価格＋プレミアム（時には仲買人の買取価格の3倍に上る）の支払いと人間らしい生活を生産者に保証するフェアトレード・ラベルとを同列において批判するのはフェアではない。

❺**生産者と消費者の力のアンバランスを攻撃していない**　本項以降がボリスの批判の核心をなす。彼はまず、「供給過多の状態では、フェアトレードは何の

役にも立たず、消費者がルールをどのようにでも決めることができる★」、「消費者と生産者の間では力が対等ではないために市場原理が正しく機能していない」と指摘し、「フェアトレードは、この対等ではないということを攻撃対象としていない」と批判する。

> ★ あるフェアトレード企業家が、ドルが対ユーロ安になったことから、生産者にドル払いへの変更（＝生産者のユーロでの手取りが減る）を求め、生産者側が反発した例を挙げている。

両者の間に力のアンバランスがあり、フェアトレード・ラベルが企業・消費者側の意向を優先してきたという分析は基本的に正しい。ラベルが生産者に向き合うようになったのは最近のことである。一方、連帯型フェアトレードは「対等なパートナーシップ」を常に追求してきた。生産者に対しては組織化やエンパワメントを支援し、消費者に対しては生産者との連帯と「消費の力」の賢明な行使を求めてきた。それでも、「北」主導であることへの生産者側の不満が払拭されたとは言い難い。

ただ、ボリスの批判はもっと深い所に向けられているように思われる。供給過多が構造化している中では、フェアトレードは風車に突っ込むドン・キホーテのようなもので、供給過多の問題そのものを「攻撃」する必要がある。力のアンバランスを生み出し、悪化させている構造調整政策や投機資金、貿易構造などの問題を「攻撃」する必要がある、というのが彼の真意と思われる。それは次の批判に明らかだ。

❻ **フェアトレードは問題の本質を見えにくくする**　ボリスは、フェアトレードが人々の注目を集めることで、問題の本質がぼやけてきてしまっていると指摘する。彼が言う問題の本質とは、「国際協定」と「国内価格調整制度」の消滅（前者は国際商品協定、後者はマーケティング機構等を指すと思われる）であり、「生産国間の再分配協定（生産国カルテルを指すと思われる）」の減退／消滅であり、コーヒー消費量の大幅な減少である。最後の消費量の減少も、その主因は農民や国家を破産に追い込み、品質の低下をもたらした規制緩和であり、規制緩和を途上国に押しつけた世銀・IMFの「構造調整政策」である。

つまり、ボリスが言う問題の本質とは「新自由主義」そのものである。国際商品協定やマーケティング機構、生産国カルテルを無力化したのも、世銀・IMF

をして途上国に構造調整政策を飲ませたのも、元はといえば、規制を撤廃して市場原理に従えと命ずる新自由主義ドクトリンだったからだ。したがって、ボリスの批判の核心は、フェアトレードが「新自由主義」を攻撃対象としていないところにあると言って良い。

ボリスは言う。「理想主義と経験主義の混ぜあわせでしかない欧州型フェアトレードでは、政治的大問題の核心を浮かび上がらせることはできない」と。また、「慰めや人道支援的議論を行うことにより、欧州型フェアトレード信奉者は、巨大多国籍企業の立場を有利にすることに加担している」と。

実際、認証型フェアトレードはラベル産品の市場拡大にいそしむあまり、「政治的大問題」に迫ろうとする意気込みに欠けているのは確かだし、多国籍企業をフェアトレードの土俵に乗せようとすることで、その立場を有利にすることに加担しているという見方が成り立つのも確かだ。この点に関しては**第13章**で論じたい。

❼フェアトレードはオルタナティブにならない　ボリスは次のように言う。メディアがフェアトレードの流行を過大に扱うことで、明日にでも従来の国際貿易に取って代わるのではないかという「幻想」を生み出した。しかし、フェアトレードは決して「革命的なアイデア」ではなく、国際経済秩序をひっくり返すことなどありえないし、国際貿易の流通経路をほんの少し揺さぶったにすぎず、国際経済における巨大な力を制御することなど決してできるものではない。にも拘らず、ラベル産品を買うことで近い将来により良い世界、「もう一つの世界」が構築されるなどと紹介するのは「知的詐欺行為」とさえ言える、と指弾するのである。

知的詐欺とまで言えるかどうかはさておき、認証型フェアトレードが、右からは「国際経済秩序を根底から覆そうとする」革命的意図を隠し持ったものとして非難され、左からは「革命的なアイデアではない」ことを理由に非難されることが、その中道的な立ち位置を如実に表している。ボリスの「いらだち」はまさにその中道性、彼の言葉を借りれば「理想主義と経験主義の混ぜあわせ」にあり、批判の核心は、彼が市民運動家の言葉として引いた「フェアトレードは新自由主義に対抗するオルタナティブにはならない」という点にあると

思われる。

　ボリスは、大部分のコーヒー生産者の利益を侵害しているフェアトレードは「ボーイスカウトの真似ごと」、つまり子どもっぽい正義感に立ったお遊びだと断じ、「こんなことは、もうやめるべきではないだろうか」とフェアトレード無用論を唱える。

　彼の批判は欧州型フェアトレード、つまり認証型フェアトレードに向けられているが、フェアトレードそのものへの懐疑心も見え隠れする。フェアトレードは窮状を和らげるだけの人道支援的な取り組みに過ぎず、そうした慈善的行為が脚光を浴びることで、人々の関心は本質的な問題からそれてゆき、アンフェアな構造をその根本から正すことを難しくする、というのが彼が一番言いたいことなのだろう。

　以上のボリスの批判（特に❺〜❼）をどう受け止めるべきかについては、**第13章**で論ずることにする。

2　ボリスの提案

　以上のような（認証型）フェアトレード批判を展開したボリスは、一体どのような代案を提示しているのだろうか。彼はまず、「割当制への回帰は、現在の国際政治情勢からしてほとんど不可能」であると言う。つまり、かつて国際商品協定で定めたような輸出割当は非現実的だとする。代わりに彼が提案するのは次の5つである。

①巨大多国籍企業が先進国で計上した利益を生産者に還元させる
②国家がコーヒー等の消費に対して輸入業者に課税する
③②の課税で得た資金を原資に価格調整のための国際基金を創設する
④一次産品の共通基金を復活させる
⑤国際的機関を創設して生産者にきちんとした報酬を約束する

　このうち具体的に提案しているのは④だけだ。それは、1976年に合意された、一次産品の供給過剰／過少を調節する「緩衝在庫」を設立・運用するための「共通基金」を意味している。共通基金は89年に実現したが、先進国が資金を出し渋ったため、肝心の緩衝在庫は国際天然ゴム協定を除いて設けられる

ことはなかった。その基金を「復活」させ（基金自体は存続しているので復活が何を意味するか不明）、資金をNGOの管理下において輸出状況に応じて毎年様々な国に配分し、最終目的地にきちんと到達しているかをNGOに検証させようと言うのだ。しかし、提案の中身は曖昧にすぎる。「何のために」基金を使うか全く明らかでなく、「需給バランスを取る」必要を指摘しながら、その具体的方策も不明である。

①では、強大な多国籍企業の利益を一体どうやって生産者に還元させようというのだろうか。フェアトレードを「ボーイスカウトの真似ごと」と一蹴する割には、「年寄りのパイプドリーム（パイプをくゆらしながらの夢想）」の趣き豊かな提案である。

②の提案は、著者の母国フランスが提唱していくつかの国が実践し始めた「航空連帯税」と同様の発想で、実現可能性はあるだろう。ただ、課税して得た資金をどう使うかが明らかでない。一つの使い道は③だが、「価格調整のための国際基金」の目的が④の共通基金とどう違うか不明である。

⑤はフェアトレード・ラベルが試みてきたことで、それを政府間機関で公式化しようという提案だろうか。ただ、この機関には「基金の出し手が嫌がる価格安定化のための基金は設立しない」と言う。価格安定化策には、輸出割当、輸出統制、輸入制限、緩衝在庫等がある。そのうち緩衝在庫は貿易歪曲効果が小さいとしてアメリカですら容認する仕組みなのだが、「出し手が嫌がる」と避けている（④でも緩衝在庫を提唱していない）。出し手の先進国に気兼ねした、実に「現実主義」的な提案ではある。

筆者はフランス語力が未熟なため訳書に頼らざるをえない。訳書にボリスの提案主旨が正確に反映されていない可能性はあるが、認証型フェアトレードへの批判と同じ鋭さをもって「新自由主義に真っ向から切り込む」提案を期待しただけに、竜頭蛇尾な内容に残念でならない。

3 認証型フェアトレードへの批判

ボリス以外にも、認証型フェアトレードに対する批判はある。その主なものを以下に紹介するとともに認証型からの反論も紹介する。それらをどう受け止

めるべきかについては**第13章**で論じたい。

❶**認証型は不公正貿易の担い手である大企業を利するだけだ**　フェアトレードの認証機関は、中立・無差別の原則に立って、相手が誰であっても基準さえ満たしていれば認証し、ラベルを使ってフェアトレードに参加することを認める。それはフェアな条件で生産された「産品」を認証する仕組みで、企業そのものを「フェアトレード団体」と認知するものではない。しかし、企業はフェアトレードに参加していると称する（それ自体は偽りでない）ことでイメージを良くし、消費者を引きつけることができる。そこで、ラベルは企業のマーケティング・ツールとしていいように使われ、企業の販売促進や表面的な企業イメージの向上に手を貸している、との批判が生まれる。

しかも、ラベル産品の最低取扱量や率が定められているわけではないので、ほんの申し訳程度取扱うだけでフェアトレード企業の「振り」をすることができる。ボリスの著書の邦訳版で解説をするATJの堀田氏が、認証基準の中に「マークを使う企業は、その製品の51％以上がフェアトレード商品でなければならない」との一項を付け加えておくべきだった、と指摘するのはそういう意味である。企業はまた、ラベル産品の取扱量や種類を段階的に増やすことも義務づけられていない。つまり、取引全体の99.999％は従来通り「不公正」なままずっと続けても良いわけで、企業行動を段階的にフェアなものに変える仕掛けが欠けている、とも批判される。

このように、大企業が手を染めてきた不公正な貿易や商行為を正すどころか、その存続を許し、企業を利するものになっている、という批判があるわけだが、それに対する認証型の側からの反論は次のようなものである。

フェアトレードを世界の貿易や経済活動の「例外」ではなく「原則」にするには、企業行動を改めさせる必要がある。しかし、大企業になればなるほど一朝一夕にフェアに変身することは不可能で、漸進的な変化を待たざるをえない。企業にフェアトレードへの階段を登らせるとき、一段目を高くしすぎたのでは（製品の51％以上をフェアトレードにする等）、初めの一歩すら踏み出せなくなってしまう。企業行動を段階的に変える仕掛けにしても、年を追って量や種類を増やすことを前提条件にすると、やはり企業は二の足を踏んでしまう。企

業の自己利益（販売促進やイメージを高める等）を全否定するのも現実的ではない。要は、企業の利益にもなり、生産者をはじめとする社会の利益にもなる「ウィン－ウィン」の関係を作り出すことである。

❷認証型は企業に魂を売り渡し、フェアトレードの原則を変質／弱体化させている

不公正な貿易の元凶である企業を相手にすること自体「魂を売り渡す」行為である、との批判が一部にある。それは「悪魔との取引」を連想させるようである。とりわけ、社会や環境に大きな害を与えたことのある「札付き」企業を認証することは、「免罪符」を与えるに等しいと批判される。

例えばジャキオーは、「柔軟な労働形態」を導入したスターバックスや、女性従業員の待遇が長らく問題になってきたアコールホテル、店員をひどく抑圧してきたディスカウント・ストアーのリドル等の問題企業が「フェア」という仮面をかぶる★のを許していると弾劾する（Jacquiau（2007））。

> ★ 汚い壁を白く塗ってうわべだけ美しく見せることを英語で「whitewash」と言うのをもじって、「fairwash」（うわべをfairに見せる）とも言う（ちなみに、うわべだけ環境に優しく見せることは「greenwash」と言う）。

フェアトレード原則の変質／弱体化に関しては、フェアトレードは国際貿易・経済システムから疎外された零細な生産者の力と立場を強化し、彼らに人間らしい生活を保障するためのものなのに、認証型は農園や工場にまで対象を拡大し、大規模生産者や資本家、超国籍企業を利するものに変質してきた、という批判がある。「効率」重視で安価に生産するプランテーションは小規模生産者を駆逐してしまう恐れがあり、そもそも小農から土地を奪い、農場労働者へと転落させてきたプランテーションを認証するのは、歴史的な「不正義」と「搾取」を追認するものだとも批判される。また、認証型はせいぜい一年の契約を求めるだけで、長期的関係の原則を弱めており、生産者に不安定な取引を強いている。さらに、認証型が企業に依存して自らの立場を弱めると、企業からの基準切り下げ要求に抗しきれなくなる、との批判もある。

これらの批判に対する反論は次のようなものである。「札付き」の企業がより社会的責任を負った企業へと変化していくことは十分ありうることで、その機会を提供することには意味がある。それは、前科者を村八分にせず、更生の

機会を与えるのと同じである。大規模農園や工場にまで対象を広げたのは、過去の経緯はともかく、そこで働く労働者の方が、零細ながらも自分の土地を持つ生産者より不安定かつ過酷な生活を強いられている現実があるからで、より不利な立場にある人々が裨益できるようにするためである。取引が必ずしも長期でないのは、参加へのハードルを高くしないためである。

　企業に依存して自らの立場を弱めるという批判に対しては、以前は企業にラベル産品を扱ってくれるよう「お願いする」立場にあったが、ラベルが普及した今では企業から認証してほしいと「お願いされる」ようになっており、ラベル団体の立場は強くなっている。基準に関しても、むしろ充実・強化してきている、と言う。

❸**企業の参入によって連帯型フェアトレードは市場から駆逐されてしまう**　連帯型フェアトレード団体の販売ルートは、自営のショップやフェアトレード・ショップ、教会、カタログなどに限られているのに対して、大手の小売業（スーパーやコンビニ）は全国津々浦々に店舗を持っている。大手はまた、大量に仕入れ、独自の流通網を完備しているためフェアトレード産品の売価を低く設定でき、そちらに消費者を取られてしまう。

　さらに、大手は多数の商品を扱っているため、たとえフェアトレード産品で損をしても他の商品からの儲けで穴埋めすることができる。つまり、その気になれば赤字覚悟で安売り競争を仕掛け、体力の弱いフェアトレード・ショップや連帯型フェアトレード団体を市場から駆逐することができる。そのことを、「ニワトリ小屋に狼を放ったようなものだ」と形容する人もいる。

　それに対する認証型の反論は次のようなものである。ラベル産品が導入されて以降、連帯型フェアトレードの売上は落ちるどころか増えている。スーパーなどで初めてフェアトレードに触れる機会を得た消費者が関心を持ち、より多くの情報を求めてフェアトレード専門のショップや団体を訪れるといった「相乗効果」が生まれている。「赤字覚悟の安売り競争」の可能性は確かにあるが、企業がフェアトレードに参加する理由はイメージアップやCSR（＝社会的責任を果たす）にある。なのに、フェアトレード団体やショップを駆逐するような競争を仕掛ければ社会から糾弾され、イメージダウンになる。そんな自分の

首を絞めるようなことはしないだろうし、したとしても社会を敵に回すだけで、勝者となるつもりが敗者に終わるだろう。

❹**認証型は閉鎖的・権威主義的である**　認証型の「体質」に対する批判もある。ラベル団体が基準や方針を決める際に、生産者の考えを（よく）聞かずに決定し、トップダウンでその遵守を求めてくる、と言うのである。生産者はフェアトレードの中心に位置づけられるべき存在だが、最近までFLOの意思決定に直接参加することができなかった。FLOが意見を求める場合でも、生産者団体内でじっくり議論するだけの時間的余裕を与えず、その視点を十分反映させないまま意思決定することが多かった。また、生産者には情報の開示を強く求めるのに対して、企業に関する情報は出し渋ってきた。生産者からすると、ラベル団体は企業や消費者の方にばかり顔が向いているように見える、と言うのである。

連帯型フェアトレード団体からの不満・批判も少なくない。フェアトレードの先駆者であり、血の滲むような努力を重ねて市場を切り拓いてきた連帯型の団体に対して十分な「敬意」を払っていない。売上面での圧倒的な優位性（フェアトレードの売上全体の90％以上がラベル産品）や潤沢な資金を背景に、連帯型の意見を十分聞くことなく、フェアトレード運動（例えばフェアトレード・タウン運動）を仕切ろうとしている、と言うのだ。

以上に対する認証側からの反論は次のようなものだ。以前は先進国のラベル団体だけでFLOが構成され、生産者の声が反映されにくかったのは事実だが、2007年以降は生産者団体も対等なパートナーとして意思決定に参加できるようになった。FLOとして迅速に対応する必要がある時は、意見の集約に十分時間をかけられないことがある。フェアトレード市場を広げるべく企業との協力・信頼関係を築く上では、企業秘密に属することを公開できないこともある。連帯型が生産者に寄り添う団体であるのに対して、認証型は企業を含む数多くのステークホルダーを抱えている。すべてのステークホルダーの意見に耳を傾けねばならない立場にあるため、連帯型より生産者との距離が遠くなり、その分、企業・消費者寄りと見られがちな点はある。連帯型には敬意を払ってきているし、フェアトレード運動を仕切ろうなどという考えはない。

❺認証型の基準は西洋的価値観の押しつけで、地域社会に摩擦を生む　❹に関連して、生産者の参加が限定された中で、FLO の基準は西欧の価値観に従って策定されてきた。そのため、途上国の現実に合わず、地域社会に摩擦や問題を生む、という批判である。例えば、認証農園ではプレミアムの使い道を決める労使合同体に労働者の代表を「民主的」に選ばねばならないが、労働者の間には伝統的な（長老主導の）意思決定の仕組みがある。それを無視して西洋基準の手続き的な民主主義を押しつけると、「民主的な選挙」を利用して代表の座を獲得し、甘い汁を吸おうとする政治的な動き（「エリートによる乗っ取り」と表現される）を誘発し、労働者社会に対立や腐敗を生む、と言うのだ。また、フィリピンでは小規模生産者組織の理事会構成に FLO が難癖をつけてきたことがあると言う。第10章で紹介した、地域の規範（親類縁者が困った時に助ける等）に FLO の基準が合致しないというのも同種の例である。

　以上のほかに、生産者を取り巻く優れて政治的な問題は技術的な手法（基準、認証、監査）では解決できない、エンパワメントではなくコントロールに終わっている、といった批判もある。

4　他の市民運動からの批判・疑問

　最後に、他の市民運動からフェアトレードに対して投げかけられる批判や疑問を挙げておきたい。

❶フードマイレージ　途上国の疎外された人々に人間らしい生活を保障するという目的は称賛に値するとしても、はるばる途上国から農産物を輸入すれば輸送に多大なエネルギーを要し、温室効果ガスの排出をはじめ環境に負荷をかけることになる。フェアトレードは環境にも配慮していると言いながら、それに反するという批判である。

　それに対しては、フェアトレードが扱う農産物の大半は先進国での栽培に適しない熱帯性の農産物（コーヒー、ココア、紅茶、バナナ等）で、もともと輸入してきたのだから、フェアトレードを推進したからといって従来以上に環境に負荷をかけることはない。切り花やブドウなど先進国で栽培できるものもあ

るが、北と南では栽培時期が逆である。冬に北半球で重油を焚いて温室栽培する時のエネルギー使用量や温室効果ガスの排出量と、南半球で自然に栽培する時の量を比べれば、輸送に伴う負荷を考慮しても、多くの場合南から輸入する方が環境負荷は少ない、というのがフェアトレード側の説明である。

　北半球の途上国（中国・インド等）から輸入する場合や、季節性をさほど問わない産品（蜂蜜等）の場合はどうだろうか。その場合、環境的公正と社会・経済的公正（フェアトレード）のどちらを優先するかの問題となってくる。双方のプラス、マイナスを比較考量した上での選択となるが、価値判断を伴うだけに、環境派とフェアトレード派を同時に満足させることは難しいかもしれない。最終的には消費者、市民の判断にかかってくる★。

> ★　二つの公正に関して筆者なりの考えを述べると、これまでは環境的公正の方が優位にあったという思いを禁じえない。一般に、人は希少価値が高いものを重要視する。森林が次々と伐採されて姿を消し、生物が絶滅の淵に立たされるのを見ると、希少化するものを救いたい気持ちに駆られる。一方、世界には貧困層が10億人以上も「豊富」にいる。その数に圧倒され、無力感に陥ってしまいさえする。また、「環境に優しい」行動は取りやすい。自然や生物は話ができず、私たちの行為が本当に優しいかどうか確認のしようがないからである。それに対して「人に優しい」行動は取りにくい。本当に優しいかどうか相手に聞けばすぐに分かるからだ。フェアトレードや国際協力は、最善を尽くしても相手が不満を持つことが多々あり、筆者も幾度となく不満をぶつけられてきた。人は扱いにくく、自然は扱いやすい。社会・経済的公正よりも環境的公正に取り組む方が「気が楽」なのである。筆者は環境的公正を軽視するつもりは全くないし、日頃から環境的行動を心がけているつもりだ（大学中のムダな電気を消して歩いたり！）。ただ、社会・経済的公正にも同等の関心を市民や企業が持ってくれればと願うだけである。

❷**食糧安全保障／地産地消**　途上国では、植民地時代から自家消費用の作物ではなく、宗主国／先進国が必要とする農作物を作らされてきたことで、飢餓が頻繁に発生してきた。一方の先進国も、日本の食糧自給率40％を筆頭に、自前で食糧を賄えない国が多い。フェアトレードはそうした問題構造を固定化してしまう。したがって、途上国が先進国への輸出に依存し、先進国も途上国からの農作物に依存する関係を断ち切り、それぞれが食糧安全保障を強化すべきである。さらに、それぞれの国の中でも地産地消を進めることが、地域の自立や活性化の面でも環境保護の面でも望ましい、という主張である。

　確かに、フェアトレードが南北の支配・従属関係や歪んだ依存関係を固定化

するとしたら、それは問題である。食糧安全保障の強化や地産地消も重要である。ただ、一次産品経済システムが確立し、その上に地域経済・社会や生産者の日常生活が成り立っている途上国で、いきなり自家消費用作物への切り替えや自給自足を進めることは、生産者を大きなリスクにさらすことになる。必要なのは漸進的な対応で、フェアトレード団体も生産の多様化や食糧自給化を支援してきた。

最近は途上国内でフェアトレードを推進する動きがあり、その支援にも取り組んでいる。国内ないし地場のフェアトレードは地産地消に通じるものがある。地産地消は優れた考え方だが、偏狭で排他的な地域主義に陥らないよう注意する必要もある。考えてみれば、零細な生産者は、途上国であれ先進国であれ、市場原理主義や圧倒的なバイヤーの力に押しつぶされ、過酷な境遇に置かれてきた。地域の零細な生産者が作ったものを優先的に消費し、国内で自然に生産できないものは途上国の零細な生産者が作ったものを優先的に消費する。そのように考えれば、「開かれた地産地消」とフェアトレードは互いに補完し、共存するものとなりうる。

❸反消費主義　フェアトレードは、疎外された生産者を支援するとはいえ、消費を推進し、その拡大を呼びかける。それは、消費すればするほど豊かになり、幸せになれるという「消費主義」に染まっている、という批判である。

フェアトレードは、これまで消費してきたものをフェアトレード産品に置き換えよう、倫理的な消費に変えようと訴えてきており、消費そのものを増やそうと呼びかけてきたわけでは決してない。消費の量を増やすのではなく、その質を変えることに主眼を置いてきたのである。フェアトレードは、浪費的ないし快楽志向のライフスタイルを変えようという提案、良いものを長く使っていこうという提案もしている。さらに、フェアトレード産品は割高なだけに、その推進は消費量を抑える効果もある。ただ、1990年代後半以降に生まれたビジネス志向の強いフェアトレード企業の中には、「売らんかな」という姿勢が見え隠れする例があるのも確かで、そうした企業は消費主義の問題にきちんと向き合う必要がある。

第12章
フェアトレードの拡大と深化

熊本のフェアトレード・カフェ

　フェアトレードに対する「右」と「左」からの批判を見てきたが、今のフェアトレード界で最大の争点と言えば、その「拡大」と「深化」をめぐるものである。このうち「拡大」は、市場のメインストリームに打って出て、より多くの企業や消費者がフェアトレードに参加し、より多くの生産者が受益できるようにする志向性を指す。一方の「深化」は、生産者と消費者の連帯といったフェアトレードの理念や原則を貫き、利潤よりも人や環境を重視するシステムを築こうとする志向性を指す。

　このうち「拡大」志向は、認証型フェアトレード団体（ラベル団体）や市場・ビジネス志向の強いフェアトレード企業★に代表され、「深化」志向は、連帯および変革志向のオルタナティブ・トレード団体（＝ATO）に代表される。実際には、どのフェアトレード団体にも拡大志向と深化志向があって、その強弱の度合いが個々の団体を特徴づけているとも言える。中にはその両方を意識的に追求する団体もある。

>　★　ここでいうフェアトレード企業とは、ビジネスライクにフェアトレードの理念（社会的目標）を達成しようとする「ハイブリッド」企業のことを指す。それにはATO出自と企業出自の二つの形態がありうる。「フェアトレード団体」と総称される中にフェアトレード企業も含まれる。

1　拡大志向と深化志向

　次の図は、フェアトレード団体／企業を、連帯志向－市場志向、変革志向－慈善志向の二つの側面から概念的に整理したものである。こうして見ると、変

革志向のATOと一般企業はほぼ対極にあることが分かる。フェアトレードの理念を掲げつつ市場で勝負しようとするフェアトレード企業は、その中間に位置づけられる。認証型のフェアトレード団体はより企業に近い。認証機関にも様々なタイプがあって、変革への志向性が弱いものが多いが、その中にあって、FLOの連帯・変革への志向性は強い方と言える。慈善志向のフェアトレード団体は、連帯志向はあっても変革志向は弱く、同じ連帯でも、社会的・政治的連帯というより情緒的連帯である場合が多い。

　この図は概念的な整理を試みただけで、実際には多種多様なタイプのフェアトレード団体や企業が存在しうる。変革志向のATOの中に認証型を支持する団体があったりするのがその一例である。

　この図上で「拡大志向」と「深化志向」を表現すると、「拡大志向」は市場志向かつやや慈善志向、逆に「深化志向」は連帯志向かつやや変革志向、と特徴づけられよう。

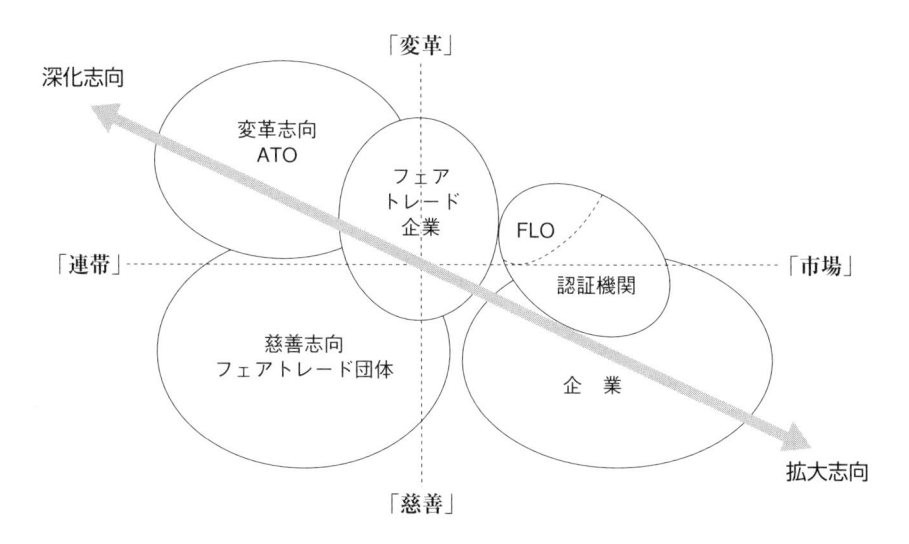

　本章では、拡大志向のプラス面／マイナス面、深化志向のプラス面／マイナス面を検討し、その比較考察から今後のフェアトレードのあり方への示唆を得ることにしたい★。その第一歩として、「拡大偏重路線」と「深化偏重路線」を歩んだ場合、どのような状況が出現しうるかをステークホルダーごとにまと

めた (p.276〜279)。そのうち、「好循環シナリオ」は各路線が首尾よく展開した場合に出現しうる状況、「悪循環シナリオ」はその逆を示している。ここでは「可能性」を検討したに過ぎず、必ずそうした状況が出現するわけではもちろんないことを付記しておく。

★ フェアトレードの拡大と深化について、筆者は2009年に「経済・社会・政治領域における拡大と深化」を論じたことがある(『現代法学』第17号)。それぞれの領域においてフェアトレードの拡大と深化がどのような形をとって現われるかを検討し、それを指標に日英両国で1980年代から今日までフェアトレードがどのように拡大、深化してきたかを比較分析したものである。参考までに以下にその分析枠組みを掲示する。

経済・社会・政治領域におけるフェアトレードの拡大と深化

	経済領域	社会領域	政治領域
拡大	1. 多くの消費者がFT産品を購入する 2. 多くの企業がFT産品を扱い、販売拠点も増える 3. 多種のFT産品が消費者に提供される 4. FT産品の市場シェアが増大する 5. 多くの金融機関がFT団体に資金供与する	1. 多くの市民がFTを認知する 2. 多くの市民がFTに参加する 3. 多くの著名人がFTを支持する 4. 多種多様な市民がFTに参加する 5. 多くの地方で市民がFTに参加する 6. 多種・他分野のNGO・NPOがFTに関わる	1. 多くの政治家・政党がFTを支持する 2. 多くの政府・自治体・議会がFTを支持する 3. 多くの政府・自治体がFTを促進する 4. 多くの政府・自治体がFT調達を行う 5. 多くの公的資金がFT団体に供与される
深化	1. 消費者のFT産品購入が慣習化する 2. 企業が深く/長期にコミットする 3. 企業が非FT商品をFT産品に置き換える 4. 生産者が自国のFT活動を共有する 5. 自国内の取引にFTが広がる 6. 企業がFT原則を内部化する 7. 社会(+環境)コストがすべての経済活動に内部化される	1. 市民がFTへの理解を深める 2. 市民と生産者との間の連帯が深まる 3. FTタウン/大学/学校/教会/寺院等が広がる 4. FTが職場で広がり、根を下ろす 5. 意識化した市民が企業や政府にFT推進を働きかける 6. 多種・他分野のNGO・NPOとの戦略的協働が強化される 7. 市民がフェアな選択を日常的・恒常的に行う	1. FTを支持する政治家・政党を市民が選択する 2. 政治家・政党がFT推進を主要政策に掲げる 3. 政府・自治体・議会が公式にFTを推進する 4. 政府・自治体・議会がFT推進の政策/法を採択する 5. 政府がFT原則に沿って諸政策を策定する 6. 政府がFT原則に則った二国間/地域協定を結ぶ 7. 政府がFT原則に則った世界規模の協定を結ぶ

2 拡大偏重路線のゆくえ

好循環シナリオ

　企業間ではフェアトレードにより深くコミットしようという競争（＝頂点への競争：race to the top）が起きてフェアトレード企業への変容が進み、最終的にはフェアトレードが事実上、産業界の標準となっていく。消費者／市民の間ではフェアトレードの認知と関心が高まり、裾野が広がるとともに、意識化した市民がより深い連帯型フェアトレードや本質的な問題へと関心を向けるようになる。ATO は意識化した市民の支持を集めて社会的影響力を強め、コミットした企業との協働が進んだり、企業の自己変容の良き模範／カタリストとなったりする。フェアトレード市場の拡大によって生産者は生活や権利が一層改善され、参加できずにいた生産者も裨益できるようになる。力をつけた生産者組織は独自の販路開拓や社会・政治的参加が可能になる。地域社会・経済への波及効果も増大する。政府はフェアトレードの認知・推進・支援を強め、フェアトレードが活動しやすい環境を作るとともに、フェアトレードの原則・基準を自身の政策に反映するようになる。

悪循環シナリオ

　フェアトレードは企業の戦略や道具として使われて持続性を失ったり、ニッチ市場に押し込められたりし、企業の影響力が強まってフェアトレードの原則・基準が弱められる。意識の低い価格重視の消費者が基準切り下げの圧力を強め、フェアトレードをチャリティ視して、生産者との連帯や変革を求める力を弱めていく。競争力に勝る企業の参入で、ATO は市場から締め出されたり、企業の下請け化を余儀なくされたりして変革の力を削がれ、消費者がラベル産品に流れることで顧客・支持者が減ってその社会的影響力も弱まる。企業が大規模農園・工場を重用し、基準を弱体化させることで、零細な生産者・労働者は疎外され、その生活や権利、立場が劣化していく。また、基準を守らない企業や生産者が増えてフェアトレードへの信頼が低下していく。政府もフェアトレードをチャリティ的なものと見なすことでその変革力を弱め、低水準の規定

拡大偏重路線

● 好循環シナリオ

企業
①より多くの企業が参入することで、ラベル産品の販売拠点や販売品目が増える
②企業間競争によってラベル産品の品質や魅力が向上し、価格が下がる
③ラベル産品の売上が増え、フェアトレードの市場シェアが増大する
④よりフェアであることをアピールする企業間競争が起き、より深くコミットしていく
　（自社ブランドへの導入、カテゴリー・シフト、生産者支援など）
⑤企業がフェアトレードの原則・基準を内部化し、フェアトレード企業へと変容していく
⑥コミットした企業、自己変容した企業が増え、フェアトレードが業界標準となっていく

消費者／市民
①ラベル産品に触れる機会が増え、フェアトレードの認知度が高まる
②多種多様な産品が身近に買えるようになり、フェアトレード購入が慣習化する
③より多くの消費者（中・低所得者層／地方在住者）が買えるようになり、裾野が広がる
④品質や魅力で引きつけられた消費者が、連帯型フェアトレードへの関心を高める
⑤フェアトレードの背後にある問題を深く知りたいと思う消費者／市民が増える
⑥生産者とのつながり／連帯を求める市民が増える

ATO
①連帯型に関心を持った市民がATOに接近し、ATOの理解者・支持者となる
②より多くの市民の支持を得たATOが社会的影響力を強める
③コミットした企業とATOとの協力・協働が進む
④コミットした企業にとって、CSRを内実化したATOが模範となる
　（＝企業の自己変革のカタリスト［触媒］となる）
⑤フェアトレードを支持する政府がATOを支援する
⑥認証型と連帯型のフェアトレードの間に相乗効果（シナジー）が生まれ、強まる

生産者（労働者を含む）
①フェアトレード価格での取引割合が増えて生産者の収入・便益が増加し、生活が改善する
②フェアトレード市場の拡大で、フェアトレードに参加し裨益する生産者が増える
③市場へのアクセスが改善・拡大し、生産者が直接（先進国）企業と取引できるようになる
④生産者が力をつけ、より対等な立場での経済・社会・政治への参加が可能になる
⑤地域社会・経済への波及効果が増大し、非参加者への裨益も増大する

政府（国際機関を含む）
①市民・企業への広がりを受けて、フェアトレードの認知・支持に踏み出す
②フェアトレードの普及を後押しする（フェアトレード調達を含む）
③フェアトレード団体・活動への公的支援を拡大する
④フェアトレードの普及に寄与する法や政策を策定する
⑤フェアトレードの原則・基準を政策に反映していく

●悪循環シナリオ
  企業
   ①企業のイメージアップや販売促進の道具に使われ、表層的な参加にとどまる
   ②企業の差別化戦略に使われ、特定層（富裕層等）向けのニッチ市場に押し込められる
   ③企業のチャリティに使われ、背後にある問題の本質が見えにくくなる
   ④原則・基準を守らない企業によって、フェアトレードへの信頼が低下する
   ⑤企業の影響力が増大し、フェアトレードの原則・基準が弱められる
   ⑥フェアトレードの変質に伴って、コミットした企業が離反していく
  消費者／市民
   ①ニッチ市場化することでフェアトレードの裾野が狭くなる
   ②フェアトレードをチャリティ視する消費者／市民が増え、変革力が弱まる
   ③生産者との連帯感／顔の見える関係が希薄化する
   ④意識が低く価格志向の強い消費者が増えて、価格や基準の切り下げ圧力が強まる
   ⑤品質重視の消費者が増えて、基準を必要以上に強化する圧力が強まる
       （→悪循環・生産者④を参照）
   ⑥フェアトレードの変質に伴って、コミットした市民が離反していく
  ATO
   ①競争力に勝る企業の参入で、ATOがフェアトレード市場から締め出される
   ②企業がATOを下請け化する（追い詰められたATOもそれを甘受する）ことで、ATOの独立性や変革力が弱まる
   ③消費者／市民がラベル産品に流れ、ATOの顧客・支持者が減少する
   ④生産者が認証型に流れることで、ATOとの結びつきが弱くなる
   ⑤認証型が主流化することで、周縁化された連帯型の影響力・変革力が弱まる
   ⑥認証型と連帯型との間の亀裂／対立が深まる
  生産者（労働者を含む）
   ①企業が大規模農園・工場から調達することで、小規模生産者が疎外される
   ②日和見的な企業の参入・撤退によって、安定した生産・販売や生活設計が困難になる
   ③フェアトレードの基準が切り下げられることで、生産者の生活や権利が劣化する
   ④消費者からの圧力で基準を必要以上に強化することで、非力な生産者が疎外される
   ⑤意識の低い生産者の参入で、基準の不遵守や品質低下、供給不安が生じ、フェアトレードへの信頼が低下する
   ⑥フェアトレードの変質に伴って、コミットした生産者が離反していく
  政府（国際機関を含む）
   ①政府の支持が表層的なリップサービスにとどまる
   ②政府がチャリティ的なフェアトレードを後押しして、問題の本質を見えにくくする
   ③政府が認証型を支持・推進し、連帯型の変革力を弱める
   ④フェアトレードを公的に規定／規制する際に低い水準を採用し、フェアトレードの原則・基準を弱体化させる
   ⑤政府がフェアトレードをチャリティ視し、ネオリベラルな諸政策を維持する

深化偏重路線

● **好循環シナリオ**

企業
①社会的意識を持った企業が連帯型フェアトレードの理念・原則にコミットする
②コミットした企業が社会から支持されることで、他の企業もコミットする
③コミットした企業が増えることで、連帯型フェアトレードの理念・原則が業界に普及する
④数多くの業界に普及することで、産業界全体に連帯型フェアトレードの理念・原則が浸透していく
⑤すべての経済活動がフェア（＋エコ）なものに変容する

消費者／市民
①連帯型フェアトレードの理念・原則にコミットした市民が、消費行動や生活様式を変える
②コミットした市民が周囲に働きかけ、一般市民の意識や行動を変えていく
③社会全体に連帯型フェアトレードが広がっていく
④受動的な消費者が能動的な市民へと変容し、企業や政府を連帯型フェアトレードにコミットさせる
⑤意識化・能動化した市民が生産者との連帯を強める

ATO
①連帯型フェアトレードの理念・原則を堅持するATOを支持する市民・企業が増える
②ATOの事業規模・売上が増大し、メジャーな存在となっていく
③ATOの社会・経済・政治的影響力が強まる
④ATOが推進する連帯型フェアトレードが社会に広まり、定着する
⑤ATOが唱導してきたフェアな経済システム・社会が実現される

生産者（労働者を含む）
①コミットしたATO／企業／市民との間で長期的かつ安定した連帯関係が結ばれる
②連帯型フェアトレードの普及につれ、より多くの生産者が裨益できるようになる
③不利な立場に置かれた生産者の権利が保障され、能力が強化される
④生産者がエンパワーされ、より対等な形での経済・社会・政治的参加が可能になる
⑤力をつけた生産者が自立し、貧困から脱却していく

政府（国際機関を含む）
①政府が連帯型フェアトレードの理念・原則への理解を深め、支持する
②政府が連帯型フェアトレードの団体や活動を支援する
③政府が連帯型フェアトレードの理念・原則を政策に反映させる
④連帯型フェアトレードの理念・原則にコミットした政府が増え、国際基準化していく

●悪循環シナリオ

企業
 ①妥協を許さない原理主義的な連帯型の姿勢が、一般の企業を疎外する（フェアトレードから遠ざける）
 ②コミット不足を批判された善意の企業が連帯型フェアトレードから離反する
 ③一般企業が意識や行動を変える機会が失われる
 ④疎外された企業が、低水準ないしチャリティ的なフェアトレードに傾斜する
  （特にブランドが確立した大手企業）
 ⑤低水準のフェアトレードが業界標準化していく

消費者／市民
 ①非妥協的な姿勢が、一般市民をフェアトレードから疎外する
  （＝限られた市民の間だけの運動にとどまる）
 ②善意の市民が連帯型フェアトレードから離反する
 ③一般市民が消費行動や生活様式を変える機会が失われる
 ④市民が企業や政府に変革を促す機会が失われる
 ⑤疎外された市民が低水準のフェアトレードに流れ、それが一般化する

ATO
 ①非妥協的な姿勢が、連帯型フェアトレードの社会的孤立を招く
 ②企業・市民・政府からの支持を失い、影響力を失う
 ③ビジネスとして成り立たず、オルタナティブなモデル作りに失敗する
 ④多数の企業や市民の支持を受けた低水準のフェアトレードが社会に普及し、定着する
 ⑤不公正な貿易・経済システムが維持される

生産者（労働者を含む）
 ①非妥協的な姿勢が、生産者を疎外する／離反させる
 ②企業や市民の疎外・離反で市場が矮小化し、生産者が得られる利益が減少する
 ③ごく一部の生産者しかフェアトレードに参加できず、大多数の生産者が疎外される
 ④連帯型の手厚い支援を得られる生産者と得られない生産者との間で格差が拡大する
 ⑤長期的かつ安定した連帯関係が過保護につながり、生産者に依存心が生まれる
 ⑥連帯型による生産者の「囲い込み」によって、生産者の自由度や自立が阻害される

政府（国際機関を含む）
 ①非妥協的な姿勢が政府を疎外し、連帯型フェアトレードへの否定的な認知が広がる
 ②政府が低水準のフェアトレードへの支持を強め、推進する
 ③政府が不公正な貿易・経済政策を維持する

を採用することでその原則・基準を弱めてしまう。また、意識の低い企業・消費者・生産者の参加が、コミットした企業・消費者・生産者の離反を招いてしまう。

　「拡大偏重路線」が果たしてどちらのシナリオに沿って進んでいくのかは予測し難い。イギリスの例を見ると「頂点への競争」が起きていることは確かだが、フェアトレード企業への自己変容が進み、フェアトレードが業界標準化すると見るのは楽観的に過ぎるだろう。また、消費者／市民の認知度・関心度を飛躍的に高めたのも確かだが、意識の深化や連帯型フェアトレードへの関心・支持の移行が広範に起きている確証もない。生産者の生活改善や新規の参加、地域社会への裨益はある程度実現し、企業と直接取引する力をつけた生産者もいるが、基準の強化に伴って非力な生産者の疎外が強まっているのも事実である。政府の認知・支持も広がっているが、政策にフェアトレードの理念・原則を反映するには至っておらず、近い将来実現しそうもない。

　一方、フェアトレード原則・基準の明白な弱体化は明らかになっていないものの、基準の不遵守は散見され、増える傾向にある。連帯志向・変革志向の弱まりは、相対的にはあるとしても、連帯・変革を志向する人の絶対数はむしろ増えているように思われる。企業の参入に伴うATOの後退／撤退／下請け化も、少なくとも顕著に起きているわけではない。企業の大規模農園・工場重用の弊害も明らかではないが、意識の低い生産者の参加とそれに伴う弊害（基準・契約を守らない等）は起きている。政府によるフェアトレードの規定／規制はまだ極めて限定的で、フェアトレードの変革力や原則・基準を弱めるには至っていない。

　このように、「拡大偏重路線」のプラスとマイナスのどちらが大きいかを現時点で判断するのは非常に難しい。確かなメリットとして言えるのは、より多くの企業・消費者・生産者がフェアトレードに参加できるようになり、経済・社会・政治の各分野でフェアトレードの存在感が高まっていることである。それを「深化」への地ならしと見ることも可能である。しかし、参加した企業や消費者／市民がどれだけ背景にある問題や原因への理解を深め、根本的な解決（＝変革）に向けた行動を取るようになるか定かではない。確かなデメリット

としては、非力な生産者の疎外が強まったり、基準の不遵守によってフェアトレードへの信頼が部分的にせよ揺らいだりしていることがある。また、意識の低い企業・消費者・生産者の参加によって、フェアトレードが変質・劣化したり、変革の力が弱まったりする可能性も確かにある。

3 深化偏重路線のゆくえ

好循環シナリオ

社会的意識の高い企業がフェアトレードの理念・原則へのコミットを強め、社会的評価を高めることによって他社が追随し、連帯型フェアトレードが業界全体に波及し普及していく。また、意識の高い市民を起点に一般の市民にフェアトレードの理念・原則への理解と支持が広がり、企業や政府にその採用・実践を求めたり、自らの消費行動や生活様式を改めたり、生産者との連帯を求めたりするようになる。ATOが唱導してきたフェアトレードの理念・原則が堅持され、企業・市民・政府の支持を受け、連帯型フェアトレードが社会に定着して、公正な貿易・経済システムが実現可能なものとなっていく。より多くの生産者がフェアトレードに参加して、企業や市民との長期的かつ安定した連帯関係のもと、経済・社会・政治的な力をつけて自立できるようになる。政府も連帯型フェアトレードへの理解・支持・支援を強めるとともに、フェアトレードの理念・原則を政策に反映し、それが国際基準化していく。

悪循環シナリオ

連帯型フェアトレードの理念・原則に固執し、妥協を許さないことで、一般の企業や市民だけでなく、善意の企業や市民、政府までをも疎外し、孤立状態に陥ってしまう。そうして疎外された企業・市民・政府の間では、連帯型フェアトレードへの否定的な見方が広がり、低水準の類似イニシアチブを支持するようになる。不公正な貿易・経済システムを変革するための基盤・力・機会は失われ、従来からの不公正なシステムが維持される。連帯型フェアトレードが孤立することで、フェアトレードに参加できる生産者とその受益は大きく限られ、大多数の生産者は疎外されたままとなって、参加者と非参加者の間の格差

が拡大する。参加できた生産者の間にもフェアトレードへの依存が生まれ、自立への道が遠のいていく。

「深化偏重路線」の場合も、どちらのシナリオを歩んでいくのか予見するのは難しい。フェアトレードの理念・原則に多少ともコミットした企業が社会的評価を高め、他企業が後を追う動きがあるのは確かだが、それが業界全体に波及すると見るのは楽観的に過ぎよう。理念・原則への理解を深めた市民は増えているとしても、「倫理的消費者」の枠を超えてどこまで広がっていけるか、どこまで能動的な市民へと変容していけるかも定かでない。ATOも多くの支持者を引きつけているが、その社会的影響力が目立って強まっているとまでは言い難い。連帯型フェアトレードに参加する生産者が、ATOや市民との長期の連帯のもとに経済・社会・政治的な力をつけ、自立の道を歩んでいることは間違いないが、その輪に入れる生産者の数は限られ、増え方が緩慢なのも確かだ。連帯型フェアトレードによる生産者の囲い込みや依存も一部に見られる。政府の中には「連帯経済」を推進する政府もあって、連帯型フェアトレードが受け入れられる素地も生まれつつあるが、つい最近まで新自由主義を信奉してきた政府や国際機関が、その対極にあるフェアトレードの理念・原則を支持するようになると期待するのは楽観的に過ぎよう。低水準の類似イニシアチブが広がりを見せていることも事実である。

このように、「深化偏重路線」もプラス面、マイナス面を合わせ持ち、そのどちらが強いかを判断しかねるのも同じである。確かなメリットとして言えるのは、フェアトレードが本来目指すべき目標、守るべき理念・原則を堅持し続け、それによって企業・市民・生産者・政府が「低き」に流れるのを防いでいることである。その姿は、オルタナティブな公正な社会・経済のあり方を指し示す「民衆を導く自由の女神」にも似ている。課題は、連帯や変革を志向する運動が、どこまで一般企業や市民の間に支持を広げられるかである。危惧されるのは、妥協を許さない姿勢が、平均的な企業や市民、生産者、政府はもとより、フェアトレードへの感性を秘めた善意の人々や組織をも疎外し、かえって不公正な貿易・経済システムの永続や低水準のフェアトレードの普及を招いてしまうことである。

4 考察が示唆するもの

　以上の考察から、「拡大偏重路線」にも「深化偏重路線」にも、それぞれプラス面とマイナス面があることが明らかになった。しかも、どちらかに偏れば偏るほど、プラス面よりもマイナス面の方が増幅されて現れてくるように思われる。

　拡大一辺倒に走ると、たとえ社会にフェアトレードが普及していっても底の浅いものに終始し、途上国の生産者や我々市民にとって真に必要な貿易・経済システムや商慣習の変革を達成できずに終わってしまう可能性が高い。

　逆に深化一辺倒に走ると、たとえフェアトレードの原理・原則は堅持できても、大多数の人々はついていけずに一部の「意識の高い」人々の間の運動に終始し、広範な支持を集めることができずに、かえって理想とする貿易・経済システムや商慣習の変革を実現できずに終わってしまう可能性が高い。

　拡大一辺倒は「悪貨が良貨を駆逐する」、深化一辺倒は「闘いに勝って戦に負ける」、という諺が事の本質を端的に言い表していよう。

　したがって、重要なのは「拡大」と「深化」のそれぞれの強みを生かし、弱みを補強しあう、バランスのとれた「シナジー」の関係を築くことと言える。やや物騒な表現で恐縮だが、既存のグローバルな貿易・経済秩序を根底から変えるビッグバン（大爆発、大変革）を引き起こすには、一定量の爆発性物質（臨界量）と起爆剤が必要である。フェアトレードにおいては、臨界量（参加する企業、市民、政府機関、生産者の数）を確保するのが認証型の役割であり、起爆剤（意識化ないし批判的精神の惹起）の役割を果たすのが連帯型である。その二つがそろって作用し合う時、初めてビッグバンが起き、新秩序が形成されることが期待できる。

　　　　Critical Mass × Critical Awareness ＝ Radical Transformation である。
　　　　（臨界量）　　　（批判的精神）　　　　（大変革）

　認証型と連帯型がどのように作用し合うべきかについては次章で述べることとしたい。最後に、過度な二分法という誹りを覚悟しつつ「拡大偏重路線」と「深化偏重路線」を対比してみた。この表は、両者間の絶対的な違いを表すの

ではなく、「どちらかといえば」という相対的な違いを示すものとしてご覧頂きたい。

「拡大」と「深化」の対比

拡大偏重	深化偏重
広い	狭い
浅い	深い
量の追求	質の追求
非差別	選別（対象を限定）
非政治的	政治的
経済的便益	エンパワメント
手軽さ／気軽さ	コミットメント
事業	運動
市場志向	連帯志向
主流市場	オルタナティブ／ニッチ市場
市場内／体制内	市場外／体制外
消費者寄り	生産者寄り
力をつけた生産者	力の弱い生産者
一般消費者	倫理的消費者
第三者認証	当事者間の信頼関係
結果	プロセス
漸進的	急進的
現実主義	原理主義
改革	変革
変質・弱体化の危険	孤立の危険
臨界量の実現	批判的意識の惹起
FLO	WFTO

第13章
フェアトレードの課題とこれから

フェアトレードのデモ行進（ブリュッセル）

最後に、フェアトレードをめぐる課題を整理することを通して、今後フェアトレードが歩んでいくべき道を中長期的な観点から論じたい。主な課題は次の7つである。

1）認証型と連帯型の関係性
2）類似イニシアチブとの関わり
3）企業との関わり
4）政府との関わり
5）市民の関わり
6）国内フェアトレード
7）フェアトレードの4世代

以下、各課題について論じていくことにする。

1 認証型と連帯型の関係性

この10年、企業の参入を促す認証型フェアトレードと連帯型フェアトレードの間の摩擦ないし対立がフェアトレード界最大の課題となってきた。前章で明らかにした、「拡大」に軸足を置く認証型フェアトレードと、「深化」に軸足を置く連帯型フェアトレードのプラスとマイナスをもとにして、両者の違いを整理し直すとともに、相互の融和・協働へと論を進めたい。

認証型と連帯型の違い

初めに、フェアトレード産品の流れ（生産者－媒体・市場－消費者）に沿っ

て認証型と連帯型の違いを見てみよう。まず生産者だが、認証型はある程度能力を備えた小規模生産者や農園・工場の労働者を主な対象とするのに対して、連帯型は不利な立場に置かれた零細な生産者を主な対象とする。媒体・市場では、認証型が企業を主な媒体として一般市場にフェアトレード産品を流通させるのに対して、連帯型は主としてATOやフェアトレード・ショップを媒体にオルタナティブ／ニッチ市場で流通させる。消費者は、認証型が一般消費者を主な対象とするのに対して、連帯型は意識の高い倫理的な消費者を主な対象とする、という違いがある。

以上の違いを「包摂（inclusion）」と「排除（exclusion）ないし疎外（alienation）」という視点から整理したのが次の図である。図の中で、カッコ書きでないのは意識的に包摂・排除／疎外している対象、カッコ書きなのは結果的に包摂・排除／疎外している、ないししがちな対象であることを示している。

認証型FTと連帯型FTの違い

	認証型		連帯型	
	包摂	排除／疎外	包摂	排除／疎外
生産者	中小規模の生産者 農園・工場労働者 （能力の高い生産者）	（能力の低い生産者） （手工芸品生産者）	不利な立場の生産者 手工芸品生産者	農園・工場労働者 （大多数の生産者）
媒体	企業	（ATO／フェアトレード・ショップ）	ATO／フェアトレード・ショップ	企業：とりわけ「悪名」高い企業
消費者	一般消費者：低所得・地方在住者を含む	（倫理的消費者）	倫理的消費者 （高所得消費者）	（低所得消費者） （地方在住者）

この整理は、認証型と連帯型の違いを際立たせるために行ったもので、両者を明確に分け隔てるカベがあるわけではない。例えば、認証型と連帯型の両方に関わる生産者が少なからずいる。認証産品を扱うATO／フェアトレード・ショップがある一方、スーパー等が連帯型産品を販売する場合もある。倫理的な消費者が手近にある認証産品を買う一方で、一般消費者が認証型では飽き足らずに連帯型に惹かれる、といった「クロスオーバー」も起きている。したがって、両者を二項対立的に捉えるのは必ずしも適切ではないが、認証型と連帯型が対照的であることも確かで、その対照性こそが摩擦の原因となってきたのだ。

認証型と連帯型の課題

　認証型の課題は第10章・11章でも明らかになった。課題を整理し直すと、生来的な課題と運用上の課題に分けられる。生来的な課題には、基準という「ハードル」を設ける性質上、それを越える力のない生産者を排除・疎外してしまうことがある。また、基準－認証－監査という無機的メカニズムに依拠しているため、人間味や融通性、情報性に乏しいフェアトレードとなりがちである。さらに、中立・非差別を旨とする仕組み上、コミットの弱い生産者、企業、消費者を排除できず、それがフェアトレードの信頼性を貶めかねない。

　運用上の課題として最も大きいのはガバナンスである。FLOの理事会は、今でこそ対等だが、以前は生産者側の代表が一人も入っていなかった。総会は、今も消費国側が19票に対して生産者側は3票しか有していない。基準の設定もマルチ・ステークホルダー方式とはいえ、生産者の声が十分に反映されず、西洋的価値観の押しつけ（一種のパターナリズム）という批判的見方も少なくない。運営もトップダウン式で、官僚的な組織だという批判が根強くある。また、フェアトレードという「価値」を実現することよりも、手段でしかない市場拡大を目的化し、市場の中でラベルという「ブランド」を確立することに汲々としている、という批判もある。

　一方で、連帯型にも課題がないわけではない。連帯型が裨益できる生産者は一握りにすぎず、「絶海の孤島にユートピア」を築いているだけだという批判がある。また、生産者を「囲い込んで」他のフェアトレード団体や企業と接触させない「縄張り主義」や、生産者にとって何が良いかを知っているのは自分たちだといった一種のパターナリズム、生産者を長期間ないし過保護的に支援することに伴う依存の創出なども指摘されている。対企業では、連帯型はフェアトレードを独占しておきたいだけだという指摘や、企業を攻撃することで自己を美化／正当化しているという指摘、対消費者では、倫理的で比較的高所得な消費者だけを相手にし、結果的に先進国の豊かな消費者が途上国の貧しい生産者を支援するチャリティ的なものに終わっているという指摘がある。

　ただし、連帯型は多様であるので、以上の指摘がすべての連帯型フェアトレードに当てはまるわけではなく、そうした課題を克服した団体も少なくない。
　本書は、認証型であれ、連帯型であれ、その課題や限界をあげつらうことを

目的としているわけではない。それぞれの課題や限界を克服しつつ、互いの長所を生かしてフェアトレードを発展させる道を模索するところに目的がある。

認証型と連帯型の融和

　大学でフェアトレードについて教え、他大学の学生グループとの付き合いも多い筆者は、学生から様々な質問を受けるが、最も多いのは認証型と連帯型がどうやったら共存・協力できるかという問いである。手段こそ違え、目的を共有する認証型と連帯型が「対立」していることに学生たちは当惑し、胸を痛めている。学生たち自身が認証派と連帯派に分かれて対立する時などは、筆者自身の胸も痛む。

　認証型が企業のCSR的なイニシアチブとして始まったのであれば答えは簡単だ。しかし、認証型のフェアトレードも、元はといえば生産者（メキシコのコーヒー生産者組合）の思いからスタートし、それにいくつかのATOが賛同して作り上げてきたものである。そうして生産者とATOに命を吹き込まれた認証型フェアトレードが次第に独り歩きを始め、「鬼っ子」になってきた面はある。「親」の何倍もの大きさに成長した「鬼っ子」は、「親」の言うことも聞かず、企業と仲良くなってしまった。

　それでも「親」は「鬼っ子」を勘当したわけではない。2009年秋、メキシコで初めての「フェアトレード・オーガニック生産全国フォーラム」が開催された。フェアトレードとオーガニックの生産者（農家と手工芸品生産者）1500人のほか、草の根運動家、環境活動家、学者・研究者も参加したこのフォーラムでは、フェアトレード運動の現状と今後が議論された。その中で認証型の問題が取り上げられたことは言うまでもない。認証型は、大企業には自社のイメージアップの道具を、社会・環境問題に関心を持つ生産者と消費者には気休めを与えることで、ネオリベラリズムに内在する不公正さを永続させるだけなのか。それとも、より公正かつ正義と連帯に根ざした新たな社会を生み出す種であるのか。議論の末に出た答えは全員一致で後者、つまり「新たな社会を生み出す種」であり、有効かつ必要なオルタナティブであるというものだった。そして、認証型を一層拡大するとともに、国内すべてのフェアトレード・イニシアチブを統合して全国統一戦線を作る必要があることで合意したという。

FLOとWFTOが2009年1月に「フェアトレード原則に関する憲章」を共同で採択し、フェアトレードには認証型（正確には産品認証ルート）と連帯型（正確には一体的な供給連鎖ルート）の二つの道があり、両者が「相互補完」関係にあると認め合ったのも明るい兆しである。こうして、生産者側が認証型の必要性や双方の統合の必要性を明確にし、認証型・連帯型双方のトップが相互補完関係を認め合ったものの、ATOの中には認証型への不信感や反感がなお根強くある。

　不信感ないし反感の根は認証型の「ネオリベラル性」に求められよう。既存の自由市場の中で「ラベル」を押し立てて自己を差別化し、類似イニシアチブとの競争を勝ち抜いて市場シェアを拡大していこうという戦略は、企業のマーケティング戦略と瓜二つである。最低価格や最低賃金を保障し、生産者／労働者の組合作りを促進するものの、それ以上のエンパワメントの視点や、企業を本気で変えようという意気込み・仕掛けに乏しい。ATJの堀田氏が言う「立場性」が弱いのである。

　ただ、その点に関して筆者は、企業をフェアトレードの土俵に上らせる「戦略的立場性」があって良いとも考える。最初は土俵に乗りやすいように敢えて立場性を弱め、多くの企業が乗ってきて後戻りしたくても（社会の目を考えて）後戻りできない状況を作り出してから立場性を強める、という戦略は十分ありえるからだ。ただ、FLOがそれだけの戦略を持って臨んでいるかどうかは定かでない。戦略不在の可能性の方が高く、だからこそ批判を浴びるのだろう（真の戦略は、それがさとられてしまったら意味をなさないだけに、戦略不在を装っているのかもしれない。そうであれば立派なものだが）。

　企業の後戻りが難しくなった時の「立場性の明確化」としては、どのようなことが考えられるだろう。筆者なりに考えると、①基準等で農園よりも小規模生産者を重視／優遇する、②小規模生産者の能力強化のために企業に資金的・技術的支援を行わせる、③企業が扱う認証産品の割合を段階的に高めさせる、④農園・工場労働者の経営参加を促進する、⑤農園労働者の農地取得を促進する、⑥プレミアムの使途を決定する労使合同体に地元NGOを参加させる、⑦認証や監査に際して人権NGOや環境NGOの協力を得て、企業の反社会的・反環境的行動の有無も判断基準とする、などが挙げられる。

それらは決して不可能ではない。現に後発のエコサートはFLOよりも立場性の強い基準を数多く取り入れている。FLO自身、コーヒーの認証を小規模生産者に限っているのは立場性の現れである。また、南アフリカで人種隔離政策によって極めて不利な立場に置かれてきた黒人のエンパワメントのために特別のガイドライン★を定めたのもそうだ。残念ながら、前者はFLOからの脱退も辞さない小規模生産者の圧力に、後者は南アフリカ政府の黒人経済エンパワメント政策に従ったという消極的な立場性の表明だが、より能動的に「積極的是正策」を採用する現実的可能性は、ラベル産品の普及とともに高まっていくだろう。あとは「政治的意志」の問題である。

> ★　ガイドラインには、農園を所有する企業の株式や農園の所有権の25％以上を黒人労働者に割り当てること、黒人労働者へのスキルの移譲・能力強化（実施計画を政府に提出し監査を受ける）、黒人労働者の農園経営参加（予算の承認、定期協議、管理職への昇進）等が含まれている。

先の②～⑦をいきなり義務づけるのが難しいとしても、コミットの度合いに応じて企業を格付けしてラベルに表示し、どの企業がどこまでコミットしているか一目で消費者に分かるような仕組みならば、実現はそう難しくないだろう。

立場性を明確にする際には、フェアトレード認証の「ISO65化」が問題となってこよう。第3章で見たように、「客観性」と「非差別性」を大原則とするISO65に忠実であろうとするならば、非倫理的な企業であっても基準を満たす限りは認証しなければならないからだ。したがって、立場性を明確化するにはISO65化を断念する必要が出てこよう★。それは、FLOからすると認証の「客観性」を弱め、企業受けが悪くなることを意味する。しかし、ISO65に準拠する以前にも企業は認証を求めてきたわけだし、ラベル・システムが市民に支持される存在かどうかに比べれば、ISO準拠か否かは瑣末な問題である。「客観性」があっても市民が支持しない（＝買わない）ラベル産品を企業が扱おうとするだろうか。答えは明白である。

> ★　基準そのもので立場性を明確にすればISO65化しても問題ないように思えるが、後述するように、差別的な基準を設けると今度はWTOルールに反することになる。

認証型が小規模生産者のエンパワメントという「立場性」を明確にした時、連帯型との融和は現実のものとなろう。そのためにも、つまり認証型に立場性

を明確にさせるためにも、連帯型が「力強い」存在であることが重要である。連帯型という「錨(いかり)」を失った時、認証型はますますネオリベラリズムへと漂流していくに違いない。それはフェアトレード全体にとって、そして何よりも疎外された生産者・労働者にとって不幸なことである。たとえ認証型が消滅しても連帯型は倫理的消費者に支えられて存続していけるだろう。逆に、連帯型が消滅しても認証型は存続していけるだろうか。少なくとも今の形での存続は考えにくい。企業の「お手軽CSR」の道具へと身を落としていくのではないか。

そう考えると、連帯型が「力強く」存在し、フェアトレードの最高基準を堅持していくことは死活的に重要なことである。企業を相手にする認証型はどこかで現実と「妥協」せざるをえない。その時、背後に控える連帯型が掲げる基準が低ければ妥協点も低くなり、高ければ妥協点も高くなる。いきなり高い妥協点を実現できなくても、最高基準を堅持する限り、妥協点は徐々に高めていくことができるだろう。

ただし、連帯型が一定の柔軟性、ないし「柔らかな原理主義」を保つことも等しく重要だと言える。妥協を許さない姿勢や「我こそが正義なり」といった独善的な姿勢は、企業だけでなく善意の市民をも遠ざける。認証型に立場性を持った長期戦略が求められるのと同様に、連帯型にも柔軟な長期戦略が求められるのだ。

認証型と連帯型の協働

双方が相互補完関係を築く重要性を頭の中で理解できたとしても、直ちに協働へと動き出せるわけではない。FINEのもとに共同のアドボカシーを行ったり、フェアトレード・デー／週間／月間等で共同のプロモーションを行ったり、といった象徴的な協働はあっても、実質的・実務的な協働にはなお程遠い。

現在WFTOが開発中の持続的フェアトレード管理システム（SFTMS）は、FLO-CERTの活用に加え、FLOラベルの採用をも選択肢として検討していて、それが実現すれば両者の協働は大きく進展することになる。ただ、すでに述べた通り、相互信頼といった素地が貧弱なまま拙速に協働を持ちこむことは、WFTO内に大きな亀裂をもたらしかねない。

両者の間に信頼関係を醸成するには情報の交換や対話の積み重ねが欠かせな

い。2009年にFLOとWFTOのトップ会談が行われたり、WFTOの総会にFLOの代表が招かれたりといった動きが出てきたことは喜ばしい。今後は対話の定期化や、総会・理事会への相互参加の制度化が望まれる。地域レベルでは、FLOを構成する中南米地域の生産者ネットワーク（CLAC）がWFTOのメンバーになった。そうした対話や相互乗り入れを積み重ねることで互いに信頼感を高め、協働関係を強化していくことができるだろう。

　実務的な面ではどうだろうか。一つは、認証基準作りや監査システム作りに、ATOや小規模生産者の意義ある参加を実現することである。もう一つは、生産者の能力強化での協働である。非力な生産者への支援をFLOも始めているが、それは連帯型が得意とする分野である。不慣れなFLOが行うよりも、連帯型に任せた方がずっと効果的・効率的だろう。「餅は餅屋」である。現在の「生産者支援ファンド」も、企業から拠出を求めて拡充し、WFTOと共同運営するなり、WFTOに任せるなりして良いのではないだろうか。

　協働に向けたATOへの支援があっても良い。協働は双方が対等であってこそうまくいくのだが、現在の両者の力関係は対等とは言い難い。資金力に勝る認証型が組織力や交渉力等でも勝っており、そうした力のアンバランスが摩擦の一因にもなってきた。より良い協働を実現するには対等性の実現、つまり劣勢な連帯型（ATO）を強化するための支援が必要だ。例えば、①前払の励行で資金繰りが苦しいATOのためにFLOが企業とともに「ATO融資ファンド」を創設する、②少量輸送によるコスト高を回避すべく、認証産品の大量輸送の空きスペースへの「相乗り」を斡旋する、③企業が持つリソース（売り場、宣伝媒体等）を連帯型に利用させる（欧州では小売店の一角にフェアトレード・ショップが出店する「Shop in shop」という形態が広がっている）、などが考えられる。

　以上、筆者なりに協働のあり方を考えてみた。多くの人が知恵を出し合えば、もっと有効・有益な協働案が生まれてくるだろう。いずれにしても、認証型はもともと生産者とATOが生み落としたものである。「手に負えなくなった」から見放すのではなく、いかに「わが子」に正道を歩ませるのか、認証型というツールをどうやって生産者やATO、市民の手に取り戻すのかに力を注ぐべきではないだろうか。

2 類似イニシアチブとの関わり

　第9章で、フェアトレードに類似したイニシアチブが数多く生まれ、「フェアトレード基準をめぐる自由競争」が起きていることを見た。それは、市場シェアを競って、我こそ事実上の世界標準（de facto global standard）たらんと、しのぎを削る企業間競争を見ているようだ。政府や国際機関は介入せず、まさにネオリベラルな覇権争いがグローバルに繰り広げられているのである。その熾烈な競争の渦中にFLOはある。

　かつて独占的な地位を謳歌していたFLOは、類似イニシアチブに追い上げられ、追い越されて、いかに競争に勝ち抜くかで頭が一杯なように見える。企業がどのラベルを選ぼうかと天秤にかける中、より魅力的に装い、認証産品の幅を広げ、シェアを伸ばそうと苦心惨憺しているように見える。目線は他のイニシアチブや企業の動きに釘づけとなり、連帯型や生産者を顧みる余裕がないように見える。そのように、FLOは危なっかしく見えて仕方がないのだ。

　先に見たように、エコサートを除く他のイニシアチブはFLOよりも基準が緩く、コストも安い「企業に優しい」仕組みである。逆に、生産者・労働者にとっては厳しく、有難みの薄い仕組みである。最低価格の保証はなく、システムの維持コストも多くが生産者持ちで、中にはレインフォレスト・アライアンスのように労働基本権すら保障していないケースもある。そうした低水準イニシアチブが主流化すればするほど、生産者が得られるプレミアム（市場価格との差）は減少し、非力な生産者はますます疎外されていくことだろう。

　政府は、一日の長があるフェアトレードに敬意を払いながらも特別扱いしているわけではない。イギリス政府はフェアトレードの成果を特筆しつつ、企業を含む他の民間イニシアチブもみな貧困層の支援やCSRの実現に貢献しているとして、すべて支持する姿勢を明らかにしている。2009年のEC政策文書も、フェアトレードをはじめとする様々な仕組み★に優劣をつけたり、そのあり方を規定したりすべきではないとの立場をとっている。

　　★　ECは次のように4分類している。①本来のフェアトレード、②持続性に関心を持つ消費者を対象にした他の認証システム（レインフォレスト・アライアンスやウツ・サーティファイ

ド)、③業界基準（倫理的紅茶パートナーシップや 4C's）、④その他。

　こうした状況にどう対応したら良いのだろうか。放っておくと企業は「易き（＝低水準イニシアチブ）」について、FLO は取り残されてしまうかもしれない。前章で言った「悪貨が良貨を駆逐する」が、低水準イニシアチブと FLO の間で起きかねない。だとしたら、フェアトレード界内での「内輪もめ」はこのくらいにして、他より「マシ」な FLO を擁護していくべきではないのか。FLO を批判すればするほど、よりネオリベラルな他の仕組みに「塩を送る」ことになりかねないからだ。

　ただ、理念を何よりも大事にする連帯型にとって、「企業寄り」の FLO を擁護するのは苦杯をあおる思いであろうことも確かだ。そう考えるとき、やはり必要なのは FLO が「立場性」を明確にし、連帯型が擁護したいと思う仕組みへと自己変革することである。FLO からすると、それは企業へのアピール力を弱め、自らの立場を危うくする愚行に思えるかもしれない。だが果たしてそうだろうか。コストの安い他のイニシアチブと同じ土俵で同じような（お手軽 CSR に訴えるような）アピールをして勝算はあるのだろうか。今追い上げられ、追い越されているのは、まさにそのような競争をしているからこそ、「比較優位」を失っているからこそではないのか。

　「フェアトレードの自由競争市場」で勝ち残っていこうとするのであれば、FLO は自らの「比較優位」すなわち「立場性」を強化するべきではないか、と筆者は考える。類似の仕組みが増えてくればくるほど、「真正性」、「正統性」が問われてくることは間違いない。「真正性」とはフェアトレード本来の理念・原則を体現していることであり、「正統性」とはフェアトレードにコミットした団体・市民から広く支持されていることである。FLO は企業の支持を失うのを恐れるかもしれない。が、真に恐れるべきは市民の支持を失うことではないだろうか。「真正性」、「正統性」を失い、市民の支持を失ったラベル産品に企業が魅力を感じるとはとても思えない。

　他のイニシアチブと比べてみよう。FLO ほど広い支持層を持ったイニシアチブが他にあるだろうか。フェアトレード・タウン運動のように、自らの認証製品の普及を後押ししてくれるような市民運動を、他のイニシアチブは持っているだろうか。それだけの「比較優位」を生かすも殺すも FLO 次第である。

市民の幅広い支持と真の「公正」実現への願いにどう応えるのか、FLO は大きな正念場を迎えている。

　ところで、ここまで他のイニシアチブを批判的に描いてきた非礼をお詫びしなければならない。零細な生産者・労働者への裨益という観点に立つと勢い批判的な記述になってしまうが、他のイニシアチブにも環境分野等で優れた点がある。また、他のイニシアチブを歓迎し、支持する生産者が少なくないことも事実だ。フェアトレード価格で売れる割合が生産量全体の20％程度しかなく、他のイニシアチブがあるおかげで生産者は残りを市場価格より少しでも高く売ることができている。他のイニシアチブはまた、企業が直接経営する大農園や調達する先の大農園を主な対象にしており、一定の「棲み分け」ができていることも事実だ。

　巨視的に見れば、フェアトレードだけで途上国の貧困問題は解決できず、それがベストな方法だと立証されているわけでもない。様々なイニシアチブが独自のアイデアをいかして試行し、互いに切磋琢磨するのも良いだろう。また、零細な生産者・労働者への裨益で劣るとはいえ、企業独自の行動基準や業界基準よりは客観性・透明性・便益性が高く、ましてや企業が何もしないよりは他のイニシアチブに参加した方が、途上国の生産者・労働者にとってプラスであることも確かだ。

　本来なら、「持続可能な発展」という大目標を共有する諸イニシアチブが、小異を捨て大同につき、協調・協力できれば良いのだが、現実にはなかなか難しい。方法論だけでなく理念的な違いが時として大きいからだ。特に、最低価格を設けるという意味で市場介入的で、弱いながらも立場性（それは政治性も意味する）を有する FLO と、自由競争を重視し、立場性が非常に希薄なレインフォレスト・アライアンスの間には容易に越えがたい溝がある。その背後には、社会民主主義が根強い支持基盤を持つ欧州と自由放任主義のアメリカという、政治文化の違いがあるようにも思われる。

　いずれにしても、類似イニシアチブ間の「競争」は続き、一層激化するかもしれない。そのゆくえは予見不能だが、唯一確かなことは、より多くの市民の支持を得たイニシアチブが勝ち残るだろうということである。

3 企業との関わり

　フェアトレードは「トレード」、つまり商行為の一種であって、基本は企業と同じ営利活動である。それでいながら、フェアトレードに関わる人の中には企業を邪悪視する人が少なくない。フェアトレードの担い手が長らくNGOだったことや、貧困や社会的不正義の元凶の一つが企業だったことがその背景にあろう。かつてスミスも、公共の利益を損ねる危険性が最も高いのは資本家階級であり、「最も疑い深い注意を払う」よう警告した。

　しかし、企業そのものは人間が生み出した社会装置の一つに過ぎない。それをどう使うかは人間次第である。富を生み出し、広く人と社会を豊かにする働きを持たせることもできるし、一部の強者だけを豊かにし、大勢の人や環境を貧しくする働きを持たせることもできる。

　そもそも、企業なしに私たちは豊かに暮らせるだろうか。企業なしにはほぼすべてを自給自足せねばならず、せいぜい近くに住む人と物々交換できるくらいである。それでも豊かに暮らせる、その方が幸せだという人も中にはいるだろうし、いても良いが、自給自足的生活を他人に強いる権利はない。

　問題は、私たち人間が生み出した企業をどう社会全体を豊かにするものへと変えるのか、どうやって「私器」から「公器」へと変えるのかである。それには大きく二つのアプローチがある。一つは外から企業に公的規制をかけるアプローチである。法や規則を定め、企業に責任ある行動を義務づけるのである。もう一つは内からの自己規制・自己変革を促すアプローチである。それにも「北風」と「太陽」の二通りの方法がある。前者の代表は無責任な企業に対する不買運動である。そして後者の代表がフェアトレードである。

　新自由主義のもとで公的規制がどんどん弱められる中で、否応なしに自己規制・自己変革を促すアプローチが重みを増してきた。二つの方法のうち、反社会性の強い企業に対して不買運動や恥かかせ運動（smear and shame）を展開するのは有効である。しかし、企業一般を邪悪なものとして非難するのは、有効どころか一般市民から異端視され、孤立するのが落ちである。企業を社会に貢献する公器に変えるための具体策を提示し、それに応えた企業に報いる仕組み

を作ることが市民の役割、さらには責任とも言えるのではないだろうか。オルタナティブを提示せずに非難するだけでは、真に責任ある市民とは言えない。

「企業は変わらない」という考えは「企業は変えられない」という思いと裏腹で、自らの無力を認めて白旗を掲げるのと同じである。企業経営の大農園など相手にすべきでないという議論も、そこで働く大多数の労働者をひどい労働環境に打ち捨てておくことを意味する。それが市民が選択すべき道なのだろうか。認証型の非をあげつらうだけで代案を提示せず、企業にATOを見習えと突き放し、彼我の間に橋を架けようとしないのも責任ある姿勢とは言い難い。

2008年6月のニューズウィーク誌は、反労働組合的な姿勢や小規模店舗の駆逐などをめぐって市民団体から厳しく批判されてきた世界最大のスーパー「ウォルマート」が、今度は保守的な株主から「組合に優しすぎる、環境問題に気を使いすぎる」、「リベラル派に譲歩しすぎたせいで業績が悪化している」との批判を浴びている実態を報じた。それは何を意味しているのだろうか。社会や環境への配慮を始めた「前科持ち」の企業に対し、市民が「ポーズに過ぎない」と攻撃の手を緩めなければ、行き場を失った企業は保守的な株主の突き上げにあって後戻りせざるをえなくなる。「正道」を歩み始めた企業に対しては、警戒心を持ちつつも一定の評価をし、さらに歩を進めるよう勇気づけるのがまさに正道なのではないだろうか。

そうした企業を相手にするのは、火中の栗を拾うような「リスキーなビジネス」である。相手の術中にはまって「ミイラ取りがミイラに」なる危険性は常にある。しかし、犬の遠吠えでは何も変わらない。「虎穴に入らずんば虎児を得ず」の格言通り、相手の懐に飛び込んでいく勇気が求められる。それも蛮勇ではなく、戦略を秘めた勇気を持って。

企業側の変化にも注目する必要がある。以前CSRと言えば、付け足し的な社会貢献が大半だったが、近年は本業の中で社会への責任を果たすという認識が強まっている。日本では、2004年の経団連の「企業行動憲章」改定がその一例である。改定後の序文は、「市民社会の成熟化に伴い、商品の選別や企業の評価に際して『企業のCSR』への取り組みに注目する人々が増えている。また、グローバル化の進展に伴い、児童労働・強制労働を含む人権問題や貧困問題などに対して世界的に関心が高まっており、企業に対しても一層の取り組

みが期待されている」との認識を示した上で、「会員企業は、優れた製品・サービスを、倫理的側面に十分配慮して創出することで、引き続き社会の発展に貢献する」ことを表明した。また、NGO／NPO を含む「ステークホルダーとの対話」の重要性も明記した。

改定憲章は人権の尊重を明記し、10の原則をうたう。その第二には「適正な取引」が加わった。それは「下請法を遵守した公正な取引」と「倫理観を持った公正な購買活動の実施」を意味している。第八では「国際ルールや現地の法律の遵守」を挿入し、第九では憲章の精神を「取引先に周知させる」ことを明記した。同時に作られた「実行の手引き」では、児童労働・強制労働を認めないこと、海外取引先の社会的責任への取り組み改善への支援を必要に応じて行うことをうたった。

2008年には日本取締役協会が「六方よし文書」を発表した。江戸の「三方よし」から平成の「六方よし」へ、という副題がついたこの文書は、日本の商人の伝統的な倫理観を今に蘇らせ、発展させていくことを企図したものである。江戸の「三方よし」というのは、当時の近江商人が「売り手よし、買い手よし、世間よし」という、フェアトレードに通底する倫理観をもって商売していたことを指す。その「三方よし」を日本の CSR の源流と位置づけた上で、それに今日的要請を加えて、「理念的責任」、「経済的責任」、「倫理的責任」、「環境的責任」、「文化的責任」、「法律的責任」の6つの責任を果たすこと（＝六方よし）を提唱している。

このように、企業は CSR の認識を深め、NGO／NPO との協働・対話を求める姿勢へと変化している。そうした機会を逃すことなく、フェアトレードへの理解や参加を求めるとともに、企業活動全般をフェアなものへと変えるべく、企業との対話や協働に乗り出していくことが、今フェアトレード界に求められていることではないだろうか。

4　政府との関わり

第7章で見たように、政府がフェアトレードを認知、支持、推進したり、フェアトレード団体・運動への支援やフェアトレード調達を行ったりするのは、

少なくとも欧州では当たり前になっている。また、イギリス政府が環境・労働条件・人権などに悪影響を与えない貿易政策を採ることをうたったように、開発協力政策や貿易政策にフェアトレードの要素を多少とも反映させる動きも見られる。2008年のリーマンショック以来の世界経済危機で、新自由主義の幻想が打ち砕かれたことも明るい材料である。

　しかし、国際協力の一形態として、MDGs／貧困削減を達成する一手段として先進国政府がフェアトレードにエールを送っても、本筋の貿易政策・経済政策にフェアトレードの理念を受け入れる気配は見られない。イギリス政府ですら、その開発・貿易政策は依然として自由貿易に軸足を置いている。WTOでの議論もネオリベラル路線を踏襲したままである。その意味で、従来のシステムを「ほんの少し揺さぶった」だけというボリスの指摘は正しい。

　ここで、フェアトレードが発展してきた経緯を考えてみよう。フェアトレードが大きく伸長したのは1990年代以降である。それはグローバリゼーションの進展と軌を一にしている。つまり、グローバリゼーションのもとで、社会や環境を顧みない自由貿易とフェアトレードが同時進行してきたのである。そのグローバリゼーションを突き動かしてきたのはほかでもない新自由主義だ。ということは、フェアトレード（特にフェアトレード・ラベル）にとって、新自由主義は「育ての親」であり、野放図な自由貿易は「異母兄弟」だとも言える。

　新自由主義の本質は、経済や社会に対する政府の関与を最小限に抑え、企業に自由に活動させることが富と福利の最大化をもたらすという点にある。つまり、自由貿易もフェアトレードも、政府の関与の最小化によって「花咲いた」わけである。

　では、フェアトレードが、政府が不関与のまま市場の仕組みだけを使って、異母兄弟である野放図な自由貿易を制することができるだろうか。筆者はそこまで楽観的になれないし、そもそも考え方としておかしい。「野放図」の最大の原因が「政府の不関与」であるからには、「政府の関与」を実現しなければ問題の本質的な解決にはならないからだ。したがってフェアトレードは、社会や環境の軽視を助長した政府の不作為・怠慢を厳しく指摘し、政府をして貿易・経済に関与させねばならない。

　政府の関与が必要不可欠な理由はもう一つある。自発性・任意性に依って立

つ民間イニシアチブの場合、どんなに工夫をしたところで非力な生産者等の疎外・排除の問題が必ず出てくる。疎外・排除の問題を根絶するには、すべての生産者・労働者に等しく人間らしい生活を保障し、かつ強制力と罰則を伴った万国共通の公的システムを創り上げるしかない。

では、どのような政府の関与ないし公的システムが必要なのか。その詳細までは描ききれないが、ハッキリしているのは、貿易に限らず、すべての経済活動に社会コストと環境コストをしっかり織り込ませることである。つまり、文明社会が許容しうる最低限の社会コスト・環境コストをすべての経済活動に織り込むための共通の国際ルールとシステムを打ち立てることである（それはフェアトレード・ラベルが部分的に試みていることだ）。あとは、そのルールに従って所定の社会・環境コストを払い、法令遵守といった他の共通の制約条件を守った企業に好きなだけ自由競争をさせれば良い。言い換えると、社会的・環境的公正に根ざした自由競争を存分に行わせるための「グローバルな枠組み作り」こそが政府に求められる関与の本質である。

その実現には、対人地雷禁止条約（1999年3月発効）の成立を目指してカナダなどの有志国と世界のNGOネットワーク「地雷廃絶国際キャンペーン」が展開した「オタワ方式」、およびクラスター弾禁止条約（2010年8月発効）の成立を期してノルウェーなどの有志国と世界のNGOネットワーク「クラスター兵器連合」が展開した「オスロ方式」が参考になるだろう。両条約を批准していない大国はあるが、それら非人道的な兵器を使えば国際社会からの強い非難は免れず、実質的に使用できない状態をもたらしたと言われる。

ただ、フェアトレードを実効性ある国際基準にすべく、有志国（連帯経済を推進するフランスやブラジル）と世界のフェアトレード・ネットワークが共闘したとしても、上記二つのケースよりも格段に難しいことは確かだ。戦争という非日常は回避できても、貿易・経済活動という日常は回避できず、自発的に基準を守る国は守らない国に比べ、大きな経済的ハンディキャップを背負うことになるからだ。だが、有志国を増やしていくにつれ、その可能性も増していくだろう。各国でフェアトレード調達を進めて、政府内でフェアトレードを「当たり前」化することも、政治的意志の醸成に役立つだろう。

政府を説得する論拠は十分ある。ILO条約の存在もあって「最低賃金」を定

めていない国は今やないと言って良い。なぜ最低賃金を定めるかといえば、労働者に最低限の人間らしい生活を保障するためである。ならば、農産物や手工芸品の生産者に等しく人間らしく生きるための最低限の報酬を定めることがなぜできないのか。欧州ではずっと前から農家の収入を保障している。日本も2010年度から農家の戸別所得補償制度を導入する予定だ。それは、政府が定めた生産量の目標に従った農家に対し、販売価格が生産費用を下回った場合に差額を補てんする仕組みで、基本的な発想はフェアトレードと同じである。

　自国の農家には人間らしい生活を保障して、途上国の貧しい農家に認めないことは正義とは言えない。それは途上国政府の「自己責任」との逃げ口上も聞こえてきそうだが、途上国政府が自国民に人間らしい生活を保障する力を「自由貿易（実際には先進国の利益を保護する二重基準に満ちたまやかしの"自由"貿易）」の名のもとに奪っておいて、途上国の「自己責任」をあげつらうのはフェアではない。

　貿易への政府の関与を求めることは、返す刀でフェアトレードへの関与を求めることにつながる。「自由放任」ではない「フェア」な貿易とは何かを規定する必要が出てくるからだ。第7章で見たように、フェアトレードに対する公的規制の動きはすでにあり、それはフェアトレード団体側からの求めに基づいたものだ。それに対して時期尚早だとか、自分の首を絞めるようなものだとか言う人も少なくない。

　しかし、類似イニシアチブが乱立する中で、消費者団体をはじめ、フェアトレードの規定・規制を求める声は今後強まる一方だろう。2009年10月、EUの諮問機関である「欧州経済社会評議会（EESC）★」は、フェアトレード食品に関する意見書をEUに提出した。その中でEESCは、様々なラベルや行動基準が出現して消費者を混乱させていることへの懸念を表明し、フェアトレードに関して異なった法システムが先進諸国に生まれる事態を避けるには「高度な保証」を提供する必要があるとして、EU内においてはすべてのフェアトレード産品が同一の基準を満たすよう求めた。

　★　EU内の雇用者、労働者、その他のグループ（農民、職人、中小企業・中小の製造業、専門職、消費者、科学・教育関係者、協同組合、家族、環境保護運動）の3グループの代表からなり、経済社会問題についてEUに意見書を提出する。

EUそのものは関与・介入を嫌っているが、各方面からの圧力に抗しきれなくなればフェアトレードの規定・規制に乗り出してこよう。また、フェアトレードが存在感を増すにつれ、自由貿易陣営からの巻き返しが強まることも間違いない。「座して」政府から規定されるのを待った場合、望まぬ形で規定される恐れがある。それよりは、積極的に自らの原則や基準を売り込み、公的規定に反映させていく方がベターではないのか。筆者がインタビューしたIFOAM（国際有機農業運動連盟）の事務局長は、かつてオーガニックの類似イニシアチブが多数出現し、偽装も多発して各国の政府が規制に乗り出した際、オーガニック運動が同一歩調をとれないばかりに自分たちが望むような基準を盛り込めなかった経験を引き合いに出して、同じ轍(てつ)を踏まないためにも、フェアトレード運動は一致団結して自らの原則・基準の反映を政府に働きかけていくべきだと語った。

　フェアトレード団体の中には政府や政治に関わるのを嫌う団体もある。しかし、それは自分の手が届く範囲内だけで公正を実現し、他の何億人、何十億人もの人々を不公正なシステムの中に放置することを意味する。自らの狭い援助活動にいそしみ、多大な社会・環境影響を及ぼす政府開発援助（ODA）に無関心なNGOが批判されるのと同じ構造がそこにはある（NGOは問題の解決策ではなく問題の一部だという批判）。中には、ODAがNGOと同じように人間的になったら、NGOが比較優位を失って「飯の食いあげ」になるからODAを変えようとしない、と皮肉る人もいる。同じ皮肉がいつボリスあたりからフェアトレード団体に投げかけられるとも限らない。

　小さく、美しく、純粋なフェアトレードを守ろうという試みは、それを「ニッチ市場」に押しとどめて、貿易・経済活動全体に広がるのを防ごうとする新自由主義者の思う壺でもある。先に触れたEESCの意見書は、「フェアトレードにとって真に重要な課題は、国際貿易のルールに永続的な変革をもたらすことができるかどうかである」と述べている。

　革新的なNGOの中に自分の存在が不要になる（＝政府がまともな開発政策を進める）ことを目指すNGOがあるように、革新的なフェアトレード団体の中にも自分の存在が不要になる（＝すべての企業活動がフェアになる）ことを目指す団体がある。筆者がインタビューしたイギリスのトレードクラフトがそ

うだ。本来不要になるのが望ましいのはFLOも同様である。FLOは様々なステークホルダーの利害を調整して基準を定めるが、異なる利害の調整は政府の役割そのものである。「世界政府」が存在しない今、国際的な利害の調整役はあまりに脆弱（国連）か、あまりに先進国寄り（世界銀行・IMF）で、FLOが公正な疑似政府の役割を演じる必要があるのは確かだ。しかし、未来永劫その役割を果たし続けるのは妥当とは言えない。将来的には、代表性や正統性に裏づけられた国際機関がその役割を果たすべき筋合いのものである。

　その代表候補は、現存する機関の中では貿易に特化した世界貿易機関（WTO）だが、そのWTOこそフェアトレードにとって最大の難敵でもある。自由貿易の「守護神」であるWTOは、自由な貿易を阻害するものを「障害」と見なし、排除する。したがって、生産者・労働者の利益や環境を手厚く守るために、加盟国が法や基準を定めて企業に遵守させようとする行為は「障害」と見なされ、排除の対象となる。

　労働や環境に関して結ばれた国際条約とWTOの協定・ルールが相容れない内容を含んでいる場合、「勝利」する可能性が高いのもWTOである。なぜなら、ILO条約や環境分野の諸条約には強制力がないのに対して、WTOには協定・ルールに反した国に対する貿易制裁という強制力が備わっているからだ。

　より現実的な問題もある。WTOの「貿易の技術的障害に関する協定（TBT）」第4条は、

　　加盟国は、自国の領域内の非政府標準化機関が適正実施規準を受け入れかつ遵守することを確保するため、利用し得る妥当な措置をとる。更に、加盟国は、これらの標準化機関が適正実施規準に反する態様で行動することを直接又は間接に要求し又は助長するような措置をとってはならない。

と規定する。その「適正実施規準（付属書三）」は、

　　D. いずれの世界貿易機関の加盟国の領域を原産地とする産品についても、同種の国内原産の産品及び他のいずれかの国を原産地とする産品に与えられる待遇よりも不利でない待遇を与える

　　E. 標準化機関は、国際貿易に対する不必要な障害をもたらすことを目的として又はこれらをもたらす結果となるように任意規格が立案され、制定され及び適用されないことを確保する

と規定する。これらに従えば、非政府標準化機関であるFLOは、国際貿易に不必要な障害をもたらすような基準の立案・制定・適用や、同種産品の差別的待遇をしてはならない。また加盟国政府は、FLOや国内のラベル団体が適正実施規準を遵守するよう妥当な措置を取らねばならず、それに反する行動を助長（＝支持や支援）してはならない。

　このうち、特に問題となりうるのが差別的待遇を禁ずる規定Dである。それをフェアトレードに当てはめると、フェアな条件で作られていないことを理由に同種産品を差別的に待遇する（最低価格やプレミアムを認めない）FLOの基準はルール違反だと解釈できるからだ。WTOは品質や外形など物理的な差異があるものを差別的に扱うことは認めても、「生産方法やプロセス」を理由にした差別的扱いは認めない立場を取る。

　これまでのところ、FLOの基準や行動がTBTに反するとして訴えられたことは筆者の知る限りない。しかし、その可能性は常に存在するし、フェアトレードが存在感を増すにつれ、その可能性は高まるだろう。WTOの協定・ルールとの整合性が問われるのは時間の問題とも言える。先のISO65化の問題といい、TBTといい、新自由主義に根ざした仕組みやルールとフェアトレードの間に整合性を持たせるのには、所詮無理があるのだ。

　WTOは新自由主義に根ざしたグローバリゼーションの「権化（ごんげ）」として厳しい批判・非難の対象となってきたが、実はWTOそのものがルールを決めるわけではない。決めるのはあくまでも加盟国政府である。世銀・IMFと違ってWTOは、国連と同じ一国一票の「民主的」な意思決定方式を持つ。問題は、少数派の先進国が圧倒的な政治力・経済力にモノを言わせて、数で勝る途上国をねじ伏せ、自国経済と超国籍企業に有利なルールを押し通してきたことにある。

　したがって、WTOのルールやガバナンスを変えようとするならば、先進国政府の姿勢を変えねばならない。それができるのは先進国のフェアトレード団体であり、NGOであり、市民団体である。そして、オタワ方式やオスロ方式が示すように、市民のグローバルなネットワークの力である。グローバリゼーションに対抗するには、運動そのものもグローバルである必要がある。現在は先進国や超国籍企業の道具に成り下がっているWTOだが、一国一票の仕組みを活用して、フェアトレードの国際ネットワークが革新的な先進国政府と途上

国政府の大半を味方につければ、ルールを変えることも不可能ではない。また、その強制力を逆手にとれば、フェアな条件を遵守させることも不可能ではない。問題は、そうした構想力、交渉力、それにネットワークの広がりと結束力である。そうした力を結集できた時、新たな、フェアな新経済秩序を現実のものとすることができる。

5 市民の関わり

　フェアトレードは、市民が消費者として産品を購入することで初めて成り立つ。その意味で市民は、生産者とともにフェアトレードの主人公であり、フェアトレードの浮沈は市民にかかっているとさえ言える。

　企業の浮沈もまた、消費者、株主という市民にかかっている。企業が下請けをいじめ、生産者から買い叩いてでも安くモノを仕入れようとするのは、市民（消費者）が「少しでも安くていいモノ」を求めるからだ。社会や環境を犠牲にしてまで儲けようとするのは、市民（株主）が高い配当やキャピタル・ゲインを追い求めるからだ。経営者や資本家の「強欲」のせいもあるが、企業を突き動かす力の源泉は消費者と株主の要求、欲求にある。「お客様は神様」とは言いえて妙である。

　「神様」である私たちは、「購買力」という企業や生産者の運命を左右する力を持っていることに気づいていない。何気ない購買力の行使が生産者や環境を傷つけているかもしれないことに気づいていない。権力を持つ者はその行使に慎重でなければならないのに、購買力という力を持つ私たち市民は、その行使にあまりにも無神経だった。それは、一人ひとりの購買力は知れたもので、自分一人の購買が人様に大きな影響を与えるなどとは思いもよらないからだろう。自分の一票で政治など変わるはずがないと思い込んでいるように。しかし、買物での一票、つまりフェアトレード産品を選ぶか他の商品を選ぶかの積み重ねは、企業の行動や生産者の生活に大きな影響を与えるのだ。

　これまで消費者は「弱い」存在とされてきた。だからこそ各国に消費者運動が存在し、消費者保護法なるものが存在する。「消費者の権利」は、1962年にアメリカのケネディ大統領が4つの権利を提唱したのが始めで、国際消費者機

構（CI）によって1982年に8つの権利へと拡充された（生活の基本的ニーズが保障される権利、安全である権利、知らされる権利、選ぶ権利、意見を反映される権利、補償を受ける権利、消費者教育を受ける権利、健康な環境の中で働き生活する権利）。

　8つの権利に拡充した時、CIは「消費者の5つの義務」も規定した。しかし、CIのホームページをどう探しても、8つの権利は出てくるのだが5つの義務は出てこない。CIに加盟する日本の消費者団体のホームページにも出てこない。やっと消費者庁のホームページで探しあてた5つの義務とは、①批判的意識、②自己主張と行動、③社会的関心、④環境への自覚、⑤連帯である。このうち「社会的関心」は、「自らの消費生活が他者に与える影響、とりわけ弱者に及ぼす影響を自覚する責任」のことなのだが、ここでいう他者、弱者とは、弱い立場にある消費者を指している。「連帯」も消費者同士の連帯を意味している。生産者への関心・責任にはついぞ出会うことができなかった。そもそも「5つの責任」がCI等のホームページに出てこないこと自体、「権利」だけを主張する消費者の姿を如実に表していよう。

　考えてみれば、「安全である権利」を消費者が主張することで、途上国製品に対する要求水準はどんどん上がってきた。安全だけでなく、環境保護や労働者の権利の擁護など、消費者は自身の利益と「良心」が痛まないような製品作りを要求し続けてきた。そのお陰で、途上国の生産者が満たすべき基準はどんどん高くなる。FLOの基準が年々強化されてきたのはその表れだ。その結果、要求を満たせず脱落していく生産者が増えていく。特に力の弱い生産者がそうだ。

　消費者は、片方で高い基準を要求しておきながら、片方では安さを要求する。つまり、自分の利益と良心の満足のために要求水準を高めておきながら、生産者が基準を満たすのに必要なコストを負担しようとしないのだ。さらに、生産者のフェアトレード基準違反に目くじらを立てておきながら、自分はフェアトレード産品ではなく他の商品を選んで涼しい顔をしているとしたら、それは「消費者エゴ」や「二重基準」でなくて何だろう。

　消費者エゴは企業行動に反映される。イギリスのETIに参加する製造業やスーパーの供給元（途上国の農園や工場）で基準違反が数多く見つかり、問題

となってきた。そこでイギリス企業は、途上国の供給元に基準の遵守を要求し、監査を厳しくする。が、違反はなくならない。なぜか。「ない袖は振れない」からだ。供給元が基準を遵守するのに必要なだけの対価を支払わないからだ。それも元はといえば、「安さ」を求める消費者に応えようと企業が価格競争を繰り広げ、供給元に十分な対価を支払えないことに問題がある。消費者（＝市民）は企業の非倫理性や強欲さを非難するが、実は自らのエゴ★がその一因ないし主因になっているのである。

> ★ 消費者エゴを考えた時、フェアトレードが高品質性やファッション性、健康・安全性など、消費者の自己利益（＝エゴ）に訴える普及戦略を強化すると、消費者と生産者のパワーバランスを悪化させ、消費者の満足のために生産者が今以上に奉仕させられることになりかねない。

　グローバル化した今日、途上国の話だからと無神経でいると自分の足元を危うくすることになる。途上国で労働者をこき使って作った製品は安い。しかし、それは先進国の製品の競争力を失わせ、先進国企業は生き残りをかけて国内の労働賃金や条件を切り下げる。それは今日本で起きていることだ。先進国で労働コストを切り詰めれば途上国の競争力が相対的に低下するので、今度は途上国で労働コストを切り下げ、それがまた先進国に跳ね返ってくるという悪循環に陥る。まさに「底辺への競争」である。途上国での農産物の買い叩きは都会への出稼ぎを誘発し、労働の供給過多を引き起こして賃金の切り下げを招く。そのあと起きることはすでに書いた通りだ。買い叩いて安く輸入した農産物は国内の農産物価格を破壊し、先進国農家も疲弊していく。

　途上国から安くモノが入って「得」をするのは初めだけで、時間とともに途上国の労働者・生産者も、先進国の労働者・生産者も敗者となっていくのだ。逆に、途上国の生産者・労働者の生活を案じ、良くしようと行動することは、めぐりめぐって自己利益にもなる。情けは人のためならず、である。ILO憲章の前文も次のように言う。「いずれかの国が人道的な労働条件を採用しないことは、自国における労働条件の改善を希望する他の国の障害となる」と。

　先に、買物は一票を投じるのと同じ意味を持ち、市民はフェアトレード産品を選ぶことで企業の行動や貿易を変えることができる、つまり市場メカニズムを使って変化を引き起こせる、という趣旨のことを書いた。それは一定の真実を含んでいるし、ひょっとして革命的な変化さえ起こせるかもしれない。しか

し、ボリスが言うように「少し揺さぶっただけ」で終わる可能性も十分ある。

　よく考えると、フェアトレード産品を選ぶ機会を消費者に提供するということは、アンフェアな商品を選ぶ機会を残すことを意味する。消費者はそれで良いかも知れない。余裕のある時、気の向いた時はフェアトレード産品を買い★、そうでない時はアンフェアだが安い商品を買う。だが生産者や労働者はどうだろう。消費者の余裕や気分次第で生活が楽になったり苦しくなったりすることになる。それは、人間らしい生活を送るという基本的人権の問題が消費者の余裕や気分に左右されることを意味する。そう考えると、基本的人権や社会正義に関わることを、消費者（市民）の選択の問題にしてしまって良いのか、という疑問が沸々と湧いてくる。言い換えれば、市場での市民の選択によって基本的人権や社会正義を保障できるのか、という疑問である。

> ★　フェアトレード産品を買う選択肢を提供するだけでは、「良心」を買う、つまり良心の呵責から逃れるために「免罪符」を買う機会を提供しているだけ、と見ることもできる。

　残念ながら答えは「ノー」としか言いようがない。改善はできても保障はできないからだ。では、基本的人権や社会正義を確実に保障するにはどうしたら良いのか。それには「選択」の問題でなくすること、つまり市場からアンフェアな商品を一掃することである。が、それは市場メカニズムではできない。それを唯一可能にするのは法であり、政治である。つまり、市民が消費者として買物で一票を投じるだけでは全く不十分で、主権者として選挙で一票を投じ、政治と法を変えねばならないのだ。

　ただし、貿易・経済システムやルールを根本から変えるような政治的運動を巻き起こすのは容易ではない。フェアトレードの良いところは、毎日の買物という手軽な手段を使って「アンフェアな貿易や経済の仕組みは嫌だ」という意志表示を日常的にできることにある。そしてフェアな仕組みを市民がどれだけ望んでいるのかを、認知度や売上高という目に見える形で企業や政府に示せることにある。「肩肘張った」政治運動が人を遠ざけがちなのに対して、フェアトレードはその「手軽さ」、「政治っぽくなさ」で多くの人を引きつけている。課題は、それをいかに「変革」を生み出す運動、夢と華がある政治的な運動へと昇華させていくかで、そこがフェアトレード団体の力量が最も問われるとこ

ろでもある。

　最後に、以上のような大変革をフェアトレード運動だけで引き起こそうとするのも現実的ではない。他の市民運動との連携・協働が絶対的に必要である。すでにイギリスなどでは、環境や人権分野の市民運動との連携が生まれ、発展している。そのほか、平和団体やCSRを推進する団体、女性団体、企業の倫理問題を追及する株主オンブズマンとの連携・協働も十分考えられる。最近では福祉分野の人たちの間でフェアトレードへの関心が高まっていると聞く。疎外された弱い立場にある人々の権利を守り、自立を支援するのが福祉であるならば、フェアトレードと理念的に同質であり、関心を持つのもうなずける。日本のフェアトレード団体の中にも、福祉作業所と連携してフェアトレードのお菓子を作っている例があるし、ホームレスを支援する団体がフェアトレード・コーヒーを焙煎・販売している例もある。

　今後鍵を握ると思われるのは、先進国内で力を持つ消費者団体と労働団体との連携・協働である。先に見たように、消費者団体は消費者の利益を最優先し、生産者への視点が弱い。消費者の権利ばかり主張すると生産者の利益や権利を侵すことになりかねない。労働団体は、途上国の生産者や労働者のことよりも、グローバリゼーションが招く自国内の労働条件の切り下げを食い止めることに躍起になっている。そうした消費者や労働者の自己利益にも配慮しながら共通の理解に達し、連携・協働を実現するには辛抱強い対話が必要とされよう。

6 国内フェアトレード

南の国内フェアトレード

　最近のフェアトレードの動きとして特筆すべきなのは「国内フェアトレード」である。第3章で触れたように、メキシコでは早くも1999年に国内フェアトレードを推進する組織（CJM）が設立された。CJMは独自にコーヒーや蜂蜜、果物（マンゴー、レモン等）の基準を策定し、独自のラベルを作った。それを受けて小規模生産者組合が「アグロメルカードス」という流通小売会社を設立し、「フェルティル」ブランドの認証コーヒーを販売したり、独自のカフェチェーンを展開したりしている。コーヒー生産者組合のUCIRIは、フラ

ンス企業が自分たちの豆を焙煎してメキシコに逆輸出していることを知り、自前で焙煎して国内販売を始めた。先進国への輸出に比べて輸送費が大幅に下がり、焙煎という付加価値がついたことで、利益率は輸出よりも15％向上したという。そこで現在30％程度の国内販売比率を50％以上にしたいと考えている。2007年時点ではメキシコ国内で約200トンのフェアトレード・コーヒーが売れたが、それは同じ年の日本国内の販売量に匹敵する規模である。

このほか、アメリカからのダンピング輸出で窮地に陥ったトウモロコシ農家が「全国小農流通販売企業協会」を設立し、認証トウモロコシを使った「フェアトレード・トルティーヤ」の販売店を全国展開するなど、国内フェアトレードの動きは広がっている。CJMによると、2007年時点のラベル認知率は首都メキシコシティで15％、国内フェアトレードで裨益する生産者は9万人に上るという。

南アフリカでは、2008年に「フェアトレード・ラベル南アフリカ（FTLSA）」が組織された。同組織はCJMとともにFLOの「準メンバー」を構成している。違いは、CJMは独立性が非常に強く、独自の基準とラベルを持っているのに対して、FTLSAはFLOのラベルを使ってコーヒー、ワイン、ルイボスティーなどを国内に流通させていることである。また、FTLSAはFLOの中で「マーケティング組織」という扱いで、ライセンシングはFLO、マーケティングはFTLSAという役割分担がある。

インドでは、EUやオランダのNGOの支援を受けて、2009年に「ショップ・フォー・チェンジ・フェアトレード（SFC）」という国内フェアトレード・ラベル団体が誕生した。SFCが設けた農産物の基準は、最低価格こそ保証していないが、生産コストや品質に見合った価格の支払いのほか、生産者の能

力強化のために購入側が契約額の15%をプレミアムとして支払うことを義務づけている。SFC基準に基づいて生産された綿花を使ったTシャツは、2010年の年明けとともにインド市場にお目見えした。

　ブラジルでは1980年代から、都市部の失業問題や農村部の土地なし農民の問題に対処すべく、「連帯経済」運動が活発化していた。連帯経済とフェアトレードには共通点が多いことから、2000年以降は一体的な運動が展開されるようになり、02年に「ブラジル倫理連帯経済連携フォーラム（FACES do Brasil）」が設立された。同フォーラムは、NGO、政府、企業、労働団体の代表からなるマルチセクター・フォーラムで、フェアな連帯経済の推進を目的としている（フェアトレードは連帯経済の一部という位置づけ）。同じ年に行われた大統領選挙では労働党が勝利し、労働組合出身のルラ大統領が労働雇用省の中に「連帯経済局」を設けるなど、その推進に力を入れている。07年には「フェア連帯交易システム法」が制定され、「フェア連帯交易委員会」が設立された。同法は「フェア連帯交易（Fair and Solidarity Trade）」の原則・基準や認知システム（第三者認証を含む）などを定め、委員会が認証機関を認定する仕組みのようである。

　フィリピンでは、先駆的なフェアトレード団体APFTIが、オランダのNGOなどの支援を得て国内フェアトレードを推進している。2008年からの3年間にフェアトレード・ショップを全国7カ所に開設したり（2店が開設ずみ）、ショッピングモールの中に「フェアトレード・ゾーン」を設けたり、全国フェアトレード・キャラバンを実施したり（09年末に開始）して認知度を高め、将来的には独自の認証システムとラベルを開発したい考えである。

　以上のように、経済発展が目覚ましく、購買力のある中流層が増え始めた新興国を中心に国内フェアトレードの動きが強まっている。また、途上国間の「南南フェアトレード」を推進する動きも見られる。

　国内フェアトレードには多くの利点がある。まず、為替リスクがなく、先進国の景気や消費者の好みの変化、投機マネーによる価格変動等に影響されにくい。先進国向けフェアトレードに参入する力のない生産者でも、国内なら参加できるチャンスが広がる。そもそも輸出向け産品（先進国で需要のある産品）を作っていない生産者は、今までフェアトレードに参加のしようがなかった。

フェアトレードが主食産品から輸出産品への転作を促し、途上国の食糧安全保障を損なうような事態も避けられる。途上国内での付加価値づけや雇用の創出にも寄与する。国内フェアトレードは「必然」でもある。なぜなら、途上国内でも先進国同様に小売業・製造業（その多くは先進国企業）の寡占が進んで価格競争が起き、国内向けに生産する生産者に対しても価格引き下げ圧力（＝買い叩き）が強まっているからだ。問題は、割高なフェアトレード産品を買う消費者が途上国にどれだけいるかである。

逆に、国内フェアトレードが広まった場合、そのあおりを受ける利害関係者——地主や資本家などの特権階級——が黙っているかという問題もある。途上国の政府や政治家がどのような出方をするかも予断を許さない。口では貧困撲滅を唱えながら、特権階級出身の政治家や特権階級を支持基盤とする政府が本気でフェアトレードを後押しするのか、疑問なしとしない。これまで途上国政府はフェアトレードの「蚊帳の外」にいたが、今後は良くも悪くも「中」に入ってくるだろう。

それは南北間のフェアトレードについても同じだ。先進国だけのG8から新興途上国を含むG20へと比重が移っているように、貿易・経済問題で（新興）途上国政府の存在感が増している。これからは、フェアトレード団体も途上国政府との関係作りやアドボカシー活動を強化する必要が高まるだろう。

もう一点、国内フェアトレードこそが南北フェアトレードの基本であるべきだという議論がある。その背景には、市場をバックにした北の団体に主導権を握られ、地元の実情に合わない基準や条件を定められ、頻繁に変更され、押しつけられてきたという南側の思いがある（特にラベルに対して）。しかも、様々なイニシアチブが乱立し、それぞれに対して高い認証料を払わされてきた。もう北の都合に振り回されるのではなく、自らが基準を定めて認証する仕組みを国内に確立し、それを北に尊重させよう、というのである。それは、南からフェアトレードを規定し直し、諸イニシアチブを下から統合する試みとも言える。

北の国内フェアトレード

国内フェアトレードの動きは先進国内にもある。イギリスでは、有機農産物の生産農家がスーパーなどからの買い叩きにあい、コスト割れや生産の放棄に

まで追い込まれた。そうした苦境に対処すべく、有機認証団体の「土壌協会（Soil Association）」が2001年に、法で定められた対価ないし基本的ニーズを満たす対価の支払いやILO条約の遵守などを求める「倫理交易基準」を策定した（対象は有機認証を得た生産者に限定）。そして、同国のフェアトレード・ラベル団体であるフェアトレード財団と協議の上、03年に合同で試験的な運用を始めた。これまで市場には、基準を満たして認証された牛乳や小麦粉、リンゴ、シリアルなどが出回っている。土壌協会からは今なお本格運用のアナウンスはなく、抑制的に運用★しているようである。

> ★　土壌協会との協働に対しては、フェアトレード関係者から、セーフティネットの整った国内生産者と皆無に近い途上国の生産者を同列に扱うべきでないとか、国内生産者も対象にすると消費者をフェアトレードから遠ざけかねない、といった反対の声が上がった。土壌協会が、フェアトレード側の意に反して対象範囲を国内に限定せず、「どの国のどの産品でも可」とした（＝競合関係になる）ことも反発を呼んだ。そうした反対・反発に加え、フェアトレード財団としても限られた資源を南北フェアトレードに集中すべきという判断から、土壌協会との協働から手を引いた。抑制的な運用にはそうした背景もあると思われる。ただ、土壌協会の基準委員会にフェアトレード財団の理事が入るなど、協調関係は維持されている。

アメリカでは農場労働者や農家の「搾取」が問題になっている。農産物の小売価格のうち農場労働者が得られるのは6％に過ぎず、農場労働者の60％以上が貧困ライン以下で生活しているという。農場労働者の大半は団体交渉権を持たず、フロリダ州では奴隷のように働かされている実態が明らかになった。小規模農家も、買い手である大規模加工・流通・小売業の力に押しつぶされている。小売価格に占める農家の取り分は、1970年代初めの40％から今日では20％へと半減したという。

そうした中で、同国の先駆的なフェアトレード団体イコール・エクスチェンジの創設者が、「レッド・トマト」という非営利団体を1997年に立ち上げた。レッド・トマトは南部の小規模農家が生産する野菜や果物を公正な価格で買い上げ、ニューイングランド地方のスーパーや食品協同組合に卸している。

その買い入れ先の一つ「南部協同組合連盟」は、南部7州のアフリカ系小規模農家の協同組合組織で、自分たちの土地や地域社会の維持発展とともに持続可能な農業やフェアトレードを推進している。

「農場労働者連合（UFW）」が始めた「フェアトレード・リンゴ・キャンペーン」は、安い輸入リンゴの流入で国内の小規模リンゴ農家が労働者（主にメキシコ移民）の労働条件を切り下げざるをえない状況を打開しようとするものである。公正な賃金や社会保障を労働者に保証する農家に対してUFWの黒鷲マークを使うことを認め、食品チェーン店に対しては農家への公正な価格の支払いや長期契約、一括買い入れなどを働きかけてきた（現在はリンゴではなく、イチゴ、レモン、バラ、ワインなどが対象）。

イコール・エクスチェンジ自身も独自の国内フェアトレードを立ち上げ、アフリカ系アメリカ人の農協などから、クランベリー、アーモンド、ピカーン（くるみの一種）を仕入れて販売している。そこでは、従来のフェアトレードと同様、公正な価格での買い入れ、開発プレミアムの支払い、前払、財政的・技術的な支援を行っている。

2005年にはイコール・エクスチェンジなどが「国内フェアトレード作業グループ」を組織し、14カ条からなる「国内フェアトレード原則」を策定した。それには、家族経営農業の擁護、公正かつ安定した価格、直取引、長期的な取引関係、リスクの共有と低利の貸付、労働者の権利、先住民族の権利、生産者・労働者の能力強化などが含まれている。同グループは07年に「国内フェアトレード協会」へと発展的に改組した。同協会は、北米の農家、農場労働者、流通・加工業、小売業、NGOの5ステークホルダー、計33団体で構成され、国内フェアトレードの啓発、市場化、アドボカシー、保証を行っている。

> ☆ アメリカの国内フェアトレードの市場性を調べた研究がある。国産イチゴが公正な条件で生産されたとして、消費者がいくら払う用意があるかを調べたのである。すると、通常1パック1ドル50セントのイチゴに、平均して1ドル2セント（＋68％）余計に払っても良いという結果が出た。好意的な消費者の属性は、性別では男性より女性の方が多かった。興味深いのは、低所得層の方が中・高所得層よりも、低学歴層の方が高学歴層よりも、アジア・太平洋諸島系／ラテン系／アフリカ系アメリカ人の方が白人のアメリカ人よりも、余計に払っても良いと答えたことである。弱い立場の人々の方が、疎外された農家や労働者への共感／連帯心が強いことを物語っている。

オーガニック運動の中からも社会的公正の実現を目指す動きが出ている。1999年、アメリカ農務省が定めたオーガニック基準が農家や農場労働者の権利・生活への配慮を欠いたものになったことに失望したオーガニック団体が、

農家や労働者の公正な扱いを定めた基準作りを呼びかけた。「農業正義プロジェクト（AJP）」と名づけられた運動の輪は国外にも広がり、多くのステークホルダーの参加を得て基準の草案を策定した。AJP は草案の改定を重ねつつ、仮のラベルを使った市場化実験も行ってきた。ラベルには「ローカル」と「フェアトレード」と印字されている。国際的には IFOAM がオーガニックの基礎基準を定めているが、社会的公正に関する基準（第 8 章）が不十分であることから、AJP は策定中の基準を IFOAM の基礎基準を補うものとして、アメリカ国内に限らずグローバルに普及させたい考えである。

　以上のように、フェアトレードは国内交易へとその射程を広げている。FINE の定義が、「とりわけ南の疎外された生産者や労働者の人々の権利を保障し、彼らにより良い交易条件を提供する」としているように、フェアトレードは初めから南北貿易に限定したものではない。新自由主義に根ざしたグローバリゼーションが、国内、国外の別なく社会や環境を「底辺への競争」へと追い込んでいる実態を考えれば、それは自然な展開でもある。さらに、フェアトレードが経済システムそのものの変革を目指すのであれば、国内フェアトレードに取り組むことは必要不可欠とさえ言える。

　ただしそれは、南北間のフェアトレードに携わる団体は国内フェアトレードも行うべき、ということを必ずしも意味しない。「二兎を追うものは…」の教え通り、一方に特化した方が良いことも多いだろう。要は、グローバル、リージョナル、ローカルなど、様々なレベルでフェアトレードを展開する必要性・必然性を認識し、互いに連携・協働することである。

7　フェアトレードの 4 世代

　最後に、フェアトレードの課題と果たすべき役割を中長期的な観点から考察したい。考察は、NGO 研究で著名なデビッド・コーテンが 1990 年に提唱した「NGO の 4 世代」論に準拠して行う。というのも、フェアトレードはビジネスであると同時に NGO 的な性格を多分に持っているからである。コーテンの 4 世代論とは次のようなものである（一部修正を加えている）。

■ NGOの4世代論（デビッド・コーテン）

	第1世代 救援・福祉	第2世代 地域社会の発展	第3世代 持続可能な システムの発展	第4世代 民衆の運動
問題認識	モノ不足	地域社会の後進性	制度・政策的な制約	民衆を動かすビジョンの不足
活動の主体	NGO	NGOと地域社会	関係する全ての公的組織・民間組織	民衆と諸組織の様々なネットワーク
NGOの役割	自ら実施	地域社会の動員	開発主体の活性化	活動家・教育者
対象	個人ないし家庭	近隣ないし村落	地域ないし一国	一国ないし地球規模
期間	短期	中期 （3〜10年程度）	長期 （10〜20年程度）	無限
開発教育の テーマ	飢えた子どもたち	地域社会の自助努力	制約的な制度・政策	宇宙船地球号

　第1世代のNGOは、自然災害や紛争で生まれた被災者や難民を対象に、足りないモノ（食料・水・医薬品等）を個人や家庭単位で提供する。NGOが主体となって急場しのぎの救援活動を自ら実施する。市民に対しては、飢えた子どもの姿を押し出して哀れみの情に訴え、支持を呼びかける。緊急時には死活的重要性を持つ活動だが、不必要に長引くと対象者には依存心が生まれ、市民には対象者＝無力な人々という固定観念が植え付けられる。緊急時でなくとも、貧困層等に対して哀れみからチャリティ的／施し的に援助するのも第1世代に属する。

　第2世代のNGOは、地域社会の発展を中期的に支援する。意識化や組織化を通じて人々の意識や社会・文化の後進性を克服し、地域社会の自立的発展を促す。NGOによる一方的な援助ではなく、地域社会をパートナーとして共に活動する。市民には、自立に向けて努力する人々の姿をアピールして支持を訴える。第2世代は最も一般的なNGOの活動で、自立的発展の支援を主眼とするが、指導的立場にあるNGOに地域社会が依存したり、NGO側も職業化して組織の存続を自己目的化したりすることがある。より重要なことに、NGOや地域社会だけでは解決できない問題や構造が立ちはだかり、折角の自助努力が停滞・頓挫してしまうケースが少なくない。

　第3世代のNGOは、長期的な視点から地域社会の自助努力を阻む問題や構造（制度、慣行、政策、法等）を除去し、地域社会の持続的な発展を可能とする環境を作り出そうとする。制約的な環境を生み出す公的機関（政府・自治体等）や民間組織（企業等）へのアドボカシー活動が代表例である。それは既存のシステムの変革を目指す

政治的な営みでもある。時にはNGO自らが新たなシステムを創出することもある。外部環境の変革と内からの自助努力とが相まって、自立的・持続的な発展は可能となる。しかし、第3世代の活動は個々の政策や制度の変革にとどまり、社会が依って立つ支配的な価値観（パラダイム）そのものの変革には至らない。

　第4世代のNGOは、パラダイム・シフトを目指す。支配的な価値観を一新するようなビジョンの欠如が最大の問題であると捉え、新たなビジョンを打ち出して人々の心を捕らえ、自発的・自律的な運動を触発する。「民衆の運動」ではすべての人々、社会組織が主体／当事者となることから、NGOは運動の触発だけでなく、あらゆる主体のネットワークをつなぎ、活性化する術を学ぶ必要がある。パラダイム・シフトを実現できた時、人類社会は公正で持続的な発展を現実のものにできる。パラダイムは時代や社会の変化とともに変遷するものなので、新たなパラダイムを生む民衆の運動は無限に続く。宇宙船地球号は、地球に住む我々は運命共同体であるという意味。

　それでは、NGOの4世代論をフェアトレードに当てはめてみよう（次頁の表）。**第1世代**のフェアトレードは、難民や貧困層の生活を少しでも楽にしてあげようと、確かな販路や展望がないまま「取りあえず」始めるケースが多い。生産者の副収入が増えて家族の生活が良くなることを当座の目標とし、自立への道筋まで明確に描いているわけではない。「可哀そうな」生産者が作ったモノは品質が悪くても買ってあげ、技術や能力の向上にまでは至らない。生産者はフェアトレード団体の善意に依存し、活動の持続性も不確かなことが多い。最初のフェアトレードが「チャリティ・トレード」と呼ばれた所以（ゆえん）である。

　第2世代は、生産者を近隣や村落単位で協同組合などに組織化し、自立的な発展を支援する。フェアトレード団体の大半が属するこの世代では、「買ってあげる」という施し的な関係ではなく、対等なパートナー関係を結ぶ。国内ではショップやカタログ等の販売網を築いて継続的に買い入れるようにし、現地では品質・技術・能力の向上や付加価値づけ、生産多様化の支援を行う。加えて、教育や保健医療など地域社会を底上げする支援を行うことも多い。そうした中長期的なパートナーシップを通して生産者は自立していく。その一方で、指導的立場にあるフェアトレード団体に生産者が依存したり、フェアトレード団体が組織の存続を自己目的化したり、活動のインパクトが限定的だったり、構造的・理念的な制約で活動が停滞・頓挫したりという問題も時としてある。

　第3世代は、規模の拡大や主流化を図り、制約要因（買い入れ・流通・労

働・貿易・経済等に関する政策や法、輸送流通手段や市場の独占・寡占、国際貿易ルール等）を除去して生産者や地域社会の持続的な発展を可能とする外部環境を作り出そうとする。そのため、様々な公的機関や民間組織に働きかける（例えばフェアトレード調達、CSRへの働きかけ、先進国政府・WTO等への政策的・法的なアドボカシー）。時にはフェアトレード団体が自ら新たな公的システムを創り上げることもある（フェアトレード・ラベルやWFTOが構築中のSFTMS）。第3世代の活動は、公正なシステムを提示するが、一つのオプションにとどまって、不公正なシステムの存続を許すことになりかねない。

第4世代は、パラダイム・シフトを目指す。転換すべきパラダイムは言うまでもなく新自由主義である。しかし、新自由主義から「何」へと転換するのか、現時点では必ずしも明確でない。利潤よりも基本的な人権や環境が尊重される「フェアで持続的な社会」とでも呼ぶべきものだろうが、人々の心を捕らえ、揺り動かすようなビジョン、明快性と説得力を持ったビジョンの構築が必要である。と同時に、人権・環境・平和・協同組合・福祉・消費者・労働といった市民運動だけでなく、政府（とりわけ連帯経済の推進に熱心な政府や途上国政府）、企業（とりわけCSRの深化に真摯に取り組む企業）、国際機関（ILO等）をつなぎ、活性化していく必要がある。そこでの課題は、経済・社会的な活動から、政治的な運動への昇華である。

フェアトレードの4世代

	第1世代 チャリティ	第2世代 自立的な発展	第3世代 公的な代替システム	第4世代 新経済秩序
問題認識	現金収入を得る機会の欠如	自立的・持続的な発展機会の欠如	"自由"貿易の欠陥	包括的・具体性あるビジョンの欠如
目的	貧困の緩和	生産者の自立	公的な公正・代替システムの構築	パラダイム・シフト（新経済秩序の構築）
FTOの役割	自主流通	生産者の能力強化 消費者の啓発、流通	システム作り・運営 企業・政府への普及	新パラダイムの構想 全関係者の啓発
対象	南：生産者個人／グループ 北：熱心な支持者	南：生産者組合（パートナー） 北：倫理的な消費者	南：生産者組合 　　労働者組織 北：一般消費者・企業	南北：政府・企業・ 　　　市民 国際機関
アピールの重点	貧しい生産者	自立する生産者	"自由"貿易の弊害	公正で持続的な社会
課題	依存、非持続性	依存、自己目的化 限定的インパクト等	オプションどまり 不公正システム存続	経済・社会活動から 政治的運動への昇華

以上、NGOの4世代論を援用することにより、中長期的に見たフェアトレード（団体）の課題や役割を明らかにした。コーテンは、どの世代のNGOもそれぞれ重要なニーズに応えているとしながらも、地球社会の未来は、より多くのNGOが第3、第4世代の戦略を大胆かつ効果的に実行することにかかっている、と言う。同じことがフェアトレードについても言えよう。

　疎外され、不利な立場に置かれた生産者の人々が人間らしい生活を送れるようにする機会をフェアトレード団体が提供するのは重要なことである。しかし、「可哀そうだから」といったチャリティ的な動機で関わるのは、益よりも害（依存や非持続性）の方が多い。対等な立場に立ち、相手の主体性を尊重し、エンパワメントの視点を持って関わる必要がある。また、依存関係を生まないよう、卒業戦略ないし撤退戦略、つまり何年後かに生産者が自立し、フェアトレード団体の支援がなくてもすむような状態にもっていくための戦略を最初から持って臨む必要がある。実は、依存は生産者側だけでなく、支援する側にも生まれる。子離れできない親のように、力をつけた生産者団体を手放そうとしない場合や、生産者団体を囲い込んで他の団体や企業に接触させないようにする場合がそれにあたる。

　NGOの世界では、南のNGOが成長し、力をつけるにつれて、北のNGOに対し、南の現場での活動は自分たちに任せて、自分たちの力が及びにくい北の政府や市民への働きかけに力を入れるよう要求するようになった。それに応えて、南に対しては資金的な支援程度にとどめて現場から撤退し、自国の政府や市民に対する働きかけにシフトする先進国NGOが増えている。つまり、第3世代への移行である。

　オックスファムが2001年以降フェアトレードの実務から手を引いてアドボカシーに特化したのも、そうした文脈で捉えることができる。現場の活動から手を引くのは寂しいことだが、いつまでも「居座って」いたのでは、南の生産者団体やフェアトレード団体の主体性やエンパワメントを阻害することになる。南への主導権の移譲は避けて通れないことであり、その現実に北のフェアトレード団体も向き合っていく必要がある。

　ただし、公的援助機関になりえないNGOとは違って、フェアトレードの場合、現場は南の団体に任せたとしても「フェアトレード企業」として存続して

いくことが可能である。いや、可能という以上に、フェアトレードの理念・原則を堅持したプロフェッショナルな「社会的企業」として存続・進化し、一般企業に対して「模範」を示していく重要性は大きい。その場合も、第5章で見たように、生産者団体を主要株主として迎え入れて、南北の垣根を超えた企業体として発展していけばなお良いだろう。

だが、それ以上に、北のフェアトレード団体に対しては、不公正な貿易・経済システムを変えることに力を入れるよう求める声が一層強まってこよう。フェアトレードの実務にいそしんでいるだけでは、不公正なシステムに挑もうとしない北のNGOに対して投げつけられる「問題の解決策ではなく問題の一部だ」という言葉が、そのまま飛んできかねない。既述した通り、新自由主義の側からすれば、フェアトレードが「オルタナティブ」で「ニッチ」のままあり続けることは好都合ですらあるからだ。

フェアトレード・ラベルは、企業をフェアな存在へと変える第3世代の活動と見なすことができる。ラベル・システムが架けた橋を渡る企業が増えれば増えるほど、フェアトレードは業界標準化していく。そうやって「静かな革命」が成就する可能性がないとは言えない。しかし、ラベル・システムに強制力はなく、橋を渡るかどうか（＝自らを変革するかどうか）は企業次第である。新自由主義という大河に架けた橋だけに、いつ橋げたをへし折られる（＝フェアトレードの原則がねじ曲げられる）か、押し流されてしまうか分からない。政府の貿易政策や企業のCSRへの働きかけを行うことも大事だが、そうした断片的なアプローチの積み重ねでは経済秩序全体の変革はおぼつかない。

やはり、南北間だけでなく、国内を含むあらゆる地域のあらゆるレベル、つまりすべての経済活動をフェアで持続的なものへと大きく転換させる必要がある。そのためのビジョンをどのように描くのか、そしてビジョン実現のために政府・企業セクターや他の市民運動とどのように協働していくのか。それが、中長期的に見た時にフェアトレード運動に課せられた最大の課題と言える。

おわりに

「適正な価格とは、最低限のレベルではなく、生産者に適正な栄養その他の生活水準をもたらせるだけのレベルで決定されるべきものである。……消費者には、価格が適正レベル以下に切り下げられることを期待する権利はない。」

これは、一次産品価格について、かのケインズが第二次大戦後間もない1946年に語った言葉である。積極的な財政金融政策や社会保障政策を打ち出し、経済活動に一定の規制を加え、労働者の権利を強めるといった「公正感」をもったケインズ流の経済政策は、少なくとも1970年代までは世界の主流を成していた。

振り返れば、日本でも1980年ごろまでは、公正感ないし他者への思いやりが健在だったように思う。「一次産品問題は開発途上国の問題であると同時に先進国の問題でもございます。わが国と言えばわが国の問題でもございます」というのは、82年の衆議院外務委員会での政府答弁である。企業もてらうことなく、社会への貢献や責任をうたっていた。「社会生活の改善と向上を図り、世界文化の進展に寄与せんことを期す」とは松下の、「不当ナル儲ケ主義ヲ廃シ……下請工場ヲ独立自主的経営ノ方向ヘ指導育成シ」とはソニーの、そして「先義而後利者栄（義を先にし、利を後にする者は栄える）」とは大丸の創業理念である。

私たち市民も生産者に対する畏敬の念を忘れずにいたように思う。「お百姓さん」が丹精込めて作ったお米や、「漁師さん」が荒海を冒して獲った魚を、残さず、ありがたく食べるよう毎日のように言われたものだ。日頃の買物は「八百屋さん」、「魚屋さん」、「肉屋さん」など、皆「さん」づけのお店だった。目利きの店主が良い品を仕入れ、あれこれ講釈を垂れながら売り捌いていく姿は格好良くもあり、怖くもあった。変に値切ろうものなら、よその店に行けと怒鳴られたものである。

それがどうだろう。世界一の援助国になるにつれてODA関係者には驕りが生まれ、途上国を見る目も侮蔑まじりのものへと変わっていった。企業は安さ

を求める消費者に応えようと、世界中からモノを安く買い叩いて調達してくるようになった。スーパー等の安売り攻勢で町の商店は壊滅状態にある。「お百姓さん」や「八百屋さん」もほとんど死語である。生産者の顔が見えなくなった分、私たちは平気でモノを捨てるようになった。廃棄される食品は毎年1900万トンに上る。

そうした変化は様々な要因の産物だろうが、最大の要因が1980年代から世界を席巻するようになった新自由主義にあることは間違いない。「自由市場」では力こそが正義であり、あらゆるものが経済合理性・効率性の物差しで測られ、商品化され、使い捨てられていく。人間とて例外ではない。今や日本の労働者の4割近くを占める非正規労働者の賃金は、人件費ではなく物件費として処理される。「人」が完全に「物」扱いされ、使い捨てられるようになったのだ。

フェアトレードは、新自由主義が否定し去った「人間性」を回復しようとする営みである。「見えざる手」が隠そうとする「見えざるコスト」を顕在化させ、社会と環境に十二分に配慮した経済を取り戻そうとする営為である。フェアトレードが人々、特に若い人々を惹きつけるのは、それが「まともな」社会経済の再生・創造を予感させ、しかも一方的かつ恩着せ的なチャリティによってではなく、双方向かつ互恵的な売買という経済活動によって実現できると思わせるからだろう。

とはいえ、フェアトレードへの道は平坦ではない。Fair（公正）とTrade（貿易／取引）という二語からなるこの営みは、社会的公正と商業的成功という、時に相反する二つの目的を同時に達成しようとする試みだからである。公正（生産者側）にばかり目を向けるとビジネスとして成り立たず、自己崩壊しかねない。逆に、商業的成功（企業・消費者側）にばかり目を向けると公正原則に歪みを生じさせ（非力な生産者の疎外等）、自己否定につながりかねない。フェアトレードはまた、貿易／取引という「事業」を続けながら、社会変革という「運動」を行うという、容易に融合しがたい二面性を持っている。さらに、新自由主義の原理に支配された市場を使って、新自由主義に替わるオルタナティブを創出しようという矛盾も抱えている。

企業や政府、市民への向き合い方も単純明快というわけにはいかない。その

多くは新自由主義にどっぷりつかっているか、その影響を強く受けている。だからといって敵視していたのでは、社会の変革など望むべくもない。その一方で、妥協を重ねていたのではやはり変革なぞ望みえない。生産者に対しても同様である。生産者は日々を生きることに必死で、基準や約束を守れなかったり、守らなかったり、高値を付けた別の買い手に売ってしまったりする。それに一々目くじらを立て、フェアトレードの理念や原則へのコミットを無理強いしても離反するだけである。

　このように、フェアトレードは様々な「矛盾」を内に抱え、理想と現実の折り合いをつけていくことを宿命づけられた営みである。フェアトレード運動内で論争が絶えない理由もまさにそこにある。かつてのフェアトレードは、生産者と理念に傾斜しすぎていたため、社会的インパクトを与えられずにいた。その後、ラベルの誕生とともに企業・消費者と現実に傾斜していくに従って、理念の衰退を憂える声、真正性・正統性を問う声が強まってきた。それは、右に振れすぎた振り子を元に戻そうとする本能的な動きでもある。

　こうして見た時、フェアトレードに求められるのは「中庸」の精神と言える。左右に極端に振れず、バランスを取ることである。が、それだけではない。中庸という言葉には「無難に間(あいだ)を取る」とか、「理想主義と経験主義の混ぜあわせ（ボリスの言葉）」といった消極的・否定的な響きが付きまとう。しかし、それは「凡庸」であって中庸ではない。識者によると、孔子の教えでも、アリストテレスの哲学でも、「中庸」には「相矛盾・対立するものごとをより高い次元で統合すること」、つまり弁証法でいう「止揚」の意味があると言う。

　では、どのように「中庸」を得、「止揚」するのか。それは、「自由」か「公正」かの二者択一ではなく、両者をより高い次元で統合し解決することである。つまり、利潤の最大化を追求する自由主義経済活動全般に社会・環境コストを十全に織り込んだ新システムを創り出すことである。それも、任意の市民イニシアチブ（フェアトレード）や企業イニシアチブ（CSR、トリプル・ボトムライン）に任せるのではなく、経済・社会・環境面での持続性を同時に確保する拘束力を持った公的システムを創出することである。それは、「国際貿易のルールや慣行を変革する」というフェアトレード運動自身が定めた目的に合致する。違いは、国際貿易に限定することなく、あらゆる経済活動を網羅する新シ

ステム、新経済秩序を創出するところにある。

　気宇壮大な話ではあるが、百里の道も一歩からで、様々な行動・キャンペーンの積み重ねによって踏破できる可能性は必ずある。18世紀末にイギリスで奴隷貿易廃止運動が起きた時、馬鹿げた夢物語だとして誰もまともに取り合わなかったという。しかし、運動はわずか20年で廃止法の制定を勝ち取った。しかも、廃止運動の進め方はフェアトレード運動とよく似ていたという。

　フェアトレード運動の長所は、大所高所の政治論議に終わることなく、買物を通して「日常的」に「気軽」に意思表示できることにある。しかも、ネガティブなボイコット（不買運動）ではなく、ポジティブなバイコット（購買運動）を推進することによって。ネガティブな運動でもって人々を新しい社会作りに誘うのは難しい。人はポジティブな夢のある話を聞いて、初めて行動しようという気になるものだ。学生にフェアトレードの話をする時、キラキラと目を輝かせるのは何よりの証拠だ。私のゼミ生・聴講生のうち3人がフェアトレード企業を興そうと本気になって動きはじめている。将来への夢を持てない学生が増えている中で異例なことである。彼らはフェアトレードを自らの職業・ビジネスにしようとしている。フェアトレードに目を向ける社会企業家もいま確実に増えており、一つの潮流となりそうな気配である。

　フェアトレード運動と事業の積み重ねが変革を呼び起こしている、と思える節もある。運動の先進地イギリスを訪れると、今や空港に降り立ったその瞬間からフェアトレード産品を目にしない日はない。昨今キャドバリーとネスレが共に売れ筋のチョコレートをフェアトレードにしたことは、「フェアトレードでなければチョコレートでない」という日が近々到来するのを感じさせる。その日が来れば、チョコレートという狭い範囲ではあるがフェアトレードの「業界標準化」が実現する。それが他の産品（例えばバナナやコーヒー）に波及していくことも夢以上の現実性を持っている。

　しかし、星の数ほどある製品すべてに基準を作って普及させるのは、まさに夢物語である。そもそもそれに力を注ぐべきか疑問である。第13章でも述べたように、本来フェアトレードが目指すものは、企業や消費者の自発性に委ねるべき性質のものではない。ラベル組織が疑似政府の役割を果たし続けるべきものでもない。将来的には政府に本来の機能を回復させ、拘束力を持ったグロ

ーバルな新秩序を確立すべきものである。

　フェアトレード運動は、抽象的にしか論じてこなかった既存のシステムの変革というビジョンを明確化・具体化し、それに向けた中長期的な戦略と戦術を立てる時期に来ているように思う。そのためにも、やはりフェアトレード・ラベルが立場性を回復することが肝要だと筆者は考える。それなしに変革を巻き起こすだけの結集力がフェアトレード運動に生まれるとは思えないからだ。

　フェアトレード運動だけの力で変革を実現することも望み難く、他の様々な市民運動と協働する必要、特に消費者団体・労働組合と協働する必要があることはすでに述べた。日本では、生協との協働が大きな課題である。欧州のフェアトレード運動に果たした生協の役割を考えた時、日本の現状は奇異ですらある。日本生活協同組合連合会は一時期フェアトレードへの参入を検討し、再び検討中とも聞くが、いまだに実現していない。加盟生協の多くはスーパーとの競争に明け暮れ、本来の姿を見失っているようにすら見える。安全・安心を旗印にしながら、安さを追い求めて中国から調達した生協ブランドのギョーザに農薬汚染が見つかった「事件」はまだ記憶に新しい。この衝撃的な出来事に、ある生協関係者は「生協連の価格で中国の農家に満足な賃金が支払われているのだろうか」と新聞紙上で問うた（2010年3月に逮捕された容疑者は、妻ともども食品工場で10年以上臨時工として長時間・低賃金で労働させられ、正社員にしてもらえなかったことを恨んでの犯行だったことを自供した）。

　もう一つのフロンティアは、広い意味での「まちづくり」との協働であり、「国内フェアトレード」である。英語に「Charity begins at home（善行は足元から）」という諺がある。日本経済・地域経済の疲弊、農林水産業の衰退、労働の非正規化など、山積する国内問題、地方・地域の問題に無関心なまま途上国問題、貿易問題を訴えても、共感を得られないどころか、優先順位が違うと反発を買うことすらありうる。ただ、反発を買わないように折り合うという功利的な姿勢では先が見えている。途上国の問題も国内の問題も、自由競争と効率優先の新自由主義思考に根を持つという共通認識に立った上で協働する必要がある。

　最後に、新経済秩序を担うグローバル・ガバナンスのあり方について考えてみたい。世界貿易の秩序を形成するWTOは、自由貿易の権化と化している。

しかし、その設立協定は、「生活水準を高め、完全雇用を確保し、高水準かつ着実に増加する実質所得と有効需要を確保する」ことを第一の目的に掲げ、そのために「関税その他の貿易障害を実質的に軽減し、国際貿易関係における差別待遇を廃止する」ことをうたっている。つまり、自由貿易はあくまでも手段に過ぎず、WTOの本来の使命・目的は生活水準の向上や完全雇用の実現にあるのだ。したがって、WTOにその本来の使命・目的を回復させなければならない。そのためにはWTOのガバナンスを変える必要がある。

WTOでのルール作りは政府間協議によって行われる。本来、政府はあらゆる利益を調整し代表する義務を負うが、現実には政治的な力を持った者の利益を代弁してきた。代弁どころか、欧米諸国のWTO代表団には超国籍企業の代表が入り込み、直接影響力を行使してきたのである。逆に、世界人口の大多数を占める零細な生産者の声は、ついぞWTOに届いたことがない。「代表なきところに課税なし」はアメリカ独立戦争のスローガンである。零細な生産者が代表されずに課税だけ（＝買い叩き）され、企業利益が席巻するWTOは「正統性」に欠けた存在としか言いようがない。

では、いかにしてWTOに正統性を獲得させるのか。零細な生産者の声をどう反映させるのか。参考となるのは国際労働機関（ILO）である。ILOを構成するのは政府だけではない。使用者側と労働者側を含む三者が対等な形でILOを構成している。であれば、ILO方式を採ること、つまり政府と企業、それに零細な生産者（管理職になれば労働組合を抜けて使用者側につくように、裕福な生産者を入れる必要はない）が対等な立場で構成するWTOへと改組することは荒唐無稽ではないはずだ。時代に合わせて、消費者とNGO／フェアトレード団体をも含む五者構成とすれば、より正統性が高まるだろう。

思えば、新自由主義のもとでグローバル・ガバナンスまでもが「民営化」されてきた。WTOの場でグローバル企業がルール作りに大きく関与してきたのが最たるものだが、それだけではない。政府が市場の暴走を抑制し、監視する役割を放棄・縮小したのに代わって、民間組織（FLOやFSC、MSC等）が経済活動の社会影響、環境影響をなくすためのグローバルな仕組み（基準、認証、監査）を作ってきたのだ。しかし、どれだけ民間組織が努力しても、拘束力のない任意のガバナンス・システムは、社会・環境への悪影響を軽減はできても

根絶することはできない。必要なのは、グローバル・ガバナンスの「公営化」である。

ここで「公」と言う時、それは「官」を意味しない。「公」の担い手は「官（＝政府）」に限らず、「民」つまり市民社会（狭くはNPO、広くは企業を含む）もその重要な担い手なのである★。したがって、「公営化」といってもグローバル・ガバナンスを再び政府に任せきりにするのではなく、NPOセクター、企業セクターもそれに関わる必要がある。ガバナンスの訳語は従来「統治」だったが、近年「協治（ないし「共治」）」が使われるようになったのには、そういう意味がある。ILOは、まさにその「協治」を体現している。本格的な国際機関として最古のILOが新しいグローバル・ガバナンスの見本というのも皮肉な話だ。「温故知新」とはいえ、この100年間人類は何を学んできたのかと考えさせられる。

> ★ 日本では長らく「公」は「官」の同義語とされ、「官」つまり政府が「公」の領域を独占してきた。NPO法（1998年施行）をめぐる議論を通して、ようやく「民」も「公」の担い手であることが広く認識されるようになってきたが、まだ日が浅い。

いきなり新たなグローバル・ガバナンスの構築と言っても先の見えない話で、人々の関心を引きつけ、運動を巻き起こすことは難しい。だが、その一歩手前の国レベルのガバナンスであれば現実味がある。つまり、社会と環境に配慮した経済のあり方を議論するマルチ・セクターのフォーラム作りである。関係するNPO（人権、環境等）と協働して、産業界の代表と政府の代表を交えたフォーラム作りを働きかけることはそう難しくないだろう。「新しい公共」と「人間のための経済」を提唱し、NPOとの協働に積極的な民主党政権下であればなおさらである。もう一歩手前の、ローカル・ガバナンスでの三セクターの協働はもっと現実味があるだろう。地域経済の再生と発展はどこでも喫緊の課題であり、住民の最大の関心事とも言える。地域の社会経済の持続的な発展を議論するマルチ・セクターの場はすでにあるかもしれないし、そこにフェアの概念を取り入れるよう働きかけることは十分可能だろう。

その意味でも、フェアトレード・タウン運動は重要な意味を持つと筆者は考える。政府やWTOへの働きかけも大事だが、途上国と連帯しながら草の根から社会や経済のあり方を規定していくこと（＝下からのグローバリゼーショ

ン）も等しく重要だ。日本政府が環境問題に本腰を入れ始めたのも、草の根（住民団体・環境団体や自治体）での強力なイニシアチブがあってこそだった。

グローバル・ガバナンスに関して、もう一つ欠かせない重要な点は、南（途上国）の対等な参加である。WTOはもちろん、FLOや一部の連帯型フェアトレードでも、北（先進国）側の意思や都合を押しつけられているという不満、自分たちの意見が反映されていないという不満が根強くある。NGOの世界でも、国際的な議論の場で北のNGOが南を「代弁」するのはおかしい、南のNGO自身に発言させるべきであるという批判が浴びせられた。そうした経緯に鑑み、南の生産者団体やフェアトレード運動が十分に力をつけ、グローバル・ガバナンスにフルに参加できるような配慮と支援が必要である。

思えば、人が人間らしい生活を送る権利、そしてそれを保障する世界秩序は、第二次大戦後間もなく採択された「世界人権宣言」に、下記の通りすでにうたわれていたことだった。

第23条：すべて人は、公正かつ有利な勤労条件を確保する権利を有する…勤労する者は、すべて、自己及び家族に対して人間の尊厳にふさわしい生活を保障する公正かつ有利な報酬を受けることができる

第28条：すべて人は、この宣言に掲げる権利及び自由が完全に実現される社会的及び国際的秩序に対する権利を有する

最後に、『脱「開発」の時代』で有名なヴォルフガング・ザックスは、2005年に著した『フェア・フューチャー』（邦訳が新評論より近刊予定、川村久美子他訳、タイトル未定）の中で、「将来の歴史家がフェアトレード運動を振り返って、世界経済を再編する実験だったと見なしたとしても驚くにはあたらない。フェアトレード運動はニッチ（市場）で諸原則を試してきたが、その諸原則はいつの日にか持続可能な世界貿易システムを築く礎となるかもしれない」と書いた。

その日を一日も早く実現できるよう、願ってやまない。

参 考 文 献

吾郷健二（2003）『グローバリゼーションと発展途上国』コモンズ
アジア太平洋資料センター（1998）『NIKE：Just DON'T Do It——見えない帝国主義』アジア太平洋資料センター（PARC BOOKLET 6）
岩附由香他（2007）『わたし8歳、カカオ畑で働き続けて。～児童労働者と呼ばれる2億1800万人の子どもたち』合同出版
「ウォルマートは優しすぎる！批判」ニューズウィーク日本語版、2008年6月11日号、p.13
オックスファム・インターナショナル（2003）日本フェアトレード委員会訳『コーヒー危機——作られる貧困』筑波書房
オックスファム・インターナショナル（2006）渡辺龍也訳『貧富・公正貿易・NGO——WTOに挑む国際NGOオックスファムの戦略』新評論
北野収（2008）『南部メキシコの内発的発展とNGO』勁草書房
草の根貿易の会（1991）『イサン・パーライ（一粒の籾）』同時代社
クライン、ナオミ（2001）松島聖子訳『ブランドなんか、いらない——搾取で巨大化する大企業の非情』はまの出版（新版、大月書店、2009）
児玉由香（2007）「エチオピアのコーヒー生産者とフェアトレード——コーヒー協同組合の事例から」、重富真一『グローバル化と途上国の小農』アジア経済研究所（研究双書560）
コーテン、デビッド（1995）渡辺龍也訳『NGOとボランティアの21世紀』学陽書房
コーテン、デビッド（1997）西川潤訳『グローバル経済という怪物』シュプリンガー・フェアラーク東京
清水正（2008）『世界に広がるフェアトレード——このチョコレートが安心な理由』創成社（創成社新書26）
シャプラニール（2006）『シャプラニールのフェアトレード——クラフトリンク活動で得た笑顔』シャプラニール
末永國紀（2004）『近江商人学入門——CSRの源流「三方よし」』サンライズ出版
スティグリッツ、ジョセフ・E（2002）鈴木主税訳『世界を不幸にしたグローバリズムの正体』徳間書店
スティグリッツ、ジョセフ・E（2006）楡井浩一訳『世界に格差をバラ撒いたグローバリズムを正す』徳間書店
ダルニル、シルヴァン他（2006）永田千奈訳『未来を変える80人——僕らが出会った社会起業家』日経BP社
チョコレボ実行委員会（2007）『フェアトレード・マーケットリサーチ』チョコレボ実行委員会
チョコレボ実行委員会（2009）『フェアトレード認知・市場ポテンシャル調査報告書』チョコレボ実行委員会
辻村英之（2009）『おいしいコーヒーの経済論——「キリマンジェロ」の苦い現実』太田出版

辻村英之（2007）「タンザニア農村における貧困問題と農家経済経営──コーヒーのフェアトレードの役割」、野田公夫『生物資源問題と世界』京都大学学術出版会、pp.67-98
弦間明・小林俊治（2006）『江戸に学ぶ企業倫理──日本における CSR の源流』生産性出版
鶴見良行（1982）『バナナと日本人』岩波書店（岩波新書199）
電通（2009）『広がるソーシャル消費者』電通
堂目卓生（2008）『アダム・スミス：『道徳感情論』と『国富論』の世界』中央公論新社（中公新書1936）
内閣府（2009）『平成20年版国民生活白書』時事画報社
内閣府（2009）『平成19年度国民生活選好度調査』
長尾弥生（2008）『フェアトレードの時代』コープ出版
長坂寿久（2008）『日本のフェアトレード──世界を変える希望の貿易』明石書店
長坂寿久（2009）『世界と日本のフェアトレード市場』明石書店
西川潤（2007）『連帯経済──グローバリゼーションへの対案』明石書店
日本ネグロス・キャンペーン委員会（1992）『顔の見える国際協力──フィリピンネグロス島の人々と共に』日本ネグロス・キャンペーン委員会
日本貿易振興機構（2006）『環境と健康に配慮した消費者及び商品・サービス市場（JMR No.78）』日本貿易振興機構
フェアトレード・ラベル・ジャパン（2010）「フェアトレード認証の仕組み」（http://www.fairtrade-jp.org/license/mechanism/）
ブラウン、マイケル・バラット（1998）青山薫・市橋秀夫訳『フェア・トレード──公正なる貿易を求めて』新評論
古沢広祐（2004）「農産物貿易・ビジネスにおける環境・社会的責任──オーガニックとフェアトレードの融合」、『農業と経済』4月号、昭和堂
ベルナー、クラウス他（2005）下川真一訳『世界ブランド企業黒書──人と地球を食い物にする多国籍企業』明石書店
ボリス、ジャン=ピエール（2005）林昌宏訳『コーヒー、カカオ、コメ、綿花、コショウの暗黒物語──生産者を死に追いやるグローバル経済』作品社
三浦史子（2008）『フェア・トレードを探しに』スリーエーネットワーク
ミニー、サフィア（2008）『おしゃれなエコが世界を救う──女社長のフェアトレード奮闘記』日経BP社
ミニー、サフィア（2009）『By Hand──世界を変えるフェアトレード・ファッション』幻冬舎ルネッサンス
村井吉敬（1988）『エビと日本人』岩波書店（岩波新書20）
村井吉敬（2007）『エビと日本人Ⅱ──暮らしのなかのグローバル化』岩波書店（岩波新書1108）
村田武（2005）『コーヒーとフェアトレード』筑波書房（筑波書房ブックレット　暮らしのなかの食と農28）
本山美彦・山下惣一他（2006）『儲かれば、それでいいのか』コモンズ
山下惣一（2001）『安ければ、それでいいのか!?』コモンズ

ランサム、デイヴィッド（2004）市橋秀夫訳『フェア・トレードとは何か』青土社

ローツェン、N、ヴァン・デル・ホフ、F（2007）永田千奈訳『フェアトレードの冒険――草の根グローバリズムが世界を変える』日経BP社

『季刊at』3号（2006）「特集：コーヒーの世界システムと対抗運動」太田出版

『季刊at』8号（2007）「特集：フェアトレードの現在」太田出版

『季刊at』10号（2007）「特集：国内フェアトレードとしての産直提携」太田出版

『季刊at』11号（2008）「特集：コーヒー産業の現在」太田出版

『農業と経済』（2004）4月号「特集：新しい農産物貿易――フェアトレードの可能性を探る」昭和堂

『農業と経済』（2006）4月号「特集：フードポリティクス――食と農の国際政治を問う」昭和堂

Alter Eco（2008）**A survey of existing and potential fair trade consumers**, Alter Eco

Bacon, C.（2005）"Confronting the coffee crisis: can fair trade, organic, and specialty coffees reduce small-scale farmer vulnerability in northern Nicaragua?", **World development**, 33, No. 3, pp. 497-511

Bahra, P.（2009）"Tea workers still waiting to reap Fairtrade benefits", The Times, 1/2

Barrientos, S. & Dolan, C.（2006）**Ethical Sourcing in the Global Food System**, London, Earthscan

Barrientos, S. & Smith, S.（2006）"The ETI Code of Labour Practice: Do Workers Really Benefit?, Report on the ETI Impact Assessment Summary," Brighton, Institute of Development Studies

Berndt, C.（2007）"Does Fair Trade Coffee Help the Poor? Evidence from Costa Rica and Guatemala", **Mercatus Policy Series**, Policy Comment No. 11, Mercatus Center, George Mason University

Bisaillon, V., Gendron, C. & Turcotte, M-F.（2006）"Fair Trade and the Solidarity Economy: the challenges ahead: Summary of the Fair Trade Workshop's Activities", Alliance21 Workgroup on Solidarity Socio-Economy（WSSE）, in collaboration with the Chair of Social Responsibility and Sustainable Development, Montreal, ESG, UQAM

Blowfield, M.（2004）"Ethical Supply Chain in the Cocoa, Coffee and Tea Industries", **Greener Management International**, 43, pp. 15-24, Greenleaf Publishing

Booth, P.（2004）"Is Trade Justice Just? Is Fair Trade Fair?", IEA Discussion Paper No. 10, London, Institute of Economic Affairs

Booth, P. & Whetstone, L.（2007）"Half a cheer for fair trade", **Economic Affairs**, Vol. 27, No. 2, pp. 29-36

Brown, M.B.（2007）"'Fair Trade' with Africa", **Review of African Political Economy**, Vol. 34, Issue 112, pp. 267-277

CCC（Clean Clothes Campaign）（2004）**Sportswear Industry Data and Company Profiles: Background information for the Play Fair at the Olympics Campaign**, Amsterdam, CCC

CCC, Oxfam & Global Unions（2004）**Fair Trade at the Olympics**, Oxfam GB

Chandler, P.（2006）"Fair Trade and Global Justice", **Globalizations**, Vol. 3, No. 2, pp. 255-257

Conroy, M.E. (2007) **Branded!: How the 'Certification Revolution' is Transforming Global Corporations**, Gabriola Island, Canada, New Society Publishers
Co-operative Bank (2000) **Who are the Ethical Consumers? (Ethical Consumerism Report 2000)**, Co-operative Bank
Co-operative Bank (2001) **Ethical Purchasing Index 2001**, Manchester, Co-operative Bank
Co-operative Bank (2002) **Ethical Purchasing Index 2002**, Manchester, Co-operative Bank
Co-operative Bank (2003) **The Ethical Consumerism Report 2003**, Manchester, Co-operative Bank
Co-operative Bank (2004) **Ethical Consumerism**, Manchester, Co-operative Bank
Co-operative Bank (2005) **The Ethical Consumerism Report 2005**, Manchester, Co-operative Bank
Co-operative Bank (2006) **The Ethical Consumerism Report 2006**, Manchester, Co-operative Bank
Co-operative Bank (2007) **The Ethical Consumerism Report 2007**, Manchester, Co-operative Bank
Co-operative Bank (2008) **The Ethical Consumerism Report 2008**, Manchester, Co-operative Bank
Co-operative Bank (2009) **Ten Years of Ethical Consumerism 1999-2008**, Co-operative Bank
Co-operative Group (2004) **Shopping with Attitude**, Manchester, Co-operative Group
Crowell, E. & Sligh, M. (2006) "Domestic Fair Trade: For Health, Justice & Sustainability", **Social Policy**, Vol. 37, Issue 1, pp. 5-8
Cypher-Dournes, E. (2001) "Local food and developing countries", Briefing Paper, Soil Association, 7/12
Davidson, S. & Wilson, T. (2008) **New evidence of old concerns: Fair trade myths exposed ... Again**, Melbourne, Institute of Public Affairs
Department for Business Enterprise & Regulatory Reform and Department for International Development (2009) **UK Trade and Development Policy Report**, London, HM Government
DFID (Department for International Development) (2002) **DFID and Fair Trade: Draft Paper for Discussion**, London, DFID
DFID (2009) **Eliminating World Poverty: Building our Common Future (White Paper)**, London, DFID
Dhoherty, B. & Tranchell, S. (2005) "New Thinking in International Trade?; A Case Study of The Day Chocolate Company", **Sustainable Development**, 13-3, pp. 166-176
Doppler, F & Cabanas, A.M. (2006) "Fair Trade: Benefits and Drawbacks for Producers", Puente@ Europa, Año IV, Número 2, pp. 53-56
Dutch Association of Worldshops (2008) **Fair Trade 2007: new facts and figures from an ongoing success story**, Dutch Association of Worldshops
EC (European Commission) (1999) **Communication from the Commission to the Council on 'fair trade'**, COM, 619 final, EC
EC (2003) **Fair Trade Projects 1997-2002**, EC
EC (2006) **Commission Interpretative Communication on the Community law applicable to contract awards not or not fully subject to the provisions of the Public Procurement Directives**, EC
EC (2009) **Contributing to Sustainable Development: The role of Fair Trade and nongovernmen-

tal trade-related sustainability assurance schemes, EC

Economist (2006) "Good food?", **Economist**, 12/6

Economist (2006) "Voting with your trolley", **Economist**, 12/9

Economist (2007) "Excellence in a cup", **Economist**, 1/25

EFTA (European Fair Trade Association) (1995) **Fair Trade in Europe**, EFTA

EFTA (1998) **Fair Trade in Europe**, EFTA

EFTA (2001) **Fair Trade in Europe 2001**, EFTA

EFTA (2005) **Fair Procura: Making Public Authorities and Institutional Buyers Local Actors of Sustainable Development**, EFTA

EFTA (2006) **Sixty Years of Fair Trade**, EFTA

EFTA (2007) **Fair Trade in Public Procurement: Case Studies of Belgium, France and Italy**, EFTA

EFTA (2007) **Fair Trade in Public Procurement: Case Study - United Kingdom**, EFTA

EFTA (2008) **Public A*ffairs*: Mobilising action for Fair Trade Public Procurement**, EFTA

EP (European Parliament) (1998) **European Parliament resolution on Fair Trade**, EP

EP (2006) **European Parliament resolution on Fair Trade and development**, EP

Ethical Consumer (2006) "Ethical buyer's guide to Supermarket shopping" (http://www.ethicalconsumer.org/FreeBuyersGuides/miscellaneous/supermarkets.aspx)

Fair Trade Advocacy Office (2005) **Fair Trade in Europe 2005**, Brussels, Fair Trade Advocacy Office

Fair Trade Advocacy Office (2006) **Business Unusual: Successes and Challenges of Fair Trade**, Brussels, FINE（北澤肯訳『これでわかるフェアトレードハンドブック——世界を幸せにするしくみ』合同出版）

Fairtrade Foundation (unknown) **Local Authorities and Fairtrade**, Fairtrade Foundation

Fairtrade Foundation (2007) **Buying into Fairtrade: Procurement in the private and public sector**, Fairtrade Foundation

Fairtrade Foundation (2008) **Fairtrade Schools Action Guide**, Fairtrade Foundation

Fairtrade Foundation (2008) **The Fairtrade Town Action Guide**, Fairtrade Foundation

Fairtrade Foundation (2008) **Fairtrade Schools Action Guide**, Fairtrade Foundation

Fairtrade Foundation (2010) "Facts and figures on Fairtrade" (http://www.fairtrade.org.uk/what_is_fairtrade/facts_and_figures.aspx)

Fairtrade Foundation (2010) "History" (http://www.fairtrade.org.uk/what_is_fairtrade/history.aspx)

FAO (Food and Agriculture Organization) (2009) **The State of Agricultural Commodity Markets 2009**, FAO

Fellner, K. (2008) **Wrestling with Starbucks: Conscience, Capital, Cappuccino**, Rutgers University Press

FLO (Fairtrade Labelling Organization International) (2004) **Annual Report 2003/04**, FLO

FLO (2004) **Guidance Document for Fairtrade Labelling: Standards Guidance for South Africa**, FLO

FLO (2005) **Annual Report 2004/05**, FLO

FLO (2006) **Annual Report 2005/06**, FLO
FLO (2006) **Standard Operating Procedure**, FLO
FLO (2007) **FLO Prohibited Materials List**, FLO
FLO (2007) **Annual Report 2006/07**, FLO
FLO (2008) **Annual Report 2007**, FLO
FLO (2009) **Annual Report 2008-09**, FLO
FLO (2009) **Making the Difference: A new global strategy for Fairtrade**, FLO
FLO (2009) **Generic Fairtrade Standards for Small Producers' Organizations**, FLO
FLO (2009) **Generic Fairtrade Standards for Hired Labour**, FLO
FLO (2009) **Generic Fairtrade Standards for Contract Production**, FLO
FLO (2009) **Generic Fairtrade Trade Standards**, FLO
FLO (2009) **Fairtrade Standards for Coffee for Small Producers' Organizations**, FLO
FLO (2009) **Fairtrade Minimum Price and Fairtrade Premium Table**, FLO
Fridell, G. (2004) "The fair trade network in historical perspective", **Canadian Journal of Development Studies**, Vol. 25, No. 3, pp. 411-428
Fridell, G. (2006) "Fair Trade and Neoliberalism: Assessing Emerging Perspectives", **Latin American Perspectives**, 33-6, pp. 8-28
Fridell, G. (2007) "Fair-Trade Coffee and Commodity Fetishism: The Limits of Market-Driven Social Justice", **Historical Materialism**, Vol. 15, No. 4, pp. 79-104
Frundt, H.J. (2005) "Toward a Hegemonic Resolution in the Banana Trade", **International Political Science Review**, Vol. 26, No. 2, pp. 215-237
FTF (Fair Trade Federation) (2002) **2002 Report on Fair Trade Trends in the US and Canada**, FTF
FTF (2003) **2003 Report on Fair Trade Trends in US, Canada and the Pacific Rim**, FTF
FTF (2005) **2005 Report: Fair Trade Trends in North America and the Pacific Rim**, FTF
FTF (2009) **Report on Trends in the North American Fair Trade Market**, FTF
Giovannucci, D. & Ponte, S. (2005) "Standards as a new form of social contract?: Sustainability initiatives in the coffee industry", **Food Policy**, No. 30, pp. 284-301
GlobScan (2009) **Unnamed (global consumer survey on Fairtrade)**, FLO
Golding, K. & Peattie, K. (2005) "In search of a Golden Blend: Perspectives on the Marketing of fair Trade Coffee", **Sustainable Development**, 13-3, pp. 154-165
Goodman, D. (2003) "The quality 'turn' and alternative food practices: reflections and agenda", **Journal of Rural Studies**, 19-1, pp. 1-7
Goodman, M.K. (2004) "Reading fair trade: political ecological imaginary and the moral economy of fair trade foods", **Political Geography**, Vol. 23, pp. 891-915
House of Commons International Development Committee (2007) **Fair Trade and Development: Seventh Report of Session 2006-07, Vol. I**, London, The Stationery Office
House of Commons International Development Committee (2007) **Fair Trade and Development: Government Response to the Committee's Seventh Report of Session 2006-07**, London, The

Stationery Office

ICLEI (Local Governments for Solidarity) (2006) **BUY FAIR - A Guide to the public purchasing of Fair Trade products**, ICLEI

Jacquiau, C. (2007) "Max Havelaar ou les ambiguïtés du commerce équitable", **Le Monde Diplomatique**, Septembre

Jaffee, D., Kloppenburg, Jr.. J.R., & Monroy, M.B. (2004) "Bringing the 'Moral Charge' Home: Fair Trade within the North and within the South", **Rural Sociology**, Vol. 69, No. 2, pp. 169-196

Knudsen, O. & others (1990) **Redefining the Role of Government in Agriculture for the 1990s**, World Bank

LeClair, M.S. (2003) "Fighting Back: The growth of alternative trade", **Development: Journal of the Society for International Development**, 46-1, pp. 66-73

Levi, M. & Linton, A. (2003) "Fair Trade: a cup at a time?", **Politics and Society**, 31-3, pp. 407-432

Lindsey, B. (2004) **Grounds for Complaint?: 'Fair trade' and the coffee crisis**, London, Adam Smith Institute

Linton, A. (2005) "Partnering for sustainability: Business-NGO alliances in the coffee industry", **Development in practice**, Vol. 15, Nos. 3-4, pp. 600-14

Litvinoff, M. & Madeley, J. (2007) **50 Reasons to Buy Fair Trade**, London, Pluto Press (市橋秀夫訳『フェアトレードで買う50の理由』青土社)

Low, W. & Davenport, E. (2005) "Has the medium (roast) become the message?: The ethics of marketing fair trade in the mainstream", **International Marketing Review**, Vol. 22, No. 5, pp. 494-511

Low, W. & Davenport, E. (2005) "Postcards from the Edge: Maintaining the 'Alternative' Character of Fair Trade", **Sustainable Development**, 13-3, pp. 143-153

Miller, M. (2007) "Does Fair Trade Help the Poor?", **Acton Commentary**, Grand Rapids, Acton Institute

Mellor, M. & Moore, G. (2005) "Business for a Social Purpose: Traidcraft and Shared Interest," **Development: Journal of the Society for International Development**, 48-1, pp. 84-91

Moore, G. (2004) "The Fair Trade movement: parameters, issues and future research", **Journal of Business Ethics**, 53 (1-2), pp. 73-86

Moore, G., Gibbon, J. & Slack, R. (2006) "The mainstreaming of Fair Trade: a macromarketing perspective", **Journal of Strategic Marketing**, Vol. 14, Issue 4, pp. 329-352

Muradian, R. & Pelupessy, W. (2005) "Governing the Coffee Chain: The Role of Voluntary Regulatory Systems", **World Development**, Vol. 33, No. 12, pp. 2029-44

Murray, D.L. & Raynolds, L.T. (2000) "Alternative Trade in Bananas: Obstacles and Opportunities for Progressive Social Change in Global Economy", **Agriculture and Human Values**, Vol. 17, pp. 65-74

Murray, D.L., Raynolds, L.T., & Taylor, P.L. (2006) "The future of Fair Trade coffee: dilemmas facing Latin America's small-scale producers", **Development in Practice**, Vol. 16, No. 2, pp. 179-192

Mutersbaugh, T. (2002) "The number is the beast: a political economy of organic coffee certification and producer unionism", **Environment and Planning A**, 34-7, pp. 1165-1184

Mutersbaugh, T. (2005) "Just-in-space: Certified rural products, labor of quality, and regulatory spaces", **Journal of Rural Studies**, Vol. 21, Issue 4, pp. 389-402

Mutersbaugh, T., Klooster, D., Renard, M.C. & Taylor, P. (2005) "Certifying rural spaces: Quality-Certified Products and Rural Governance", **Journal of Rural Studies**, Vol. 21, Issue 4, pp. 381-388

Naysmith, S. (2003) "Fury as UK farmers eye Fairtrade logo; Soil Association argues for", **The Sunday Herald**, 3/30/2003

Nicholls, A. & Opal, C. (2004) **Fair Trade: Market-Driven Ethical Consumption**, London, Sage Publications（北澤肯訳『フェアトレード──倫理的な消費が経済を変える』岩波書店）

Office of Government Commerce (2004?) **Guidance on Fair and Ethical Trading**, Office of Government Commerce

Office of Government Commerce (2008) **Guidance on Fair Trade and Public Procurement**, Office of Government Commerce

Oxfam GB & IIED (2000) **Fair Trade: Overview, Impact, Challenges - Study to Inform DFID's support to Fair Trade**, Oxfam GB

Parrich B.D., Luzadis, V.A. & Bentley, W.R. (2005) "What Tanzania's coffee Farmers Can Teach the World: A Performance-Based Look at the Fair Trade - Free Trade Debate", **Sustainable Development**, 13-3, pp. 177-189

Ponte, S. (2002) "Standards, Trade and Equity: Lessons from the Specialty Coffee Industry", **CDR Working Paper** 02.13, Copenhagen, Centre for Development Research

Ponte, S. & Gibbon, P. (2005) "Quality Standards, Conventions and the Governance of Global Value Chains", **Economy and Society**, 34 (1), pp. 1-31

Ponte, S. & Giovannucci D. (2005) "Standards as a new form of social contract?: Sustainability initiatives in the coffee industry", **Food Policy**, 30-3, pp. 284-301

Prosser, D. (2007) **Fairtrade is booming - but is it still a fair deal?**, Independent, 2/24

"Public Attitudes towards Development 2005", London, Office for National Statistics.

"Public Attitudes towards Development 2006", London, Office for National Statistics.

"Public Attitudes Towards Development 2007", London, DFID

"Public Attitudes Towards Development 2008", London, DFID

"Public Attitudes Towards Development 2009", London, DFID

Ransom, D. (2005) "Fair Trade for Sale", **New Internationalist**, 377, April

Raynolds, L. T. (2000) "Re-embedding global agriculture: The international organic and fair trade movements", **Agriculture and Human Values**, Vol. 17, pp. 297-309

Raynolds, L. T. (2002) "Consumer/Producer Links in Fair Trade Coffee Networks", **Sociologia Ruralis**, Vol. 42, Issue 4, pp. 404-424

Raynolds, L.T. (2009) "Mainstreaming Fair Trade Coffee: From Partnership to Traceability", **World**

Development, Vol. 37, Issue 6, pp. 1083-1093

Raynolds, L. T., Murray, D. L., & Taylor, P.L. (2004) "Fair Trade Coffee: Building Producer Capacity via Global Networks", **Journal of International Development**, 16, pp. 1109-24

Raynolds, L.T., Murray, D. & Wilkinson, J. (2007) **Fair Trade: The challenges of transforming globalization**, London, Routledge

Renard, M.C. (2003) "Fair trade: quality, market and conventions", **Journal of Rural Studies**, 19-1, pp. 87-96

Renard, M.C. (2005) "Quality certification, regulation, and power in fair trade", **Journal of Rural Studies**, 21-4, pp. 419-431

Rogers, T. (2004) "Small Coffee Brewers Try To Redefine Fair Trade", **Christian Science Monitor**, 4/13

Schreck, A. (2005) "Resistance, redistribution, and power in the Fair Trade banana initiative", **Agriculture and Human Values**, 22, pp. 17-29

Sidwell, M. (2008) **Unfair Trade**, London, Adam Smith Institute

Smith, S. & Barrientos, S. (2005) "Fair Trade and Ethical Trade: Are There Moves Towards Convergence?", **Sustainable Development**, 13-3, pp. 190-198

Stecklow, S. & White, E. (2004) "What Price Virtue?: At Some Retailers, 'Fair Trade' Carries A Very High Cost", **The Wall Street Journal**, June 8

Stecklow, S. & White, E. (2004) "How Fair is Fair Trade?", **The Wall Street Journal**, March 28

Stiglitz, J.E. & Charlton, A. (2006) **Fair Trade for All: How Trade Can Promote Development**, New York, Oxford University Press

Tallontire, A. (2002) "Challenges facing fair trade: which way now?", **Small Enterprise Development**, Vol. 13, No. 3, pp. 12-24

Tallontire, A. & Vorley, B. (2005) **Achieving fairness in trading between supermarkets and their agrifood supply chains**, London, UK Food Group

Taylor, P.L. (2005) "In the Market But Not of It: Fair Trade Coffee and Forest Stewardship Council Certification as Market-Based Social Change", **World Development**, 33, No. 1, pp. 129-47

Taylor, P.L., Murray, D.L. & Raynolds, L.T. (2005) "Keeping Trade Fair: Governance Challenges in the Fair Trade Coffee Initiative", **Sustainable Development**, 13-3, pp. 199-208

Traidcraft Market Access Centre (2003) **European Fair Trade Market Overview 2003**, Traidcraft

Valor, C. (2006) "What if all trade was fair trade?: The potential of a social clause to achieve the goals of fair trade", **Journal of Strategic Marketing**, 14-3, pp. 263-275

Vihinen, L. & Lee, H.J. (2004) "Fair Trade and the Multilateral Trading System", **OECD Papers**, Vol. 5, No. 2, pp. 1-14, Paris, OECD

Weitzman, H. (2006) "Coffee with a conscientious kick", **Financial Times**, 15/08

Weitzman, H. (2006) "The bitter cost of 'fair trade' coffee", **Financial Times**, 08/09

Weitzman, H. (2006) "'Fair' coffee workers paid below minimum wage", Financial Times, 08/09

Wilson, T. (2006) **Macchiato Myths: The dubious benefits of fair trade coffee**, Institute of Public Affairs Review

あとがき

　本書は、筆者が2006年から07年にかけて国外研究員として、フェアトレード先進国のイギリスに滞在していた間に行った調査を基本に、その後の調査研究結果を加えてまとめ上げたものである。したがって、記述の多くがイギリスに関するもので、必ずしも世界のフェアトレードの平均的な姿を表しているわけではないことをお断りしておく必要がある。

　それにしても、フェアトレードはまさに「生き物」で、本書を書き上げる1年半の間に何度内容をアップデートしたか、数え切れないほどである。こうしている間にも、また世界のどこかで新しい何かが動き出しているだろう。

　かつては南北間に限られていたフェアトレードも、途上国内、先進国内へとその射程を広げている。リーマンショック以降、新自由主義が社会や環境にもたらす災いが誰の目にも明らかになったことで、フェアトレードの思想が受け容れられる素地も確実に広がっていよう。

　とはいえ、フェアトレードは今なお発展途上にある。「新経済秩序」への長い道のりを思えば、歩み始めたばかりとも言える。本書を契機に、フェアトレードが「当たり前」になる社会に至る道を皆さんとともに歩んでいければと思う。

　末筆となったが、ご多忙中、拙稿に目を通して貴重なコメントを寄せて頂いた京都大学の辻村英之教授、國學院大學の古沢広祐教授、明星大学の毛利聡子教授に、この場を借りて深く御礼を申し上げたい。また、構想の段階から3年にわたって辛抱強く執筆にお付き合い頂いた新評論編集長の山田洋氏と編集部の吉住亜矢氏にも心から感謝申し上げたい。

2010年4月　　渡辺龍也

[付記] 本書の中で言及した以下の資料は、紙幅の都合で全訳を掲載することができなかった。
- WFTOの10基準
- フェアトレードの原則に関する憲章
- フェアトレード・ラベルの認証料、ライセンス料
- WFTOの会費とモニタリング費用

　本書をお読みになって、これらの全訳を閲覧したいと思われた方は、上記すべてをまとめた「資料編」を、デジタルデータ（PDF）あるいはプリントアウトのいずれかで提供することができるので、出版社まで請求していただければと思う。

★デジタルデータ（PDF）ご希望の場合：件名に「FT資料編希望」と明記の上、Eメールで fairtrade@shinhyoron.co.jp へ連絡（無料）。

★プリントアウトご希望の場合：郵便番号、住所、氏名、電話番号を明記の上、実費送料500円分の切手を同封して、「〒169-0051　東京都新宿区西早稲田3-16-28　新評論FT資料編係」まで送付。

著者紹介

渡辺龍也（わたなべ・たつや）
東京経済大学教員。東京大学教養学部国際関係論分科（学士）、タフツ大学フレッチャー国際法外交大学院（修士）。NHK 記者、在マレーシア国際機関職員、国際協力 NGO センター（JANIC）調査研究主幹、日本国際ボランティアセンター（JVC）ラオス事務所長を経て、2000 年より現職（国際開発協力、NPO 論担当）。ラオス（1996～2000 年）では森林保護・自然農業普及活動に従事。主著に『「南」からの国際協力』（岩波書店）、主な訳書に D. コーテン『NGO とボランティアの 21 世紀』（学陽書房）、オックスファム・インターナショナル『貧富・公正貿易・NGO』（新評論）。

フェアトレード学
私たちが創る新経済秩序

2010 年 5 月 15 日　初版第 1 刷発行
2011 年 2 月 15 日　初版第 2 刷発行

著　者　渡辺龍也

発行者　武市一幸

発行所　株式会社　新評論

〒169-0051　東京都新宿区西早稲田 3-16-28
http://www.shinhyoron.co.jp

電話　03（3202）7391
FAX　03（3202）5832
振替　00160-1-113487

落丁・乱丁本はお取り替えします
定価はカバーに表示してあります

印刷　フォレスト
製本　桂川製本
装訂　山田英春

©渡辺龍也　2010

ISBN978-4-7948-0833-2
Printed in Japan

新評論　好評既刊

M.B.ブラウン／青山薫・市橋秀夫訳
フェア・トレード
公正なる貿易を求めて

第一世界の消費者と第三世界の生産者を結ぶ"草の根公正貿易"の仕組みと実践成果を平易かつ詳細に説く、FT界のバイブル。
　（四六上製　382頁　3150円　ISBN4-7948-0400-8）

オックスファム・インターナショナル／渡辺龍也訳
貧富・公正貿易・NGO
WTOに挑む国際NGOオックスファムの戦略

世界中の貧困者・生活者の声を結集し、WTO改革を刷新しうるビジョン・政策・体制を提案する渾身のレポート。（序文：A.セン）
　（A5上製　438頁　3675円　ISBN4-7948-0685-X）

片岡幸彦編
下からのグローバリゼーション
「もうひとつの地球村」は可能だ

世界各地の無数の「村」の現場から立ち上がる連帯の思想。
日常性に基礎を置く、私たち自身のグローバリゼーションへ！
　（A5上製　280頁　2940円　ISBN4-7948-0670-1）

篠田武司・宇佐見耕一編
安心社会を創る　シリーズ〈「失われた10年」を超えて❸〉
ラテン・アメリカ市民社会の挑戦に学ぶ

民衆教育、女性組織、先住民族運動、地域通貨…新自由主義の負の経験に立ち向かう中南米の人々の、社会紐帯再構築への取り組み。
　（四六上製　320頁　2730円　ISBN978-4-7948-0775-5）

櫻井秀子
イスラーム金融
贈与と交換、その共存のシステムを解く

ポスト・グローバル下で存在感を高める独自の〈交換／贈与混交市場〉の構造を総合的に捉え、イスラーム社会の全体像を発見・解読。
　（四六上製　260頁　2625円　ISBN978-4-7948-0780-9）

＊表示価格はすべて消費税（5％）込みの定価です。